江西方言、文学与区域文化研究丛书

主编 胡松柏

北宋前期四重臣与江西文化的兴盛

王德保 张丽 著

江西省社会科学研究规划项目
江西省高校人文社会科学重点研究基地
南昌大学客赣方言与语言应用研究中心
南昌大学国家211工程重点学科「赣学」
基金共同资助

中国社会科学出版社

图书在版编目（CIP）数据

北宋前期四重臣与江西文化的兴盛／王德保，张丽著. —北京：
中国社会科学出版社，2012.10
ISBN 978 – 7 – 5161 – 1284 – 7

Ⅰ. ①北… Ⅱ. ①王…②张… Ⅲ. ①历史人物 – 人物研究 – 中国 –
北宋②文化史 – 江西省 – 北宋 Ⅳ. ①K820.441②K295.6

中国版本图书馆 CIP 数据核字（2012）第 191570 号

出 版 人	赵剑英
责任编辑	任　明
特约责任	李晓丽
责任校对	林福国
责任印制	李　建

出　　版	中国社会科学出版社
社　　址	北京鼓楼西大街甲 158 号 （邮编100720）
网　　址	http：//www. csspw. cn
	中文域名：中国社科网　　010 – 64070619
发 行 部	010 – 84083685
门 市 部	010 – 84029450
经　　销	新华书店及其他书店

印　　刷	北京奥隆印刷厂
装　　订	北京市兴怀印刷厂
版　　次	2012 年 10 月第 1 版
印　　次	2012 年 10 月第 1 次印刷

开　　本	710×1000　1/16
印　　张	16
插　　页	2
字　　数	283 千字
定　　价	50.00 元

凡购买中国社会科学出版社图书，如有质量问题请与本社联系调换
电话：010 – 64009791

《江西方言、文学与区域文化研究丛书》序

　　南昌大学客赣方言与语言应用研究中心于 2002 年整合学科力量组建，2003 年批准为江西省普通高校人文社会科学重点研究基地。2006 年，通过省教育厅的首轮评审验收。2010 年，遴选进入"优秀重点研究基地"行列。

　　作为学校内独立建制的实体研究单位，南昌大学客赣方言与语言应用研究中心一直以其所凝练的学科方向参与并承担南昌大学"211 工程"重点学科的建设任务。2003 年，"客赣方言研究"列为南昌大学"211 工程"第二期建设重点项目"赣学"的子项目之一。2008 年，"赣学"重点项目第三期建设启动，根据"赣学"学科的发展构想和所依托的学科力量情况，本研究中心所承担的研究方向拓展为"江西方言、文学与区域文化"，再次确定纳入南昌大学"211 工程""赣学"重点项目的子项目之列。

　　已经获得国家立项批准的"赣学"重点项目的《"211 工程"三期重点学科建设项目申报书》关于"江西方言、文学与区域文化"方向有如下表述：

　　　　本方向包括方言与区域文化、文学与区域文化两个方面的研究。

　　　　江西方言与区域文化研究是在"十五"项目赣客方言研究基础上的拓展。从时间和空间上，由研究赣客方言的现状拓展到对赣客方言历史开展研究，由研究江西省境内的赣客方言拓展到对由江西向省境外发展的赣客方言开展研究，同时也对文化生存状态融入赣地主流文化的江西省境内的其他方言开展研究。从研究对象和研究方法上，由单纯研究赣客方言拓展到对与方言密切联系的经济社会和文化相结合开展研究，由主要采用描写语言学方法拓展到与社会语言学方法相结合开展研究。

　　　　江西文学与区域文化的研究，立足于江西历史上颇具特色的地域性文学流派、文艺形式、家族文学研究，将其置于区域社会文化变迁的大背景下进行探讨，把文献整理与区域文化相结合，从大量的史料中梳理、提炼带规律性的理论观点，立足江西区域特色，坚持考证求实的学

风，开拓视野，力求创新。

围绕上述目标，近年来我们着力开展研究的项目主要有：赣客方言单点的深入研究，赣客方言的地理语言学研究，近代江西赣客方言方言史研究、近代赣客方言历史文献资料整理、江西畲族语言研究、江西闽方言研究、江西吴方言研究、江西徽州方言研究、江西省境内社区语言状况调查研究、江西省境内普通话现状调查研究；江西诗派与区域文化研究，宋以来江西家族文化研究，明清江西文人别集文献研究，江西地方戏曲（赣剧、采茶戏、傩戏等）的全方位和新角度（如舞台音韵）研究等。

在"211 工程"第二期建设阶段，本研究中心曾组织编纂出版了《客赣方言研究系列丛书》（一套十二种，中国社会科学出版社出版）。进入第三期建设阶段以来，我们继续以"凝聚力量、锻炼队伍、多出成果、提高水平"为宗旨，组织本研究中心的专职和兼职研究人员，以项目组队伍，以项目促成果，从上述研究项目成果中择优编成本研究中心所组织编写的第二套系列研究丛书《江西方言、文学与区域文化研究丛书》。这套丛书的编纂出版，体现了各位著者的辛勤劳动，得到了中国社会科学出版社的大力支持，也得到了江西省高校人文社会科学重点研究基地和南昌大学"211 工程"重点学科"赣学"的基金资助，我们在此表示衷心的感谢。

胡松柏

二〇一一年十月六日

目　　录

绪论 北宋前期江西文化概述

清人李绂在《南园答问》中对江西文化的描述，往往为著史者所称引，他对宋以前的文学写道：

> 粤自东汉，谒者李潮，黎阳九歌，《风》、《雅》启苗。晋推靖节，上接《离骚》，莲社贤豪，名章伟构，水深山高，散落人间，泰山毫毛。洎乎有唐，以诗取士，时则刘眘虚擅开元之奇，吉中孚拔大历之萃；任涛、郑谷，称十哲于咸通；卢肇、黄颇，斗两龙于秀水。南康綦毋，鄱阳颖士，来氏兄弟，丰城季子，或矜《西山》之编，或侈《灵溪》之制，莫不驰誉寰宇，蜚声域外。至于文律恢奇硕大，吴武陵则西汉可兴，幸南容在枚、马之次，媲柳配韩，犹未足尽西江之能事也。

在李氏所列举的人物之中，只有伟大诗人陶渊明是具有重大影响的文化人物，其他如刘眘虚、郑谷在唐代大约可以跻身于三流诗人之列，吴武陵曾师事柳宗元，在中唐古文家中，大约也只能算得上三流作家。卢肇虽然状元及第，但现存作品不多，很难对其成就和影响作较高的评价。

自汉至唐，在当时的地域文化格局中，中原各省如陕、豫、晋、鲁，显然处于极强势的地位。大量的政治人物、文化人物皆出自这些省份。我们且以一个小例子来予以说明，在二十四史前四史中，能够入传的江西人，寥若晨星。即如大名鼎鼎的徐孺子，也是因为名文《滕王阁序》而名扬海内。"徐孺下陈蕃之榻"，还是因为他受到了陈蕃的礼遇，而骤有大名。陈蕃是汉末时期德高望重、地位显赫的政治人物，徐稚与其相比只是一位品行高尚的君子而已，《后汉书》将其入传也是推崇其隐逸不仕的高风亮节。陈蕃是河南人，徐稚是江西人，当时的河南人才之盛、文化之盛是江西无法比拟的，先秦至两汉以来，河南籍如陈蕃一类的杰出人物，数以百计，而江西籍如徐稚这样的高士却屈指可数。江西著史，人物往往从东汉的徐稚始，而文化及文学则往往从东晋的陶渊明始。这段时期，江西尚属欠开发地区，中原文化的浸染和熏陶的渐进过程，尚待时日，实在不可能出现文化的繁盛状态和较多的优秀作家和作品。

到宋朝，随着中原文化的南渐，长江流域亦融入汉文化的主流地带，江西文化异军突起。纵向比较，其文化之盛，人物之众，成就之高，固然不是以往历朝所能比拟，即使后来的元、明二朝，江西文化亦盛于当时，但与宋代相比，似乎尚无法望其项背。在此，仅以北宋为例，略述江西文化的盛况。

著名政治人物如本书要论述的四重臣王钦若、陈彭年、夏竦、晏殊在当时都是位高权重的执政大臣。王钦若、陈彭年在真宗朝备受信任和礼遇，夏竦、晏殊在仁宗朝拜相，尤其晏殊身兼使相，位极人臣。北宋中叶欧阳修和王安石，是政坛和文坛的代表性人物，在朝廷享有盛誉。欧阳修历任要职，在朝刚直勇谏，又是文坛宗主、一代宗师，被奉为士林领袖。被列宁称为"中国 11 世纪改革家"的王安石是北宋时期最重要的政治家，在神宗朝长期担任宰相，推行政治改革，影响巨大。此外像早期的刘沆和晚期的曾布都曾任宰相之职，在政坛上有一定的影响。

在经学方面，理学家湖南人周敦颐长期在江西任职，讲学授徒，对理学在江西的传播起了极大推动作用，此后江西成为理学重镇。《宋元学案·濂溪学案》言："以疾知南康军（治所在今星子），因家庐山莲花峰下，取营道故居濂溪名之。赵公（抃）再镇蜀，将奏用，未及而卒，年五十七岁，熙宁六年六月七日也。江州德化县之清泉社。"① 周敦颐早年曾随舅父郑向到江西为官，先后在江西知南昌县、通判虔州，最后知南康军，卒后又葬于江西。南城人李觏是北宋中叶著名理学家，清人陆瑶林在为《李泰伯先生集》作序时称："李泰伯先生，旧属南唐之裔，生于宋真宗之时，道德文章，卓绝一时，且多所著作，学者皆斗山仰之，盖屹然为宋代儒宗。"②

欧阳修在经学方面有深厚的造诣，他对《周易》和《诗经》研究的杰出成就，使其成为从汉唐注疏到宋代义理之学的代表人物。他对经典的研究既不轻易否定旧说，亦不盲从前代权威的古注，而是实事求是，根据自己的研究心得，探求经本义。他的一些重要研究成果饶有新意，突破了旧儒的陈腐观点，更加接近经典的本义，令人信服。如以往对《诗经》的研究，历

---

① （宋）黄庶：《伐檀集》卷上。

② 同上。

代恪守《毛传》、郑注之说，多有穿凿附会之词，后人不敢怀疑。而欧氏在《诗本义》中对毛郑之说进行了全面梳理，对的便予以肯定，错误之处则加以驳斥，不盲目迷信旧说。与旧儒相比，他显然使《诗经》的研究水平提高了一大步，更加接近《诗》的本来面目。所作《周易童子问》，以平实可信的方式研究《周易》，揭开了蒙在这部奇书上面的神秘面纱。尽力使这部书脱离术士们荒诞的诠释，恢复《周易》的本来面目，显示出理性的光芒。

王安石以政治手段来推行其《三经新义》，成为显赫的官学。以今天的学术标准来看，其中穿凿附会之处，俯拾即是，但当时影响之巨，是任何学派也无法比拟的。苏轼曾评价王安石：“王氏之文，未必不善也，而患于好使人同己。自孔子不能使人同，王氏欲以其学同天下。”（《答张文潜》）王安石推行新义的目的确实是“欲以其学同天下”，最终为其变法统一思想。当然这一点并未成功，《三经新义》也经不住历史的考验，最终散佚了。

史学方面，江西籍学者在宋代取得了极为辉煌的成就。大学者欧阳修独立撰写《新五代史》，又与宋祁等合著《新唐书》，列于“二十四史”，成为古代正史中的经典著作。司马光编撰《资治通鉴》，主要有刘恕、刘攽和范祖禹三名助手，刘恕是新余人，刘攽是高安人。其中刘恕贡献尤其重要，可以说是《通鉴》的副主编。

宋代是继唐之后的统一王朝，也是继唐之后文化繁荣、学术昌明的时代。赵宋王朝历代帝王实行崇文政策，奖掖文士，建立了较完善的科举制度和较完备的文官制度，士大夫具有很高的社会地位。《宋史》卷四三九《文苑传》言：

> 自古创业垂统之君，即其一时之好尚，而一代之规模可以豫知矣。艺祖革命，首用文吏而夺武臣之权，宋之尚文，端本乎此。太宗、真宗其在藩邸，已有好学之名，及其即位，弥文日增。自时厥后，子孙相承。上之为人君者，无不典学；下之为人臣者，自宰相以至令录，无不擢科，海内文士，彬彬辈出焉。

皇帝崇尚文治，好学喜文，必然带动整个士大夫阶层上行下效，尚文风气盛行。两宋时期出现了许多大学者和大文学家，有些甚至是全能学者，如欧阳修经学方面有《诗本义》、《易童子问》这样具有开创性的著作，在目录学方面他是当时国家图书馆《崇文总目》的主要编纂人，金石学方面有

《金石录》，史学家等独撰《新五代史》，又与宋祁合作主修《新唐书》。他还是当时文坛领袖和宗主，其文学成就仅次于他的学生苏轼，无论诗词散文都是文学史上一流作家，尤其是散文影响很大。

科举制度在宋代进一步完善，朝廷礼遇士子超过唐代。沈括在《梦溪笔谈》卷一说：

> 礼部贡院试进士日，设香案于阶前，主司与举人对拜，此唐故事也。所坐设位供帐甚盛，有司具茶汤饮浆。至试学究，则悉撤帐幕、毡席之类，亦无茶汤，渴则饮砚水，人人皆黔其吻。非故欲困之，乃防毡幕及供应人私传所试经义。盖尝有败者，故事为之防。欧文忠有诗："焚香礼进士，撤幕待经生"，以为礼数重轻如此，其实自有谓也。

当时考试与唐代一样有进士科和明经科（亦称学究），进士科重在试诗赋和策论，为士人和朝廷所重。主司对进士和明经的举子的礼遇完全不同。宋代在科举考试方面在唐代基础上进行了一系列改革，首先，实行殿试制度，一是表明皇帝对士子的重视和礼遇，二是为了公平，防止考试官员营私舞弊。开宝八年，宋太祖在主持殿试之后，曾对大臣说：

> 向者登科名级，多为势家所取，致塞孤寒之路，甚无谓也。今朕亲临试，以可否进退，尽革畴昔之弊矣。

尽量保证科举考试的公平，使那些寒门出身的有才之士不至于被埋没。其次，在考试方法上采取重大措施，即实行糊名制和誊录制，有效限制了考官徇情取舍，从制度上保证寒门士子与豪门贵族子弟在同一起跑线上竞争。《文献通考》卷二九《选举志二》专论唐代科举制度的不完善带来的风气沦丧：

> 风俗之弊，至唐极矣。王公大人，巍然于上，以先达自居，不复求士。天下之士什什伍伍，戴破帽，骑蹇驴，未到门百步，辄下马奉币刺再拜以谒于典事者，投其所为之文，名之曰求知己。如是而不问，则再如前者，名之曰温卷。如是而又不问，则有执贽于马前自赞曰某人上谒者。嗟呼！风俗之散，至此极矣，此不独为士者可鄙，其时之治乱盖可知矣。

　　唐人考试要干谒权门，得到权贵的赏识和推荐，考中进士的可能性就大增。原因在于唐代的考试不糊名，举子的姓名、籍贯都明明白白地写在卷子上，自然权贵显宦子弟考中的机会较比寒门人士要大得多。这样一来，科举考试很难做到公平，还有干谒、温卷之风败坏了士林风气，的确是斯文扫地，士人尊严因此完全丧失殆尽。宋代的改革严肃了考试过程，门阀士族才真正消亡。按照钱穆先生的说法："一到宋代以下，中国社会上再没有贵族存在了。新的平民学者再起，这即是宋代的新儒家。"（《中国文化史导论》）

　　宋代大规模扩大进士录取名额。唐代进士及第者，每次人数不过二三十人，宋朝时所取名额达二三百人之多，最多时达到五六百人。宋朝统治者广泛吸收各阶层士人参与政权，平民从政的可能性大大加强。

　　这种崇文尊士的社会风气，对地域文化的影响十分巨大，尤其是对江西地域文化的发展有十分积极的作用。首先，江西作为后开发地区，文化昌盛流风所及，必然带动这些地域的文化以较快的速度发展，与中原地区的差距日益缩小。读书的人多了，参加进士考试的人自然也就多了起来，考中的概率自然就高了。其次，由于考试录取机会相对公平，像江西这些非中原地区，门阀世族聚族而居的情况比较罕见，不会像唐代那样受到冷落和不公待遇。唐代进士名额中原地区的举子处于压倒性优势，在宋代这种情况不复存在。北宋时期中叶，南方士人在科举考试方面的能力开始充分显示出来，逐渐超过北方士人。两宋期间，苏、浙、赣、川这些地区的科举考试稳居全国前列，将中原各省甩在后面。再次，普通士人通过科举考试走上仕途，其机会相对公平，从官僚机构的金字塔底层通往塔尖的可能性大增，士大夫的结构亦发生了巨大变化。宋真宗时，临江军新喻（今江西新余）人王钦若拜相，这是宋代最早由一位南方人为相。据统计，两宋期间 136 位宰相中，江西籍有 12 人，约占 9.5%。科举考试兴盛加上高官显达众多必然带动地方文化高度发展。

　　宋代学校教育规模宏大，朝廷及各级官员皆重兴学。天圣五年，枢密副使晏殊因得罪太后贬官知应天府，"殊至应天，乃大兴学，范仲淹方居母丧，殊延以教诸生。自五代以来，天下学废；兴，自殊始"（《续资治通鉴卷长编》一〇五）。这是地方官兴学的最早记载。名臣范仲淹在出任地方官时，所到之处，皆有兴学的记载。皇帝也屡次下诏办学，如仁宗庆历四年，下诏云："今朕建学兴善，以尊士大夫之行；更制革弊，以尽学者之才。有司其务严训导、精察举，以称朕意。学者其进德修业，无失其时。其令州若县皆立学，本道使者选部属官为教授，员不足，取于乡里宿学有道业者。"（《宋史》卷一五七

《选举三》）皇帝的重视自然会产生非同寻常的反响，欧阳修在形容庆历四年以后办学情况云："诏天下皆立学，置学官之员。然后海隅徼塞四方万里之外，莫不皆有学。"（《欧阳修全集·居士集》卷三九《吉州学记》）这种办学规模，也是空前的。原先规定只有官员贵族子弟才能入学的太学，也开始招收学业优秀的平民子弟。《宋史·选举志》云：

> 凡学皆隶国子监。国子生，以京朝七品以上子孙为之，初无定员，后以二百人为额。太学生，以八品以下子弟若庶人之俊异者为之。

这种大规模兴学办教的举措，又施行有教无类的政策，对士人学养的提高无疑起了很大的作用，即使出身较为贫寒的士子也有机会获得良好的教育，这一方面使他们有可能通过读书精修举业，参加科举考试进入仕途，另一方面也使全社会的知识水平大幅度提高。两宋时，江西的学校十分发达，书院数量居全国第一，像庐山的白鹿洞书院、铅山的鹅湖书院都十分有名，吸引一大批著名学者来讲学，如周敦颐、朱熹、吕祖谦、陆九渊等理学大师长期在江西讲学授徒，使江西成为宋代理学发展的重镇，这又吸引了大批优秀的士人来学习。

科举的兴盛及学校的发达，大大促进了江西士文化的发展。宋代重视策论，必然使士人重视散文创作。江西宋代古文的水平之高，在当时各地区处于领先水平，难有可比者。唐宋八大家，江西占其三，欧阳修、曾巩、王安石的古文创作，在正统的文化价值体系中，无疑是一流的作者，在当时以及对后世都有重大影响。在北宋时期，只有苏氏三父子的名声和影响可以与此三家并论。在历代文人的心目中，宋六家的成就苏轼为第一，依次排来是欧阳修、王安石、曾巩、苏辙、苏洵。除三家之外，北宋时期的李觏、刘敞、刘攽兄弟及"临江三孔"，曾巩之弟曾布、曾肇及黄庭坚等，南宋时期的胡铨、杨万里、汪藻、周必大、朱熹、文天祥、谢枋得等，都是杰出的古文家。诚如南宋时李传道在为杨万里所作的谥告中说："窃观国朝文章之士，特盛于江西，如欧阳文忠公、王文公、集贤殿学士刘公兄弟、中书舍人曾公兄弟、李公泰伯、刘公恕、黄公庭坚，其大者，古文经术足以名世；其余则博学多识，见于议论、溢于词章者，亦皆各自名家。求之他方，未有若是其众者。"李氏仅仅列举了北宋时期的著名作家。这些作者如群星璀璨，构成江西文坛盛极一时的辉煌景况，在当时整个中国，这些人都是主流作家，为时代的文学繁荣作出了卓越贡献。

第一章　四重臣与时代的关系

第一节　南唐地域经济文化特征

唐代晚期，政治败象环生，藩镇割据，宦官擅权，牛李党争，直将一个好端端的李唐弄得险象环生。正像汤因比所言：一种文化的溃败总是从内部开始的，外来的势力只是起了最后一击的作用。尔后黄巢军暴动，朱温小朝廷篡政易帜，强大的唐王朝随之土崩瓦解。《旧唐书·黄巢传》称："时天下承平日久，人不知兵。僖宗以幼主临朝，号令出于臣下，南衙北司，迭相矛盾，以至九流浊乱，时多朋党，小人谗胜，君子道消，贤豪忌愤，退之草泽，既一朝有变，天下离心。巢之起也，人士从而附之。"[1] 黄巢军转战南北，所到之处战事十分惨烈，百姓惨遭屠戮，城乡夷为平地，国库和百姓的财富劫掠殆尽。黄巢军流窜作战，所至踪迹极广，北从河北南到广东，西起甘肃东至江浙，无不燃遍战火。相对而言，以长安为中心的中原地区所受兵害最大，尤其是黄巢进长安之后，北方唐朝旧将王重荣、王处存、李克用等围攻黄巢军，主要战事都发生于中原各省，即今陕西、河南、山西诸地区。《旧唐书·黄巢传》言黄巢军退出长安之后，又组织军队反扑："乃悉众攻陈州，营于城北五里，为宫阙之制，曰八仙营。于是自唐、邓、许、汝、孟、洛、郑、汴、曹、濮、徐、兖数十州，毕罹其毒。贼围陈郡三百日，关东仍岁无耕稼，人饿倚墙壁间，贼俘人而食，日杀数千。贼有舂磨砦，为巨碓数百，生纳人于臼碎之，合骨而食，其流毒若是。"[2] 书中所列诸州皆位于黄河流域，战争造成的人间悲剧惨绝人寰。

黄巢败亡后，其余孽秦宗权势力死灰复燃，史称："巢死，宗权张甚，啸会逋残，有吞噬四海意。乃遣弟宗言寇荆南；秦诰出山南，攻襄州，陷之，进破东都，围陕州；使秦彦寇淮、肥；秦贤略灌南宗衡乱岳、鄂。贼渠

---

[1] 《旧唐书》卷二百下，中华书局，第 5392 页。

[2] 同上书，第 5396 页。

帅票惨，所至屠老孺，焚屋庐，城府穷为荆莱，自关中薄青、齐，南缭荆、
郢，北亘卫滑，皆糜骇雉伏，至千里无舍烟。"① 加上唐军及朱温，还有李
克用的沙陀军，纪律极差，烧杀掳掠，无所不为，官军所到之处，与叛军无
异。倒霉的自然是百姓。相对而言，长江以北地区到黄河流域遭受祸害尤烈
于江南各地。

五代十国之时，军阀割据，藩帅擅权，政权更迭频仍。当时之乱象可通
过赵翼《五代藩帅劫财之习》以见一斑：

　　　　五代之乱，朝廷威令不行，藩帅劫财之风，甚于盗贼，强夺枉杀，
　　无复人理。李匡俦为晋军所败，遁沧州，随行辎重、妓妾、奴仆甚众；
　　沧帅卢彦威杀之于景州，尽取其赀。张筠代康怀英为永平节度使；怀英
　　死，筠即掠其家赀。有侯莫陈威者，尝与温韬发唐诸陵，多得珍宝；筠
　　又杀威而取之。筠弟篯守京兆，值魏王继岌灭蜀归，而明宗兵起；篯即
　　断咸阳桥，继岌不得还，自缢死，遂悉取其行橐。先是，王衍自蜀入
　　京，庄宗遣宦者向延嗣杀之于途，延嗣尽得衍赀；至是明宗即位，诛宦
　　者，延嗣亡命，篯又尽得其赀。由是筠篯兄弟，皆拥赀巨万。马全节败
　　南唐将史承裕，擒以献阙下。承裕曰："吾掠城中，所得百万，将军取
　　之矣。吾见天子，必诉而后就刑。"全节惧，遂杀之。高允权为延州
　　令，其妻刘景岩孙女也；景岩家于延，良田甲第甚富，允权心利之，乃
　　诬景岩反而杀之。李金全讨安州，至则乱首王晖已伏诛；金全闻其党武
　　彦和等为乱时劫赀无算，乃又杀而夺之。张彦泽降契丹，奉德光命先入
　　京，乃纵军大掠，又缢死桑维翰，悉取其赀。成德节度使董温其为契丹
　　所掳，其牙将秘琼杀其家而取其赀。琼为齐州防御使，道出于魏，范延
　　光伏兵杀之，以戍兵误杀闻。后延光叛而又降，挈其帑归河阳，杨光远
　　使子承勋推之堕水死，尽取其赀。杨光远后亦叛而复降，其故吏悉取其
　　宝货、名姬、善马，献李守贞。②

赵翼所述皆为武将劫杀同类。如秘琼先劫杀自己的原先上司董温其的家
属，掠其家产，后来又被范延光掠杀。而这位杀人越货的范延光，又被另一
军阀杨光远指使其子承勋谋杀，陈陈相因，环环相报，形成一条可怕的冤孽

---

① 欧阳修：《新唐书》卷二二五下，中华书局，第6464页。
② 赵翼：《二十二史札记》卷二二，中华书局2001年版，第474页。

链条，无疑展示出当时社会的极端黑暗。凡拥兵者，无法无天，肆无忌惮地杀人劫掠，同时又被其他拥兵者所杀。军阀之间尚且如此，普通百姓的遭际便可想而知了。仅此一端，当时的兵祸之重，对社会之破坏，亦可想而知了。

唐末至五代的祸乱，自然是全国范围的，很少地区能够幸免，但相比之下，江南地区比中原地区稍稍边缘化，与祸乱中心的黄河流域相比所受灾祸要轻得多。

五代时期江西为南唐小朝廷的属地，从先主李昇、中主李璟到后主李煜，处于相对稳定时期。南唐偏安一隅，虽说四面受敌，尤其北方强藩虎视眈眈，生存空间受到极大的挤压，但小朝廷但求自保的偏安心理，却恰好保了一方平安。从史书记载来看，当时在南唐边境发生的战事，都是被迫的，是因为北边的强大敌国南下侵扰，而不得不组织抗敌。如955年，周世宗征淮南，与李璟的军队战于滁州。南唐军大败，遂以割地求和。又957年，周世宗又率兵南下，大破璟军于寿州，又连克濠、楚、扬诸州，南唐尽失淮南和江北之地，国势日蹙。经过这两次战事，南唐统治者很快明白，反抗是无济于事的，不如乖乖地称臣纳贡，去掉皇帝的称谓，自称为"江南国主"。虽说被人侵扰的日子特别痛苦和无奈，而且苟延残喘的国运不会长久，但好在小朝廷内部却相对稳定，大敌当前，大军压境，权力之争的意义显然被大大压缩了。李昇自然可以称得上是豪雄之主，他的儿孙却不是好的守业者。有人说，有些才艺超群的帝王，肯定不是好的帝王国君，但可谓绝好的翰林学士的材料。而李璟和李煜父子正是翰林学士的材料。中主、后主皆有广博的学识和卓越的才华，尤其是李后主更是当世无与伦比的绝代才人。欧阳修在《新五代史》中称："煜为人仁孝，善属文，工书画。"又说："煜性骄侈，好声色，又喜浮图高谈，不恤政事。"①典型的才子皇帝，其败亡也是情理之中的事。他后来战败被俘，国破家亡之际，哀叹道："四十年来家国，三千里地山河。凤阁龙楼连霄汉，玉树琼枝作烟萝，几曾识干戈？"这固然是一种哀叹，也是对自己的一种辩白，因为自己不谙兵事，也从来没有想过出兵打别人，却无缘无故地卷入战争之中，可谓冤枉也。这种不喜欢打仗的皇帝，至少在其统治范围内，避免了一些不必要的战争。五代时期，满世界都是穷兵黩武的军阀，他们依靠武力攻城略地，烧杀掳掠，扩大地盘，积聚财富，将神州大地变成人间地狱。

---

① 欧阳修：《新五代史》卷六二，上海古籍出版社，上海书店1986年版，第83页。

　　相对而言，中主与后主，正因为是不喜战争而又优柔寡断的文弱帝王，江南百姓才过了数十年相对安宁的生活。即使后来宋太祖、太宗先后伐唐，最后南唐消亡，战争只是很局部的战事，况且南唐军不堪一击，涉及空间范围不大，持续时间又短，对江南的祸害有限。在一个相对稳定而较封闭的背景下，江南经济和文化得到了长足的发展。尤其江西在发展过程中，经济和文化一直远远落后江浙地区，而在五代时期，这种状况得到某种程度的改观。例如，中主李璟时期，因为淮北之地尽为北方强敌所有，南唐首都建邺（今南京）隔江与周相望，如果北军强行渡江，首都便岌岌可危，由此便有迁都之议。李璟便选择当时的南昌为新都，号为南都。据郑文宝《江表志》载：

　　　　元宗（李璟）割江南之后，金陵对岸即为敌境，因迁都豫章。舟车之盛，旌旗络绎凡数千里。百司仪卫泊禁校，帑藏不绝者，近一载。[①]

　　豫章即今之南昌，是当时南唐的另一政治中心。现今南昌仍有"皇殿侧"这一地名，据说是李璟皇宫长春殿的所在地。据载，后周显德六年（959）十一月，李璟将洪州升格为南昌府，仿照金陵皇宫规模大兴土木，确立南昌为新的首都。宋建隆二年（961）初，南都建成，于是开始迁都，李璟于是年三月，驾临南昌。当时太子李煜仍留守建邺监国，《江南别录》载："（煜）立为太子，元宗幸南都，后主监国于建邺，临事明允，甚得时誉。"[②] 李璟率文武百官及大批随从人员，涌进远没有建邺繁华的南昌，史称"城邑迫隘，官府营廨，十不容二，力役虽繁，无所施巧，群臣日夜思归"[③]。一贯养尊处优的南唐君臣，很不习惯相对清冷的南昌的生活，与纸醉金迷的金陵相对而言真是相差甚远。于是返回东迁的朝议甚嚣尘上，李璟又打算迁回金陵。只是此时他已患重病，未能成行便死于南都，遗嘱留葬西山，太子李煜不允，仍还葬金陵。前后算来，李璟迁都至南昌约四个月，虽然直至南唐灭亡，南昌都保存了南都的建制。李煜仍在建邺称国主，没有再来南昌。虽然南昌成为南唐国都的时间很短，但在江西的文化和经济发展的

---

　　① 郑文宝：《江表志》，影印文渊阁《四库全书》卷二，第5页。

　　② 陈彭年：《江南别录》，影印文渊阁《四库全书》，第13页。

　　③ 李焘：《续资治通鉴长编》卷二，建隆二年三月五日《江南别录》，第13页。

历史上是一大事件。江西还从来没有出现过政治中心的城市，虽说南唐不是一个统一的王朝，但在当时南方也是幅员辽阔的大国。不仅如此，五代时期江南无疑是经济文化最为发达的地区，商业发达，城市众多。而中主李璟选择南昌为南都，固然有避开强敌锋芒的用意，也因为当时江西地区的经济文化发展较为迅速。在农耕时代，江西气候温暖，无霜期长，水源充沛，江河湖泊遍布全省，适宜种植，尤其适宜种植水稻，是真正的鱼米之乡。此外南昌交通便利，从赣江北行至鄱阳湖，通过湖口到长江，顺江而下，直抵建邺。这一切都是李璟考虑迁都的重要因素。

南唐文化的发展，在五代时期无疑是一个奇迹。崇尚文学艺术且多才多艺的中主和后主，虽然治国安邦无甚能耐，却对小朝廷的文艺繁荣起到了关键的作用。他们的艺术才华足以成为当时最了不起的诗人和艺术家，在他们的率先垂范之下，身边有一群以文学成名的文臣。史载：

> 列祖初立，庶事草创，未有贡举，至元宗始议置。时韩熙载、徐铉兄弟为当代文宗，继以潘佑、张洎以才名显。后主尤好儒学，故江左三十年文物有贞元、元和之风。①

恢复科举在一个战争频繁的年代里，无疑是重视文士之举，或许还有点另类。其他割据一方的军阀，是无暇顾及选拔文士来装潢门面的。南唐重视文士，重开科举，江南地区的重学风气由此炽盛。韩熙载、徐铉和徐锴兄弟都是当时的重要学者和著名文士，人才之盛亦远在其他割据政权之上。即使在北宋统一中国之初，江南地区的文士仍是文坛活跃的群体。此时江西的士人也开始在文坛和政坛上崭露头角。如在李昇、李璟二朝担任宰相的宋齐邱，就是南唐国最重要的谋臣。

宋齐邱（？—958），字子嵩，庐陵（今江西吉安）人，五代政治家，初仕吴，官至右仆射平章事，后结识大将徐知诰，成为徐知诰的谋主，深得知诰信任。931年，知诰执掌吴国大权，成为吴国的实际统治者，齐邱拜相。937年，徐知诰称帝，国号南唐，复姓李氏，名李昇，是为南唐先主。宋齐邱受到知诰信任，辅佐先主，南唐经济得到迅速发展，国力日益增强。中主李璟时，官至太傅中书令，封魏国公，赐号国老，可谓位极人臣。然而，中主其实非常忌惮齐邱，后以图谋不轨，将其押送青阳安置，死于贬

---

① （宋）黄庶：《伐檀集》卷上。

所，谥丑缪。

宋齐邱是极有谋略之士，又对李昇忠心耿耿。李昇亦将其视为心腹亲信，在篡权继位过程中，实际上宋氏是他的主要谋士。据《江南别录载》：

> 宋齐邱者，父为江西钟傅副使。父卒，羁旅淮南。欲上书干谒而无纸墨，行叹道中，有娼妇遇之问曰："少年子何不乐如此？"齐邱以情告。召归置食赠钱数千，因曰："郎时至此不遣，郎有所缺也。"齐邱感之，及贵纳为正室。骑将姚洞天荐于烈祖（李昇）。烈祖奇其才，与为布衣交，动静皆与之谋。后烈祖除升州刺史，辟齐邱为判官。义祖（徐温）出镇建邺，改烈祖为润州。烈祖意求宣州，闻命不乐。宋齐邱曰："今三郎政乱败在朝夕，京口去淮南隔一水，若有变，必先知之，是天赞也。"①

落魄才子遇佳人的故事，广泛流传于各种杂史或者传奇话本之中，宋齐邱显贵之后，不忘报恩，也算有情有义之人。他得到李昇之重用，是不争之事实。当时李昇在徐温诸子中最有才能，但其身份却颇显尴尬，因为他是徐温的螟蛉子。甚至有大臣劝徐温除掉他。三郎徐知训是徐温亲生儿子中最有出息的，时时想谋害李昇。当时的政治格局中，李昇处于相当微妙而且十分复杂的境地。此时恰好出现了一位深于谋略的高手，李昇颇有刘备遇诸葛的感慨。后来政局的发展果然不出宋氏所料。宋齐邱的经历颇具传奇色彩，他有一篇《投姚洞天书》，可能是一残篇，文不长，兹录于下：

> 某学武无成，攻文失志，岁华蹭蹬，身事蹉跎。胸中之万仞青山，压低气宇；头上之一轮红日，烧尽风云。加以天步陵迟，皇纲废绝，四海渊黑，中原血红。挹飞苍走黄之辩，有出鬼没神之机。②

这是作者年少未仕之作，蹭蹬蹉跎，自是失意之时，加之"天步陵迟，皇纲废绝"，于国于己，皆前程无望。但是作者仍然十分自信，自诩胸有万仞青山，头顶一轮红日，所谓"挹飞苍走黄之辩，有出鬼没神之机"，颇有几分术士之风。这篇文章虽有残佚，但本身写得很有气势，又是精美的骈

---

① 《江南别录》，第7页。
② 董诰等：《全唐文》卷八七〇，上海古籍出版社，第4039页。

文，偶对工稳，富有文采。他后来就是经姚洞天推荐给李昪，成为李氏谋主的。

宋齐邱在当时也以文名于世，其著作《四库全书》存二种。一是《玉管照神局》三卷。《提要》称这部书："齐邱生五季傲扰之世，以权谲自喜，尤好术数，凡挟象纬青乌姑布壬遁之术居门下者，常数十辈，皆厚以资之。是书专论相术，疑即出其门下客所撰集，而假齐邱名以行世者也。"此书列于子部术数类，是一部相术之书。四库馆臣的评价可谓中肯。二是《化书》六卷，此书旧题《齐邱子》，《提要》认为此书作者为谭峭，由谭峭传给宋齐邱，齐邱夺为己作。提要云："书凡六篇，曰道化、术化、德化、仁化、食化、俭化。其说多本黄老道德之旨，文笔亦简劲奥质。"《全唐文》卷八七〇收录宋氏文章共四篇：《谏不朝群臣疏》、《投姚洞天书》、《齐邱子自序》、《仰山光涌长老塔铭》。

《齐邱子自序》是为《化书》作的序，此序是作者表白心迹的文章：

> 广平宋齐邱字子嵩，性佣，读书不知古今，然好属意于万物。万物有感于心者，必冥而通之，所以或得万物之情，或见变化之妙，遂著《化书》，以尽其道。凡六卷，百有十篇。……道不足化之为术，术不足化之为德，德不足化之为仁，仁不足化之为食，食不足化之为俭。食俭二化，其物甚卑，其名甚微，其教甚大，其化甚广。可以神道德，奋仁义，厚礼乐，诚忠信。噫！不知万物之化小人也，不知小人之化万物也。又不知小人之化《化书》也，不知《化书》之化小人也。化之道如此。是时大吴大和庚寅岁序。

此文作于吴大和二年（930），是齐邱备受徐知诰信任的时期的作品。文章俨然以一位当权者的口吻着笔，自诩"万物有感于心者，必冥而通之"，显然是自信满满的自期。作《化书》，有以上化下之意，代表朝廷的意志。齐邱以权术受知于南唐先主，成为徐知诰（李昪）的谋主，南唐的开国元勋。但有讽刺意义的是，这样一位富有谋略的智者，却没有看懂功高盖主的政治游戏规则，在先主驾崩之后，他的权势一度达到高峰。中主李璟将所有能够给予的极品头衔如太傅中书令、魏国公都加给了齐邱。以道家数术自诩的宋齐邱却未能效仿留侯张良功成身退，或许他还想辅佐中主完成统一大业，做一个名副其实的帝王之师。可惜壮志未酬，中主其实十分忌惮这位老臣，唯恐大权旁落，以一个没有多大说服力的图谋不轨的罪名，将其置于死地。据记载：

> 先主疾笃，诏（齐邱）还受顾命，托以后事。嗣主襟量仁懦，言
> 几玩狎，恭己无法，大失统御。或深居宫禁，全忘宵旰。齐邱每犯颜谏
> 正，陈以昧旦之道，驭朽之危。……自是左右侍从皆东宫白面少年。儒
> 流雅士，韩载熙之徒，多肆排毁，以先朝老臣终不为少主所用。

李昪对宋齐邱有知遇之恩，临终时又托以后事，又至垂暮之年，阴谋篡
权的可能性不大，显然因为他犯颜直谏触怒了不理国事的李璟，不排斥这一
偃老头，耳根不得清净，无疑又是一个冤屈的无头案。据说周世宗对手下群
臣说："朕与江南分义既定，然宋齐邱不死，殆难永保和好。"（《江南野史》
卷四）显然，作为敌对国家的北周，认为宋氏是他勘定江南的心腹之患。
由此亦可见李璟逼死宋氏，真是自毁长城。宋齐邱有着颇为传奇的政治生
涯，而又不得善终，但他在从政方面的作为和实绩，却使其成为江西政治文
化开始兴起的重要的标志性人物。在江西的历史中，宋齐邱头一个以士人的
身份而跻身宰相高位。虽然当时南唐还是一个偏安一隅的割据小国，但他的
示范意义以及蕴涵的江西文化开始起步的信息还是很有意义的。

王钦若、陈彭年、夏竦、晏殊四人中，陈彭年年龄最长，生于961年。
其次为王钦若，生于962年，再次为夏竦生于985年，晏殊生于991。陈彭
年和王钦若少年时生活在南唐，当时宋王朝尚未统一中国，算是江南遗民
了。陈彭年早年在南唐有大名，《宋史》本传载："年十三，著《皇纲论》
万言，为江左名辈所赏。唐主李煜闻之召入宫，令子仲宣与之游。金陵平，
彭年师事徐铉为文。"陈彭年的老师徐铉是当时南唐最有名的学者和文士，
史称："十岁能属文，不妄游处，与韩熙载齐名，江东谓之韩徐。"[1] 当时朝
廷诏令诰文多出其手。宋军围金陵之际，后主李煜束手无策，无奈只好派遣
忠心耿耿且又能言善辩的徐铉同李煜视为国师的道士鄱阳人周惟简，到宋军
营请求缓兵。徐铉面见宋太祖赵匡胤，慷慨陈词："李煜以小事大，未有过
失，奈何见伐？"小朝廷对强大的北宋王朝卑躬屈膝，纳土朝贡，唯恐得
罪，的确无甚过错。太祖的回答颇为耐人寻味："不须多言，江南亦有何
罪，但天下一家，卧榻之侧，岂容他人鼾睡乎！"[2] 这种强权逻辑建立在强

---

① 《宋史·徐铉传》。

② （宋）李焘：《续资治通鉴长编》卷一六，开宝八年。

大的军威之下，靠谋士的三寸不烂之舌，期望谈笑弭兵锋，自然只是传奇故事中的美好意愿而已，其实是无济于事的。最终束手无策的后主束手就擒，成了宋军的俘虏。徐铉随李煜觐见太祖，太祖厉声指责徐铉不逊，答道："臣为江南大臣，国亡罪当死，不当问其他。"太祖叹曰："忠臣也！事我当如李氏。"（《宋史》本传）入宋之后，徐铉仍历任要职。后来又随宋太宗转战南北，"军中书诏填委，铉援笔无滞，辞理精当，时论能之"。徐铉才高德劭，是当时士林中的一流人物。陈彭年在宋灭南唐之后，曾师事徐铉。这样的承传关系，一方面说明陈彭年后来以文章学问著称于世，由来有自；另一方面也说明彭年当时已有一定的名气，否则真想成为徐铉的学生也很不容易。

总之，南唐时期江西文化的初步兴起，无疑是北宋时期文化兴盛的准备时期。

第二节　北宋前期江西经济文化的兴起

北宋在荡平南唐的过程中，最激烈的战事发生在江州。开宝九年（976），金陵被宋军攻破之后，后主李煜被俘，威逼之下，亲手草就降书，命全境郡县投降。当时江州刺史奉命欲降，但是掌握兵权的州指挥使胡则（《宋史》作胡德）却要坚守江州城，并率兵攻陷州治，杀了刺史，并加固城池，全力防守。宋军攻城大将为以残忍著称的曹翰，史称："翰率兵攻之，凡五月而陷，屠城无噍类，杀兵八百。所略金帛以亿万计，伪言欲致庐山东林寺铁罗汉像五百头于京师，因调巨舰百艘，载所得以归。"[1] 江州数万民众残遭屠戮，其状惨绝人寰，"死者数万人，取其尸投井坎，皆填溢，馀悉弃江中"。如此残暴的屠杀，在整个宋朝统一过程中都是绝无仅有的。因这一事件，残暴的曹翰后来受到正直士人的谴责，如欧阳修《归田录》、司马光《涑水纪闻》中都予以激烈的批评。雄才大略的宋太祖没有惩戒曹翰，其实是对这种残暴行径的默许，其中亦有杀鸡儆猴的用意。宋朝虽然一鼓荡平南唐，但当时南方尚存一些割据政权，北方战事仍然时常发生，而且新征服的地方，仍有零星的反抗。如此残忍的屠城，虽然不是统治者的初衷，但发生之后，朝廷并未对主将进行处分。只是在两年后，即位不久的宋太宗为了抚慰民心，体现所谓的仁政，同时也是为了安定江州局势，发展当

---

① 《宋史·曹翰传》。

地的经济，下诏将官府掠夺或为他人非法侵占的土地房宅退还给合法的继承人：

> 初，曹翰屠江州，民无噍类，其田宅悉为江北贾人所占有。诏州长吏访民之乡里疏远亲属给还之。知州张霁受贾人赂，为隐蔽，不尽与民，民诉其事。戊寅，霁决杖流海岛。

张霁被责罚，"决杖流海岛"，这在当时是很重的处分。这当然还是主要做给百姓看的，当时江州属地百姓惨遭灭绝性的杀戮，田地房宅皆成为无主之物，当地自然不可能成为无人区，朝廷将田地房宅发还百姓也是北宋的所谓善政之一吧。皇帝没有责罚杀人如麻的曹翰，而是加强了这片后征服之地的政治控制。

宋朝接受唐朝败亡的教训，采取有力措施强化中央集权统治。建隆二年（961），宋太祖听从赵普的建议，演出了一出著名的杯酒释兵权的历史剧，罢宿将典禁卫，杜绝了强兵悍将随意拥兵叛乱的乱政。《续资治通鉴长编》卷二（建隆二年）有详尽的记载，兹录于下：

> 一日召赵普问曰："天下自唐季以来，数十年间帝王凡易八姓，战斗不息，生民涂地，其故何也？吾欲息天下之兵，为国家长久计，其道何如？"普曰："陛下之言及此，天地人神之福也。此非他故，方镇太重，君弱臣强而已。今所以治之，亦无他奇巧，惟稍夺其权，制其钱谷，收其精兵，则天下自安矣。"语未毕，上曰："卿勿复言，吾已喻矣。"时石守信、王审琦等皆上故人，各典禁卫，普数言于上，请授以他职，上不许，普乘间即言之。上曰："彼等必不吾叛，卿何忧？"普曰："臣亦不忧其叛也，然熟观数人者，皆非统御才，恐不能制伏其下，苟不能制伏其下，则军伍间万一有作孽者，彼临时亦不得自由耳。"上悟，于是召守信等饮，酒酣屏左右谓曰："我非尔曹之力不得至此，念尔曹之德无有穷尽。然天子亦大艰难，殊不若为节度使之乐，吾终夕未尝敢安枕而卧也。"守信等皆曰："何故？"上曰："是不难知矣，居此位者谁不欲为之？"守信等皆顿首曰："陛下何为出此言？今天命已定，谁敢复有异心？"上曰："不然，尔曹虽无异，其如麾下之人欲富贵者，一旦以黄袍加汝之身，汝虽欲不为，其可得乎？"皆顿首涕泣曰："臣等愚不及此，惟陛下哀矜指示可生之途。"上曰："人生如

白驹之过隙，所为好富贵者，不过欲多积金钱，厚自娱乐，使子孙无贫乏耳，尔曹何不释去兵权，出守大藩，择便好田宅市之，为子孙立永不可动之业，多置歌儿舞女日饮酒相欢以终其天年，我且与尔曹约婚姻，君臣之间无猜疑。上下相安，不亦善乎？"皆拜谢曰："陛下念臣等至此，所谓生死而肉骨也。"明日皆称疾请罢。

这便是杯酒释兵权的来历，雄才大略的宋太祖以禁卫军首领的身份，策动陈桥驿兵变，黄袍加身，而称帝之后又对禁卫军将领心存戒备，这是合乎情理的心态变化。他自然不希望这类事件重演，至于他对赵普所谓"战斗不息，生民涂地"，也不光是故作姿态的高调，这的确是他即位之后首先要考虑的问题，否则他便重蹈五代短命朝廷之覆辙。与石守信诸人的对话，很能表现宋太祖驾驭群臣的权术和精明，他说的话合情合理，又给众臣指出了一条君臣相安无事的最好出路。赵普提出的"稍夺其权，制其钱谷，收其精兵"的方略，朝廷逐一实施，极大地巩固了中央集权。除此之外，北宋开国君主在收回禁兵权力的基础上，确立了重文臣抑武将的政策，宋太祖曾说："五代方镇残虐，民受其祸，朕令选儒臣干事者百余，分治大藩，纵皆贪浊，亦未及武臣一人也。"[1] 鉴于五代纷乱不堪的局面，太祖赵匡胤有很清醒的认识，文臣纵然贪赃枉法，其危害不能与武臣拥兵割据相提并论。这一国策对北宋的文化发展有极重要的影响，《宋史·文苑传序》云：

> 自古创业垂统之君，即其一时之好尚，而一代之规模，可以豫知矣。艺祖革命，首用文吏而夺武臣之权，宋之尚文，端本乎此。太宗、真宗其在藩邸，已有好学之名，作其即位，弥文日增。自时厥后，子孙相承。上之为人君者，无不典学；下之为人臣者，自宰相以至令录，无不擢科，海内文士，彬彬辈出焉。

《宋史·太祖纪》赞曰也有类似的评论：

> 五季乱极，宋太祖起介胄之中，践九五之位，原其得国，视晋、汉、周亦岂甚相绝哉？及其发号施令，名藩大将，俯首听命，四方列国，次第削平，此非人力所易致也。建隆以来，释藩镇兵权，绳赃吏重

---

① 《续资治通鉴长编》卷一三。

法，以塞浊乱之源。州郡司牧，下至令录、幕职，躬自引对。务农兴学，慎罚薄敛，与世休息，迄于丕平。治定功成，制礼作乐。在位十有七年之间，而三百余载之基，传之子孙，世有典则。遂使三代而降，考论声明文物之治，道德仁义之风，宋于汉、唐，盖无让焉。

北宋皇帝重文抑武的政策，本是维护统治的重要措施，在客观上却起到了推动文化繁荣的作用。这一政策对南方地区的人文发展尤其明显。相对而言，宋朝南方地区文风较盛，由于科举制度到宋代臻于完善，弥封制和誊录制的施行，使得科举考试彰显公平，文风较盛的南方地区考取进士的人数逐渐高于北方士人。据乾隆《江西通志·选举志》载，整个唐代近 300 年的时间，江西考取进士的士人共 70 名。五代之时，进士明显增加，南唐开科的 20 年时间共考取进士 16 人。而有宋一代，江西成为科举人才盛极之地，与江浙数省同列，远远高于其他各省。从宋代建国之初，科举进士呈明显的直线上升态势。以陈彭年、王钦若和晏殊为例：陈彭年于雍熙二年（985）考取梁灏榜进士，该年度江西考取 9 人，朝廷录取进士 179 人。① 王钦若于淳化三年（992）考取孙何榜进士，江西考取 19 人，朝廷录取进士 302 人。值得注意的是该年宋太宗接受陈靖的意见，科举考试实行糊名制度：

> 上御崇政殿，覆试合格进士。先是，胡旦、苏易简、王世则、梁灏、陈尧叟皆以所试先进擢上第。由是士争习浮华，尚敏速，或一刻数诗，或一日十赋。将作监丞莆田陈靖上疏请糊名考校，以革其弊。上嘉纳之。于是，召两省三馆文学之士，始令糊名考校，第其优劣，以分等级。②

糊名制度是宋代科举改革最重要的内容，是朝廷极力保障科举制度在考试过程中的公平性举措，这对于世族势力相对弱势的江南尤其对江西这种后开发地区，具有重要意义。

晏殊于真宗景德二年（1005）中李迪榜进士，是年朝廷录取 246 人、江西考中 19 人。列表如下：

---

① 《续资治通鉴长编》卷二六："己未，上御崇政殿覆试礼部贡举人，得进士须城梁颢等百七十九人。"

② 《续资治通鉴长编》卷三三。

时　间	全国录取人数	江西录取人数
雍熙二年（985）	179	9
淳化三年（992）	302	20
景德二年（1005）	246	19

（以上资料均来源于《续资治通鉴长编》、乾隆《江西通志·选举志》）

可见北宋时期，在太宗、真宗二朝，江西的进士逐渐增多，这种趋势较为明显。仁宗天圣（1023—1032）以后，江西考取进士的人数呈直线上升之势。我们仅以欧阳修、王安石、曾巩为例：

时间	全国录取人数	江西录取人数	代表人物
天圣八年（1030）		19	欧阳修
庆历二年（1042）	359	43	王安石
嘉祐二年（1057）	388	38	曾巩

从上表可知，11 世纪中叶江西科举之盛已在全国处于领先水平。

江西科举的盛况与江西文化的兴盛，正好同步，或者说是文化兴盛的自然表征。在研究宋代江西文化之时，科举必然成为一个重要的衡量标尺。与本书相联系的时限尤可注意，在四重臣中最晚中进士的是晏殊，为 1005 年，尚比欧阳修要早 25 年。

据统计，北宋科举江西共录取进士 1729 名，占全国诸路进士总量 19066 名的 9.06%，而人才最盛时期是宋仁宗后期至北宋灭亡的这段时间，大约 70 年，考取进士 1161 名。[①] 差不多可以欧阳修主持嘉祐二年（1057）的进士考试为界，前期的进士基本上呈缓慢上升的态势，而后期的这段时期，呈现出井喷似的增长局面。这在全国亦为稀见的情况。而四重臣在朝廷的地位以及他们从政的示范作用，无疑对桑梓之地的江西士人产生了巨大的影响。

在太祖、太宗直至真宗三朝，士大夫中的南北之争，颇为激烈。北方士人主宰朝政的情形，似乎已经成为惯例。邵伯温《邵氏闻见录》卷一载："祖宗开国所用将相皆北人，太祖刻石禁中曰：'后世子孙无用南士作相，内臣主兵。'至真宗朝始用闽人，其刻不存矣。呜呼！以艺祖之明，其前知

---

① 参见《江西通志·北宋卷》第八章的统计材料，江西人民出版社 2008 年版。

也。汉高祖谓吴王濞曰'后五十年东南有乱者，非汝耶？然天下一家，慎无反。'已而果然，艺祖亦云。"① 邵氏此言正史不载，但散见于宋代多种士人笔记之中。邵伯温是王安石变法的强烈反对者，他引用太祖不用南士为相的言论，无疑有影射王安石为相的用意。似乎宋太祖有先见之明，就像汉高祖已经预料刘濞将来谋反一样，预料南士王安石为相必然败坏朝政。邵伯温这种南北党派偏见，其实不值得辩驳，从正史的角度来看，太祖刻石告诫后世君主不用南人作相，未必属实。但在太祖、太宗两朝的执政大臣几乎是清一色的北方士人，则是事实。即使在真宗朝，北方士人仍然在朝廷之中占主导性地位，只是南方士人通过科举之路，凭借自己的才学和能力逐渐走向权力的金字塔尖，成为执政大臣。当年晏殊应神童试，真宗赐其同进士出身，当朝宰相北方士人寇准劝阻真宗说："殊江外人。"所谓江外人，即是长江以南人。寇准不赞同真宗赐晏殊进士，并非晏殊才疏学浅，力所不逮，而仅仅因为他是南方人。所幸真宗的地域观念并非像寇准那样偏颇，反驳说："张九龄非外江人邪？"②

北宋一朝，南方士人逐渐走上政坛，真宗朝的王钦若拜相是一个重要的象征。真宗朝后，四重臣外，赣籍人士在政坛上相当活跃，执政大臣代不乏人，以下据《宋史》略作介绍：

> 李谘（968—1036），字仲询，新喻人。为唐代赵国公李峘之后，李峘贬死袁州，遂为新喻人。李谘早年以孝道闻于世，父亲李文捷曾逐出其母，李谘日夜号泣，食饮不入口，其父怜之，迎还其母。真宗朝举进士，殿试时，皇帝顾左右大臣曰："是能安其亲者？"擢为第三人。除大理评事，通判舒州，又擢知制诰。在此任上，因不满上司寇准屡次改动所撰制辞，上疏请求外放。当时恰逢翰林院缺学士，皇帝点名他擢为翰林学士。

在仁宗朝，李谘仕途顺利，历任权知开封府，权三司使等要职。三司使是掌管朝廷经济的重要职务，李谘着力解决当时朝廷冗费问题，曾上疏：

> 天下赋调有定，今西北寝兵且二十年，而边馈如故。戍兵虽未可

---

① 《邵氏闻见录》卷一，《四库全书》文渊阁本。

② 《宋史·晏殊传》。

减，其末作浮费非本务者，宜一切裁损以厚下。[①]

　　冗兵冗费是北宋时期国家财政面临的巨大问题，冗费的根本原因是冗兵。西北边境20余年没有边事，朝廷费用仍然不减。兵员虽然不减，但是日常开支与战争期间的开支还是应该有区别的。这个疏议得到朝廷重视，立即诏令李谘与刘筠同议冗费之事。又当时陕西边境驻军数言供给不足，国家拨付的钱不足以支付月奉钱。章献太后命李谘会同吕夷简诸人，一同筹划此事。李谘认为这件事是因不法商人牟取暴利所致，说商人"出钱十四文，坐得三司钱百文"。如此暴利，自然入不敷出。为此，他建议实钱入粟，实钱售茶，使钱与粟、茶三者，不能相互比价，杜绝商人的过度投机行为。因为李谘的变法力度伤害了部分既得利益者，遭致谤怨四起，遂请离朝任职州郡。曾知洪州、杭州，永兴军。所到之处，执法严明，境内肃然。后进礼部侍郎，拜枢密副使，又知院事，成为执政大臣。史称："谘性明辨，周知世务，其处烦猝，常若闲暇，吏不敢欺。在枢府，专务革滥赏，抑侥幸，人以为称职。"

　　在仁宗朝，江西人士晏殊、陈执中、刘沆先后拜相，晏殊后面我们会重点评述。现介绍陈执中和刘沆。

　　陈执中（990—1059），字昭誉，南昌人，其父陈恕在太宗朝官至参知政事。因父恩荫官秘书省正字，知梧州。上《复古要道》三篇，受真宗赏识，召见之。当时真宗年事已高，尚未立太子，群臣不敢上疏劝立储。执中趁召见之时，请求真宗建储立嗣，得到群臣响应，真宗纳之而立太子。执中遂迁右正言。后因判进士卷讹误而贬官，曾通判抚州。后复右正言。因得罪曹利用出知汉阳军。曹利用有罪，执中返朝，此后便一帆风顺，累居要职，先后拜参知政事、同中书门下平章事、枢密使，可谓位极人臣。

　　陈执中的主要政绩，据《宋史》本传，在同知枢密院任内，为抵御李元昊，上攻守方略，指出："今贼势方张，宜静守以骄其志，蓄锐以挫其锋，增土兵以备守御，省骑卒以减转饟，然后徐议荡平。"主张以静制劫，反对盲目出兵。后来又平息沂卒王伦反叛，召拜参知政事（1044）。次年，拜同中书门下平章事，兼枢密使，成为当时职务最高的官员。皇祐元年（1049），因足疾辞职，以兵部尚书出知陈州，适逢商胡河决堤，洪水威胁大名府，执中调集丁夫，筑堤20余里，遮挡洪水溃堤。又以吏部尚书复拜

　　① 《宋史·李谘传》。以下相关李谘的记载，皆出自此书。

同平章事。在中书任职期间，史称："每朝退，闭中书东便门，以防漏泄。三司勾当公事，及监场务官，权势所引者，皆奏罢之，内外为之肃然。"又称："执中在中书八年，人莫敢干以私，四方问遗不及门。"按照现在的说法，身为朝廷最高官吏的宰相十分慎重严谨，口风很紧，严守内阁机密，更为难得的是拒绝权贵援引重要部门的官吏，如管理经济的部门三司的官吏，还有位高权重的监察部门的官员，只要是权势所推举，悉皆罢免。在政府中枢机关，掌权八年，没有人敢在他面前谋私利，地方官吏也不敢送礼与他套近乎。即使他的女婿求官亦被其严词拒绝，这在吏治较为清明的北宋，也算得上一位清正廉洁的大臣。

刘沆（995—1060），字冲之，吉州永新县人。天圣八年（1030）始擢进士第二，任大理评事通判舒州。州有重大案件，几年难以结案，刘沆数日判决结案，显示出过人的行政能力。章献太后建资圣浮图，内侍张怀信挟诏命，督役严峻，州将至移疾不敢出，其他官员慑于内侍权势不敢上报。刘沆察其弊，上奏朝廷，罢张怀信之职。刘沆知衡州，当地有大姓尹氏，伪造卖券，夺邻居孤子田产。孤子诉于州县，由于官吏庇护，竟20年不得申。刘沆至，秉公直断，尹氏伏罪。刘沆在衡州修建石鼓书院，并奏其故事于朝廷，宋仁宗赐额，石鼓书院由此步入鼎盛时期，成为北宋四大书院之一。刘沆明敏善辩，权知开封府时，多次揭发隐伏的奸佞邪恶，朝中权臣、近臣都对他敬畏。皇祐三年刘沆为参知政事，遇利害辄廷议，多所救正。至和元年宰相梁适被罢，八月刘沆入相，嘉祐元年十二月罢相。刘沆为相期间，敢于起用贤人，救正时弊。时中书省任官多近臣举荐，刘沆陈其三弊：近臣保荐，多出私门，辟请皆浮薄权豪之流；近臣陈丐亲属，求近地，求京官，不愿去边远之地；叙劳干进，以法则轻，以例则厚，持政不平。并请罢之。至和元年七月欧阳修被谗出守，时为参知政事的刘沆乞留修，八月丙午，刘沆拜相，荐修与宋祁同修《新唐书》，留修为翰林学士。刘沆为相引富弼共同主政，勉其大展经纶，弼终身感激。文彦博、富弼复相后，刘沆居执政大臣之首，与文、富同心辅政。仁宗病甚，刘沆与文彦博、富弼留宿禁中，每日至寝殿见帝，病愈始止。时英宗未立，刘沆与大臣请立太子，以定国本而安群志。刘沆去世，仁宗御书"思贤之碑"，亲为挽诗，用"立朝无党势，为国尽公忠"来评价刘沆，表彰其公正忠直。

从唐朝后期开始，江南的社会经济逐渐超过北方，江西的开发也在此时加速，经过五代的积蓄，到了宋代，江西已经成为经济发达、人口繁庶的地区。这首先表现在行政区域的增加上。唐代江西共有八州三十七县，宋代江西经济水平大幅提高，有的地方人口、经济迅速膨胀，原先的行政区划运转不周，于是在唐代基础上增设了 31 个县，北宋江西共有九州四军六十八县。人口增加是古代社会经济发展的重要标志，据《太平寰宇记》、《元丰九域志》载，北宋初年，江西地区总户数为 667776，元丰三年为 1737732 户，崇宁元年达到了 2025655 户，绍兴三十二年为 2224491 户，嘉定十六年为 2620208 户。宋代江西人口一直呈增长态势，其中速度最快的是北宋前期，元丰三年户数比北宋初户数净增 100 多万。户口的增加是经济发展的结果，反过来也会促进经济的发展。户口的增加为当时社会生产的各个部门提供了充分的劳动力，使更多的地区得到开发，经济发展更快。江西的物产素来丰富，稻米、油茶、茶叶、纸张、陶瓷、铜铅、苎麻、柑橘、木竹等在全国占有重要地位。江西北部有鄱阳湖平原，赣、信、都、抚、修五大河流的中下游也有一定面积的平原，这些平原面积较大，土地肥沃，灌溉便利，是水稻的主产区。加上人口增加，农业劳动力充足，大量的山地与低丘得到开垦，神宗元丰年间，宋代江西的粮食种植面积达到了 45046689 亩，居全国之冠，相应的粮食产量也占全国重要位置。沈括在《梦溪笔谈》记载："发运司岁供京师米以六百万石为额：淮南一百三十万石，江南东路九十九万一千一百石，江南西路一百二十万八千九百石，荆湖南路六十五万石，荆湖北路三十五万石，两浙路一百五十万石。通徐羡岁入六百二十万石。"此时不包括江、饶、信州及南康军的江南西路之漕粮就居第三位。吴曾《能改斋漫录》中说："本朝东南岁漕米六百万石，江西居三分之一，天下漕米取于东南，东南之米多取于江西，是宋代江西漕运，盖二百万石也。"茶叶是江西最重要的经济作物，江西境内山丘较多，地形崎岖，土坡呈酸性，不适宜大规模的耕作农业，却十分适合茶树的生长。《宋史·食货志》载宋代产茶地有三十七州五军，而江南有十州五军，江西有江、饶、信、洪、抚、筠、袁七州及临江、建昌、南康三军，占十处，为江南的三分之二、全国的近三成。江西的茶叶产量很大，北宋每年茶课 2306 万斤，江西地区近 685 万斤，占总课数的三成，居全国第一。江西矿藏丰富，鄱阳、德兴、浮梁、贵溪、南康、抚州、袁州、瑞金等地多金；德兴、上饶、铅山、弋阳、贵溪、赣县、于都、瑞金、大庾、南丰、南城、委源、金溪等地多银；余干、鄱阳、德兴、乐平、铅山、弋阳、上饶、玉山、贵溪、分宜、安福、万安、吉水、庐陵、太和、永新、新建、进贤、德安、德化、上饶、抚州、虔州等地多铁；宁都、会昌、南康、大皮、上犹等地多锡；德兴、铅山、弋阳、南康县、大庾、瑞金、吉州、饶州等地多铜。宋代东南有三大铜场，江西信州铅山场是其中之一，北宋初每年产铜 38 万斤。北宋时铅山产铅达 285690 斤，占全国的 60%。此外北宋江西的陶瓷、制纸、麻纺等手工业在全国也有一定的知名度。农业、手工业发展促进了商业的繁荣。宋代江西豫章、浔阳，既是政治、军事重镇，又是重要的商业都会。景德镇产名茶和陶瓷，商业盛况空前。樟树制药业发展起来，吴城的商业贸易也很活跃。其他地方的商品经济也方兴未艾。经济的发展为北宋江西文化的繁荣打下了坚实的基础。

　　江西文化在北宋时的极盛时期是在欧阳修以后的仁宗后期至神宗时期，包括科举之盛况官员的地位北宋江西教育水平位列全国前位。江西州县学经过庆历和熙宁两次兴学激发，发展迅猛，崇宁之前江西建学之县达到 60 个，其中规模庞大者众，县学规模动辄数十百人，吉州州学庆历时来学者就达三百余人，饶州州学的生员在庆历时达到千人以上，信州州学在元丰时期达到了 700 余人。与此同时，江西书院的发展也极为兴盛，北宋江西书院 23 所，远远超出其他同级行政单位的书院数量。北宋江西书院声著者众，白鹿洞书院、南城盱江书院、雷塘书院、华林书院在当时闻名天下，不仅教化了众多的本土士人，四方来学者不断。教育的发达提升了文教水平，极大地促进了江西文化的发展，其功德在北宋中后期开始显现。北宋江西进士达到了 1742 人，其中绝大多数是庆历以后登第的。在此期间，陈执中、刘沆、王安石三人相继登上相位，欧阳修为参知政事，王韶为枢密副使。江西文学也在此时进入全盛阶段，诗文词领域的大家不断涌出，如欧阳修、李觏、王安石、刘敞、曾巩、黄庭坚、晏几道等，他们对诗文词等文体贡献巨大。江西常常出现一门能文的盛事，据统计，两宋江西文学家族共 58 家，其中北宋 23 家。著名的"清江三孔"、曾巩家族、王安石家族、黄庭坚家族活跃在北宋中期以后的文坛。

第二章　陈彭年事迹述略

第一节　陈彭年生平事迹

陈彭年，字永年，北宋南城人（今江西南城县），生于宋太宗建隆二年（961），卒于真宗天禧元年（1017）。《宋史》卷二八七有传：

> 陈彭年，字永年，抚州南城人。父省躬，鹿邑令。彭年幼好学，母惟一子，爱之，禁其夜读书。彭年篝灯密室，不令母知。年十三，著《皇纲论》万余言，为江左名辈所赏。唐主李煜闻之，召入官，令子仲宣与之游。

陈彭年勤奋好学，早有文名，13 岁所著《皇纲论》万余言，为当时江左名人赏识，以至于后主李煜将他召入宫中，与皇子交往。南唐亡于 975 年，当时彭年 15 岁。他在南唐名声早著，也不过只有两三年时间，对于他在南唐的事迹我们仅仅知道这些。可能因为名声早著，后来他有机会随徐铉学习文章。徐氏为南唐重臣，入宋后仍然官居显要。他是宋初最卓越的学者之一，曾整理校订《说文解字》，以精审著称于世。陈彭年早年追随徐铉学习文字学的经历，为他后来主持修订《广韵》奠定了良好的学术功底。徐铉（917—992）入宋后生活了 17 年，我们已经无法知道彭年哪年跟随徐铉学习，也不知道一共学习多少年。大概是南唐灭亡后来的几年，徐铉曾隐居于南昌的西山，陈彭年作为赣人此时应该有机会向徐铉学习。徐铉入宋为官，年轻的陈彭年也追随其师的步踵，参加了宋代的科举考试。太平兴国年间，弱冠之年才华出众的陈氏便跃跃欲试，期望场屋得意。但好事多磨，因其诗赋之中有嘲讽之语，知贡举的宋白素不喜欢南方人，以轻佻之名将其黜落。[①]雍熙二年（985），第三次参加考试，终于进士及第，这年他才 25 岁。

---

① 《宋史·宋白传》载："陈彭年举进士，轻俊喜嘲谤，白恶其为人，黜落之。彭年憾焉，后居近侍为贡举条制，多所关防，盖为白设也。"

　　从他中进士进入官场，直到 57 岁那年去世，宦海浮沉，虽说有起伏波折，但总的来说还是仕途顺达，高居要职。在太宗朝，只做过州县的小官。初任江陵府（今湖北江陵县）司理参军，因监刑场处决死囚，临场畏惧，调任江陵主簿。历任澧、怀二州推官。在怀州时，深为知州乔惟岳倚重，乔氏是他在仕途中相遇的第一位贵人。后来御史中丞王化基荐其才，改任卫尉寺丞，这是他最初出任朝官，虽然官职很小，但终是朝官，为尔后的仕途顺达奠定了基础。后升秘书郎，为大理寺详断官，后因事被株连出监湖州（今浙江湖州市）盐税，不久又因丁忧免职。彭年家境贫寒，又沉沦下僚，故免职期间生活窘迫，只得靠仆人外出帮工或做买卖来接济生活，勉强度日。真宗即位（998），复出为秘书郎，当时乔惟岳改知海州等地，上表朝廷请求让彭年随任通判州事，后来又随乔氏通判苏州、寿州。自此以后，他在仕进之路开始显得平坦顺畅，可谓顺风顺水，主要原因是真宗对他的赏识，皇帝的宠信无疑是他仕宦生涯中最重要的"贵人"。

　　咸平四年（1001），彭年知金州，官职上了一个台阶，更有机会展示才华了，著长疏上朝廷论治国之道，认为"事有虽小而可以建大功，理有虽近而可以为远计者，其事有五：一曰置谏官，二曰择法吏，三曰简格令，四曰省冗员，五曰行公举。此五者实经世之要道，致治之坦途也"。此文围绕这五条治国之要反复论述，言辞剀切，颇中肯綮，表现出作者卓越的政治见解。此疏得到真宗的高度重视，诏令朝臣冯拯、陈尧叟针对此疏所提出的问题详细审议，有些建议立即得到响应，如真宗诏令辅臣宜选忠直之士为谏官；有些建议未能实施，却成为有宋一代的政治顽疾，如冗员问题，始终无法解决。① 这篇疏文还显示出卓越的文学才能。孔子说："言之不文，行而不远"，皇帝对此疏的重视与其富赡的文采有必然关系，如文章结尾数句：

　　　　以陛下之德跨越古先，诚宜鄙晋魏，高光而独出。行清净神明之化，恢仁义慈俭之风。然后舞干戚以为甲兵，画衣冠以为刑辟，建明堂而朝万国，登岱宗而礼百神，则天下之民无声而应，海外之俗不召而来矣。

　　文章写得甚有气势，冠冕堂皇，虽是套话，却也文采斐然，足以显示其政治见识和文学才华。由于才华出众，自然受到皇帝的重视，于是有机会回

───────────

① 《续资治通鉴长编》卷四八（咸平四年）。

朝任职，并顺利晋升，仕途一帆风顺。景德初年，返朝直秘阁，重臣杜镐、刁衎荐其博洽，任命直史馆兼崇文院检讨，又代潘慎修任起居注。起居注一职，属于皇帝近臣，多为文采卓著、颇具史识之士。陈氏当时以才学闻名于世，据《宋史》本传记载所著文集百余卷，现均已散佚，但是在许多史料中保存了不少文章和诗赋之作。比如《续资治通鉴长编》、《宋史》便记载了陈氏的奏议和辞赋作品。如景德初入朝所作《大宝箴》：

二仪之内，最灵者人，生民之中，至大者君。民既可畏，天亦无亲。所辅者德，所归者仁。恭己御下，辉光益新。载籍斯在，谋猷备陈。

内绥万姓，外抚百蛮。治乱所始，言动之间。观之则易，处之甚难。由是先哲，喻彼投艰。苟能虑未，乃可防闲。审求逆耳，无恶犯颜。

既庶而富，教化乃施。慈俭之政，富庶之基。鳏寡孤独，人之所悲。发号施令，宜先及之。黄发鲐背，心实多知。左右侍从，何尚于兹。

瞻言百辟，咸代天工。觉无虚授，可建大中。克彰慎柬，惟藉至公。知人则哲，听德则聪。才固难备，德亦少同。葑菲罔舍，杞梓乃充。

不扶自直，惟蓬在麻；非拣莫见，惟金在沙。参备顾问，必辨忠邪。献替以正，裨益无涯。自匪草泽，亦有国华。访此髦士，可拒朋家。

三章之立，庶民作程。钦哉恤哉，可以措刑。七代之建，奸孽是平。本仁本义，可以弭兵。是为齐礼，亦曰好生。有教无类，自诚而明。

宗庙社稷，飨之以恭。宫室苑囿，诫之在丰。春搜秋狝，不废三农。击石拊石，用格神宗。使人以悦，乃克成功。治国以政，罔或不从。

济济多士，用之有光。硁硁小器，谋之弗臧。忠言致益，岂让膏粱。六艺为乐，宁后笙簧。任贤勿贰，尧所以昌。改过不吝，汤所以王。

六合至广，万汇攸多。风俗靡一，嗜欲相摩。如驭朽索，若防决河。左契斯执，六辔遂和。导之以德，民免婴罗。不懈于位，俗乃偃戈。

　　先王之训，罔不咸然。吾君之治，亦取斯焉。小心翼翼，终日乾乾。三灵降鉴，百禄无愆。由兹率土，永戴光天。巍巍洪业，亿万斯年。

　　这是典型的庙堂颂诗，虽然从文学方面进行评价，仅仅是一种缺乏创作个性的文体类型。这一文体用的是最为古老的四言诗体，文字典雅，富丽堂皇，一片皇恩浩荡的颂圣之词，最后归结为"巍巍洪业，亿万斯年"，都是这类作品三呼万岁的陈词滥调，缺乏的是个性和个人的私情。但是要写好这类箴铭，着实不容易，看似千篇一律的颂圣之词，其实词语的变化，修辞的精审，都显示出作者深厚的文字功力和渊博的学识涵养。而且有幸写这类的作品的人，必然是朝廷中能文之士。这类作品文学史一般都忽略不计，但在正史的《乐志》中占有重要的地位，是朝廷祭祀天地、祭拜祖先、朝飨群臣等重要礼仪活动中，必用的音律歌词。不久因其有史才，参与编修《册府元龟》。这部朝廷主持编修的大书，一时间集聚了当时朝廷著名的学者，如钱惟演、刘筠、杨亿等，主修者则为当时担任宰相的王钦若。《册府元龟》初名《历代君臣事迹》，真宗于景德二年（1005）九月下诏王钦若、杨亿等修历代君臣事迹，历时八年，至大中祥符六年（1013）八月书成。这部卷帙巨大的类书，共有1000卷，分31部1116门，在北宋四大书（《太平御览》、《文苑英华》、《太平广记》及《册府元龟》）中篇幅最为浩大。宋真宗特别重视编书之事，书成曾为其作序："粤自正统，至于闰位，君臣善迹，邦家美政，礼乐沿革，法令宽猛，官师议论，多士名行，靡不具载，用存典刑。凡勒成一千一百四门，门有小序，述其指归。全书分为三十一部，部有总序，言其经制，凡一千卷。"《册府元龟》是一部政治类书，内容十分广泛，包括了北宋之前的史料，其中收载的唐朝、五代实录史料尤为丰富，是宋代史学书籍中的重要著作。陈彭年大约有三年时间是在修书过程中度过的。三年后，迁右正言，这是宋人特别重视的谏官，侍从皇帝，常备顾问，是极清要的官职，宋代谏官较容易受到重视，逐渐走上权力的巅峰，成为朝廷重臣。

　　任职期间曾与晁迥同知贡举，后又与戚纶详定科举考试条式。宋代科举考试公认是中国历史上最公平、最严格的考试。从唐代不完善的科举考试到宋代相当严格的考试有一个逐渐完善的过程，在这一过程中，陈彭年起了重要作用，史称：

初，陈彭年举进士，轻俊，喜谤主司。宋白知贡举，恶其为人，黜落之。彭年憾焉，于是更定条制，多因白旧事，而设关防，所取士不复拣择文行，止较一日之艺，虽杜绝请托，然置甲等者，或非人望，自彭年始也。①

任何考试都不可能完美无缺，相对而言，严厉的考试程序是保证考试公平的最重要的关口，如果这一关口失控便无公平可言，再好的设计都没有程序保证。宋白知贡举，主持礼部考试时，对已经小有名气的举子陈彭年颇为厌恶，不顾考试成绩而加以黜落，使本来自以为文采出众、取功名如探囊取物的陈彭年颇有挫折感，所以有机会参与修订朝廷的考试规则时，他不会忘记落榜时黯然神伤的失败感，还有寒士被黜的凄凉感。所以在制定考试规则时取消了"拣择文行"的主观标准。这颇似现在高考加分的条例，得到省一级以上的优秀学生或班干部可以加上 20 分，足可以改变普通考生的名次。这类加分受到社会的普遍质疑，认为这一主观人为的标准，使得有权势者可以上下其手，是对普通考生的极大不公。而同样，如果纯粹以一考定终身，看似公平，但也有其弊病，一些优秀考生因为考试不利而有可能失去深造机会。陈彭年文采过人，考取进士不在话下，更定考试规则，自然重视科场的考试结果，所以严格考试，以考试成绩来定录取。所谓"止较一日之艺"，杜绝了请托，当然也会出现"置甲第等者，或非人望"的情景。宋太宗淳化三年（992）朝廷即实行糊名考校之法，沿用至景德四年（1007），堪堪过去 15 年，糊名法是公平而严厉的考试规则，杜绝了徇情妄取的请托之弊，维护了国家最重要考试的公正性。但是主考官取舍的随意性并未完全制约，陈彭年对科场的改革，在于完全尊重考试的评定成绩，考官的主观意志完全被摒弃。后来中下层文士显然是这一政策的受益者。如，欧阳修知贡举将苏轼、苏辙录取，当时两兄弟并非著名人物，而纯粹是因为他们的考试成绩。欧阳修在批阅苏轼的策论试卷《刑赏忠厚之至论》时，叹服其文采出众，以为是自己的门生曾巩所撰，为了避嫌，将其置于第二名。这件事说明完全以试卷成绩决定举子的录取与否，是北宋科举制度的重大改革，为广大寒门子弟走上仕途开辟了道路。到了真宗大中祥符四年（1011），科举制度更加完善，史载：

---

① 《续资治通鉴长编》卷六七，景德四年。

新定条制：举人纳试卷，内臣收之。先付编排官，去其卷首乡贯，状以字号第之，付弥封官誊写校勘，用御书院印，始付考官定等，讫复弥封送覆考官再定等。编排官阅其同异，未同者再考之，如复不同，即以相附近者为定。始取乡贯状字号合之，乃第其姓名、差次，并试卷以闻，遂临轩唱第。其考第之制：学识优长，词理精绝为第一等；才思该通，文理周密，为第二等；文理俱通，为第三等；文理中平，为第四等；文理疏浅，为第五等。自余率如贡院。①

　　规定一、二等为及第，三等为出身，四、五两等为同出身。分成三个等级，自然待遇不一样，同出身的进士，规定"凡赐同出身者并令守选，循用常调，以示甄别"（《宋史·选举志上》），也就是说，同出身的进士还必须参加有司的选调才能任职为实官，中间要经过相关的培训，犹如现今大学教师的职业培训，有博士学位者可以不通过培训获得教师资格证，而只有硕士学位者则要通过培训才能获得教师资格。朝廷还明文规定：

　　馆阁、台省官，有请属举人者密以闻，隐匿不告者论罪。仍诏诸王、公主、近臣，毋得以下第亲族宾客求赐科名。（《宋史·选举志上》）

　　在制度预设方面，考虑非常周全仔细，采取一系列的措施，目的是维护国家考试的权威性和公正性，选拔真正优秀的人才进入政府部门。

　　科举制度的相对完善和公平，带来的直接效果是其对普通士人的激励作用。魏晋六朝以来的门阀制度直到北宋时才真正被打破，学而优则仕从此才真正成为士人遵奉的金科玉律。大批出身中下层的士人，有机会通过苦读考取功名，从而走向仕途，不断晋升，谋求富贵。江西原本远离政治中心，又是后发展地区，从来就不是门阀世族聚集的地方，文化也是后发地区，宋代江西文化的兴起及科举之盛，与这种考试公平有必然的联系。

　　北宋历代皇帝，重视文臣，施行崇文抑武的国策，欧阳修在《归田录》中曾载：

　　太祖建隆六年，将议改元，语宰相勿用前世旧号，于是改元乾德。

---

① 《续资治通鉴长编》卷七六，大中祥符四年。

其后因于禁中见内人镜背有乾德之号，以问学士陶谷。谷曰："此伪蜀时年号也。"因问内人，乃是故蜀王时人。太祖由是益重儒士，而叹宰相寡闻也。（《归田录》上）

宋太祖行伍出身，但他尊重文士，并将其作为治国的重要方略，这显示出这位皇帝的雄才大略，也是宋代享祚较长的重要原因。后来的继承者，不管政绩如何，崇文抑武的国策始终不渝。真宗也是这样一位皇帝，史载：

龙图阁直学士陈彭年因奏对，上谓之曰："儒术污隆，其应实大，国家崇替，何莫由斯？故秦衰则经籍道息，汉盛则学校兴行。其后命历迭改，而风教一揆。有唐文物最盛，朱梁而下，王风寖微，太祖太宗，丕变敝俗，崇尚斯文。朕获绍先业，谨遵圣训，礼乐交举，儒术化成，实二后垂裕之所致也。为君之难，由乎听受，臣之不易，在乎忠直。其君以宽大接下，臣以诚明奉上，君臣之心，皆归于正，直道而行，至公相遇，此天下之达理，先王之成宪，犹指诸掌，孰谓难哉？"彭年曰："陛下圣言精诣，足使天下知训，伏愿躬演睿思，著之篇翰。"顷之上出二论示彭年，彭年复请示辅臣旦等，因请赴国子监刻石，从之。①

我们现在已经无法得知陈彭年奏对的内容，可能是因皇帝之命上疏讨论儒术教化之事，真宗见到他的奏章之后，说了大段有关文治教化与时代的兴盛衰败息息相关的言论，并引申出为君不易为臣亦难的道理。大力提倡儒术经籍学校礼乐，都是崇尚斯文的表征。真宗出示二论即《崇儒术》和《为君难为臣不易》，彭年请皇帝颁示给宰相王旦等大臣，并镌刻于国子监。从中可见真宗与陈彭年群臣关系相得，次年：

以右谏议大夫龙图阁直学士陈彭年为翰林学士，学士兼职自此始。甲戌，上作歌赐彭年，因谓向敏中等曰："顷命学士罕曾赐歌诗，彭年不同他人，故有是作。"因曰："彭年词笔优长，擢居清近，久益谨密，多闻好学，人鲜偕者，平居日写万余言，复精详典礼，深明法令。人或请益，应答如流，皆有依据。常令检讨典故，质正文义，每一事必具载经史子集，所出备而后已。自非强记，何由至此？"敏中曰："彭年兼

---

① 《续资治通鉴长编》卷七九，大中祥符五年。

有器识。"丁谓曰："彭年全才也，岂止以文雅雍容侍从，至如参酌时务，详求物理皆出人意表。"上然之，因曰："详定所事无大小，皆俟彭年裁制而后定，此一司不可废也。"①

以龙图阁直学士充翰林院学士又兼知制诰，都是文臣中的要职。从真宗与向敏中和丁谓的对话中亦可看出皇帝对陈彭年的器重。擢拔他任翰林学士，皇帝亲自作歌赐之，又大肆赞扬他博闻强记。朝廷遇到的礼制礼法的疑难问题，多由彭年解答释难。如：

> 昭德军度使信都安简王德彝卒，德彝娶王显孙，既纳采，而女未归也。上疑其礼，以问翰林学士陈彭年。彭年曰："按礼：娶女有吉日，而女死，婿服齐衰而吊，既葬而除之。今请女服斩衰于室既葬而除之。"上然之。

皇室成员信都王赵德彝与王显孙女订婚，下了彩礼，而尚未出嫁，赵德彝去世。皇室成员去世是朝廷大事，礼仪便是大问题，这位女子名义已是信都王的妻子，她要不要服丧？皇帝都犯难了，拿不准主意。只有请教深谙朝廷礼仪的陈彭年了，陈氏的主意显然深得皇帝的认同。这一方面顾及了皇室的面子，又不过于为难这位未嫁的女子，真可谓合情合理。"既葬而除之"，无疑是一个非常人性化的服丧方式。在皇室处于无限强势的帝制时代，考虑到绝对弱势的女性个体利益，值得称道。难怪真宗认可这一方式。

大中祥符九年九月，陈彭年以翰林学士拜刑部侍郎，并入阁任参知政事，成为执政的重臣。在内阁任职期间，劳累过度，积劳成疾：

> 及升内阁，李宗谔、杨亿皆在后。宗谔卒，亿病退，而彭年专任矣。事务既丛，形神皆耗，遂举止失措，颠倒冠服，家人有不记其名者。

当时三人任参知政事，而只有彭年一人当值专任，任职不到半年便病倒了：

---

① 《续资治通鉴长编》卷八〇，大中祥符六年。

退就中书阁中如厕，眩仆，肩舆还家。遣中使挟医诊疗，旦夕存
问。进兵部侍郎，表求罢奉，不许。二月卒，年五十七岁。真宗亲临，
涕泗久之。又睹所居陋弊，叹息数四。废朝，赠右仆射，谥曰文
僖。……真宗前后赐彭年御制歌诗凡六篇。彭年性敏给，博闻强记，慕
唐四子为文，体制繁靡。贵至通显，奉养无异贫约。所得奉赐，惟市书
籍。……朝廷典礼，无不参预。其仪制沿革，刑名之学，皆所详练，若
前世所未有，必推引依据以成就之。故时政大小，日有咨访，应答该
辩，一无碍滞，皆与真宗意谐。（《宋史》本传）

病倒中书内阁，可谓勤勉政事。真宗亲临祭悼，可谓君臣相得。殁后家
无余财，可谓廉洁奉公。精熟典章制度，可谓博学多才。

据《宋史·毕士安传》（卷二八一）载，陈彭年与王禹偁皆为当时重臣
毕士安的门生。毕士安历任宰相之职，深得真宗器重，本传言：

士安端方沉雅，有清识酝藉，美风采，善谈吐，所至以严正称。年
耆目眊，读书不辍，手自雠校，或亲缮写，又精意词翰，有文集三十
卷。尝谓人曰："仆仕宦无赫赫之誉，但力自规检，庶几寡过尔。"凡
交游无党援，唯王佑、吕端见引重，王旦、寇准、杨亿相友善，王禹
偁、陈彭年皆门人也。

士安官高位显，学识渊博，品德高尚，又是当时著名的文臣。真宗对其
学问道德颇多赞誉，史称：

士安没后，真宗谓寇准等曰："毕士安善人也，事朕南府东宫，以
至辅相，饬躬慎行，有古人之风，遽此沦没，深可悼惜。"及王旦为
相，面奏陛下前，称"毕士安清慎如古人，在位闻之感叹，仕至辅相，
而四方无田园居第，没未终丧，家用已屈，真不负陛下所知。然使其家
假贷为生，宜有以周之者。"

贵为宰相，家无田园居第，殁后竟连丧葬费用亦显拮据，如此的廉洁大
员，难怪皇帝对其逝世深可悼惜。就我们目前所掌握的史料来看，只知道陈
彭年是毕士安的门生，其他的事迹并不多。自然，毕氏与彭氏都是北宋的重
臣，在《宋史》和《续资治通鉴长编》等史籍中记载二人事迹的资料很多，

但二人的关系仅见于此。倘若我们比较二人的事迹，则可以看出二人亦有类似之处，或者我们可以理解为陈彭年的做官为人、学识品德与他的这位声名显赫、位高权重的老师颇有因缘。陈彭年在朝以学识渊博著称，又以文采著称，历任官职多与学识文采相关，如最初入朝即任秘书郎，后又因杜镐等举荐，直史馆又参与修起居注，不久又预修《册府元龟》，再任命为翰林学士，与毕氏仕履亦有相仿之处。

第二节　陈彭年的音韵文字学成就

陈彭年的著述据《宋史》本传，有文集百卷，《唐纪》40 卷，这两种书今皆不存。《四库全书》收彭年的著作四种，文字音韵类著作有二种，即《重修玉篇》30 卷和《大宋重修广韵》5 卷。

《玉篇》原为梁朝太学博士顾野王所著的一部字书，上续东汉时期许慎的《说文解字》，这部书经过历代学者的补充和修订，收字越来越多。到宋代，真宗敕令陈彭年等重修此书。这部书于大中祥符年间完成，当时有敕谍载：

> 准大中祥符六年九月二十八日敕都大提举《玉篇》所状，先奉敕命指挥差官校勘《玉篇》一部三十卷，近方了毕，遂装写净本进呈。其进呈本，今欲雕印颁行。伏乞特降指挥事，并据翰林学士右谏议大夫知制诰兼龙图阁学士秘书监同修国史集贤殿修撰陈彭年等状，昨据屯田郎中史馆校勘吴锐、主客员外郎直集贤院丘雍校勘《玉篇》一部三十卷，再看详别无差误，并得允当者。窃以篇训之文，岁月滋久，虽据经而垂范，终练字之未精肃。奉诏条俾从详阅讹谬者，悉加刊定。（《四库全书·重修玉篇》附录）

《重修玉篇》是现存最好的《玉篇》版本，成为自顾野王以来《玉篇》的定本。《玉篇》的作者顾野王是梁朝时著名学者，此书完成于梁武帝大同九年（543），共 30 卷。据唐代封演《封氏闻见记》载，顾氏所作《玉篇》共 16917 字，而我们今天所见《玉篇》则有 22561 字。大约是唐人南国处士孙强等人所增加。据四库馆臣所言："南国处士富春孙强增加字三十卷，凡五百四十二部。旧一十五万八千六百四十一言，新五万一千一百二十九言，新旧总二十万九千七百七十言。"此书的体例基本上与《说文》一致，旧本比《说文》多出 7564 字，今本则多出 13208 字。《玉篇》共 542 部，与《说文》相同的部首 529 部，不同的有 13 部。部首的排列则有很大的不同，除首尾与《说文》一致外，中间的部首都是重新排列的。

在前人的基础上，陈彭年等人奉诏重新修订《玉篇》，使这部重要的字典成为定本，其精审严谨，为历代学者所重视。如清初著名学者朱尊彝在《宋本玉篇序》中说："宋陈彭年、吴锐、丘雍辈又重修之，于是广益者众，而《玉篇》又非顾氏之旧矣。……讲习文字于始穷理尽性，官治民察，要其终未有不识字而能通天地人之故者。"

陈彭年在学术方面的最重要的贡献是主持编订《广韵》，《四库全书总目提要》言此书：

> 重修广韵五卷宋陈彭年、邱雍等奉敕撰。初隋陆法言以吕静等六家韵书各有乖互，因与刘臻、颜之推、魏渊、卢思道、李若、萧该、辛德源、薛道衡八人撰为《切韵》五卷，书成于仁寿元年。唐仪凤二年，长孙讷言为之注。后郭知玄、关亮、薛峋、王仁煦、祝尚邱递有增加。天宝十载，陈州司法孙愐重为刊定，改名《唐韵》。后严宝文、裴务齐、陈道固又各有添字。宋景德四年，以旧本偏旁差落，传写漏落，又注解未备，乃命重修。大中祥符四年书成，赐名《大宋重修广韵》即是书也。旧本不题撰人，以丁度《集韵》考之，知为彭年、雍等尔。其书二百六韵，仍陆氏之旧，所收凡二万六千一百九十四字。

中国古代所存韵书以《广韵》最为重要。韵书最初是文人写作韵文如诗赋时的工具书，魏晋时期即出现了韵书，南北朝后开始增多。在南北朝对峙的情况下，韵书也分成南北体系，北方以洛阳音为主，南方则以金陵音为主。隋朝统一后，韵书这种南北异趣的情况显然不利于文化的发展，鉴于这种情况，由陆法言主持联合当时著名学者颜之推、卢思道、薛道衡等决定重修韵书。《切韵》斟酌当时的南北音系，并参照传统的书音，分别四声，共分 193 韵。《切韵》音系反映了自魏晋以来汉语音韵的实际情况，是世所公认的中古音的代表作。唐代之后，《切韵》极为流行，科举考试的诗赋用韵皆以此书为准则，成为唐代的官韵。此书虽然体例精审绵密，但收字不多，只有 11500 字，而且注解不够完备。在这种情况下，后世不断有人增补。比较著名的有唐玄宗天宝年间孙愐增补修订的《唐韵》，《唐韵》是在《切韵》基础上刊行的增订本，其体系和韵部一仍其旧，只是增补字数和补充注解。遗憾的是《切韵》和《唐韵》已经散佚，《切韵》音系的体系保留在《广韵》这部书中。可以说《广韵》出现之后，由于其精审完备，收字既多，考校又细，因而真正成为中古音韵的代表作，也是中国古代最重要的韵书。著名学者周祖谟先生曾就《广韵》进行校刊，所著《广韵校本》最为精审，是目前《广韵》各种刊刻本中最好的一种。他在《广韵校本》序详细论说了《广韵》版本的流传情况以及对此书的评价，现移录于下：

　　《广韵》一书有详注本及略注本两种。详注本为宋陈彭年等原著，略注本则为元人据宋本删削而成者。明人所见多为吃力注本，详注本流传甚少。至清初，张士俊乃据汲古阁毛氏所藏宋本及徐元文所藏宋本校订重雕。《广韵》原书面目始为世人所知。其后曹寅亦曾据宋本雕板，但行款与宋本不同。曹刻印本较少，故不若张刻流传之广。

　　惟张氏刻书好点窜，顾千里尝疑其所刻《广韵》亦有增改，但以不见徐元文所藏宋本，未敢断言。及至清末，杨守敬于日本获得宋本，与张氏所据宋本刊工姓名相同，取与张刻相较，颇有不同，乃知张氏确有校改。杨氏《日本访书志》云："原本谬讹不少，张氏校改扑尘之功诚不可没。然亦有本不误而以为误者，有显然讹误而未校出者，有宜存而径改者。"是张氏所改亦不完全确当。尔后黎庶昌又以杨守敬所得宋本《广韵》刻入《古逸丛书》中。本拟全据宋，不加校改，但雕本之时，黎氏复据张本刊正。增改之处颇多。宋本与张本不同者，从原本者十之二，从张本者十之八。原本不误因校改而误者亦复不少。故《广韵》一书始终缺乏完善之刻本。宋本原则上惟有凭借黎刻所附校札窥其大略。

　　迩来古本秘籍流传较广。去年得见傅氏双鉴楼及日本金泽文库所藏北宋监本《广韵》照片，又见涵芬楼所藏景写南宋监本。北宋监本与南宋监本刊工姓名不同，文字亦略有出入。涵芬楼所藏景写南宋监本与黎氏校札所言宋本相同，与张氏泽存堂本亦极相近，由是始知张黎两本所据同为南宋监本。因以泽存堂初印本为底本，参照各本，以复宋本之旧。其后复取《四部丛刊》景印南宋巾箱本，曹刻《栋亭五种》本，黎刻《古逸业书》覆元泰定本以及顾炎武翻刻明经厂略注本，校其异同。苟有可采，悉加择录。……

　　考《广韵》之作乃据唐本，《切韵》纂录而成，虽经陈彭年、丘雍等校雠刊正，其中错乱乖谬之处尚多。就全书体制而言，则有以下端：

一曰体例不一。例如反切依例当列于本字训释之末，而间有列于训释之前者；注文所出又音称"又某某二切"，间有作"又某切又某切"。张本虽依例校改，亦未能尽。二曰解说有误。韵书初制，本依音系字，取便寻览。每字之下，仅粗具训释而已。及孙愐著《唐韵》，乃详姓氏解名物，援引凭据，注文渐繁。后来作者务求详备，仓卒写就，难免讹误。《广韵》因承唐本之旧，遂亦以讹传讹。如哿韵左字下谓触龙为秦人，侯韵"侯"字下谓侯獳复姓竖侯是也。三曰：误记书名，如虞韵氍下引《通俗文》误为《风俗通》。遇韵芋下引《广志》误为《广雅》是也。四曰引书割裂。如引《释名》、《山海经》等书每每节取改易，甚至文义不全，难以理解。……

昔读黄丕烈藏书题识，知段玉裁有《广韵》校本，近得见王国维所临黄丕烈过录之段校本，书中订正《广韵》之误字极多。王氏亦尝以宋刊巾箱本校泽存堂本，后又以《切韵》《唐韵》通勘《广韵》，标出陆孙二家原有之字。赵斐云先生重复校一过，益以故宫博物院所藏王仁昫《刊谬补缺切韵》，朱墨琳琅，用力甚勤。今得综核各本踵事校雠者，实得前辈之启发。但《广韵》虽为韵书，实兼字书之用，乃唐以前文字训诂之总汇，欲一一校订无误，亦非易事。惟期引证翔实，便于应用而已。①

周先生在他另一篇文章《我和广韵》中说："《广韵》是北宋真宗时期陈彭年、丘雍等奉勅纂修的一部韵书，是我们研究汉语历史音韵和教主古代文字音义的重要书籍。说到汉语历史音韵，现代学者都把《广韵》作为中古音的代表，因为它是承袭隋代陆法言的《切韵》和唐孙愐《唐韵》而来的。"② 在古汉语界，《广韵》仍然是学者着重研究的对象。

第三节　陈彭年史学成就

陈彭年的著作除二种小学类的文字音韵书之外，现在尚存史学类著作《江南别录》。此书记南唐义祖、烈祖、元宗、后主四代的史实。彭年系南唐人，又曾短暂出入宫廷，与后主李煜幼子交往，并与当时江南名流有过交

①　周祖谟：《宋本广韵校本》序，中华书局1960年版。
②　《周祖谟语言学论文集》，商务印书馆2001年版，第336页。

往，对南唐历史相当熟悉。这部书是作者的见闻的辑录，有较强的史料价值。《四库全书总目提要》称此书：

> 彭年年十三即著《皇纲论》万余言，为江左名辈所赏。李后主尝召入官中，令与其子仲宣游处，故于李氏有国时事见闻最详，又《册府元龟》亦彭年所预辑，其《僭伪部》中"李昇"一条称"昇自云永王璘之裔"，未免附会。此书但言唐之宗室，亦深得传疑之义。以《资治通鉴》相参校，其为司马光所采用者甚夥，固异乎传闻影响之说也。

虽然这部书有颇多可议之处，如"其书颇好语怪，如徐知诲妻吕氏为祟，陈仁杲神助战赵希操闻鬼语，诸条皆体近稗官。又元宗初名景通即位后改名璟，既称臣于周，避周讳，又改名景。而此书乃谓初名景，与史不合"。但馆臣仍认为，所记多有来历，并非民间野史的传闻之说。而且为《资治通鉴》所采用，是《通鉴》写这段历史的重要史料来源。据馆臣介绍"此书所记为南唐义祖烈祖元宗后主四代事实，时汤悦、徐铉等奉诏撰《江南录》。彭年是编，盖私相纂述，以补所未备故，以别录为名"。据此可知，此书是宋灭南唐后所作，原是补充官修的《江南录》。汤悦与徐铉都是南唐遗臣，担任重要职务，归降北宋后，都受到朝廷礼遇。他们又都是著名的文人，所以选择他们来写南唐的历史，无疑非常恰当。《江南录》现已不存，大约也是以南唐历代国君为序，叙写这个偏安江南朝廷近40年的历史。

五代十国是一个动乱时代，各个小朝廷割据一方，兼并战争频仍发生，政权更迭相当迅速，十几个独立的政权，相互争斗，十分混乱，存在的时间也较短，因此历代史学家并不很重视这个时代的研究。与统一的强大王朝相比，这一代的史料比较缺乏，受重视的程度也低很多。《江南别录》是现存最早记载南唐遗事的著作之一，另外还有一部《钓矶立谈》是写史杂记，作者为史虚白，也是南唐遗民。《四库全书总目》提要称：

> 《钓矶立谈》一卷，其书世有二本，此本为叶林宗从钱曾所藏宋刻抄出，后题临安府太庙前尹家书籍铺刊行，不著撰人名氏。前有自序云："叟山东一无闻人也，清泰年中，随先校书避地江表，始营钓矶于江渚。割江之后，先校书不禄，嗣守敝庐，不复以进取为念，王师吊伐，时移事往，将就芜没，随意所记，疏之于纸，得百二十许条，题之曰《钓矶立谈》。"

作者的身世履历不详，从自序中我们知道，他原为山东人，后随曾任校书之职的父亲避乱来江南，后来江南之地为宋朝所占领，其父去世，自己也不想仕进，将南唐的一些遗事记载下来。此书的特点是每叙一事，则必议论一番。如：

> 烈祖初得政，尽反知训之所为。接御士大夫曲加礼敬，躬履朴素，屏去浮靡，而又宽刑勤理，孜孜不倦。是时方镇窥伺，事资弹压。烈祖视听不妄，指挥中节，平居自号曰政事仆射。高位重爵，推与宿旧。故得上下顺从，人无异志，齐台之建，擢宋齐邱、徐玠为左右丞相。于其所居第旁，创为延宾亭，以待四方之士。遣人司守关微物色，北来衣冠凡形状奇伟者，必使引见；语有可采，随即升用。听政稍暇，则又延见士类谈宴赋诗，必尽欢而罢了，无上下贵贱之隔。以此二十年间，委曲庶务，无不通知。兴利去害，人望日隆。沈彬先事献《山水画障》诗云："须知手笔安排定，不怕山河整顿难。"及将受禅，头陀范志嵩赋月诗云："徐徐东海出，渐渐到亨衢。此夜一轮满，清光何处无。"概以是言之，人之与能也，有自来矣。是以吴社迁换，而国中夷然无易姓之戚，盖盛德之所移故也。
>
> 叟曰：峻极之山，神明凭依。翳荟之丘，云气出焉。凡水之有旋拍折波者，必生修鳞。帝王之量，其亦有兼人者矣。尝试观孝高皇帝其总收权纲，维御群隽，当国匪懈，敦守纯朴。虽汉之高光不是过也。徒以其崎岖偏左之国，地势不便，加以天之付畀，自有限量，自是远图之所就，仅足以称霸而已。惜夫！

烈祖李昪是南唐的开国君主，作者显然十分推崇他的雄才大略。前一段列举他执政之初，勤政爱民，朴素务实，重用贤能，礼贤下士，深得士民爱戴，所以成就霸业。作者盛赞其德行，又感慨虽然具有雄才大略，可惜南唐偏安一隅，很难统一中国，业绩自有限量，作者的遗憾之情溢于言表。作者写此书时，宋朝已经建立，如果在明清两朝的异代开国之初，写这样的书，无疑非常危险。从中亦可见北宋文网之疏落，允许这样的书流传。又如写李昪的仁慈善举，以德治国：

> 烈祖每言："百姓皆父母所生，安用争城广地，使之肝脑异处，膏涂草野。"是以执吴朝之政，仅将一纪，才一拒越师，所谓不得已而用

之。及受禅年，两江土寓比诸侯最广，兵力雄盛，气可以吞噬，谋臣桀将，方有建立功名之意。

一位行伍出身的国主，宁可不以武力争城扩地，也不能让百姓肝脑涂地，这的确是仁慈的君主。后面写到朝臣骁将建议他趁越国之乱，谋取越国，但他没有采纳。总之，作者对烈祖李昪极力推崇。

陈彭年的《江南别录》记事与《钓矶立谈》颇有不同处。此书从杨行密临终记起，分南唐义祖（徐温）、烈祖（李昪）、元宗（李璟）、后主（李煜）四部分。今存《四库全书》本不分卷，而《宋史·艺文志》、晁公武《读书志》皆作四卷，大约以一朝为一卷。宋太祖开宝八年（975），南唐败亡后，南唐部分重臣随后主李煜入朝，又成为宋朝的臣子。不久，汤悦、徐铉等奉皇帝之命编撰《江南录》，陈彭年早年生活于南唐，且曾出入宫廷与皇子仲宣有交往，因此颇为留心南唐逸事，所以私撰《江南别录》以补《江南录》之不足。现今《江南录》一书不存，我们无法知晓其原貌，如果是官修的史书，可能是纪传体的正史体例，只是南唐诸帝肯定不能用帝王名号，也不可能用纪的体例。陈氏著作名为"别录"，自有补遗失阙的意味，所以四库馆臣将其置于杂史类。是书以小朝廷南唐历代国主为中心，记载逸事趣闻。

开篇从吴武王杨行密临终嘱托记起，继之叙景王杨渥、宣王杨隆演朝义祖徐温仕吴的事迹。文字简练，颇少枝蔓。如：

> 吴武王疾亟，召左右谋后事。判官周隐曰："王之子未必能控御诸将，刘威长者必不负人。可授以军政使，待诸子长也。"吴武王不答，（张）颢与义祖曰："王亲犯矢石而创基业，安可使外人为王？傥杨氏无儿有女亦可，况未至此！"吴武王曰："尔能如是，吾死且瞑目矣。"武王卒，子渥嗣立，是为景王。景王所为不道，居父丧中，掘地为室，以作音乐。夜然烛击球，烛大者十围，一烛之费数万。或单马出游，从者不知所诣，奔走道路。义祖与颢承闲泣谏，景王怒曰："尔谓我不中，何不杀我自为？"颢对曰："某曾受先王恩，安敢兴此心？"又景王亲吏皆恃势凌颢等，颢不平遂有为乱之意。景王晨兴视事，颢拥百余人持长刀直进。景王惊曰："尔等果杀我邪？"颢曰："非敢杀王，杀王之左右不忠良者。"杀数十人而止，诸将非其党者，相次被诛。月余，杀景王声言暴卒。

　　这段不长的文字，写了吴国两君之死。吴王杨行密也算得上是一代枭雄，临死时有人劝其任用长者刘威主持军政，原因是"王之子未必能控御诸将"，后来张颢的叛乱和弑君，有力证明了周隐有先见之明。张颢弑君自然是十国史的重要事件，也是日后徐温主政过程中的重要环节。后来张颢弑君后，自以为得计，权力欲极度膨胀，企图灭掉自己最大的竞争对手徐温。技高一筹的徐温反倒以平叛的名义，将张颢的势力一鼓荡平，开始执掌吴国的政权。这段史实是南唐兴起的前奏曲。后面即叙徐温如何巩固自己的权势，铲除异己，最终实际上执掌了吴国国政。徐知诰是徐温的养子，本来执政的机会轮不到他，只因徐温的亲子徐知训等专横跋扈，骄横不法，生活糜烂，难以担当大任。徐知诰为徐温养子，出身寒素，书称："烈祖奉义祖以孝闻，尝从义祖征伐，有不如意，杖而逐之，及归拜迎门外。义祖惊曰：'尔在此邪？'烈祖泣曰：'为人子者，舍父母何适？父怒而归，母子之常也。'义祖由是益怜惜。长善书计，性严明不可以非理犯。"徐温对他的态度是他起步的关键，如果没有徐温的信任，他不可能建立南唐王朝。徐温死后，徐氏诸子展开了生死夺权的悲喜剧，当然最终以徐知诰胜利告终。

　　徐知诰篡政之后，复姓李氏，名昪，建国号唐，即历史上的南唐。在不长的篇幅中，作者主要是叙写南唐国的重要事件，尤其关系到兴盛衰亡的事件，比如君主与重要谋臣的关系。宋齐邱是李昪的主要谋臣，对于创立南唐，有不可磨灭的功劳，但李昪死后，李璟却渐生疑心，唯恐大权旁落，最后逼死齐邱。宋齐邱的自杀，意味着南唐政权的开始衰败，也意味着南唐皇帝的昏庸，国运不昌是可以意料的事情。再如与强大的周、宋之间的战和关系，也是此书重点记载的历史事件。如周世宗亲率大军征讨淮北，"既而泗州降北，诸军继败，乃遣陈觉奉表割江北之地，求成。世宗许之，遂去尊号称国主，用周正朔"。尽割江北之地，南唐国势日蹙，败亡也就不可避免了。

　　中主李璟与后主李煜都是庸主，满足于偏安一隅，自然难以守成基业。他们没有李昪的胸襟，更缺乏他的才干，面临来势汹汹的北方强敌，束手无策，只能做些十分无谓的反抗，最后国破被擒。文末对一代才人李煜予以简略评价：

　　　　后主妙于音律，乐曲有"念家山"，亲演其声，破识者知其不祥。……后主酷好著述，杂说百篇行于代，时人以为可继《典论》。江南大臣至中朝名最显著者徐铉字鼎臣，与弟锴同有大名于江左，方之士衡、士龙焉。

后主李煜精于音律，又擅著述。徐铉、徐锴兄弟是南唐最著名的学者，作者又是徐铉的及门弟子，自然要有所记载。

综观全书，以南唐四主当朝事迹，以时间为序简要记叙，书中主要记载与南唐兴亡替代相关的重要事件，脉络十分清晰，是一部南唐简史。

在正史中，记载五代十国历史的著作，以欧阳修的《新五代史》最为有名。其中卷六一为吴世家，卷六二为南唐世家。吴世家中按人物分两部分，一是杨行密及其子杨渥、杨隆演、杨溥，而徐温则单独列出，亦归吴世家之属。南唐世家则为李昇、李璟、李煜三主为传。《新五代史》以中原朝廷为正朔，修史体例严格按照君臣关系的标准。对五代开国君主，仿《史记》，称谓随其地位的变化而变化，如梁太祖，开初称朱温，赐名后称全忠，封王后称王，僭位后称帝。而对南方十国割据政权，欧阳修将其归属世家之目。他说"十国皆非中国有也，其称帝改元与不，未足较其得失，故并列之作十国世家年谱"[1]。在正统论盛行的宋朝，以中原为正统，欧氏如此处理自然是有他的准则。至于割据南方的诸国，列于世家，也是可行的体例，较比《旧五代史》将诸国列入《僭伪传》要客气多了。欧氏在行文过程中对吴、唐诸君皆以僭越称之，如在吴世家之后，评论道：

> 呜呼，盗亦有道，信哉！行密之书，称行密为人，宽仁雅信，能得士心。其将蔡俦叛于庐州，悉毁行密坟墓，及俦败，而诸将皆请毁其墓以报之。行密叹曰："俦以此为恶，吾岂复为邪？"尝使从者张洪负剑而侍，洪拔剑击行密，不中，洪死，复用洪所善陈绍负剑，不疑。又尝骂其将刘信，信忿，奔孙儒，行密戒左右勿追，曰："信负我者邪？其醉而去，醒必复来。"明日，果来，行密起于盗贼，其下皆骁武雄暴，而乐为之用者，以此也。故二世四主垂五十年，及渥以下，政在徐温。于此之时，天下大乱，中国之祸，篡弑相寻，而徐氏父子，区区诈力，裴回三主，不敢轻取之，何也？岂其恩威亦有在人者欤？

文中称杨行密能得士心，但还是"盗亦有道"。认为徐氏父子以诈力取得政权，是篡逆之徒。相对而言，陈彭年亲历南唐史事，曾是南唐臣民，没

有欧氏强烈的正统观念，行文过程更为客观。《江南别录》多以记叙为主，几乎没有正面的评述，但作者的主观情感还是在叙述中体现出来。比如记叙李昇夺权过程，他的对手是徐温的几个亲生儿子，但徐知训、徐知询等人，都是无道之人，不得众心，战胜他们是情理之中的事情。篡位之后，巩固政权，礼贤下士，宽厚仁慈，皆是明君风度。对李昇的崇敬之情溢于言表。在十国之中，李昇的确算得上一代明君。

后世对《江南别录》的评价，都认为是一部较为严肃的历史著作。欧阳修著《新五代史》，徐铉的《吴录》、汤悦的《江南录》、陈彭年的《江南别录》都是重要的史料来源。现在这几部书中，徐、汤二书不存，《江南别录》是硕果仅存的最早记载南唐历史的著作。《江南别录》还是《资治通鉴》的引书，司马光在叙写这段时期的历史，参考了这部书。

《江南别录》无疑是记载南唐历史的重要史书，是后世研究这段历史重要的参考文献，陈彭年也成为宋代第一位江西籍的史学家。宋代江西史学异常发达，乐史、欧阳修、曾巩、刘恕、刘攽、徐梦莘都是著名的历史学家。

陈彭年熟谙历代典章制度，对历代科举制度尤其熟悉。有宋一代，对唐朝的科举制度进行了彻底的改良，使这一制度变得更加公平公正。科举制度的改革有一个较长的过程，作为朝廷重臣和谙练仪制的学者，陈彭年作出了重要贡献。

有宋一代，文史发达，宋人的智慧也表现在书籍的著作当中，各类书籍缤纷而多样，也是古代历史上很特别的朝代。

第三章　王钦若事迹述略

第一节　王钦若生平事迹

　　王钦若是宋代第一位官居宰相的南方士人，这是一个重要的象征。南方士人开始从政治舞台的配角逐渐成为重要角色，渐渐地与北方士人平分秋色，并逐渐占了上风。

　　王钦若（963—1025）字定国，临江军新喻（今江西新余）人，宋太宗淳化年间擢进士甲科。在真宗、仁宗朝皆官至宰相，有宋一代南方人任宰相，自钦若始。他在宋真宗朝备受宠信，身兼使相，显赫一时，是当时炙手可热的权贵。他由祖父王郁抚养成人，本传言其出生时颇具传奇色彩："父仲华侍祖郁官鄂州，会江水暴至，徙家黄鹤楼，汉阳人望见楼上若有光景，是夕钦若生。"名人出生，有祥瑞出现，这是古代史书通常的记述。王郁临死时，曾告诉家人："吾历官逾五十年，慎于用刑，活人多矣，后必有兴者，其在吾孙乎！"后来果然王钦若位极人臣。这两段话刊载在《宋史》卷二百八十三《王钦若传》，应当有所依据。这个依据有可能出自传主之口，考虑到王钦若可能是历史上最迷信的宰相之一，笃信符瑞现象和因果报应之说，特好神仙之事。他要么牢记了祖父的预言，一旦此预言得以实现，自然就传播开了，当然也有可能是他自己杜撰了这一故事，顺便也表彰了祖父的政绩，当然也说明自己的富贵是因为上辈积了阴德的。他18岁那年，适逢宋太宗伐太原，作《平晋赋》献行在。太宗淳化三年（992）擢进士甲科。真宗即位之初，钦若官太常丞判三司理欠凭由司，这是清理朝廷债务和赋税的官员。当时宋朝建国之初，百废待举，历经五代之乱，民生凋敝，普通百姓很难缴纳朝廷赋税，作为追讨欠税的官员，王钦若深知百姓无力缴纳，官府追讨既无效果，又造成民怨鼎沸。于是，钦若令下属将历年的欠税勾销，并第二天上报皇帝，真宗大惊曰："先帝顾不知邪？"钦若徐曰："先帝固知之，殆留与陛下收人心尔。"即日放逋负一千余万，释系囚三千余人，帝益器重钦若。

　　这无疑是仁慈的善举，免除大量赋税，释放三千余无力缴纳赋税的人，这表现了王钦若勇气和智慧。如果真宗是一位贪暴的皇帝，王钦若此举可谓胆大妄为，将引起灾难性的后果。王钦若将其视为收买民心的权术之举，颇有当年冯谖烧债券助孟尝君收买民心的意味。孟尝君当时对冯谖颇为恼怒，但毕竟是一位宽宏大量的豪杰，能够容忍冯谖的自作主张，最后在他危急之时，终于明白了冯谖的用心良苦。宋真宗比孟尝君更开明，他其实很欣赏王钦若的做法，只是觉得为什么以前朝廷没有想到这点，故有此问。当然皇帝还主要从统治术来考虑这种蠲免赋税的行为，并非特别关注民生疾苦。无论如何，统治者能够轻徭薄赋，勾销历年民间所欠赋税，总是仁义爱民之举。正因为这一点，宋真宗开始器重王钦若，从此仕途一帆风顺。

真宗咸平三年，西川都虞侯王均叛乱，次年乱平，王钦若官西川安抚使，负责处理乱后事宜。史称："所至问系囚，自死罪以下，第降之。凡便宜多所施行。"① 回朝后即被擢拔为左谏议大夫参知政事，显然皇帝认为他这种不乏仁义之心的处理方式，符合朝廷的本义，因此加以重任。从此之后，他成为朝廷执政重臣。后来因为受科场舞弊案的牵连，罢参知政事。但这并没有影响真宗对他的信任，景德初年，契丹入侵，真宗御驾亲征，钦若自请伴驾北行，以工部侍郎参知政事判天雄军，提举河北转运司，真宗亲自设宴送其赴任，显然将其作为亲信大臣，这一职务是皇帝亲征的后勤总管。订下澶渊之盟，宋军返朝。他与宰相寇准素来不和，请求辞去参知政事。真宗任命他主持修撰《册府元龟》。史称其："或褒赞所及，钦若自名表首以谢，即缪误有所谴问，戒书吏但云杨亿以下，其所为多此类也。"② 用现在的话来说，修《册府元龟》得到皇帝赞扬则归于自己，而受到皇帝责问则归于下属杨亿等人。

对于王钦若一生行事，最受非议的是他怂恿真宗迷信符瑞，到处接迎祥瑞，祭祀天地。本传云：

真宗封泰山，祀汾阴，而天下争言符瑞，皆钦若与丁谓倡之。尝建议躬谒元德皇太后别庙，为庄穆皇后行期服。……又请置先蚕并寿星祠，升天皇北极帝坐于郊坛第一龛，增执法、孙星位，别制王公以下车辂、鼓吹，以备拜官、婚葬。……钦若自以深达道教，多所建明，领校道书，凡增六百余卷。

① 《宋史·王钦若传》卷二八三。
② 同上。

他是一个虔诚的道教信徒，大约因为从小相信自己天生禀异，出生时颇有异相，祖父又深信报应之说。他晚年做宰相后，回顾自己的富贵由来，说小时夜起观天，见天空出现赤文成"紫微"二字，又遇相士相告，他年必至宰相，并自信是中唐名臣裴度转世。由此愈加迷信神仙术，常用道家科仪建筑坛场来礼敬神灵，朱书"紫微"二字陈于坛上。王钦若信道教，还有重要的地域原因，江西自古崇道教信巫术，百姓迷信神仙道术，求神祈福已成风俗。种种因素的凑合，使其成为迷信道术符瑞的重臣。加上真宗皇帝正好也信道教之术，君臣同好，算得上是君臣相得。真宗皇帝对他无限信任，除了他善于逢迎皇帝的旨意，最重要的可能还是君臣对神仙术和符瑞的强烈嗜好。王钦若的不断提升，最终位极人臣，身兼使相，都与这一点颇有联系。

大中祥符元年春正月乙丑，上召宰臣王旦、知枢密院事王钦若等对于崇政殿之西序。上曰："朕寝殿中帘幕皆青绁为之，旦暮间非张烛莫能辨色。去年十一月十七日夜将半，朕方就寝，忽一室明朗，惊视之次，俄见神人星冠绛袍告朕曰：'宜于正殿建黄箓道场，一月当降天书，《大中祥符》三篇，勿泄天机。'朕悚然起对，忽已不见。遽命笔志之。自十二月朔即蔬食斋戒于朝元殿，建道场结彩坛九级，又雕木为舆饰，以金宝恭伫神贶，虽越月未敢罢去。适睹皇城司奏左承天门屋之南角有黄帛曳于鸱吻之上，朕潜令中使往视之。回奏云'其帛长二丈许，缄一物如书卷，缠以青缕三周，封处隐隐有字。'朕细思之，盖神人所谓天降之书也。"旦等曰："陛下以至诚事天地，仁孝奉祖宗，恭己爱人，夙夜求治。以至殊邻修睦，犷俗清吏，干戈偃戢，年谷屡丰，皆陛下兢兢业业，日谨一日之所致也。臣等尝谓天道不远必有昭报，今者神告先期，灵文果降，实彰上穹佑德之应。"皆再拜称万岁，又言启封之际，宜屏左右。上曰："天若谪示阙政，固宜与卿等祗畏改悔；若诚告朕躬，朕亦当侧身自修岂宜隐之，而使众不知也。"上即步至承天门焚香望拜，命内侍周怀政，皇甫继明升屋对捧以降。王旦跪进，上再拜受，置书舆上，复与旦等步导，却伞盖，撤警跸至道场。授知枢密院陈尧叟启封帛，上有文曰："赵受命，兴于宋，付于恒，居其器，守于正，世七百，九九定。"既去帛，启缄。命尧叟读之。其书黄字三幅，辞类《尚书》《洪范》《老子道德经》。始言上能以至孝至道绍世次，谕以清净简俭。终述世祚延永之意。读讫，藏于金匮。①

　　真宗朝迷信热的始作俑者其实是皇帝本人。大中祥符元年春节刚过，皇帝便召集两位重要大臣宰相王旦和枢密院首脑王钦若讨论天书的事情。现在我们无法确定是谁出了主意导演了这一出"大中祥符"的历史闹剧，但有一点可以肯定这是一场骗局加闹剧。当时皇帝言之凿凿地告知重臣，说是亲眼见到神人"星冠绛袍"，并亲耳听到神人天降神书。皇帝此言既出，不由大臣不信，也不敢不信。如此重要神迹显灵，无疑是朝中的大事，于是设坛祝祷，率重臣恭览天书。王旦、王钦若一干大臣，自然只有歌功颂德的职责了，正所谓："陛下以至诚事天地，仁孝奉祖宗，恭己爱人，夙夜求治。以至殊邻修睦，犷俗清吏，干戈偃戢，年谷屡丰，皆陛下兢兢业业，日谨一日之所致也。臣等尝谓天道不远必有昭报，今者神告先期，灵文果降，实彰上穹佑德之应。"皇帝仁慈孝顺，爱民如子，治国有方，因此得到上天眷顾，神人佑庇，于是天降灵文，实是神灵表彰皇帝的丰功伟绩。应该说真宗不是一个坏皇帝，宋代的文化经济在他的统治时期还是得到了长足的发展和进步。但是在位时期，疯狂的符瑞和祭祀活动却令人不可思议。后来的封泰山、祀汾阴等举国疯狂的行为，不能不说是真宗统治时期的恶政。王钦若推波助澜，是这场大疯狂运动的最大推手，而也在这场运动中他深得皇帝信任，达到个人权力的顶峰。

　　真宗天禧三年（1019）钦若57岁，一度以太子太保的身份出朝判杭州，宋真宗亲自作诗送之：

　　　早自外朝登近侍，克符昌运振嘉名。一参黄阁推良画，再陟鸿枢显至荣。该博古今堂献纳，勤劳夙夜每专精。石渠撰述多文备，日观封崇大礼成。宰府调元心匪懈，真官兼职望弥清。龙楼进秩恩尤异，熊轼为藩任不轻。二浙奥区期惠化，三吴佳致悦高情。重重山水舟中见，处处壶浆陌上迎。既肃迩遐安外域，更分宵旰抚黎氓。予衷侧席方毗倚，伫有甘棠播颂声。②

　　这年真宗52岁，按照古人的生理年龄亦进入晚年，三年后皇帝驾崩，

---

① 《续资治通鉴长编》，卷六八，大中祥符元年。
② 《全宋诗》卷一〇四，北京大学出版社1991年版，第1180页。

皇帝能够活过 50 岁已然算是中寿以上了，何况他在位 25 年，国泰民安，算得上有为之君了。暮年之时，派遣自己的心腹大臣长期任宰相的王钦若出朝任职，不免感慨良多，这首诗可以视为真宗对王钦若的全面评价，这也是一位皇帝对大臣的最高评价。诗起首称钦若年轻时即从外朝成为皇帝近臣，正赶上国运昌盛有一番作为也获得好的名声。数次入阁为相，十分荣耀。学识渊博，勤劳务实，精于政务。著述丰富，主持修撰朝廷重要文献制定礼仪。"宰府调元心匪懈，真宫兼职望弥清"，这两句既是对王钦若的极高评价，亦是其一生最重要的两项活动，在政务方面官至宰相，又数兼真宗迎神使者，皇帝祭祀天地、封禅泰山都由王钦若来操办。后面说，官阶为极品，受到朝廷恩宠，现在外调地方任职，任重道远。两浙三吴之地，朝廷还得倚重你去教化安宁。最后表示对其信任和思念。君临天下的皇帝对臣子的称颂，到这一程度无疑已达极致。

第二节　王钦若与《册府元龟》

北宋前期的各代君主皆重文治教化，推行崇儒右文的政策。自太宗起，国家刚刚安定，便组织朝廷大批文臣编修大书。太宗即位的第二年，即太平兴国二年（977 年）三月："命翰林学士李昉等编类书为一千卷，小说为五百卷。"李焘引《宋朝要录》云："诏由李昉、扈蒙等以《御览》、《艺文类聚》、《文思博要》及前代类书分门编为一千卷；野史传说编为五百卷。"① 这两部书即《太平御览》一千卷和《太平广记》五百卷。当时参加修书的著名文臣还有宋白、徐铉等。《太平广记》于次年八月完成，李昉等在《进书表》中说：

> 伏惟皇帝陛下，体周圣启，德迈文思，博综群言，不遗众善。以为编秩既广，观览难周。故使采撷菁英，裁成类例。②

《太平御览》于太平兴国八年完成，据王应麟《玉海》载：

> （十一月）庚辰诏："史馆所修《太平总类》一千卷，宜令日进三

---

① 《续资治通鉴长编》卷一八。
② 《太平广记》卷首，中华书局 1961 年版。

卷，朕当亲览焉。自十二月一日始。"宰相宋琪等言曰："天寒景短，日阅三卷，恐圣躬疲倦。"上曰："朕性喜读书，颇得其趣，开卷有益，岂徒然也。因知好学者读万卷书，非虚语耳。"十二月庚子书成，凡五十四门，诏曰："史馆新纂《太平总类》一千卷，包括群书，指掌千古，颇资乙夜之览，……可改名《太平御览》。"

　　宋本《太平御览·引》又言太宗读此书"凡诸故事可资风教者，悉记之，及延见近臣，必援引谈论，以示劝诫焉"。皇帝下诏修大型类书，其目的十分明显，即认为开卷有益，可资风教，着眼点乃是以史为鉴。另外修书与帝王的个人爱好也有关系，太宗喜爱读书也并非完全出于政治原因。帝王喜爱读书的习惯，与其重视文治德化、收集图书、编修大书都有直接关系。又于太平兴国七年诏令李昉、宋白等修《文苑英华》，此书于雍熙三年（986）成书。《长编》载："太宗以诸家文集其数实繁，虽各擅所长，亦榛芜相间，乃命翰林学士宋白等精加铨择以类编次，为《文苑英华》一千卷。"① 《文苑英华》是依照《文选》体例而选编的一部大型文学总集，其目的原是精选前代文集，为学子提供一个有权威的文学读本，作为应付辞章考试的样本或借鉴，这也是当时文化事业发展的需要。太宗时，虽然文化发展迅速，但是，士人要得到唐人的文集仍不容易（此书以唐人文学作品为主，约占90%），应考举子又多，迫切需要一个由官方认可的有权威的文学选本。这部文学总集，对于促进北宋文化的繁荣有积极作用。

　　真宗即位之后，秉承前代皇帝的遗志，仍然重视文化德治，喜爱读书，特别关注修书之事。他屡次驾临崇文院、国子监、太清楼观书，如："咸平二年七月甲辰，幸崇文院召秘书监杨徽之集贤学士钱若水等开书库，遍阅群书。"② 并于景德二年九月，"丁卯，令资政殿学士王钦若、知制诰杨亿修《历代君臣事迹》。钦若请以直秘阁钱惟演等十人同编修。初令惟演等各撰篇目，送王钦若暨杨亿参详。钦若等又自撰集上进。……编修官非内殿起居当赴，常参者免之。非带职不当给俸者，特给之，其供帐饮馔皆异于常等"③。这次设局修书，以重臣王钦若和著名文臣杨亿为首，规模宏大。真宗听从了王钦若的意见，集中了当时在朝的一班著名文臣，如杨亿、刘筠、

---

① 《续资治通鉴长编》卷二八。

② 《玉海》卷二七，江苏古籍出版社1987年版，第534页。

③ 《续资治通鉴长编》卷六一。

钱惟演都是文坛领袖，在当时具有很大影响，他们在修书期间所作唱和诗集编成有名的《西昆酬唱集》，在当时风行一时。真宗十分关心修书之事，倾注了极大的热情，屡次视察书局，又亲自过问编书事宜，史载景德三年，四月"丙子，幸崇文院观四库图籍及所修《君臣事迹》，遍阅门类，询其次序。王钦若、杨亿悉以条约，有伦理未当者，立命改之。谓侍臣曰'朕此书盖欲著历代事实为将来典法，使开卷者动有资益也。'赐编修官金帛有差"。参加编修《册府元龟》的官员多次受到赏赐，又享受很多特权，无疑是非常荣耀之事。真宗关怀此事亦非仅仅以此来粉饰太平气象，而的确是对文化事业的重视。而且他的关怀亦非仅仅表示一种姿态而已，他规定了全书的编撰宗旨，这就是所谓"欲著历代事实为将来典法，使开卷者动有资益也"，又参与了编撰过程的一些实质性工作，对编撰体例提出修改意见，说明他一直关注着此书的编撰。清四库馆臣称"其间义例，多由真宗亲定"①，洵非虚语。王钦若等在《进书表》中云："推明凡例，分别部居，皆仰禀于宸谟。"② 即是说从确定写作主旨，到厘定凡例，分门别类，编定全书结构，真宗都参加许多实质性的工作，这看来也非全无根据的颂圣之词。此书历时八年，于大中祥符六年七月完成。《长编》载："枢密使王钦若等上新编修君臣事迹一千卷，上亲制序，赐名《册府元龟》，编修官并加赏赐。"③ 皇帝重视，群臣自然不敢怠慢，此书广泛搜罗各种正史类文献，如历代史籍、各朝实录、会要朝记等，是以类记事的最全面完备的政治类书。

《册府元龟》为真宗亲制，但学界普遍认为是王钦若的手笔，序云：

　　　　昔雒出书九章，圣人则之，以为世大法。其初一曰五行：一曰水、二曰火、三曰木、四曰金、五曰土。帝王之起，必承其王气。大古之世，鸿荒朴略不可得而详焉。庖牺氏之王天下也，继天之统，为百王先，实承木德，以建大号，三坟所纪，允居其首。盖五精之运，以相生为德，木生火，火生土，土生金，金生水，水生木，乘时迭王，以昭统绪。故创业受命之主，必推本乎历数，参考乎征应，稽其行次，上承天统，春秋之大居正，贵其体元而建极也。前志之论闰位，谓其非次而不当也。

────────────

① 《四库全书总目提要》卷一三五《册府元龟提要》。
② 《玉海》卷五四引，第 1032 页。
③ 《续资治通鉴长编》卷八一。

　　共工氏任智刑以御九域，霸而不王，虽承太昊之后，而不齿五德之序。神农氏以火承木，故为炎帝。轩辕有土德之瑞，故号黄帝。少昊以金德王，故号曰金天氏。颛顼以水德王，号曰高阳氏。帝喾以木德王，号曰高辛氏。帝尧以火德王，号曰陶唐氏。帝舜以土德王，号曰有虞氏、繇虞氏。以上皆承运更起，应期正位，参列五辰之次，而克当统纪。至于正朔服色之改度，戎祀朝会之所尚，记籍斯逸，罕得而述焉。夏后氏受有虞之禅，是谓金德，正用建寅，其色尚黑。商汤代夏以水德王，正用建丑，其色尚白。周武以木德王，正用建子，其色尚赤。三代之际，各居一统，错综其数，以通其变。顺三微之序，极三才之致，咸享祚长久，盖得夫天历之正也。

　　三季之衰，秦兼天下，独推五胜，不当正统。汉祖以断蛇之符，上系成周，是为火德。起自沛中，旗帜皆赤，至文帝时鲁人公孙弘推终始之传，谓汉承秦当用土德，土德之应黄龙当见，宜改正朔，服色尚黄。时丞相张苍引河决金堤，以为汉当水德，以十月为正，其色外黑内赤，遂罢公孙弘之议。明年黄龙见成纪，乃用土行，改历服色，而贾谊亦以为然。孝武正历以正月为岁首，色尚黄，数用五。盖以秦为水德据，汉土而克之，从所不胜，遂顺黄德。刘向父子以为帝出乎震，故庖牺氏姓受木德，以母传子，终而复始。自农轩历唐虞三代，汉得火行，上合天统。当时虽建厥议，未克遵行。世祖中兴，乃用其说。

　　魏氏始基，有黄星之应，又太史丞许芝言戊寅黄龙见，此受命之符最著明者也。又易运期谶，有黄气授真人出之言。又太微中黄帝坐，尝明赤帝坐，尝不见以为黄家兴，而赤家衰亡之渐。又荧惑失色十有余年，苏林董巴等又言魏之氏族，出自颛顼，与舜同祖，舜以土德承尧之火。今魏亦以土德承汉之火，于行运合于尧舜，授受之次，既而受汉禅，改元黄初。议更正朔，易服色，殊徽号，同律度量，以乘土行。以夏数为得天，即用夏正，而服色尚黄。然尚循汉正朔，弗之改也。明帝在东官着论：以为五帝三王虽同气共祖，祖不相袭，正朔自宜改变，以明受命之运，即位久之，从高堂隆之议，乃推三统之次，以魏得地统，遂用建丑之月为正月，服色尚青，牺牲用白，戎事乘黑首白马，建大赤之旗，朝会建大白之旗。齐王嗣位，以夏正得天，改用建寅为正月。

　　晋武泰始二年，有司举唐尧舜禹不易祚改制，至于汤武始推行数，今晋继三皇舜禹之迹，应天受禅，宜用前代正朔服色，如虞遵唐故事。而史臣之记晋为金行，服色尚赤。后魏道武天兴初，始诏有司议定行次。有司曰：国家继黄帝之后宜为土德，有土畜之瑞，及黄星之符。遂从土德，服色尚黄，数用五，牺牲用白，行夏之正。孝文太和中下诏，以丘泽初制配尚，宜定五德相袭论有异常。帝令百辟集议，高闾以为，汉用火德，征斩蛇之符，上继于周，弃秦之暴，越恶承善，不以世次为正。

自时厥后乃以为常，魏承汉火生土，故魏为土德，晋承魏土生金，故晋为金德，赵承晋金生水，故赵为水德，燕承赵水生木，故燕为木德，秦承燕木生火，故秦为火德，今魏宜承秦为土德。李彪崔光等以为，宜绍晋金德，不当次于僭伪。建议各殊，称年不定，既而穆亮等大臣共议，宜上承晋世，定为水德。孝文下诏，特从其说。后周革命有赤雀之祥，群臣奏议，请更正朔，定为木行，以承水德，服色尚乌。隋文受禅次用火德，以有赤光之瑞，车服旌旗悉皆尚赤，而帝服戎服悉皆以黄。唐氏承统盛德在土，至开元中有请改为金德者，终报罢之。天宝中令诸卫绯色幡改为赤黄色，以应土德。朱梁建国，如秦之暴，虽宅中夏，不当正位。同光缵服，再承绝绪，晋承唐后，是为金德。汉氏承晋，实当水行。周祖即位之初，有司定为木德。自伏羲氏以木王，终始之传，循环五周，至于皇朝，以炎灵受命，赤精应谶乘火德而王，混一区夏宅土中而临万国，得天统之正序矣。凡帝王部一百二十八门。

此文以五德终始之说，解说天道有常，五德相生，改朝换代皆为天命所致，与天道五行变化相合，即是天人合一之说。又历数自传说中的庖栖（伏羲）氏至宋朝，以五德相生为王的交替过程。顾颉刚先生在他的著名论文《五德终始说下的政治和历史》中说：“五行是中国人的思想律，是中国人对于宇宙系统的信仰，二千年来，它有极强固的势力。”服色正朔问题，在我们现在看来似乎有点无聊，是个伪命题，但在古代却是有关正统名分和天命神授的大事，丝毫马虎不得。所以历代有关这类问题的论述或者争论，层出不穷。该文列于整部《册府元龟》第一部也是最重要的帝王部的最前面，其重要性可见一斑。五行的理论依据，或者说在古代经典的依据，普遍认为在《尚书》中的《甘誓》和《洪范》两篇已中露端倪。古文《尚书》家认为《甘誓》是夏书，而《洪范》则是商书，这样一来，五行学说应在夏商之前，所以《史记·历书》云：“黄帝考定星历，建立五行，起消息。”因此古人普遍认为五行之说在黄帝时已经成立。据梁启超、顾颉刚诸先生考证，《甘誓》和《洪范》不是夏商时的作品，五行之说产生于黄帝时期，自然不可信。梁启超说："春秋战国以前，所谓阴阳所谓五行，其语甚稀见，其义极平淡，且此二事从未尝并为一谈。诸经及孔老墨孟荀韩诸大哲皆未尝齿及。"（《阴阳五行之来历》）五行之说以及与此对应的五德终始之说，大约产生于秦汉之际的术士，他们将阴阳五行的学说，推及社会政治，并与天道相联系，相克相生的五行理论就成了朝代更替的重要理论依据。历代统治者认同这一理论维护了君权神授、天命所归的神话。王钦若代皇帝写的总序其实是这一学说简洁的总结，由于序言是以皇帝的名义发表，而《册府元龟》又是皇帝极其关注的朝廷工程，因此这种表述无疑是一种官方意见。从研究五德终始说的角度，该文无疑是一篇经典之作，至少它代表了北宋这一重要时期对这个问题的官方表述，是颇具权威性的意见。

如果我们将此序与后来以神宗名义撰写的《资治通鉴序》比照，非常有意思。治平三年（1066）一月，司马光将自己所撰的《通志》八卷献呈英宗，四月，英宗即"命龙图阁直学士兼侍讲司马光编历代君臣事迹"，这即是后来的《资治通鉴》。其实，《元龟》与《通鉴》在开始奉诏编修时皆命名为《历代君臣事迹》，二书的写作目的最为相似。宋真宗说："朕编此书，盖取著历代君臣德美之事，为将来取法，至于开卷览古，亦颇资于学者。"[1] 这与《通鉴》"穷探治乱之迹，上助圣明之鉴"的宗旨如出一辙。但是两部大书序的表达方式却大相径庭。

《通鉴》序开宗明义即言："朕惟君子多识前言往行以畜其德，故能刚健笃实，辉光日新。《书》亦曰：'王，人求多闻，时惟进事。'《诗》《书》《春秋》皆所以明乎得失之迹，存王道之正，垂鉴于后世者也。"[2] 相比而言，神宗序《通鉴》着重以史为鉴的角度，很少强调天命和五德。这与君主的信仰和理念有关系，编书目的虽说一致，但是真宗却满脑子道家的学说，《元龟序》通篇围绕天人感应和五德终始之说，从而说明王权所归，自有天命。而神宗序还是围绕政治清明，治乱兴盛来论述朝代兴替，如："其所以载明君良臣切摩治道，议论之精语，德刑之善制，天人相与之际，休咎庶征之原，威福盛衰之本，规模利害之效，良将之方略，循吏之教条，断之以邪正，要之以治忽，辞令渊源之体，箴谏深切之义良谓备焉。"着眼仍是政治教化、明君良臣之类的借鉴意义。

此外，真宗与王钦若君臣二人皆崇信道教的天命学说，相信天人合一和

---

① 李嗣京：《册府元龟》考证引。

② 《资治通鉴》中华书局标点本卷首，第33页。

五德终始之说，王钦若起草的这篇序言无疑是君臣共同的看法。在一部大书之前冠以这样一个极力宣传五德终始学说的序，无疑有其特殊的时代背景。序中较为细致地叙述了五德始终的过程，这种叙述出现于大中祥符六年，这一年祥符瑞象频繁在各地出现，各地逢迎朝廷的地方官员不断报告真宗喜欢的祥瑞，祭天祀地闹剧也不时出演。随手从《续资治通鉴长编》撷其数条如下：

（二月）乙亥，泰州言海陵县陂湖草中生圣米，颇济饥民。

（五月）先是丁谓等自建安军奉玉皇、圣祖、太祖、太宗四像，各御大舟迎奉，使副分侍。玉皇圣祖都监于太祖太宗舟，检校舟上设幄殿，皆有内侍主供具。夹岸黄麾仗二千五百人，鼓吹三百人，别列舟十艘，载门旗青衣弓矢氅义道众幢节，所过州县道门声赞鼓吹振作。官吏出城十里，具道释威仪、音乐迎拜。所过禁屠宰七日，止行刑二日。遣迎奉大礼，使王旦诣应天府，酌献奏青词，宗室至故驿，群臣至通津门奉迎。先于京城升桥北设幄殿大次宫悬。甲辰，圣像至，上斋于长春殿，百官宿斋于朝堂。乙巳，上衮冕朝拜，群臣朝服，陈玉币册文酌献，具大驾卤簿，自宫城东，出景龙门，至玉清昭应宫。大礼等五使前导，载像以平盘辂，上加金华盖之饰，以迎真迎圣奉圣奉宸为名，每乘二内臣，夹侍其缨辔马色。玉皇圣祖以黄，太祖太宗以赤。上具銮驾，先由宫城西出天波门，就宫门望拜。权设幄奉安，择日各升本殿。丙午，群臣称贺。曲赦京城、建安军、扬州、高邮军、楚、泗、宿、亳州死罪，囚降一等，流以下释之。升建安军为真州，镕范圣像之地，特建为仪真观。

（七月）癸巳，内侍江德明言上清宫道获一龙于香合中。

甲辰，改上九天司命上卿保生天尊，曰东岳司命上卿佑圣真君。初封禅毕，诏上保生天尊之号，至是以圣祖肇临名称相类，故改上焉。

（八月）辛酉，以参知政事丁谓为奉祀经度制置使，翰林院学士陈彭年副之，谓仍判亳州。又命五使及遣计度刍粮，详定仪注部，修行宫治道，增置亳州官属，如汾阴之制。甲子出后园嘉谷图示百官。

庚午诏加上真元皇帝号曰太上老君混元上德皇帝。

（九月）丁巳令诸州官吏每天庆先天降圣三大节，建道场，散斋致斋如大祀之制，从王钦若之请也。

丁卯，亳州言太清宫桧再生，真源县菽麦再实，上作歌示近臣。

（十一月）甲寅，丁谓自亳州来朝献芝草三万七千余本。

（十二月）辛未，内出丁谓所贡芝草列文德殿庭宣示百官，从寇准所请也。

壬申，酌献天书于朝元殿，遂告玉清昭应宫及太庙。

以上诸条皆发生于大中祥符六年之事，总括起来有这么几条：一是祥瑞频现，有圣米、飞龙、芝草，还有宫桧再生、嘉麦再实等；二是真宗皇帝信奉道教，亳州的太清宫即老子庙据说是老子的诞生地。有史可据，大中祥符年间朝廷大修太清宫，规模空前，甚至超过以老子为玄元皇帝的唐朝。本年真宗为祭祀太清宫做充分准备，如定仪礼修宫道，又加老子的尊号为混元上德皇帝，其地位远远高过圣人孔子。三是各种祭祀活动繁多且范围甚广，如迎圣像，《全宋词》卷五八〇有二组无名氏《建安军迎奉圣像导引》四首，兹录前一组于下：

太霄玉帝，总御冠灵真。威德耸天人。宝文瑞命符皇运，绵远庆维新。洞开霞馆法虚晨。八景降飙轮。含生普洽口鸿福，圣寿比仙椿。（玉皇大帝）

至真隆鉴，飙驭下皇闱，清漏正依依，范金肖像申严奉，仙馆壮翚飞。万灵拱卫瑞烟披。岸柳映黄麾。九清祚圣鸿基永，尧德更巍巍。（圣祖天尊）

元符锡命，祗受庆诚明，恭馆法三清。开基盛烈垂无极，金像俨天成。奉迎霞布甘泉仗，箫瑟振和声。灵辰协吉鸿仪毕，万国保隆平。（太祖皇帝）

膺乾抚运，垂庆洽重熙，元圣嗣鸿基。发挥宝绪灵仙降，感吉梦先期。良金璀璨范真仪。精意答蕃釐。闶宫神馆崇严配，万祀播葳蕤。（太宗皇帝）

建安军后来升格为真州，州治在今江苏仪征。由建安军升为真州正是大中祥符六年，此地铸四尊圣像，即玉皇大帝、圣祖天尊，还有宋朝开国君主宋太祖赵匡胤和太宗赵光义。据说与太祖、太宗二帝真容毕肖，故称真州。所录这组词，无疑是当时狂热氛围下的产物，或许这类诗词都是当时的朝臣所作，目的自然是拍皇帝的马屁。

对于真宗皇帝大肆祭天祀地、封禅泰山、祭祀汾阴之事，大臣亦颇多非议，如龙图阁待制孙奭上疏言：

> 陛下封泰山祀汾阴，躬谒陵寝，今又将祠太清宫，外议籍籍。以谓
> 陛下事事慕效唐明皇，岂以明皇为令德之主邪？甚不然也。明皇祸败之
> 迹，有足为深戒者，非独臣能知之。近臣不言者，此怀奸以事陛下也。
> 明皇之无道，亦无敢言者。及奔至马嵬，军士已诛杨国忠，请矫诏之
> 罪。乃始谕以识理不明寄任失所，当时虽有罪己之言，觉悟已晚，何所
> 及也？臣愿陛下早自觉悟，抑损虚华，斥远邪佞，罢兴土木，不袭危乱
> 之迹，无为明皇不及之悔，此天下之幸，社稷之福也。①

孙奭在当时以经术著称于世，可谓当世醇儒，所以反对以道教的符瑞来
作为愚民之策，文中所说的邪佞，无疑隐指王钦若等。从"外议籍籍"之
言来看，当时不满这一现状的士大夫应大有人在。

自然《册府元龟》还是一部政书，以五德相始终之说来解释时代兴亡
和朝代盛废，是作者对时代变迁的一种观念而已，其目的还是要说明天命有
所眷顾，君权神授。沈约在《宋书·符瑞志》的序言说的一段话最有代
表性：

> 夫体睿穷几，含灵独秀，谓之圣人，所以能君临四海而役万物，使
> 动植之类，莫不各得其所，百姓仰之，欢若亲戚，芬若椒兰，故为旗章
> 舆服以崇之，玉玺黄屋以尊之，以神器之重，推之于兆民之上。自中智
> 以降，则万物之为役者也。性识殊品，盖有愚暴之理存焉，见圣人利天
> 下，谓天下可以为利；见万物之归圣人，谓之利万物。力争之徒，至以
> 逐鹿方之。乱臣贼子所以多于世也。

沈约设立《符瑞志》的目的非常明确，就是要维护君权的神圣性和合
理性，杜绝野心家的不臣之心。既然天命有所归依，真龙天子自有定数，所
以力争之人就是乱臣贼子，世所唾弃，也无济于事。《符瑞志》以大量的所
谓事实力图证明，天人感应，帝王的出世皆会伴随大量的符瑞出现。太平盛
世也会出现象征强盛富足的异常祥瑞。这种天人感应的观念，其实亦为大多
古人的共识。因此，王钦若的历史观念，今天看来自然可笑至极，但在当时

---

① 《宋史·孙奭传》。

并非特例。他在序文中，代真宗立言，以继承先帝稽古右文之遗志自任，要"肇振斯文"，编修此书的目的则在于"用存典型"。《册府元龟》的序写成这个样子，与当时风气有关。本来按照真宗的说法："朕编此书，盖取著历代君臣德美之事，为将来取法，至于开卷览古，亦颇资于学。"① 以史为鉴是编书的目的，然而在这个序中，一味强调天命五行、五德始终，与全书主题似有出入。

毫无疑问，王钦若在编撰《册府元龟》过程中起了重要作用，作为主编者，参与了编撰全过程，对书的体例提出了许多意见。从现存史籍中我们仍然略知一二，如全书唯取六经子史，不录小说；于悖逆非礼之事，亦多所刊削。王钦若欲去《魏书》、《宋书》"岛夷"、"索虏"的称呼，这一点遭到宰相王旦的反对，王旦认为旧文不宜改。当然这只是一个体例问题，王钦若的更改并非完全没有道理，王旦的意见对于保持古书的本来面貌，显得更为严谨。因此《册府元龟》比较忠实地保存了旧籍的原文，比如杜预长历推甲子多误者，《册府元龟》引用时亦皆以误注其下，而不追改，裁断极为精审。这一条肯定是主修者的治学态度所致。此书千余卷，内容极其丰富，篇幅亦为空前的大书。诚如四库馆臣所言："开卷皆常目所见，无罕觏异闻，不为艺家所重。是此书在宋世学者颇不满之，但典籍至繁，势不能遍为掇拾，去诬存实，未可概以挂漏相绳。况纂辑诸臣，皆一时淹贯之士，虽卷帙既富，难尽免于抵牾，而考订明晰，亦多可资览古之助。"② 虽然《册府元龟》取材并非罕见之书，但内容丰富，考订明晰，具有极高的史料价值。这部大书很好地体现了朝廷的意志。

《册府元龟》是一部政事全书，将历代君臣事迹分门别类，裒集成书，以供治国时予以借鉴，又可以作为历史著作，供学者研究阅览。在此书完成之后，王钦若等又奉诏修《彤管懿范》77 卷，依照《册府元龟》之例，记载历代后妃之事，其宗旨亦为以史为鉴。这类政书的编撰具有明显的政治目的，毫无疑问，同时也是重要的学术研究工作。《册府元龟》集中了当时最卓越的学者，费时八年，领衔官员为宰执大臣，从设局到编撰过程都得到皇帝的关怀，无疑是国家盛事了。

史称：

---

① 《四库全书·册府元龟》卷首《册府元龟考证》。
② 《四库全书·册府元龟》卷首《提要》。

景德二年（九月）丁卯，令资政殿学士王钦若，知制诰杨亿修《历代君臣事迹》，钦若请以直秘阁钱惟演等十人同编修。初令惟演等各撰篇目，送钦若暨亿参详，钦若等又自撰集上进。诏用钦若等所撰为定，有未尽者，奉旨增之。又令宫苑使胜州刺史勾当皇城司刘承珪，内侍高品监三馆秘阁图书刘崇超典掌其事，编修官非内殿起居当赴常参者免之。非带职不当给实俸者，特给之，其供帐饮馔皆异于常等。①

《册府元龟》至今仍是一部重要的古文献典籍，王钦若在编撰过程起到了重要作用。首先，他得到真宗的高度信任，进而获得充沛的经费，参编者级别很高，待遇自然很高。这一方面体现了北宋朝重视文官的崇文右儒的国策，另一方面也说明由重臣王钦若来担纲主撰，体现了皇帝高度重视编书之事。其次，编撰人员皆为饱学之士，为一时之选，这说明王钦若有知人之明和独到的眼光。如杨亿、钱惟演、刘筠、陈彭年参与了编撰之事，这些人既是当时著名学者，又是重要官员。这些人参与保证了《册府元龟》极高的学术价值和史料价值。

史称其"智数过人"，是一个极聪明、能力很强的人，但是他的聪明过人，往往用在揣度皇帝的旨意上，所以宋真宗特别宠信他，对他可谓言听计从。过于聪明的人有时名声不佳，人有时犯点傻，更可获得他人的尊重。王钦若就是这类过于聪明的人，他的学生宋仁宗，在他死后就说："钦若久在政府，观其所为，真奸邪也。"更有火上浇油的臣子说："钦若与丁谓、林特、陈彭年、刘承珪，时谓之五鬼。奸邪险伪，诚如圣谕。"从此后钦若成为所谓"五鬼"之首。不幸的是，列于"五鬼"之一的陈彭年也是江西人。宋真宗除了大肆封禅祭祀之外，并非劣迹斑斑的皇帝，真宗时期宋朝经济发展迅速，文化也很发达，是北宋一个政治清明、经济繁荣的时代。作为长期处于宰辅之位的王钦若，应该是有所贡献的。

第三节　王钦若奸邪辨析

王钦若在北宋前期的宰执大臣中，与丁谓颇受后人非议，目之为奸邪一类。今天我们再来审视王钦若这一历史人物，自然不必为乡贤讳，也应从历史的观念实事求是地评价他在历史上的作用。指责王钦若为奸邪，大约有以

---

① 《续资治通鉴长编》卷六一。

下数条：一是逢迎皇帝，邀恩取宠，如真宗朝大肆封禅，争言符瑞，王钦若实为推波助澜者。二是排斥异己，擅权争利，如与寇准争斗，不讲原则，只认亲疏。三是弄权贪财，收受贿赂。

《宋史》本传在记载王钦若生平事迹之后，有较长一段评论性的记述，颇有代表性，兹录于下：

> 感疾丞归，帝临问，赐白金五千两。既卒，赠太师、中书令，谥文穆。录亲属及所亲信二十余人。国朝以来，宰相蒙恩，未有钦若比者。钦若尝言：少时过圃田，夜起视天中赤文，成"紫微"字。后使蜀，至褒城，道中遇异人，告以他日位至宰相。既去，视其刺字，则唐相裴度也。及贵，遂好神仙之事，常用道家科仪建坛场，以礼神，朱书"紫微"二字陈于坛上，表修裴度祠于圃田，官其裔孙，自撰文以纪其事。真宗封泰山祀汾阴，而天下争言符瑞皆钦若与丁谓倡之。尝建议躬谒元德皇太后，别庙为庄穆皇后行期服。议者以为天子当绝傍期，钦若所言不合礼。又请置先蚕并寿星祠，升天皇北极帝坐于郊坛第一龛，增执法孙星位。别制王公以下车辂鼓吹，以备拜官婚葬。所著书有《卤簿记》、《彤管懿范》、《天书仪制》、《圣祖事迹》、《翊圣真君传》、《五岳广闻记》、《列宿万灵朝真图》、《罗天大醮仪》。钦若自以深达道教，多所建明，领校道书凡增六百余卷。
>
> 钦若状貌短小，项有附疣，时人目为瘿相。然智数过人，每朝廷有所兴造，委曲迁就以中帝意。又性倾巧，敢为矫诞，马知节尝斥其奸状，帝亦不之罪。其后仁宗尝谓辅臣曰："钦若久在政府，观其所为，真奸邪也。"王曾对曰："钦若与丁谓、林特、陈彭年、刘承珪时谓之五鬼，奸邪险伪诚如圣谕。"

《宋史》作者没有直接指斥王钦若奸邪，但其倾向性意见还是非常鲜明的。王钦若深受宋真宗宠信，这是毫无疑问的。那么，皇帝凭什么宠信他呢？本传列举了有关封祭及笃信道教之事，而且叙写他在圃田和褒城的奇遇，这种神秘的传奇故事，无非是为了说明他笃信天命和道教由来有自，其实也是证明他为何怂恿真宗祭天祀地、争言符瑞的原因。

王钦若逢迎皇帝之事，最受非议的莫过于真宗朝过度崇奉道教，迷信神仙之术，大建道场观祠，频繁封禅祀神。当然这个账应算在皇帝身上，而正史习惯上要为尊者讳，皇帝的错就要算在大臣身上。由真宗皇帝导演的迎天书的闹剧起始于大中祥符元年（1008），《宋史·真宗本纪》言："大中祥符元年春正月乙丑，有黄帛曳左承天门南鸱尾上，守门卒涂荣告，有司以闻，上召群臣拜迎于朝元殿启封，号称天书。"《续资治通鉴长编》则有详细的记载：

> 大中祥符元年春正月乙丑，上召宰臣王旦、知枢密院事王钦若等对于崇政殿之西序。上曰："朕寝殿中，帘幕皆青绝为之，旦暮间非张烛莫能辨色。去年十一月十七日夜将半，朕方就寝，忽一室明朗，惊视之次，俄见神人星冠绛袍告朕曰：'宜于正殿建黄箓道场，一月当降天书《大中祥符》三篇，勿泄天机。'朕悚然起对，忽已不见，遽命笔志之。自十二月朔即蔬食斋戒于朝元殿，建道场结彩坛九级，又雕木为舆饰，以金宝恭伫神贶，虽越月未敢罢去。适睹皇城司奏'左承天门屋之南角有黄帛，曳于鸱吻之上'。朕潜令中使往视之，回奏云：'其帛长二丈许，缄一物如书卷，缠以青缕三周，封处隐隐有字。'朕细思之，盖神人所谓天降之书也。"旦等曰："陛下以至诚事天地，仁孝奉祖宗，恭己爱人，夙夜求治，以至殊邻修睦，犷俗清吏，干戈偃戢，年谷屡丰，皆陛下兢兢业业，日谨一日之所致也。臣等尝谓：'天道不远，必有昭报'今者神告先期，灵文果降，实彰上穹佑德之应。"皆再拜称万岁，又言启封之际，宜屏左右。上曰："天若谪示阙政，固宜与卿等祗畏改悔，若诚告朕躬，朕亦当侧身自修，岂宜隐之，而使众不知也。"上即步至承天门，焚香望拜。命内侍周怀政、皇甫继明升屋，对捧以降。王旦跪进，上再拜受，置书舆上，复与旦等步导，却伞盖撤警跸至道场，授知枢密院陈尧叟启封帛，上有文曰："赵受命，兴于宋，付于恒，封禅记，居其器，守于正，世七百，九九定。"既去帛启缄，命尧叟读之。其书黄字三幅辞类《尚书·洪范》、老子《道德经》。始言上能以至孝至道绍世，次谕以清净简俭，终述世祚延永之意。读讫，藏于金匮。旦等称贺于殿之北庑，是夕命旦宿斋中书，晚诣道场。

真宗编的故事并不高明，在此之前，历代帝王所编的类似故事不胜枚举，比如汉高帝斩蛇起义，光武帝时强华上赤伏符等，还有企望改朝换代的王莽和武则天都是制造符瑞现象的高手。问题是皇帝编的故事，臣子没有敢于置疑的。岂但不敢置疑，而且还得一派颂圣之声，人人欢欣鼓舞。请看君臣蔼蔼的和谐好戏，君主牵头，拍马屁的大臣，从宰相到内侍，无不配合默契。一切都按照早已设计熟稔的程序办理，老到完善而且绝无差错。最有趣的是，宰相王旦请皇帝独自启封天书，因为天机不可泄露，只有皇帝有资格独享苍天的眷顾，但我们看看这位体恤下情的皇帝，执意要当众启封，是要与朝臣共享上天的恩惠。我们现在无法考证是谁真正编剧和导演了这场闹剧，估计不是皇帝一个人的主意，如果我们假定王钦若在这件事中起了关键作用，好像有点诛心之论，也没有充分的证据。这年正月的天书闹剧一启幕，注定要发生一些疯狂的事情。

第一件事是封禅，封禅本是历史上自认为有杰出功业的帝王，在国力强盛之时，登泰山而祷告上天，以庆成功。如秦始皇、汉武帝、唐玄宗几位著名帝王都曾封禅。也有一些杰出君主，拒绝封禅的虚名。如汉光武帝，平定天下后励精图治，建武三十年，"群臣上言：'即位三十年，宜封泰山。'诏曰：'即位三十年，百姓怨气满腹，吾谁欺，欺天乎！曾谓泰山不如林放乎！何事污七十二代之编录！若郡县远遣吏上寿，盛称虚美，必髡，令屯田。'于是群臣不敢复言。"① 各州、郡累上符瑞，光武帝皆下诏明令禁止。封泰山、上符瑞，是历代帝王为自己歌功颂德、粉饰太平的常用手段，那些善于逢迎巴结的官员亦以此作为讨好皇帝以求升官晋爵的阶梯。光武帝为开国之君，其文功武治，在历代帝王中亦罕有其比，说来他倒是有资格歌功颂德，但他并不陶醉于自己的成功，对那些劳民伤财又无任何实际作用的礼仪大典，一概从简，不接受臣子所上符瑞。

相比而言，同样号称为明主的宋真宗却嗜好封禅和符瑞。大中祥符元年三月，先是兖州父老1200人诣阙请封禅，未允。尔后兖州并诸路进士等840人诣阙请封禅，又未允。再后文武官员、各界人士包括蛮夷僧道24000余人联名诣阙请封禅。臣民五次三番地请求封禅，自然说明皇恩浩荡，功德侔天。皇帝虽然恭谦，却也不好一再拂了臣民的好意，因而终于在当年四月份，答应十月封禅泰山。这时候朝廷大员倾巢而动。时知枢密院事王钦若与参知政事赵安仁为泰山封禅经度制置使，这一职务相当封禅之事的总负责人。后来为了加强领导，干脆任命当时的宰相王旦为封禅大礼使，其他二位重臣冯拯、陈尧叟分掌礼仪使。从整个过程来看，所谓的民意肯定是由地方官员导演的闹剧，而始作俑者应该是皇帝本人，因为真宗喜好符瑞之事，臣民投其所好非常正常，古人"楚王好细腰，宫中多饿死"，此之谓也。当然王钦若作为朝廷重臣，又深得真宗的信任，无疑起到了推波助澜的作用。当

---

① 《资治通鉴》《汉纪》卷四十四。

时的朝廷重臣如宰相王旦、寇准其实都参与了这场声势巨大的全民造神运动。对于这件事的原委，史书有载：

> 庚辰，殿中侍御史赵湘上言请封禅，中书以闻，上拱揖不答。王旦等曰："封禅之礼，旷废已久，若非圣朝承平，岂能振举？"上曰："朕之不德，安敢轻议。"
>
> 初，王钦若既以城下之盟毁寇准，上自是常怏怏。他日，问钦若曰："今将奈何？"钦若度上厌兵，即谬曰："陛下以兵取幽蓟，乃可刷此耻也。"上曰："河朔生灵始得休息，吾不忍复驱之死地，卿盍思其次？"钦若曰："陛下苟不用兵，则当为大功业，庶可以镇服四方，夸示戎夷也。"上曰："何谓大功业？"钦若曰："封禅是矣。然封禅当得天瑞希世绝伦之事，乃可为。"既而又曰："天瑞安可必得，前代盖有以人力为之，若人主深信而崇奉焉，以明示天下，则与天瑞无异也。陛下谓河图洛书果有此乎？圣人以神道设教耳。"上久之乃可，独惮王旦，曰："王旦得无不可乎？"钦若曰："臣请以圣意谕旦，宜无不可。"乘间为旦言之，旦勉而从。然上意犹未决，莫适与筹之者。它日晚，幸秘阁，惟杜镐方宿直，上骤问之曰："卿博达坟典，所谓河出图洛出书，果何事耶？"镐老儒不测上旨，漫应曰此："圣人以神道设教耳。"其言偶与钦若同。上由此意决，遂召王旦饮于内中，欢甚，赐以尊酒，曰："此酒极佳，归与妻孥共之。"既归发视，乃珠子也。旦自是不复持异，天书封禅等事始作。（《续资治通鉴长编》卷六七）

由赵湘首倡封禅之事，而王钦若则窥探真宗心理，重议此事，皇帝犹豫不定，得到宰相王旦的首肯之后，才决定施行。真宗封禅的动机是在订立澶渊之盟后，觉得堂堂皇朝居然屈服于胡虏，内心十分憋屈，甚有耻辱感。作为一国君主，在百姓面前颜面尽失，威望扫地。因而急于重振威望，挽回颜面，便为自然之理。王钦若提出"大功业"，即以封禅作为皇朝盛事，动员满朝官员，广大百姓参与造神运动。首先是皇帝有这种所谓的"刷耻"的需要，王钦若迎合这种需要，又受到赵湘的启发，于是想出这样一个馊主意。这其实表达了君权至上的原则，王旦起初不赞同封禅，后来王钦若以圣谕晓示，也很容易说服了他。这段文字有一个细节非常生动，真宗询问杜镐关于河图洛书的真伪问题，杜镐回答"圣人以神道设教"，居然与王钦若意思相同，而皇帝显然赞同这一说法。可见统治者将神道视为设教的工具，自己相信与否还真是一个问题。我们现在很难考证真宗是否真的相信天书或者符瑞这样神奇的事情，但将这些东西视为愚民的统治术则是无疑的。所谓"神道设教"，无非是说圣人本来也不相信神奇灵怪之事，只是将其作为教化臣民的一种工具而已，同样，符瑞和灵异自然也是不可信的，也是在特殊背景下或者特别时期祭起的法宝而已。那么，真宗封禅的目的也就十分清楚了，即是以此事作为提高自己威权的手段，无非是再一次重申皇权神授，在全国官员百姓内心中达成新的共识，即皇帝的绝对权威和绝对统治是无可置疑的。终真宗一朝，到后期近于疯狂的拜神运动虽然有所收敛，但作为一种国策似乎并未停歇。这样看来，我们可以诠释为，王钦若出主意请真宗封禅，真宗的最先推辞其实并非谦虚自己的功业不够，而是因为他恐怕在朝臣中有阻力，当王钦若胸有成竹地保证能够得到宰相王旦支持后，皇帝决心采纳封禅的建议，这一切都是从维护皇权的目的着眼的。从实际效果来看，朝廷似乎达到了预期目的，皇权的威望大大提高，中央集权的地位也更加稳固。王钦若其实是将其作为提高皇权而设计的一套谋略，虽然劳师动众、劳民伤财，但作为维护皇权的绝对权威，从朝廷的角度来看，这些成本是值得的。

王钦若仕途顺利，官至宰相，又甚得皇帝宠信，在宦海浮沉中，他的天敌就是真宗时代的名臣寇准。寇准是北方传统士族的代表人物，对南方士人天生有排斥情绪。王钦若与寇准的争执，有南北士人的帮派之争，也有同朝大臣的意见相左，当然还有二人之间的意气相斗。如欧阳修《归田录》载：

> 王冀公罢参知政事而真宗眷遇之意未衰，特置资政殿学士以宠之。时寇莱公在中书，定其班位，依杂学士在翰林学士下。冀公因诉于上曰："臣自学士拜参知政事，今无罪而罢，班反在下，是贬也。"真宗为特加大学士，班在翰林学士上，其宠遇如此。（《归田录》上）

王钦若调离参知政事要职，皇帝为了对他表示眷遇之恩，特设置资政殿学士这样的官职，因为是新的职务，由宰相衙门定其班位，而寇准则将其作为杂学士，定于翰林学士之下，这显然是作为宰相的寇准伺机报复。王钦若本来就是从翰林学士晋升为参知政事，而现在皇帝为了表示宠信，反置资政殿学士之职处翰林学士之下，自然他要向皇帝上诉。寇准作为长期浮沉于宦海的老官僚，对于皇帝的用意应该心知肚明，但在这种场合能够整治王钦若也绝不会放过。

王钦若与寇准后来在官场势同水火，最重要的事件还是"澶渊之盟"，二人的意见相左，从政见相异导致意气之争。征辽之战，真宗皇帝是不是要御驾亲征，众朝臣当时就有激烈争执。如当时年资颇深的宰相毕士安，就不赞同皇帝亲征。史载：

> （景德元年八月）上谓辅臣曰："累得边奏，契丹已谋南侵，国家重兵多在河北，敌不可狃。朕当亲征决胜，卿等共谋何时可以进发？"毕士安等曰："陛下已命将出师，委任责成可也。必若戎辂亲行，宜且驻跸澶渊。然澶渊郓郭非广，久聚大众，深恐不易。况冬候犹远，顺动之事，更望徐图。"寇准曰："大兵在外，须劳圣驾暂幸澶渊，进发之期不可稽缓。"王继英等曰："禁卫重兵多在河北，所宜顺动，以壮兵威。仍督诸路进军，临时得以裁制。然不可更越澶州，庶合机宜不亏。谨重所议进发，尤宜缓图。若遽至澶州，必不可久驻。"诏士安等各述所见，具状以闻。（《续资治通鉴长编》卷五七）

真宗意欲重用寇准，曾经征求过毕士安的意见。毕士安大大夸赞了寇准的才干和人品，坚定了真宗越级擢升寇准的决心。毕士安与寇准同时拜相，关系想必不错，真宗对二人相当信任。就亲征之事，毕士安与寇准意见不同，而且看起来都有道理，所以皇帝要求再议。真宗要求大臣讨论征辽之事，众说纷纭，各种意见，莫衷一是。参知政事王钦若和陈尧叟的意见可能显得不合时宜：

> 先是，寇准已决亲征之议。参知政事王钦若以寇深入，密言于上，请幸金陵签书枢密院事。陈尧叟请幸成都，上复以问准。时钦若、尧叟在旁。准心知钦若江南人，故请南幸；尧叟蜀人，故请西幸，乃阳为不知，曰："谁为陛下画此策者，罪可斩也。今天子神武，而将帅协和，若车驾亲征，彼自当遁去。不然，则出奇以挠其谋，坚守以老其众。劳逸之势我得胜算矣。奈何欲委弃宗社，远之楚蜀耶？"上乃止。二人由是怨准，钦若多智，准惧其妄有关说，疑沮大事，图所以去之。会上欲择大臣使镇大名，准因言钦若可任，钦若亦自请行。乙亥，以钦若判天雄军府兼都部署，提举河北转运司。（《续资治通鉴长编》卷五七）

对于这一事件，宋代各种笔记皆有记述，如司马光、刘敞、魏泰、张唐英等人的著述，都提到这事，但说法不一。真宗没有采纳王、陈的意见，还是听信寇准之言。否则，历史可能要重写。这件事有个是非的问题，真宗采纳了寇准的意见，说明他是对的。而王钦若和陈尧叟的建议，现在看来很是奇怪，朝廷后来予以否决，也是理所当然的。王、陈二人曾知枢密院事，是主管军事的最高级别的官员，他们建议真宗出巡，有避强敌锋芒的意思。这是在当时严峻的局况之下作的一种判断和选择，也并非轻易地妄下结论。这是一种较坏的选择，所以在当时被朝廷否决，而后世人们议论此事，也多半支持寇准而指责王钦若他们。如果我们就事论事，只能说相对于寇准来说，王钦若和陈尧叟缺乏对局势的正确判断，提出了一个错误的决策。真宗没有采纳，所以我们无法评估这一错误决策后果的严重性。说到底这件事无非是朝中大臣的不同政见而已，如果作为王钦若奸邪的证据，似乎于理欠通。毕士安、陈尧叟也不赞同御驾亲征，但没有人因此而指责二人奸邪。

关于王钦若的奸邪，都集中说他善于迎合真宗皇帝，揣摩圣上旨意，然后适时提出皇帝中意的奏疏。据《涑水记闻》载：

> 真宗末，王冀公每奏事，或怀数奏，出其一二，其余皆匿之。既退，以意称圣旨行之。尝与马知节俱奏事上前，冀公将退，知节目之曰："怀中奏何不尽出之。"（卷五）

司马光这段记述是从钱象先那儿听来的，相当生动。司马光不会赞同王钦若的做法，不过他也不会就此就认为钦若奸邪。王钦若上朝带数奏，是其做官之道，多年混迹官场的心得。换一个角度，也能说明他勤勉公事、颇具谋略。如果他不关心朝政，不悉心思考，又怠惰疲沓，岂能做到每次上朝携带数奏。他的仕途发达，一方面固然因为擅长揣摩圣意，另一方面也与他勤勉公事、颇具谋略大有关系。

《涑水记闻》卷七记载王钦若的糗事最多，后来脱脱修《宋史》作王钦若传多采用司马光的记述。其中有一条言王钦若阴险，排斥李宗谔：

> 真宗时，王钦若善承人主意，上望见辄悦之，每拜一官中谢日，辄问曰："除此官，且可意否？"其宠遇如此。钦若为人阴险多诈，善以巧谮中人，人莫之悟。与王旦同为相，翰林学士李宗谔有时名，旦善视之。旦欲引参政事，以告钦若。钦若曰"善"。旦曰："当以白上。"宗谔家贫，禄廪不足以给婚嫁，旦前后资借之，凡千余缗，钦若知之。故

事，参知政事中谢日，所赐物近三千缗。钦若因密奏宗谔负王旦，私钱不能偿旦，欲引宗谔参知政事，得赐物，以偿己债，非为国择贤也。明日，旦果以宗谔名荐于上，上作色不许，其权谲皆此类。

司马光对南方士人多少抱有成见，据说神宗任王安石为相，他予以反对，重要的原因就是认为南方士人狡诈多谲，不如北方士人耿直无私。他鄙薄王钦若的为人，含有这种成见的因素。王旦本身也是南北界限相当分明的官员，他援引的人物多为北方的士大夫，这是一方面。另一方面，王钦若本人也有这样的习气，喜爱与南方士人交往，与他们结成政治同盟，比如他与陈彭年交情甚深。在前期北宋政坛上，北方势力压倒南方士人的局况并未改变，北方士大夫执政几乎占统治性的压倒地位，因此，南方士大夫的处境相比北方士人晋升之途更加崎岖多阻。这种情况直至欧阳修、王安石、苏轼等杰出的士人出现后，才得到根本性的改变。

史传中关于王钦若收受钱财也有所记载，如《宋史》本传载，咸平中王钦若知贡举，举子任懿通过僧惠秦以 350 两银钱贿赂王钦若，结果被告发。朝廷下令鞫治之，查无此事，王钦若没有被治罪。综观王钦若的传记，有关贪贿之事仅见此条，而这一条经朝廷调查，似乎亦难以成立。说他受到皇帝信任甚至宠信者多见，但责其贪腐者似乎绝少。在宋人笔记中，北方士人对他的谴责多一些，而南方士人的记载似乎更加客观中立。如，欧阳修的《归田录》也对王钦若的事迹有所涉及，但是没有进行负面的记叙或者尖锐的批评，与《涑水记闻》的立场决然不同。

第四章　夏竦事迹述略

第一节　夏竦生平

夏竦（985—1051），字子乔，北宋江州德安（今江西省九江市德安县）人，夏承皓次子①，排行第十。少有才华，开始走上仕途，始因其父力战契丹而死录为润州丹阳县主簿。景德四年，举贤良方正科，擢光禄寺丞、通判台州，累迁至尚书礼部员外郎、知制诰。天禧元年，因家庭纠纷降为职方员外郎、出知诸州，所在多有政声。天圣三年，借内官张德勤和王钦若之力，复知制诰，充翰林学士兼侍读、龙图阁学士，屡迁谏议大夫、枢密副使、参知政事。因与宰臣不合，罢为枢密副使、礼部尚书，出知诸州府，后召回任三司使。宝元元年，元昊反，陕西用兵，拜奉宁军节度使、知永兴军，听便宜行事；不久徙忠武军节度使、知泾州，还判永兴军兼陕西经略安抚招讨。论兵多与诸将时臣不合，请解兵柄，改判河中府，徙蔡州、亳州、并州等。庆历七年，仁宗召为宰相，不果；改为枢密使，封英国公，后罢知河南府，徙武宁军节度使，进郑国公。皇祐三年，卒于任上，年67岁。

夏竦少有才华，超迈不群，所为诗文，皆为可观。淳化四年（993），游于太学，一时英俊，皆相与友善。至道二年（996），从学于姚铉，在其指导下，谙古今故事，通百家之书，并且显露出藻丽铺排的文风。司马光《涑水记闻》卷三载，一日，姚铉"使为水赋，限以万字。竦作三千字以示铉，铉怒不视，曰：'汝何不于水之前后左右广言之，则多矣。'竦又益之，凡得六千字，以示铉，铉喜曰：'可教矣。'"② 此外，吴处厚《青箱杂记》

---

① 王铚《默记》卷中云："夏英公其父侍禁，名承皓。因五鼓入朝，时冬月盛寒，见道左有婴儿啼甚急，盖新生子也。立马遣人烛下视之，锦绷文葆，插金钗子二支，且男子也。夏无子，因携去育之，竟不知谁氏子焉。"（朱杰人点校，中华书局1981年版，第23页）。考之《夏氏宗谱》，承皓一支尚有靖、端等子嗣，《默记》所载，说夏竦是养子，多系传闻。

② 司马光：《涑水记闻》卷三，邓广铭、张希清点校，中华书局1989年版，第55页。

卷五载："夏文庄公竦幼负才藻，超迈不群，时年十二。有试公以《放宫人赋》者，公援笔立成，文不加点。其略曰……"① 此事或就在此年发生，《放宫人赋》现在尚存，收录在《文庄集》卷二三，全文借唐太宗放宫女一事歌颂其太平盛世的德政，以宫阙幽闭、晓然情惬为韵。但作者把主要笔触用以描摹宫人的情态，如幽闭深宫的哀怨无绪、乍闻消息的悲喜如幻、辞别帝宫的徘徊心切、归途的意惬思纷，都写得极其细腻传神。文章句式整饬骈俪，衔接流动自然，实难相信出于一个 12 岁的孩童之手。

咸平四年（1001），王辟之《渑水燕谈录》载，其父夏承皓监通州狼山盐场，夏竦随父在通州狼山，作《渡口》诗："渡口人稀黯翠烟，登临尤喜夕阳天。残云右倚维扬树，远水南回建业船。山引乱猿啼古寺，电驱甘雨过闲田。季鹰死后无归客，江上鲈鱼不直钱。"诗歌立意不俗，开篇登临远望，"尤喜夕阳天"一句语意惊人，振起高格，中间"山引"一联描绘暮霭沉沉、细雨霏霏的暮景尤为形象，以季鹰作结，既契合眼前场景，又含无限的感慨。王辟之评价此诗"后之题诗无出其右"②。这种语意惊人有少年作诗故作惊人之嫌，但因为其才华横溢，底蕴不浅，故能翻出新意，不落流俗，为人所喜。此外江休复《江邻几杂志》也载："夏英公少年作诗，语意惊人，有'野花无主傍人行'之句。"③ "江州琵琶亭诗板甚多，李卿孙惟留一篇夏英公诗：'流光过眼如车毂，薄宦拘人似马衔。若遇琵琶应大笑，何须抆泪湿青衫。'"④

景德元年（1004），时契丹内犯，其父夏承皓由间道发兵，夜与契丹遇，力战而死，朝廷恤难录为无品级的"三班差使"，这是夏竦正式走上仕途的开端。不久，因献诗李沆改润州丹阳主簿。魏泰《东轩笔录》载此事，记叙甚详："一日，携所业，伺宰相李文靖公沆退朝，拜于马首而献之。文靖读其句，有'山势蜂腰断，溪流燕尾分'之句，深爱之，终卷皆佳句。翌日，袖诗呈真宗，及叙其死事之后，家贫，乞与换一文资，遂改润州金坛主簿。"⑤ 景德二年（1005），因王钦若提携，参修《历代君臣事迹》。

① 吴处厚：《青箱杂记》卷五，李裕民点校，中华书局 1985 年版，第 48 页。
② 王辟之：《渑水燕谈录》卷七，《宋元笔记小说大观》，上海古籍出版社 2001 年版，第 1280 页。
③ 江休复：《江邻几杂志》，《宋元笔记小说大观》，上海古籍出版社 2001 年版，第 573 页。
④ 同上书，第 572 页。
⑤ 魏泰：《东轩笔录》卷二，李裕民点校，中华书局 1983 年版，第 20 页。

　　景德四年（1007）闰五月，夏竦参加制科考试，登贤良方正、能言极谏科，擢光禄寺丞、通判台州。宋代制科不常考，废置无常，本着"以待非常之士"的目的，《宋史·选举志》亦记载："制举无常科，所以待天下之才杰，天子每亲策之。"① 整个过程烦琐苛刻，司马光《涑水记闻》卷三载："皆自投牒，献所著文论，差官考校。中者召诣阁下，试论六首；又中选，则于殿廷试策一道，五千字以上。"② 选拔尤精，所以每次中选者不过一二人，然数年之后即为美官，多有至宰辅者③。因而在士大夫当中，制举备受推崇，能够通过制科，更是经义时务才识非凡的体现。吴处厚在《青箱杂记》卷五载："公举制科，庭对策罢，方出殿门，遇杨徽之，见其年少，遽邀与语曰：'老夫他则不知，唯喜吟咏，愿丐贤良一篇以卜他日之志，不识可否？'公援笔欣然曰：'殿上衮衣明日月，研中旌影动龙蛇。纵横礼乐三千字，独对丹墀日未斜。'杨公叹服数四，曰：'真将相器也。'"④ 后来召回京师，升任秘书丞、直集贤院、同编修国史、判三司都磨勘司、右正言等职。其间大中祥符六年（1013）因参修的《历代君臣事迹》（后改名为《册府元龟》）完工受到朝廷赏赉。

　　大中祥符七年（1014）正月，真宗车驾幸亳州，任命夏竦为东京留守推官。同年，真宗封皇子赵祯为庆国公，在朝廷内外物色饱学之士来督导皇子，令夏竦劝学资善堂。此年十一月，同修起居注，为玉清昭应宫判官，兼领景灵宫、会灵观事。这一切都是其才识不凡、言论慷慨，为宰臣王旦所赏识的结果。《续资治通鉴长编》卷八十三载："王旦之为景灵宫朝修使也，竦实掌其笺奏。竦尝卧病，旦亲为调药饮之，数称其才，因使教庆国公书。又同修起居注，及是为判官，皆旦所荐也。"⑤ 不久，升任尚书礼部员外郎、知制诰。至此，夏竦年仅30岁，才华横溢，仕途得意，满腔热忱，希冀有为，《续资治通鉴长编》卷八十三载："丁谓欲大治城西炮场，酾金水，作后土祠，以拟汾阴脽上。林特欲跨元武门为复道，以属玉清昭应宫。李溥欲

　　① 脱脱：《宋史》卷一百五十六，中华书局1977年版，第3645页。

　　② 司马光：《涑水记闻》卷三，中华书局1989年版。

　　③ 据龚延明、祖慧所撰《宋代科举概述》（《宋登科记考》，江苏教育出版社2009年版，第9页）统计，两宋举行过22次制举试，入等41人，41人之中，位至宰执的有10人，职至翰林学士的有12人，比例不可谓不大。

　　④ 吴处厚：《青箱杂记》卷五，李裕民点校，中华书局1985年版，第48页。另魏泰《东轩笔录》卷二亦载此事，其文稍异。

　　⑤ 李焘：《续资治通鉴长编》卷八十三，中华书局1995年版，第1903、1904页。

致海上巨石于会灵池中，为三神山，起阁道，几遇神仙之属。群臣亦争言符瑞。竦独抗疏，皆以为不可，其事遂罢。"① 能够在举朝纷纷言符瑞的情况下，抗言上书，认为神仙之事阔远，更见出胆识和魄力。然当其意气风发之时，难免生恃才傲物之意。《东轩笔录》卷二载，丁谓为玉清昭应宫使，夏竦以知制诰为判官。"一日，宴宫僚于斋厅。有杂手伎俗谓弄盌注者，献艺于庭。丁顾语夏曰：'古无咏盌注诗，舍人可作一篇。'夏即席赋诗曰：'舞拂挑珠复吐丸，遮藏巧便百千般。主公端坐无由见，却被傍人冷眼看。'丁览读变色。"② 本来这一宴会赋诗之事在宋代极其平常，也是文人诗酒之间的常事，但夏竦却认为在下属面前赋诗承欢，有轻视之意，也可从中看出其自以材器、未尝许人的个性。后来，国史修成，迁户部员外郎，景灵宫成，升任礼部郎中。

天禧元年（1017）十二月，因家庭纠纷降为职方员外郎、出知黄州。此中因缘，《续资治通鉴长编》记叙甚详，其卷九十载："竦娶杨氏，颇工笔札，有钩距。竦浸显，多内宠，与杨不睦。杨与弟倡疏竦阴事，窃出讼之。又竦母与杨氏母相诟骂，皆诣开封府，府以闻，下御史台置劾而责之，仍令与杨离异。"③ 家庭不幸，贬官降职，是他人生仕途上的第一次波折，但出知州县，也为他提供了一个广阔的施展才华的舞台。夏竦所至之处，一边礼贤下士，延聘人才，一边废除恶俗，拯孤扶弱，多有政声。吴处厚《青箱杂记》卷四载："夏文庄公谪守黄州时，庞颖公为郡掾，文庄识之，异礼优待。而庞尝有疾，以为不起，遂属文庄后事。文庄亲临之，曰：'异日当为贫宰相，亦有年寿，疾非其所忧。'庞诘之曰：'已为宰相，岂得贫耶？'文庄曰：'但于一等人中为贫耳。'故庞公晚年退老，作诗述其事曰：'田园贫宰相，图史富书生。'为是故也。"④ 天禧三年（1019），复任礼部郎中，改知邓州，不久又调任知襄州。次年，襄州发生饥荒，百姓流亡，盗贼蜂起，夏竦多方设法赈济灾民，"公既发公廪，又募富人出粟十余万斛以赈救之"，赖其保全者四十六万余口，巡抚使姜遵将其事上禀朝廷，朝廷赐

---

① 李焘：《续资治通鉴长编》卷八十三，中华书局 1995 年版，第 1904 页。此事更早也见于王珪所撰《夏文庄公竦神道碑》，但《神道碑》于其在任知制诰后，不确。按：如李焘附注所言，此事应在夏竦未为判官之前，这里总概其此一段生涯，故无碍。

② 魏泰：《东轩笔录》卷二，李裕民点校，中华书局 1983 年版，第 15、16 页。

③ 李焘：《续资治通鉴长编》卷九十，中华书局 1995 年版，第 2090 页。

④ 吴处厚：《青箱杂记》卷四，李裕民点校，中华书局 1985 年版，第 40 页。

书褒谕，"后民思其惠，以其所赐诏书作金石刻焉"①。因所在有治绩，抚俗有方，莅事无滞，本年六月，获上褒奖。

天圣元年（1023），仁宗即位，升任户部郎中，徙寿、安、洪三州。所在都能黾勉政事，革除陋俗，便利于事，有利于民。如知安州时，吴处厚《青箱杂记》卷四记载："宋莒公兄弟尚皆布衣，文庄亦异待。命作落花诗，莒公一联曰：'汉皋佩冷临江失，金谷楼危到地香。'子京一联曰：'将飞更作回风舞，已落犹成半面妆。'是岁诏下，兄弟将应举。文庄曰：'咏落花而不言落，大宋君当状元及第。又风骨秀重，异日作宰相。小宋君非所及，然亦须登严近。'后皆如其言。故文庄在河阳，莒公登庸，以别纸贺曰：'所喜者，昔年安陆已识台光。'盖为是也。"② 又如知洪州时，王珪《夏文庄公竦神道碑铭》载："洪之风俗，右鬼尚巫，所居设坛场、陈旗帜，依神以卜祸福。病者辄屏去亲爱，其医药饮食，如神曰未可，即不敢以忤神。苟死于饥渴，则规罔寡孤，维其意所出。公索其部中，凡得千九百余家，妖符、怪篆、神衣、鬼帽、钟角、刀笏之类以万计，悉令燔毁之。乃言汉晋张角、孙恩之乱，不可不察。朝廷为下诏，更立重法，自江、浙以南，悉禁绝之。"③ 此事《续资治通鉴长编》卷一百一亦载，《文庄集》卷一五也有《洪州请断袄巫奏》，所言尤详。

天圣三年（1025），上书请修《真宗实录》，不允。不久母死丁忧，回籍守丧。时仁宗虽即位，但章献太后临朝，为收人望，以其为东宫旧臣，起复为知制诰，领景灵判官、判集贤院，同时，这一切也借助了宦官张怀德和王钦若之力。《续资治通鉴长编》卷一百三载："既而丁母忧，潜至京师，求起复，依内官张怀德为内助，而王钦若雅善竦，因左右之，故有是命。"④

---

① 王珪：《夏文庄公竦神道碑铭》，《全宋文》卷1154，曾枣庄、刘琳等主编，上海辞书出版社、安徽教育出版社2006年版。

② 吴处厚：《青箱杂记》卷四，李裕民点校，中华书局1985年版，第40页。对于夏竦的识人之明，宋人笔记记载中甚多迁阔之言。如叶梦得《石林燕语》卷十载："前辈多知人，或云亦各有术，但不言耳。夏文庄公知蕲州，庞庄敏公为司法，尝得时疾在告。方数日，忽吏报庄敏死矣。文庄大骇，曰：'此人当为宰相，安得便死？'吏言其家已发哀，文庄曰：'不然。'即亲往见，取烛视其面，曰：'未合死。'召医语之曰：'此阳证伤寒，汝等不善治，误尔。'亟取承气汤灌之。有顷，庄敏果苏，自此遂无恙，世多传以为异。"（《石林燕语》，侯忠义点校，中华书局1984年版，第151页）。

③ 王珪：《夏文庄公竦神道碑铭》。

④ 李焘：《续资治通鉴长编》卷九十，中华书局1995年版，第2090页。

八月与翰林侍读学士孙奭等人条定茶法。此年九月，朝廷以户部郎中知制诰夏竦为契丹生辰使，出使契丹，夏竦因其父与契丹战没，又身丁母忧，表辞不行，其表有"父没王事，身丁母忧。义不戴天，难下穹庐之拜；礼当枕块，忍闻夷乐之声"等语，为时人所称，于其事，则谓"盖义得辞也"①，于其文，则称"四六偶对，最为精绝"②。

天圣四年（1026），夏竦入翰林为学士，同勾当三班院，不久，兼任侍读学士、龙图阁学士。其间，九月参与重删定编敕，十二月夏竦等上《国朝译经音义》七十卷而获赏。在此任上，夏竦关注民生，力革时弊，据《续资治通鉴长编》卷一百四载，因江西、闽越之民采龟之法太过残忍，常将其"倒植培中，生炷去肉取其甲，谓之龟筒"，所得甚微，而残物尤甚，夏竦上书请禁；又请于金山、大孤小孤山、飓澜、左里、马当长芦口等水流湍急之处"别置游艇，募水工拯救危溺"③，上并从之。另外任侍读学士时，与宋绶一起创设规则，以垂后范。《石林燕语》卷二载："读官初无定职，但从讲官入侍而已。宋宣献、夏文庄为侍读学士，始请日读唐书一传，仍参释义理，后遂为定制。"④

天圣五年（1027），夏竦升任右谏议大夫、枢密副使，兼翰林学士、侍读学士、龙图阁直学士，参修《真宗国史》。时北宋与契丹约和二十余年，北方久不经战争，武事荒废，权责所切，夏竦常"谓人事荒忽不常，而边备不可弛，乃屡陈所以守御之策"⑤；指陈时政，多有建树，当时"武臣赏罚无法，吏得高下为奸，竦为集前比著为定例，事皆按比而行"⑥。次年，加给事中。

天圣七年（1029），二月，夏竦擢为参知政事、翰林学士兼龙图阁学士、右谏议大夫，权知开封府。夏竦执政后，首要之途，广觅人才，于是"请复制举，广置科目，以收遗才"。上从之，复设制科，增损旧名，在"景德六科"的基础上，"又置书判拔萃科，以待选人之应书者。又置高蹈邱园科、沉沦草泽科、茂材异等科，以待布衣之被举及应书者。又置武举，

---

①　黄仲炎：《春秋通说》卷三注《春秋》"夏单伯逆王姬"所引夏竦事所下断语，见《通志堂经解》第10册中，江苏广陵古籍刻印社1996年版，第13页。

②　欧阳修：《归田录》卷一，《宋元笔记小说大观》，上海古籍出版社2001年版，第615页。

③　李焘：《续资治通鉴长编》卷一百四，中华书局1995年版，第2406页。

④　叶梦得：《石林燕语》卷二，侯忠义点校，中华书局1984年版，第23页。

⑤　王珪：《夏文庄公竦神道碑铭》。

⑥　李焘：《续资治通鉴长编》卷一百五，中华书局1995年版，第2435页。

以待方略智勇之士"①。于此制科举人，更臻严密，史称"天圣九科"，此年宋代名臣富弼即应茂才异等科入等。而且在夏竦建议下，复百官转对，置理检使②，下情上达，以疏民冤，以正得失；又从夏竦等人所请，罢辅臣所领诸宫观使名等。这些高蹈的做法以及南人出身的身份，自然引起了"专夺国权，胁制中外"③ 的吕夷简的猜忌与不满。八月，加夏竦为刑部侍郎，免参知政事，复为枢密副使。担任参知政事一职，前后不到一年即罢。天圣十年（1032）十一月，夏竦迁尚书左丞，参与太庙藉田大礼，任桥道顿递使这一临时职务。

明道二年（1033），章献太后崩，仁宗得以亲政，尽黜两府大臣，夏竦虽为东府旧臣，亦在其列。四月，夏竦以礼部尚书，知襄州；未行，寻改颍州。从此，夏竦多在外任，开始了其颠沛流离的仕途生涯，夏竦所在虽多有作为，但难脱谏臣非议。七月，徙知青州，兼京东灾伤州军体量安抚使。景祐元年（1034），罢京东安抚使，因所部岁饥而赈济有劳，加夏竦为刑部尚书，仍知青州。不久，徙知应天府，兼南京留守。

宝元元年（1038），三月，夏竦以户部尚书召回领三司使。此年十二月，西夏元昊反，陕西用兵，因其在枢密副使任上，谋虑军事，甚为周详，朝廷对其颇为依望，拜夏竦为奉宁军节度使，出知永兴军，兼本路都部署，提举乾、耀等州军马，准其便宜行事。

宝元二年（1039），夏竦知永兴军时，朝廷派陕西安抚使庞籍来向其询攻守之策。夏竦审时度势，谙悉戎情，认为西夏势大，攻则军入敌境，地理不熟，粮饷难继，一旦挫败则遗万世之羞；不如退守安保，兵屯要塞，谨烽燧，严卒乘，招募土军，羁縻熟羌，以为藩篱，绝其赐予，断其边市，可坐待其毙。并向朝廷上《陈边事十策》，陈守御之策，谋略周详，考虑深远，深根有据，确实可行，当时颇采用之。然当时朝臣多议征讨，悍将骄躁不安，因此此奏一上，"议者咸以公言为不然"，"尤以为公怯于用兵"④。七月，夏竦改知泾州，兼泾原、秦凤路缘边经略安抚使、泾原路都部署。

---

① 李焘：《续资治通鉴长编》卷一百七，中华书局1995年版，第2500页。

② 王珪：《夏文庄公竦神道碑铭》。

③ 欧阳修：《论吕夷简札子》，《欧阳修全集》卷一百，李逸安点校，中华书局2001年版，第1543页。

④ 王珪：《夏文庄公竦神道碑铭》，《宋史纪事本末》卷六亦云："然是时边臣多议征讨，反以竦为怯。"

康定元年（1040），五月，夏竦改任忠武军节度使，知泾州。不久，调任为陕西都部署，兼经略安抚使、缘边招讨使，知永兴军。此时，韩琦、范仲淹在其幕下，并为陕西经略安抚副使。朝廷求战心切，派晁宗悫等人到永兴商议边事，夏竦等人认为兵将尚未习练，应当持重自保，未可轻举。等到刘承宗败后，朝廷又以手诏问师期，夏竦等人于是筹划攻守二策，遣副使韩琦、判官尹洙，驰驿至京师，请朝廷裁决，朝廷用其攻策。

庆历元年（1041），正月，夏竦调任宣徽南院使。二月，宋与西夏爆发好水川之战，任福兵败，"将校士卒死者万三百人，关右震动"，战事导致的"军须日广，三司告不足，仁宗为之旰食"[1]，事后追究责任，韩琦首当其冲，正当谏官孙沔等议削韩琦官职时，"会夏竦奏琦尝以檄戒福贪利轻进，于福衣带间得其檄，上知福果违节度，取败罪不专在琦，手诏慰抚之"[2]，赖夏竦得以保全。对于此事，洪迈在《容斋随笔》中评论说："英公此事贤矣，而后来士大夫未必知也，予是以表出之。"[3] 四月，朝廷任命资政殿学士、右谏议大夫陈执中为工部侍郎、同陕西都部署、兼经略安抚缘边招讨等使，知永兴军。此时，夏竦判永兴军如故。朝廷初衷是使两人互出巡边，各持其重，但两人议事多不合，因此只得令两人分屯异处，夏竦屯鄜州，陈执中屯泾州。夏竦因主守策，寡有和者，与陈执中议论多不合，又志在朝廷，因此多次上表乞解兵柄。十月，罢公节制，判河中府。次年，调知蔡州。

庆历三年（1043），宋出兵攻打西夏，宋军轻敌失利，仁宗悔不用夏竦之言，加上韩琦从陕西回来，"尝言公所以制边之状"[4]，于是仁宗决定召夏竦回京任户部尚书，充枢密使。但这一举措遭到朝中御史、谏官反对，"前后言者合十八疏"，激烈处，"（王）拱辰引上裾毕其说"，当时夏竦已至国门，仁宗不得已，毋令入见，封章疏示之，令归本镇，"罢竦而用（杜）衍代之"[5]。七月，夏竦以吏部尚书知亳州，面对"言者犹不已"的情形，

---

① 脱脱：《宋史》卷二百四十四，中华书局 1977 年版，第 13997 页。

② 李焘：《续资治通鉴长编》卷一三一，中华书局 1995 年版，第 3113 页。《宋史·韩琦传》亦云："竦使人收散兵，得琦檄于福衣带间，言罪不在琦。琦亦上章自劾，犹夺一官，知秦州，寻复之。"（脱脱：《宋史》卷三百一十二，中华书局 1977 年版，第 10222 页）

③ 洪迈：《容斋随笔》四笔卷十二，孔凡礼点校，中华书局 2005 年版，第 778 页。

④ 王珪：《夏文庄公竦神道碑铭》。

⑤ 李焘：《续资治通鉴长编》卷一百四十，中华书局 1995 年版，第 3365 页。

"上书自辩，几万余言"①。次年，加夏竦为资政殿大学士。

庆历五年（1045），八月，朝廷任命夏竦为宣徽南院使、河阳三城节度使、河东都部署经略安抚使、判并州，并于九月准其便宜行事。此年十一月，石介死，夏竦因有前怨②，刚好徐州孔直温谋叛，搜到两人交往书信，因此上书说石介没有死，是富弼使其入契丹图谋发兵，弼作内应，致使石介几有斫棺之虞③。庆历六年（1046），正月，朝廷从夏竦之请，准其亲领兵巡边，经置西北事宜。二月，加夏竦同中书门下平章事、改任河北安抚使④、判大名府，七月复知并州。

庆历七年（1047），三月，仁宗召竦入为宰相，制下外廷矣，而谏官、御史借"竦与陈执中论议素不合，不可使共事"之由，认为"大臣和则政事起"，诋之不已。仁宗不得已，贴麻改命，遂依前官充枢密使，"故事，文臣自使相除枢相，必纳节还旧官，独竦不然"⑤。并且仁宗亲作飞白"文行忠信"字及"乘险"字以勉之，且言"为时谤伤者甚众，而朕独知卿也"⑥。又本年十二月，夏竦进封英国公，"是岁南郊，中外将相唯竦满万户"⑦，其恩遇如此。

庆历八年（1048），闰正月，发生崇政殿亲从官颜秀、郭逵、王胜、孙利等四人谋变一事，杀军校，劫兵仗，入禁中，伤宫人。参知政事丁度认为宿卫有变，事关社稷，"固请付外台穷治党与"；夏竦认为"不可滋蔓，使反侧者不安"，致生叵测，只要在禁中鞠其事就可以了，两人争执不休，卒从竦议⑧。贼发之夜，杨怀敏正当内宿，坐于失察，因此遭罚，但谏官认为其处罚过轻，有夏竦包庇之故，因此借机交章弹劾，纷言夏竦奸邪，宜早出之。"言者既数论竦奸邪，会京师同日无云而震者五"，以致仁宗有"夏竦

---

① 李焘：《续资治通鉴长编》卷一百四十二，中华书局 1995 年版，第 3396、3397 页。

② 按：指庆历三年，范仲淹、富弼、韩琦等执政，议者以为可致太平，石介作《庆历圣德诗》颂之，于夏竦等人尤极诋之为"妖魅"、"大奸"，夏竦等不堪其辱，愤而衔之一事。

③ 李焘：《续资治通鉴长编》卷一百五十七，中华书局 1995 年版，第 3805 页。

④ 夏竦任河北安抚使一职，《神道碑》与《宋史》本传不载，《续资治通鉴长编》亦不详，只载有本年六月辛酉，河北安抚使夏竦言奉诏相度界河一事，考之《长编》，二月壬子"河北安抚使、资政殿大学士工部尚书知大名府程琳为武昌节度使、陕西安抚使、知永兴军"，夏竦接任或就在此时。

⑤ 李焘：《续资治通鉴长编》卷一百六十，中华书局 1995 年版，第 3866 页。

⑥ 王珪：《夏文庄公竦神道碑铭》。

⑦ 李焘：《续资治通鉴长编》卷一百六十一，中华书局 1995 年版，第 3892 页。

⑧ 李焘：《续资治通鉴长编》卷一百六十二，中华书局 1995 年版，第 3908、3909 页。

奸邪，以致天变如此"之说①，于是五月夏竦罢枢密使，以河阳三城节度使同平章事出判河南府。夏竦上书乞以殿学士职名留京，不许。次年七月，夏竦改判河中府，加兼侍中。这次罢枢密使，对自视甚高的夏竦打击很大，心意消沉，再加上年事已高，遂多有采薪之忧，居京调养，但议者尤以为其徘徊观望，冀上眷恋，希图大用②，夏竦只得上书表明心态说："已离本任，就长假于东京，寻求医药，救疗残生，直至致仕已来，除寻求医药外，更不敢有纤毫希望干预朝廷。"③

皇祐二年（1050），十月，夏竦为武宁节度使、进封郑国公。皇祐三年（1051）九月，秋雨不已，河水大溢，夏竦亲行堤上，已而得疾，卒于任上，朝廷赠太师中书令、赐谥文庄，仁宗亲往祭奠，辍视朝三日，享年67岁。

观其一生，出入荣华40余年，其间不乏恩宠，以仕宦而言，际遇如此，亦已足矣，宋敏求在《文庄集序》中亦慨言："然烜赫隆盛弥四十年，以文致身，稽古之力，其极矣哉！"④ 然其自视甚高，以"千仞翱翔览德辉"的凤凰自喻，渴望在升平之际做一番事业，这种心志在《上章圣皇帝乞应制举书》中表现得更为彻底："若陛下令臣待诏公车，条问急政，对扬紫宸，指陈时事，犹可与汉唐诸儒方辔并驱而较其先后矣。""与汉唐诸儒方辔并驱而较其先后"云云，并非为了耸皇上耳目所作的惊人之句，夏竦才干不凡，所任有治绩，因此后人虽不屑其为人，但对其才干却极为期许，高晦叟目之以"豪俊之流也，然操行多疵，清论寡与"⑤；李日华许之以"虽憸狭，然亦干济能品也"⑥。笔者观夏竦论时政所上的章奏，如主张"远烽燧，明约束，谨关凉，慎间谍"的《谨边防奏》，深悉敌我优劣情势而上的《计北

---

①　李焘：《续资治通鉴长编》卷一百六十四，中华书局 1995 年版，3951 页。

②　李焘：《续资治通鉴长编》卷一百五十七："（九月）甲子，为夏竦成服于苑中。……竦初以疾求还京师，或言于上曰：'竦求还京师，图大用尔，称疾诈也。'竦既卒，上临奠，命内侍去竦面幕视之，见竦颜色枯悴，谓左右曰：'竦枯悴若此，疾岂诈乎。'"（中华书局 1995 年版，第 4109 页）

③　李焘：《续资治通鉴长编》卷一百六十七，中华书局 1995 年版，第 4010 页。

④　宋敏求：《文庄集序》，《宋集序跋汇编》第一册，祝尚书编，中华书局 2010 年版，第 96 页。

⑤　高晦叟：《珍席放谈》卷下，《丛书集成初编》本，商务印书馆 1939 年版，第 12 页。

⑥　李日华：《六研斋三笔》卷一，《笔记小说大观》39 编册 2，台北新兴书局 1981 年版，第 423 页。

寇策》，直指北宋军事指挥弊端的《信用将帅奏》，笔无虚致、言之凿凿的《陈边事十策》，识象教真风"招藏游惰，蛊耗衣食，诞谩吾民"之弊而上的《抑仙释奏》等，皆谋虑周详，深中流弊，可知其非无大略之人。"方辔并驱"的夙愿也并非是痴人说梦的呓语，惜其岁月空人老，有志不获骋，王珪有"数离谗呰，卒不从容庙堂，与图太平之功"之惜，田况"有王佐之蕴而不及施"① 之叹，徒虚语哉，良有以矣。

此外，夏竦才华出众，记识华迈，天资好学，博闻该洽。《夏文庄公竦神道碑》载其勤学之迹："虽出临军午，入干机务，未尝辄废书也。祥符中，郡国多献古鼎钟盘敦之器，而其上多科斗文字，公乃学为古文奇字，至偃卧以指画侵肤，其勤若此。"② 正因如此，夏竦在当时以博闻著称，《宋史》本传称其"自经史、百家、阴阳、律历，外至佛老之书，无不通晓"③，叶清臣在给仁宗的上书中曾说："谙古今故事者，莫如夏竦。"④ 可见博闻云云，当为宋人共识。

著有《文庄集》100 卷、《策论》13 卷、《重校古文四声韵》5 卷、《声韵图》1 卷、《夏英公笺奏》3 卷⑤等，据《四库全书总目》，现存夏竦的著作仅有两部：《古文四声韵》、《文庄集》（36 卷）⑥。

---

① 王珪：《夏文庄公竦神道碑铭》："臣珪伏思先帝临御之日久，其选用材贤，可谓至矣。公始以文学辅东宫，及帝躬亲政事，屡倚以为宰臣。惜其数离谗呰，卒不得从容庙堂，与图太平之功，非命也耶？始枢密使田况尝从公幕府，及公薨，以谓公有王佐之蕴而不及施，信矣夫！"

② 王珪：《夏文庄公竦神道碑铭》。《宋史》本传亦云其"多识古文，学奇字，至夜以指画肤"。

③ 脱脱：《宋史》卷二八三，中华书局 1977 年版，第 9571 页。

④ 李焘：《续资治通鉴长编》卷一百六十六，中华书局 1995 年版，第 3989 页。

⑤ 《文庄集》、《策论》、《重校古文四声韵》、《声韵图》，依《宋史·艺文志》著录；《夏英公笺奏》三卷，依郑樵《通志》采入，可能为书商所编，据谢伋《四六谈麈》载："唐李义山别为四六集，本朝欧阳公亦别为集，夏英公、元章简，书肆亦有小集。"又江遹《文庄集序》："遹游学时，得公笺表一通于都市，固已玩之有日，常恨未睹其全。"《笺奏》云云，或谓此乎？

⑥ 按：此《文庄集》（三十六卷）已非原貌，系从《永乐大典》及其他书中辑佚而来。《夏文庄集》、《郡斋读书志》、《直斋书录解题》所著录 100 卷，当是原貌，元代时《文献通考·经籍考》中亦有著录，《经籍考》所著录书目大抵"存于近世而可考者"，可见，此书元代尚存。清代既已散佚，明人又没有留下反映明代现实藏书的书目，《文庄集》的散佚，或在此时。且纵如《文庄集》100 卷本也难罗其全部文章，夏竦文章于当时即有散佚，宋敏求《文庄集序》言："自公出处中外，勤劳王家，大编巨轴，襞积私楮，岁月其逝，弗皇缀缉，纸蠹墨蔑，颇有坠逸。"且文集编之于其孙之手，相隔久远，不免坠失。

第二节　夏竦奸邪辨

　　夏竦一生仕途，屡经风霜，所在勤勉政事，多有创举。调知襄州，赈济灾民，所赖全者，46万余口；徙知洪州，禁绝巫觋，焚毁符箓，得千九百余家；兼侍读学士时，日讲唐书一传，著为定例；任枢密副使时，著定赏罚条例，事皆按比而行；经略陕西时，"治军尤严，敢诛杀；即疾病死丧，抚循甚至"，《续资治通鉴长编》一度称赞"其为郡有治绩"，"至盗贼不敢发"①。因此在民间，夏竦声名非谓不佳者。如夏竦通判台州时，黄远《台州通判厅题名记》说："惟夏郑公在大中祥符间以著作佐郎来倅是郡，今郡人犹能道之。"② 又知襄州时，赈济灾民，"后民思其惠，以其所赐诏书作金石刻焉"③。无疑，这种在民间的声名是其遇事干练、造福于民的结果，然在宋朝主流意识形态之中，夏竦声名却并不佳。

　　庆历三年仁宗任命其为户部尚书，充枢密使时，谏官言臣纷纷反对，前后言者合十八疏，他们的反对意见中很重要的一条便是说其"奸邪"，且言："竦挟诈任数，奸邪倾险，与吕夷简不协，夷简畏其为人，不肯引为同列，既退而后荐之，以释宿憾。方陛下孜孜政事，首用怀诈不尽忠之臣，何以求治？"其中御史沈邈其言尤切："竦阴交内侍刘从愿，内济险谲，竦外专机务，奸党得计，人主之权去矣。"④ 在七月夏竦知亳州时，上表自辩，翰林学士孙抃给的批答之词："图功效，莫若罄忠勤；弭谤言，莫若修实行。"⑤ 为时人见诋如此。皇佑三年九月，夏竦卒，赠太师中书令，起初赐谥文献。"知制诰王洙当草制，封还其目"，遂改曰文正。"同知礼院司马光言，谥之美者，极于文正，竦何人，乃得此谥？判考功刘敞言：'谥者，有司之事也。竦奸邪，而陛下谥之以正，不应法，且侵臣官。'光疏再上，敞疏三上。"⑥ 遂更谥曰文庄，谥号屡迁，终于文庄。当时自有此一种议论，

　　① 李焘：《续资治通鉴长编》卷一百七十一，中华书局1995年版，第4109、4108页。
　　② 黄远：《台州通判厅题名记》，见林表民编《赤诚集》下，北京图书馆古籍珍本丛刊本，第29页。
　　③ 王珪：《夏文庄公竦神道碑铭》。
　　④ 李焘：《续资治通鉴长编》卷一百四十，中华书局1995年版，第3364、3365页。
　　⑤ 李焘：《续资治通鉴长编》卷一百四十二，中华书局1995年版，第3397页。
　　⑥ 李焘：《续资治通鉴长编》卷一百七十一，中华书局1995年版，第4108页。

"盖谓夏公之正，天与之，而人不与"①。究其因，也在于夏竦奸邪，不当有此美谥。

甚至在宋人的诗文笔记之中，对夏竦也颇有微词。高斯得《记二首兒四日雷二异》有"夏竦奸邪致天变，仁皇感悟真明哲。只凭霹雳一声雷，扫去有同汤沃雪"②之语。罗大经《鹤林玉露》载真德秀告诫杨长孺之语，因言"近世如夏英公、丁晋公、王岐公、吕惠卿、林子中、蔡持正辈，亦非无文章，然而君子不道者，皆以是也"③。陈振孙《直斋书录解题》则云其"而不自爱重，甘心奸邪。声伎之盛，冠于承平。夫妇反目，阴慝彰播。皆可为世戒也"④。

可见，谓夏竦"奸邪"，非徒一二人尔，乃时论如此。"奸邪"二字表达了当时相当一部分宋人对夏竦的观感，在这些反复陈说之中，历史正在这里定格。《宋史》将其与王钦若、林特、丁谓列为一传，以类相从，在论赞中说："王钦若、丁谓、夏竦，世皆指为奸邪。……竦阴谋猜阻，钩致成事，一居政府，排斥相踵，何其患得患失也！"⑤

《东都事略》卷五十四："（夏竦）性素贪，多商贩部中。喜离间僚属，以钩致其事。虽待家人亦不以诚，故时以奸邪目之。"⑥《续资治通鉴长编》卷一百三："竦才术过人，然急于进取，喜交结，任术数，倾侧反覆，世目为奸邪。"⑦《宋史》卷二百八十三："竦材术过人，急于进取，喜交结，任数术，倾侧反复，世以为奸邪。""然性贪，数商贩部中。在并州，使其仆贸易，为所侵盗，至杖杀之。积家财累钜万，自奉尤侈，畜声伎甚众。所在

---

① 陆游：《老学庵笔记》卷七，李剑雄、刘德权点校，中华书局 1979 年版，第 93 页。

② 高斯得：《耻堂存稿》卷七，《丛书集成初编》本，商务印书馆 1935 年版，第 136 页。

③ 罗大经：《鹤林玉露·乙编》卷四："东山先生杨伯子尝为余言：'某昔为宗正丞，真西山以直院兼玉牒宫，尝至某位中，见案上有近时人诗文一编，西山一见掷之曰：'宗丞何用看此？'某悚然问故，西山曰：'此人大非端士，笔头虽写得数句诗，所谓本心不正，脉理皆邪，读之将恐染神乱志，非徒无益。'某佩服其言，再三谢之。因言近世如夏英公、丁晋公、王岐公、吕惠卿、林子中、蔡持正辈，亦非无文章，然而君子不道者，皆以是也。'"（《鹤林玉露》，王瑞来点校，中华书局 1983 年版，第 193、194 页。）

④ 陈振孙：《直斋书录解题》卷十七，徐小蛮、顾美华点校，上海古籍出版社 1987 年版，第 492 页。

⑤ 脱脱：《宋史》卷二百八十三，中华书局 1977 年版，第 9578 页。

⑥ 王称：《东都事略》卷五十四，孙言诚、崔国光点校，齐鲁书社 2000 年版，第 425 页。

⑦ 李焘：《续资治通鉴长编》卷一百三，中华书局 1995 年版，第 2385 页。

阴间僚属，使相猜阻，以钩致其事，遇家人亦然。"①

　　在这些指陈夏竦奸邪的原因中，笔者分析有以下几条：聚敛货殖、生活奢侈、急于进取、善玩权术、比周权幸。在这些原因中，有些是站不住脚的，如聚敛货殖、生活奢侈这两条。夏竦聚敛货殖，财累钜万，是自己经商所得，笔者搜寻正史和笔记记载，也没有发现夏竦贪污受贿的证据。另外宋代官员普遍生活条件优裕，蓄养声伎也是当时官场风气，夏竦坐拥巨资百万，生活有些奢侈，也在情理之中。那么，在今天看来无可厚非的事情又何以会遭人非议，以致成为奸邪的原因呢？一则，从商兴利，有与民争利之嫌，为士大夫不齿，如《宋史》卷三百四："元瑜性贪，至窃贩禁物，亲与小人争权，时论鄙之。"② 二则，声伎之盛，冠于承平，但无与士大夫同乐之心，清论寡与。寇准与夏竦同样性尚华侈，而物议不同，高晦叟《珍席放谈》卷上曾载夏竦问门客原因何在，客即对以其待客有别而寇准则否，高晦叟评论说："夫虚心下士，弗论高卑疏昵者，无贤不肖悉皆推尚；曲意轻重，欲收人情者，誉未必至，而毁亦莫可逃也。"③可谓道出其个中缘由。

　　倒是急于进取、善玩权术、比周权幸三点，指斥不谓无因，其事也见于史书笔记所载，但史家著述，只唯事实所尚，少有推导其中之因，尤少关涉人物内心情态，更缺乏直透历史帷幕而寻根究底之精神。当然，逝者已矣，沟壑其中，夏竦"奸邪"之名流之千载，在此笔者无意为其辩解，也不想纠缠于这种道德评论的是非判断。笔者所要提醒的是，这种诉之道德式的非此即彼的判断本身就刻意回避了人性和历史语境的复杂性。这种非奸即忠的伦理标签固然有助于激浊扬清、惩戒世人，却使得许多范本失去了探讨的意义。而夏竦本身的是是非非却难以脱离当时的历史情境，尤其是当时的南北文化冲突。透过夏竦"奸邪"的成因，我们可以感触到当时南方士人宦途奋起的辛酸和无奈。因此从某种意义上说，探寻夏竦"奸邪"的历史语境

---

①　脱脱：《宋史》卷二百八十三，中华书局 1977 年版，第 9572、9577 页。

②　脱脱：《宋史》卷三百四，中华书局 1977 年版，第 10072 页。

③　高晦叟《珍席放谈》卷上："寇公性尚华侈，夏英公亦然。夏尝语门下客曰：'莱公自奉豪奢，而世弗非者。至某则云云者多，何也？'客对曰：'旧传寇公在镇，暇日与僚属出郊园，坐席上，闻驿铎声，遣介问之，乃一县令代还，行李经由。公即召同席，从容宴赏。侍中今待入京士大夫与出都之人，礼数已自加损，况其他钦！宜乎物论之不同矣。'竦默然久之。夫虚心下士，弗论高卑疏昵者，无贤不肖皆推尚；曲意轻重，欲收人情者，誉未必至，而毁亦莫可逃也。"（《丛书集成初编》本，商务印书馆 1939 年版，第 6 页）

自有其时代标本的意义。以下笔者即以其为人处世与其所处时代情境来析之。

无论《长编》还是《宋史》都提到一点，那就是其"才术过人"。正因其自以材器，未尝许人，所以虽有识人之明，少有容人之量，一有衅隙，睚眦必报。如前面所提到的赋诗讥嘲丁谓一事，此非个案，这样的例子不乏见于宋人的笔记之中，如文莹《湘山野录》卷上载：夏竦知襄州时，"胡秘监旦丧明居襄，性多狷躁，讥毁郡政。英公昔尝师焉，至贵达，尚以青衿待之，而不免时一造焉。一日谓公曰：'读书乎？'曰：'郡事鲜暇，但时得意，则为绝句。'胡曰：'试诵之。'公曰：'近有《燕雀诗》，云：燕雀纷纷出乱麻，汉江西畔使君家。空堂自恨无金弹，任尔啾啾到日斜。'胡颇觉，因少戢"①。夏竦师道甚尊，与晁宗悫同年，雅重其诗文，数来文问典故及奇字，师事之，其后人晁说之有诗记其事，缘由俱在《偶见夏英公与文庄公书云秋序始凉师门尚远又一书云念其出自师门赐一善地辄成绝句》："前辈终身知学植，今人得意讳师门。如新几帖英公字，可但吾家礼数尊。"② 何以夏竦恭敬晁宗悫而以诗讥胡旦，皆源于不能容其"狷躁"之性。

同时，少有容人之量也常常使得同僚关系剑拔弩张，孔平仲《孔氏谈苑》卷二载："宝元中，夏英公以陈恭公不由儒科骤跻大用，心不平之，恭公亦倾英公。英公除集贤，有台章，恭公启换为枢密使，英公知之，意愈怏怏。是时西北有警，英公能结内官，又得上心，乃撰一策题，如策试制科者，教仁宗以试两府大臣，欲以穷恭公之不学也。"③ 一言以蔽之，诚如王珪所言："公自以材器高，未尝过许人，故士大夫遥生惮疑而少已附者。公居亦防畏，不敢以贵执自安也。"④

其次，夏竦有与"汉唐诸儒方辔并驱"之志，"雅意在朝廷"，这种抱负，常常使夏竦纠缠于致仕与居宦的矛盾之中，在饱受非议之时，也有过"空门自有清凉地，不向红尘议是非"（《偶成》）的念头，但念及自己的抱负时，"孤松瘦柏无颜色，只有青青待雪霜"（《花槛》），常以"孤松"自励，满腔退隐远离是非之心化入了"明时不见投簪客，落尽西风紫菊花"（《江城秋思》）之中。《到任后作》一诗就成为解读作者当时心态的一个标

---

① 文莹：《湘山野录》卷上，郑世刚、杨立扬点校，中华书局1984年版，第3页。

② 《全宋诗》卷一二一〇，北京大学出版社1996年版，第13765、13766页。

③ 孔平仲：《孔氏谈苑》卷二，《丛书集成初编》本，商务印书馆1939年版，第15页。

④ 王珪：《夏文庄公竦神道碑铭》。

本："功兼文武帝师臣，久厌崇高乐退身。任是东山无限好，谢公争忍负生民。"在诗中，有对自己才志功业的自豪，有因位高权重遭人非议而萌生的退意，但更多的是以谢公自许，希望历期有为的信念，从而表露了作者想做事而不得、想退隐而不舍的心声，其苦其闷，常人难言。这种矛盾纠葛，授清流以柄，致有固位恋栈之讥。

同时，虽其治事有法，才干过人，但为求政有声闻，行事之余有繁苛之嫌。李焘在《续资治通鉴长编》中指出"其为郡有治绩，喜作条教，于闾里立保伍之法，至盗贼不敢发"的同时，也指出其政"人苦烦扰"这一弊端①。司马光《涑水记闻》卷九载："夏英公为南京留守，杖人好潜加其数。提点刑狱马洵美，武人也，劾奏之曰：'夏竦大臣，朝廷寄任非轻，罪有难恕者，明施重刑可也，何必欺罔小人、潜加杖数乎？'诏取戒励。当时文臣皆为英公耻之。"② 这种严苛甚至还出现在其家庭生活之中，文莹《玉壶清话》卷三载："（杨覃）弟蜕之女妻夏英公，间（笔者按：误，当为阃）范严酷，闻于掖庭，因率命妇朝后宫，章献后苛责之，方少戢。"③

再次，既有大志，意在朝廷，身居要职，难免患得患失，内结宦官而上邀恩宠，行事"多希合上旨"，少有抗言慷慨之举，有固位投机之嫌，这也就是《长编》和《宋史》所言的"喜交结"、"倾侧反覆"，尤为时议所弃。如大中祥符七年，夏竦未为玉清昭应宫判官时，群臣争言符瑞，竦独抗疏以为不可，遂罢其事；及为判官，居月余，乃迎合帝旨，附会神怪，进奏宝符阁奉神果一案④。天圣三年，更借王钦若和宦官张怀德之力，起复为知制诰⑤。庆历八年，发生宿卫谋变之事，惊扰圣寝，美人张氏有扈跸之功，且

---

① 李焘：《续资治通鉴长编》卷一百七十一，中华书局1995年版，第4108页。

② 司马光：《涑水记闻》卷九，邓广铭、张希清点校，中华书局1989年版，第176页。

③ 文莹：《玉壶清话》卷三，郑世刚、杨立扬点校，中华书局1984年版，第31页。

④ 李焘《续资治通鉴长编》卷八十三："初，丁谓欲大治城西炮场，酾金水，作后土祠，以拟汾阴脽上。林特欲跨元武门为复道，以属玉清昭应宫。李溥欲致海上巨石于会灵池中，为三神山，起阁道，几遇神仙之属。群臣亦争言符瑞。竦独抗疏皆以为不可，其事遂罢。及为判官，居月余，乃奏宝符阁奉神果实，且起视之无有，渣滓狼藉左右，殆神食之。"（中华书局1995年版，第1904页）

⑤ 李焘《续资治通鉴长编》卷一百三载："既而丁母忧，潜至京师，求起复，依内官张怀德为内助，而王钦若雅善竦，因左右之，故有是命。"（卷九十，中华书局1995年版，第2090页）

受皇上恩宠，夏竦即倡言尊异之礼①。

　　此外，夏竦守成持重，主持陕西军事时，采用的是远烽燧、明约束、谨关梁、慎间谍的策略，正如其在《宣徽使乞换文资表》中所言："申严守备，耻较力于干戈；禁止交关，谋困贼于岁月。"向朝廷所上的《陈边事十疏》，也以守御为主，相机而变，因衅而发，当时也颇采用之，但朝廷重臣、骄将悍卒多主攻势，出兵舆论甚嚣尘上，轻谩之气弥漫朝廷。因此此奏一上，夏竦难免落人褒贬，有"怯战"之讥，清论寡与，成为以后被政敌利用打击的把柄。如庆历三年，仁宗召夏竦回京任枢密使时，御史、谏官反对的理由之一便是其在陕西时"畏懦苟且，不肯尽力"，"今而用之，则边将之志怠矣"②。殊不知夏竦坐运筹策、治军诛杀是其所长，率领偏裨、亲当矢石是其所短。《续资治通鉴长编》赞其"治军尤严，敢诛杀；即疾病死丧，抚循甚至"，载其治军之迹："尝有龙骑卒戍边，群剽，州郡莫能止，或密以告竦。竦时在关中，俟其至，召诘之，诛斩殆尽，军中大震。其威略多类此。"③ 叶清臣在给仁宗的上书中也说："至若威御绥宁，则竦、戬尤其所长。"④ 今议者以其短而非之，诋稳妥为怯兵，不亦诬乎？

　　最后，夏竦身为显官，难以禁止家人为非之事，而这一切虽非其亲为，抑或还蒙在鼓里，但都要落实到其头上，自古皆然。陈襄《殿中御史陈君墓志铭》载："夏英公有大胥，倚势为威福，僚佐无敢指议者，君（陈洙）独发其奸赃，以法黥窜，州人安之。"⑤ 又沈括《梦溪笔谈》卷二十四载："信州杉溪驿舍中有妇人题壁数百言，自叙世家本士族，父母以嫁三班奉职鹿生之子，娩娠方三日，鹿生利月俸，逼令上道，遂死于杉溪，将死乃书此壁，具逼迫苦楚之状，恨父母远，无地赴诉。言极哀切，颇有词藻，读者无

---

　　① 李焘：《续资治通鉴长编》卷一百六十五："（十月）壬午，进美人张氏为贵妃，仍令所司择日备礼册命。先是，夏竦倡议欲尊异美人，起居舍人、直史馆、同知谏院王贽因言贼根本起皇后阁前，请究其事；冀动摇中宫，阴为美人地。御史何郯入见，上以贽所言谕郯，郯曰：'此奸人之谋，不可不察也。'上寤，事寝不复究。然美人卒用扈跸功进妃位。"（卷一百六十五，中华书局1995年版，第3969页）

　　② 李焘：《续资治通鉴长编》卷一百四十，中华书局1995年版，第3364页。

　　③ 李焘：《续资治通鉴长编》卷一百七十一，中华书局1995年版，第4109页。

　　④ 李焘：《续资治通鉴长编》卷一百六十六，中华书局1995年版，第3990页。

　　⑤ 陈襄：《殿中御史陈君墓志铭》，见《古灵先生文集》卷二十五页213下、214上，北京图书馆古籍珍本丛刊本。

不感伤。……鹿生，夏文庄家奴，人恶其贪忍，故斥为'鹿奴。'"①

　　人居其域，风习不一。南北地域的差别，固然孕育了不同的风俗习气，也丰富了文学发展的风格流派，但在国家分裂时，却为南北对峙提供了某种可能。同时这种地域、政治、军事的对峙所形成的文化认同感往往使得新成立的统一王朝要经历一个南北融合的阵痛期，有时又因为统治者的地域偏见而使矛盾更趋激烈，从而融合的阵痛变得漫长而又痛苦。夏竦就处在北宋初期这样一个南北政治文化碰撞融合的时期。

　　北宋初期，朝廷用人重北轻南，其所由来是统治者对南人的偏见，甚至有宋太祖刻石"不用南人为相"一说。虽然"不用南人为相"一说见诸笔记野史，于正史无考，但在太祖、太宗两朝，同平章事、参知政事、枢密使等要职几乎全由北人包揽，最高决策圈基本与南人无涉则是一个不争的事实。上有所好，下必甚焉，帝王偏见如此，又遑论群臣。在南方士大夫面前，北人往往呈现一种高蹈之势。如文莹《玉壶清话》卷八载："寇莱公给事中，知吏部选，时张洎亦为给事中，掌考功。官序虽齐，视洎乃为属曹。"②

　　赵宋王朝挟胜利之威君临天下这一现实和帝王大臣的地域偏见，注定了入仕中原的南人要带着屈辱的印迹登上北宋的历史舞台。他们不仅要忍受字里行间类似"归明人"、"伪官"这类字眼的侮辱，而且为避猜忌，更要时时在各种场合借机表白对新朝的拥护和忠心。进退维谷、动辄得咎的处境使他们噤若寒蝉、处事低调、个性压抑，整体性流露出了一种自卑的神色。《宋史·张洎传》记载："煜子仲雅好蒱博饮宴，（张）洎因切谏之，仲谢过。后数月，人有言仲蒱博如故，洎遂与之绝。及仲死郓州，葬京师，洎亦不赴吊。"③ 仲亡国余绪，行事张扬，张洎与之绝交，情有可原，但死而不吊，谨慎未免太过。又袁褧《枫窗小牍》卷上载："太宗命儒臣辑《太平广记》，时徐铉实与编纂。《稽神录》，铉所著也，每欲采撷，不敢自专，辄示宋白，使问李昉。昉曰：'徐率更以博信天下，乃不自信而取信于宋拾遗乎？讵有率更言无稽者？中采无疑也。'于是此录遂得见收。"④ 徐铉学识与宋白、李昉等不可同日而语，却事事请示，不敢自专，学术品格一降如斯。

———————————

　　①　《梦溪笔谈校证》，胡道静校证，上海古籍出版社 1987 年版，第 772 页。

　　②　文莹：《玉壶清话》卷八，郑世刚、杨立扬点校，中华书局 1984 年版，第 80 页。

　　③　脱脱：《宋史》卷二百六十七，中华书局 1977 年版，第 9215 页。

　　④　袁褧：《枫窗小牍》卷上，丛书集成初编本，商务印书馆 1939 年版，第 2 页。

类似张洎、徐铉处事的人在入宋降臣中大有人在，然而纵然谨慎之于张洎、徐铉等，也不能避免来自君上的猜忌和同僚的诋毁。王铚《默记》卷上载："徐铉归朝，为左散骑常侍，迁给事中。太宗一日问：'曾见李煜否？'铉对以：'臣安敢私见之！'上曰：'卿第往，但言朕令卿往相见可也。'"① 又魏泰《东轩笔录》卷一载："太平兴国中，吴王李煜薨，太宗诏侍臣撰吴王神道碑。时有与徐铉争名而欲中伤之者，面奏曰：'知吴王事迹，莫若徐铉为详。'太宗未悟，遂诏铉撰碑，铉遽请对而泣曰：'臣旧侍李煜，陛下容臣存故主之义，乃敢奉诏。'太宗始悟谮者之意，许之。故铉之为碑，但推言历数有尽，天命有归而已。"② 张洎与寇准一起秉政，"奉准愈谨，政事一决于准，无所参预。专修时政记，甘言善柔而已"，纵然如此，后来也因奏事异同，遭到寇准的猜忌③。备受猜忌，心怀畏惧，这种心灵的煎熬常常使他们心神憔悴，未老先衰。如魏羽，歙州婺源人，南唐降臣，"强力有吏干，尤小心谨事"，"历剧职十年，始逾四十，须鬓尽白，亦可怜也"④。

入仕环境的不容乐观使得他们忧谗畏讥，在议论朝政中少有昂扬之态、慷慨之词，有的只是诗文自娱、居位备员而已。张洎在太宗朝出任参知政事，与寇准同列，政事无所参预，一决于准，为冯拯所参，面对皇上的责让，张洎等人"皆顿首曰：'准在中书，臣等备员而已。'"⑤ "备员"一词很贴切地说出了当时南方降臣在北宋初期政治格局中的尴尬地位。当时太宗一朝，绝大多数的降臣被安置于馆阁之中，靠著书消遣着被冷落的寂寞，北宋的四大类书便是他们皓首穷经的结果，纵然有的因缘巧合，身列要员，也是作为"备员"的点缀而已。

因此仕宦的艰难、命途的多舛使得南方入仕人员具有了一个群体性的特征，那就是揣摩上意，邀恩希宠。如刘昌言，泉州南安人，"捷给诙诡，能揣人主意，无不称旨"⑥。张洎，南唐降臣，博涉经史，熟知典故，"每上有著述，或赐近臣诗什，洎必上表，援引经传，以将顺其意"⑦。王钦若，新

① 王铚：《默记》卷上，朱杰人点校，中华书局1981年版，第4页。
② 魏泰：《东轩笔录》卷一，李裕民点校，中华书局1983年版，第3、4页。
③ 脱脱：《宋史》卷二百六十七，中华书局1977年版，第9214页。
④ 同上书，第9205页。
⑤ 司马光：《涑水记闻》卷六，邓广铭、张希清点校，中华书局1989年版，第104页。
⑥ 脱脱：《宋史》卷二百六十七，中华书局1977年版，第9207页。
⑦ 同上书，第9213页。

余人，"智数过人，每朝廷有所兴造，委曲迁就，以中帝意"①。丁谓在贬所，家寓洛阳，"尝为书自克责，叙国厚恩，戒家人毋辄怨望，遣人致于洛守刘烨，祈付其家，戒使者伺烨会众僚时达之。烨得书，不敢私，即以闻，帝见之感恻"，于是从崖州徙往雷州，"谓雅多智，是犹出于揣摩也"②。丁谓、王钦若、陈彭年等人甚至为迎合真宗心理，大搞祥瑞封禅活动，"真宗朝营造宫观，奏祥异之事，多（丁）谓与王钦若发之"③。魏泰《东轩笔录》卷二云："丁谓有才智，然多希合，天下以为奸邪，及稍进用，即启导真宗以神仙之事，又作玉清昭应宫，耗费国帑，不可胜计。"④ 附会圣意，趋承权势，在今天看来，谓之"奸邪"固然可以；但把他放在当时的时局下来看，也多为不得已尔。又今所存北宋初期宋文，其赋颂之作多为南方人士所作，辞瞻华丽，既体现了对新朝气象的自觉赞美，也是当时一种以文学干进的无奈之举，夏竦集中犹多此作，如《河清赋》、《景德五颂》、《大中祥符颂》等。其因何在？皆于封建帝制时代，权力唯皇帝一人左右之。当时南方人士仕途环境恶劣，为了实现仕途的崛起，从而与北人取得权力的均衡，势必要借助皇帝这一有力的强援。正是通过这种手段，王钦若得以拜相，突破了"不用南人为相"的祖训，因而他们的仕宦更带有一种实质意义，表明北宋朝廷开始以一种更加宽容的姿势去接纳天下的豪杰，同时也表明南人逐步建立起了一种恢弘的自信，从此在南北融合之中，开创了有宋一代新的风貌。

司马光《涑水记闻》卷三载："景休曰：夏竦字子乔，父故钱氏臣，归朝为侍禁。"⑤ 夏竦为降臣之后，但他出生在钱俶纳土归朝之后，对于南人入仕的那种忧谗畏讥难以有切肤之感，然而在其入仕的过程中，对南北政治文化的冲突却有较深刻的体会。当时朝廷以寇准为首的北方文人与王钦若、丁谓为首的南方文人之间的对峙倾轧，势同水火，其激烈程度一点也不逊色于后来的元祐党争。时寇准为相，尤其厌恶丁谓，丁谓便媒蘖其过，遂罢准相，"凡与准善者，尽逐之"⑥。后来寇准一派王曾等人予以回击，借雷允恭

---

① 李焘：《续资治通鉴长编》卷一百三，中华书局 1995 年版，第 2393 页。
② 同上书，第 2395 页。
③ 脱脱：《宋史》卷二百八十三，中华书局 1977 年版，第 9570 页。
④ 魏泰：《东轩笔录》卷二，李裕民点校，中华书局 1983 年版，第 15 页。
⑤ 司马光：《涑水记闻》卷三，邓广铭、张希清点校，中华书局 1989 年版，第 55 页。
⑥ 脱脱：《宋史》卷二百八十三，中华书局 1977 年版，第 9568 页。

一事将丁谓贬到崖州，"追其子珙、珝、玘、玭一官，落珙馆职"，几年之间，一贬再贬，"在崖州逾三年，徙雷州，又五年，徙道州"①，最后死在光州，这一切都为夏竦见证或亲历。

在仕途上，南方人士不仅要应付来自制度上的重重障碍和北人的欺凌，而且在进入仕途的科举上还要接受不公平的待遇。朝廷在科举的解送名额上多向北方倾斜，以此来限制南方士子步入仕途的机会，诚如欧阳修在《论逐路取人札子》中所言："今东南州军进士取解者，二三千人处只解二三十人，是百人取一人，盖已痛裁抑之矣。西北州军取解，至多处不过百人，而所解至十余人，是十人取一人，比之东南十倍假借之矣。若至南省，又减东南而增西北，则是已裁抑者又裁抑之，已假借者又假借之。""今若一例以十人取一人，则东南之人合格而落者多矣，西北之人不合格而得者多矣。"②解送名额本已不公，甚至在科考中一些北方文臣还刻意打压南方举子，从而使科举也烙上了南北文化冲突的印记。李焘《续资治通鉴长编》卷八十四载，大中祥符八年，真宗在崇政殿覆试进士，"时新喻人萧贯与（蔡）齐并见，齐仪状秀伟，举止端重，上意已属之。知枢密院寇准又言：'南方下国人不宜冠多士。'齐遂居第一。上喜谓准曰：'得人矣！'特召金吾给七驺，出两节传呼，因以为例。准性自矜，尤恶南人轻巧，既出，谓同列曰：'又与中原夺得一状元。'"③又《宋史·晏殊传》记载，晏殊七岁能属文，"景德初，张知白安抚江南，以神童荐之。帝召殊与进士千余人并试廷中，殊神气不慑，援笔立成。帝嘉赏，赐同进士出身。宰相寇准曰：'江外人。'帝顾曰：'张九龄非江外人邪？'"④ 一句"南方下国人不宜冠多士"，一句"殊江外人"，从潜意识里流露出了以寇准为首的一些北方文臣自居中原正统轻视南方的傲慢，他们的争执也多源于这种心理，这注定南北之间要走过一个漫长而痛苦的磨合期。

这种科举上的歧视并非个案，带有某种普遍色彩，在进入仕途中，夏竦本人也深罹其害。司马光《涑水记闻》卷三载："（夏竦）举进士，开封府解者以百数，竦为第六，贡院奏名第四。……贡院奏：'竦所试诗赋优于省

① 脱脱：《宋史》卷二百八十三，中华书局1977年版，第9569、9570页。

② 欧阳修：《论逐路取人札子》，见《欧阳修全集》卷一百一十三，李逸安点校，中华书局2001年版，第1717页。

③ 李焘：《续资治通鉴长编》卷八十四，中华书局1995年版，第1920页。

④ 脱脱：《宋史》卷三百十一，中华书局1977年版，第10195页。

元陈尧佐，以其幼，故抑之。来举请免省试。'诏许之。"① 此事发生在咸平三年，夏竦参加科举，诗赋均优于陈尧咨，排名第四，但结果却因为一个拙劣的理由，"以其年幼，故抑之"，其时夏竦已十六岁，困于场屋，只能以待来年。然而咸平五年，陈恕知贡举，"自以洪人避嫌，凡江南贡士悉被黜退"②，此事也引起了南方士子极大的愤慨，李焘《续资治通鉴长编》卷五十一载："江南，恕乡里，所斥尤多。人用怨仇，竞为谣诵讥刺。或刻木像其首，涂血掷于庭。又缚苇为人，题恕姓名，列置衢路，过辄鞭之。"③ 为国选才，本应公正公平，但陈恕却为了避个人之嫌，弃江南之士于不顾，个人品格缺失，有取媚之嫌。《宋史·陈恕传》也评论说："陈典贡举，务黜南士，以避嫌疑，皆非君子所为也。"④ 但也从一个侧面证实了当时南方士人入仕的辛酸和无奈。夏竦深受其害，苦苦等待两年，满腔宏图化为乌有，可以说，夏竦后来入仕与陈恕、陈执中父子的纠葛，或多或少也与此有关。此后夏竦一生与进士科无缘，景德元年科考因父死守丧不得与闻，三年后才在难度更高的制科考试中登贤良方正科。

乡土是他们幼年生活的土壤，也是他们从学交友的开端。仕途的艰辛、科考的歧视，在命运挣扎中身处两难的南方士人更容易形成某种默契，他们喜结交，以乡土为基点，以诗文酬唱为媒介，以结亲交友为纽带，如郑文宝、陈彭年师事徐铉，晏殊师事陈彭年，钱惟演与丁谓联姻，张洎与王钦若联姻，王钦若提携夏竦等，皆是此例。这固然有助于在提高文化素养的同时形成比较宽泛的南方文人团体，但难免使北宋初期的党争沾染上了地域的色彩。这种地域色彩使得南人之间虽然有矛盾，如王钦若与丁谓初则相善，终则相倾；夏竦与陈执中论事素不合，但他们同对北人，态度却大体一致。

当初夏竦科考受挫，又丁父忧，担任一个无品级的"三班差使"，处于人生的失落期，这时王钦若予以援手，让年仅21岁的他参编了《历代君臣事迹》，通过这个机会，也使他结识了当时的一些名流。此后夏竦仕途顺畅，景德四年通过了制举考试，短短七年时间里，屡获超迁，一直做到礼部

---

① 司马光：《涑水记闻》卷三，邓广铭、张希清点校，中华书局1989年版，第55页。按：原文"陈尧佐"，应为"陈尧咨"之误，据龚延明、祖慧《宋登科记考》，陈尧佐为端拱元年进士，陈尧叟为端拱二年状元，此时夏竦尚幼，断不可能参加科举。陈尧咨为咸平三年状元，其时夏竦16岁，情境吻合。

② 脱脱：《宋史》卷二百六十七，中华书局1977年版，第9202页。

③ 李焘：《续资治通鉴长编》卷五十一，中华书局1995年版，第1121页。

④ 脱脱：《宋史》卷二百六十七，中华书局1977年版，第9218页。

郎中、玉清昭应宫判官、知制诰，其时年仅 30 岁，这一切都离不开王钦若的关爱①。天圣三年，夏竦母死丁忧，更是借王钦若之力，起复为知制诰。夏竦对他的感激之情化作《王公行状》和《王公墓志铭》中的溢美之词。南北冲突的尖锐现实、幼年科考的深刻记忆、朝中仕宦的艰险重重、王钦若的种种提携，夏竦流入钦若一党也是非常自然的了。但在"尚气节而羞势利"的宋代，这种委身干进、结盟以求的做法素为人不齿，致人以口实，如陈彭年的奸邪险伪、夏竦的阴谋猜阻，见于《宋史》所载，然考之行事，实不至此也。

正是在这一党争的背景下，有必要重新审视中伤富弼一案。可以说，夏竦仕宦一生，细考究去，最值得非议之处莫过于此，王夫之在《宋论》中说："竦之恶莫大于重诬石介。"②"重诬石介"指的就是飞语中伤富弼一事，有人甚至认为这件事直接导致庆历新政的流产。此事李焘《续资治通鉴长编》卷一百五十记载颇详："先是，石介奏记于弼，责以行伊、周之事，夏竦怨介斥己，又欲因是倾弼等，乃使女奴阴习介书，久之习成，遂改伊、周曰伊、霍，而伪作介为弼撰废立诏草，飞语上闻。帝虽不信，而仲淹、弼始恐惧，不敢自安于朝，皆请出按西北边，未许。适有边奏，仲淹固请行，乃使宣抚陕西、河东。"③但目前所见，最早提及此事的当属于欧阳修的《辩蔡襄异议》一文，此文记载与《长编》记载有异，兹引之："往时夏竦欲陷富弼，乃先令婢子学石介书字，岁余学成，乃伪作介与弼书，谋废立事。书未及上，为言者廉知而发之。赖仁宗圣明，弼得免祸。"④一则欧阳修云"书未及上"，而《长编》则说"飞语上闻"，记载有异，未谙孰是，但夏竦欲陷富弼，则当属实。

范仲淹、富弼避嫌而去，庆历新政亦随之谢幕，夏竦虽有倾构之事，但此事的起因正如《长编》所言是"夏竦怨介斥己"，始作俑者是石介的《庆历圣德诗》，石介在文中斥夏竦等人为"妖魃"、"大奸"，夏竦等人自然不堪其辱，愤而衔之，以至夏竦有"岁设水陆斋，常旁设一位，立牌书夙世

① 按：夏竦与王钦若的交往始于何时，于史无考。据司马光《涑水记闻》，夏竦参加过咸平三年科考，其年王钦若曾知贡举，可能考前有过拜会投谒之事；又夏竦于未第之前，四处漂泊求谒，今集中尚留有上裴司封、姚铉、陈天丽、廉献、晁迥等人之书，或也上过王钦若也未可知，今付阙如。
② 王夫之：《宋论》卷四，舒士彦点校，中华书局 2003 年版，第 88 页。
③ 李焘：《续资治通鉴长编》卷一百五十，中华书局 1995 年版，第 3637 页。
④ 欧阳修：《辩蔡襄异议》，见《欧阳修全集》卷一百一十九，第 1834 页。

冤家石介人"① 之事，元代李祁云："原其衅始，实由此诗。盖以夔契比范富，而以大奸斥夏英公诸人，宜其日夜腐心切齿，思有以报。"② 连当时的主政者韩琦、范仲淹也不满石介所为，袁褧《枫窗小牍》卷上载："时韩魏公与范文正公，适自陕来朝。竦之密姻，有令于闽者，手录此颂进于二公，且口道竦非，为诸君子庆。二公去闽，范拊股谓韩曰：'为此怪鬼辈坏之也。'韩曰：'天下事不可如此，必坏。'孙复闻之，亦曰：'石守道祸始于此矣。'"③《四库全书总目》在《徂徕集》提要因此对石介颇有微词："至于贤奸黜陟，权在朝廷，非儒官所应议。且其人见在，非盖棺论定之时，迹涉嫌疑，尤不当播诸简牍，以分恩怨。厥后欧阳修、司马光朋党之祸屡兴，苏轼、黄庭坚文字之狱迭起，实介有以先导其波。"④ 吕中在《宋大事记讲义》卷十分析仁宗一朝党争时指出："然仲淹始为夷简之所斥，诸贤尚有左袒；及为夏竦之所斥，诸贤尽为倒戈。盖夏竦用心惨于夷简，实激于庆历圣德之诗也。"⑤ 可见，范仲淹两次而去当时舆论反应不一，并非全部倾向夏竦等人，固然有范、富等人施政惹来的清议，但石介做得过火导致舆论不与也是其因之一。

可以说，党争加剧，实缘此诗，《宋史全文》记载北宋党争之事，也有"党论之再作，石介'一夔一契'之诗激之也"⑥ 的断语。《庆历圣德诗》扯去了政见纷争之间的脉脉温情，使双方的关系更趋恶化，并无回旋的余地，同时夏竦也步入了他人生声誉的低谷。从此，双方互相排斥，诋毁构怨，谁是谁非，难以公断。因为政党成员之间的每一次口诛笔伐，都有可能超越理性，给对方带来情感和心理上的伤害，从而引起对方疯狂的反击，理性泯灭之后，恶语中伤、肆意诽谤也就接踵而来了。宋代范纯仁指出朋党之弊："窃以朋党之起，盖因趣向异同，同我者谓之正人，异我者疑为邪党。

---

① 高晦叟：《珍席放谈》卷下："时石守道进《圣德颂》，其序云：……公怏怏衔之深，岁设水陆斋，常旁设一位，立牌书曰：凤世冤家石介人。"（《丛书集成初编》本，第 12 页）

② 李祁：《题范富二公手帖》，见《云阳集》卷十页 760 上，景印文渊阁四库全书本第 1219 册。

③ 袁褧：《枫窗小牍》卷上，丛书集成初编本，第 5、6 页。

④《四库全书总目》卷一百五十二上，中华书局 1965 年版，第 1312 页。

⑤ 吕中：《宋大事记讲义》卷十上，景印文渊阁四库全书本第 686 册，第 289 页。

⑥ 佚名《宋史全文》卷八下云："党论之始，倡蔡襄'贤不肖'之诗激之也；党论之再作，石介'一夔一契'之诗激之也；其后诸贤相继斥逐，又欧阳公'邪正'之论激之也。"李之亮校点，黑龙江人民出版社 2005 年版，第 391 页。

既恶其异我，则逆耳之言难至；既喜其同我，则迎合之佞日亲。以至真伪莫知，贤愚倒置，国家之患，何莫由斯？"① 张兴武更在《〈庆历圣德诗〉与北宋中期政治文化的转型》一文中指出："它（按：指《庆历圣德诗》）标志着北宋党争的基本形态已经实现了从权利之争到意气之争的过渡和转型。"② 诚如斯言，在北宋初期党争演变中，慢慢褪去了地域和权力之争的色彩，过渡到了主义和意气之争的时期。可以说，后来的石介阻夏竦入阁一事③，飞语中伤富弼一案，石介剖棺发冢之险④，夏竦去面幕之辱⑤，皆带有主观和意气之争的影子。

总而言之，夏竦虽操行多疵，立身行事有苟合之处，少有刚正不阿之气、直言谠论之节，但观其为文，诚一片赤诚之心；考之行事，则政有多闻，亦不失为"豪杰之流"。时论目之以"奸邪"，议者以之为"大奸"，似乎有过苛之处。乾隆年间《德安县志·夏竦传》按语云："迹其生平，纯疵互见，当时以奸邪目之，似乎过苛。"⑥ 当为确论。《四库全书总目》也将其与丁谓等人有别："则竦虽巧佞，较之丁谓、王钦若辈，尚稍稍有间，故正人尚肯假手软，抑或为所笼络，当时尚未遽悟其奸也。"⑦ 从某种程度上说，南北冲突的尖锐现实、幼年科考的痛苦记忆、朝中仕宦的两难处境、王钦若的种种提携，宜乎夏竦之入钦若一党。在"尚气节而羞势利"的宋代，

---

① 李焘：《续资治通鉴长编》卷四百二十七，中华书局1995年版，第10325页。

② 张兴武：《〈庆历圣德诗〉与北宋中期政治文化的转型》，见《中华文史论丛》第85期第210页。

③ 王铚《默记》卷中："石介作《庆历圣德诗》以斥夏英公、高文庄公曰：'惟竦、若讷，一妖一孽。'后闻夏英公作相，夜走台谏官之家，一夕作乘马为之毙。所以弹章交上，英公竟贴麻，改除枢密使，缘此与介为深仇。"（朱杰人点校，中华书局1981年版，第26页）

④ 李焘：《续资治通鉴长编》卷一百五十七："（十一月）辛卯诏，提点京东路刑狱司，体量太子中允，直集贤院石介存亡以闻。先是，介受命通判濮州，归其家待次。是岁七月病卒，夏竦衔介甚，且欲倾富弼，会徐州狂人孔直温谋叛，搜其家得介书，竦因言介实不死，弼阴使人契丹谋起兵，弼为内应。执政入其言，故有是命。"（中华书局1995年版，第3805页）

⑤ 李焘：《续资治通鉴长编》卷一百五十七："（九月）甲子，为夏竦成服于苑中。先是，礼院择日以进，上谓辅臣曰：'竦尝侍东宫，情所悯伤，若依所择日则在大燕后，岂可先作乐而后发哀？'故用此日。竦初以疾求还京师，或言于上曰：'竦求还京师，图大用尔，称疾诈也。'竦既卒，上临奠，命内侍去竦面幕视之，见竦颜色枯悴，谓左右曰：'竦枯悴若此，疾岂诈乎。'然议者谓竦尝欲剖石介棺，此其阴报也。"（中华书局1995年版，第4109页）

⑥ 《德安县志》卷十《夏竦传》，转引自《江西历代名人传》，百花洲文艺出版社2002年版，第108页。

⑦ 《四库全书总目》卷一百五十二上，中华书局1965年版，第1309页。

这种委身干进、结盟以求的做法素来落人褒贬，致人口实，再加上夏竦本身心胸狭窄、做事急于进取、行政未免过苛，所以清论寡与，以致归入"奸邪"一类，从而使这一道德评价沾上了当时党争的色彩。

第三节　夏竦的骈文创作

在北宋初期乃至宋代的骈文史上，夏竦自有其地位。夏竦文成四六，自为名家，陈鹄《西塘集耆旧续闻》卷六载："本朝名公四六，多称王元之、杨文公、范文正公、晏元献、夏文庄、二宋、王岐公、王荆公、元厚之、王履道。"① 因此"朝廷大典策累以属之"，其四六之文也一度成为当时士子举人学习揣摩的范本。《玉海》卷二百三记载："前辈表章如夏英公、宋景文、王荆公、欧阳公、曾曲阜、二苏、王初寮、汪龙溪、綦北海、孙鸿庆诸公之文皆须熟诵，而龙溪、北海所作，尤近场屋之体，可以为式。"② 致有书商编辑其四六集子予以兜售一事，《四六谈麈》载："唐李义山别为四六集，本朝欧阳公亦别为集，夏英公、元章简，书肆亦有小集。"③ 又江邻在《文庄集序》也说："邻游学时，得公笺表一通于都市，固已玩之有日，常恨未睹其全。"④

夏竦现存散文约495篇，其中辞赋（13篇）、制表（309篇）、书启（60篇），骈文数量占到约五分之四，为便于探讨起见，本节将夏竦骈文分为律赋、制词、表启三类来分析。骈文与辞赋虽然体制有别，但夏竦所存的13篇辞赋中律赋就占了12篇，这种赋体行文格式实与四六无异，故一并论之。

夏竦所存辞赋13篇，律赋就占了12篇，所以本节论述以律赋为主。律赋兴于科考，北宋初期沿用唐代诗赋取士，"去取予夺一决于赋"⑤，这无疑

---

① 陈鹄：《西塘集耆旧续闻》卷六，孔凡礼点校，中华书局2002年版，第344页。

② 王应麟：《玉海》卷二百三下，江苏古籍出版社、上海书店1987年版，第3705页。又同书卷二百一亦载："四六当看王荆公、岐公、汪彦章、王履道，择而诵之；夏英公、元厚之、东坡，亦择其近今体者诵之；如孙仲益翟公巽之类，当节。"（页3677下、3678上）

③ 谢伋：《四六谈麈》，《历代文话》，王水照编，复旦大学出版社2007年版，第35页。

④ 江邻：《文庄集序》，见《宋集序跋汇编》第一册，祝尚书编，中华书局2010年版，第97页。

⑤ 刘克庄：《李耘子诗卷》云："唐世以赋诗设科，然去取予夺一决于诗，故唐人诗工而赋拙。…本朝亦以诗赋设科，然去取予夺一决于赋，故本朝赋工而诗拙。"（见《后村先生大全集》卷九十九，四部丛刊本第1312册）

极大地促进了律赋的创作，甚至有"不为词赋，是不为进士"① 之语，保存到现在的宋代律赋，大多出于北宋前中期。律赋要求极严，以音律谐协、对偶精切为尚，作赋犹如填词，但因难见巧，益见其工。今存夏竦律赋 12 篇，分别为《景灵宫双头牡丹赋》、《正家而天下定赋》、《政犹水火赋》、《藏冰赋》、《穆天子宴王母于瑶池赋》、《吹律暖寒谷赋》、《白云起封中赋》、《陶侃梦飞天门赋》、《草木为人形以助战赋》、《狗盗狐白裘赋》、《放宫人赋》、《铸金为范蠡赋》。这些律赋呈现以下几个特征：

其一，大都以古事为题，情怀多感。

夏竦 12 篇律赋中，《景灵宫双头牡丹赋》咏时事，《正家而天下定赋》、《藏冰赋》二篇出自经书，一自《周易》，一自《诗经》，余者都以古事为题。如《吹律暖寒谷赋》咏邹衍吹律一事，见于《艺文类聚》卷九引汉刘向《别录》："《方士传》言：邹衍在燕，燕有谷，地美而寒，不生五谷。邹子居之，吹律而温气至，而谷生，今名黍谷。"② 《穆天子宴王母于瑶池赋》咏穆天子宴西王母一事，见于《穆天子传》卷三，穆王西巡，癸亥，至于西王母之邦，"吉日甲子，天子宾于西王母，……乙丑，天子觞西王母于瑶池之上"③。《白云起封中赋》咏汉武帝封禅事，见于《史记·封禅书》："封禅祠，其夜若有光，昼有白云起封中。"④ 《陶侃梦飞天门赋》咏陶侃梦飞折翼一事，见于《晋书·陶侃传》："（侃）又梦生八翼，飞而上天，见天门九重，已登其八，唯一门不得入。阍者以杖击之，因坠地，折其左翼。及寤，左腋犹痛。"⑤ 《草木为人形以助战赋》咏苻坚淝水之事，见《晋书·苻坚载记》："坚与苻融登城而望王师，见部阵齐整，将士精锐；又北望八公山上草木，皆类人形，顾谓融曰：'此亦勍敌也，何谓少乎？'忦然有惧色。"⑥

这些古事或出正史，或出别传，作者运之笔下，驾轻就熟，或以颂圣，

① 刘敞：《杂律赋自序》云："当世贵进士，而进士尚词赋，不为词赋，是不为进士也；不为进士，是不合当世也。何亟乎合当世？曰：不得已焉耳。"（见《公是集》卷末，傅增湘校，宋集珍本丛刊本，第 802 页）

② 欧阳询：《艺文类聚》卷九，汪绍楹校，上海古籍出版社 1965 年版，第 175 页。

③ 《穆天子传汇校集释》卷三，王贻樑、陈建敏校，华东师范大学出版社 1994 年版，第 161 页。

④ 司马迁：《史记》卷二十八，中华书局 1963 年版，第 1398 页。

⑤ 房玄龄：《晋书》卷六十六，中华书局 1974 年版，第 1779 页。

⑥ 房玄龄：《晋书》卷一百一十四，中华书局 1974 年版，第 2918 页。

或以讽谏，或以议政，或以喻怀，情怀多感。如《白云起封中赋》迎合真宗祥瑞的心理，大肆描绘武帝登封之礼，神人感应之事，"盖其神造匪谋，元功罔阆，德有感而必届，应无远而弗至。当登封之礼上达于天，而云物之祥下发于地。足以表阴骘，合乾符"。并且表示要纪其祥云，"赋盛事于斯文"。《景灵宫双头牡丹赋》则巧妙地借双头牡丹的嘉瑞歌颂当时刘太后与仁宗共治，"二花并发者，两宫修德，同膺福祉之象也；双枝合干者，两宫共治，永安宗社之符也"。

《穆天子宴王母于瑶池赋》则借穆天子宴西王母之事，赞颂穆天子面对王母的盛情依然"心不留兮思宇县"；《放宫人赋》咏叹唐太宗放宫女之事，通过宫女"入昏主之宫，出明君之阙"的遭遇，"故宜其贝齿朱唇，歌太平之日月"；还有《狗盗狐白裘赋》借客为孟尝君盗狐白裘之事，在赞叹其"小道不遗，殊功遂济"的同时，更告诫君王要"严管籥，谨宫闱，惧有慢藏之弊"，可见，这些无不具有规讽的意味。

此外，《正家而天下定赋》和《政犹水火赋》两篇虽然文有出处，但纯乎议政之作。《正家而天下定赋》以"家道居正，平定天下"为韵，极论"夫王者刑于国，自于家"，因为"恭己则人敢不恭，正家则国罔不正"，"苟家人之居正，则天下之无邪"。赋云："是知正于外者先正其中，治于众者先治于寡。差于近则失于远，正于上则平于下。今上审安危，慎取舍，家道成于亲戚，国政行于夷夏。"《政犹水火赋》认为"夫济水者火，济猛者宽"，因此提倡宽猛相济，"猛因宽而不暴，水因火而无亏"。这种议政之作，体现了宋人高蹈的入仕情怀。

《铸金为范蠡赋》更在感叹勾践铸像表德、融金象贤之外，抒发了一种"佐命爰来，成功而去"的人生体悟。

其二，描写细腻处直透情扉。

夏竦律赋多关切政事，于华赡整饬之中不乏描写细腻之处，于曲尽情事之中直透人心，体现深婉的文风。如《放宫人赋》借唐太宗放宫女一事歌颂其太平盛世的德政，以"宫阙幽闭、晓然情惬"为韵，但作者把主要笔触用以描摹宫人的情态，如幽闭深宫的哀怨无绪、乍闻消息的悲喜如幻、辞别帝宫的徘徊心切、归途的意惬思纷，都写得极其细腻传神。试以一节来析之：

> 指燕赵之归路，望荆吴之故州。算回程而靥带新喜，思往事而眉含旧愁。罗衣而飐滟，轻云竞归巫峡；宝髻而屈盘，娇凤争下秦楼。或绣

辇香车，兰舟桂楫，指故里以思动，涉长途而意惬。飞腾自适，既疑齐
女之蝉；梦幻堪惊，且悟庄周之蝶。

　　"算回程"连括前面指顾二语，未离宫殿先算归程，体现了宫女离别前
的躁动和归家的喜悦和心切，后面的"竞归巫峡"、"争下秦楼"连笔写之。
然而喜悦与忧愁相并，一则毕竟宫中生活多年，姊妹之间的快乐与痛苦都成
了以后甜蜜的回忆，离别之间难免惆怅不舍；二则深禁宫中多年，人事已
非，面对前程，难免心事重重，一句"思往事而眉含旧愁"兼笔写之。归
家途中，意惬思纷，有近乡情切之虑，但回首全程，香车桂楫，车尘水波，
难免涌动着如在梦寐之感，齐女之蝉、庄周之蝶两典契合情境，细腻婉转，
全节依宫女情感流荡而左右之。
　　此外，夏竦还有古赋《河清赋》一篇，借主客问答颂扬北宋政治，富
丽精工之余虽缺乏新意，但描写黄河一节颇有雄浑气势："盖闻滔滔灵源，
发自昆仑，导于积石。出于龙门，怀砥柱而势迥，播巨鹿而派分。三王先之
于祭，四渎宗以为尊。千里兮一曲，浊流兮浑浑。乘春则桃花竞涌，赴下则
竹箭争奔。若澄清而变色，实千祀而畴德。"
　　《太平御览》卷五百九十三引蔡邕《独断》曰："制者，王者之言，必
为法制也；诰，犹告也，告，教也。三代无其文，秦汉有也。"[1] 制作为颁
布帝王法制命令的一种专业文体，可溯于秦，始皇统一天下，制定一系列帝
王规制，"命为'制'，令为'诏'"[2]。唐宋因之，虽然有内外制之别，那
也是因为撰者身份不一而作的细微区别，并不具备文体上的意义。制这种文
体例用四六，除了因其"骈四俪六，锦心绣口"便于宣读之外，还取其整
饬，有利于体现皇室的威仪。
　　然而制又不与一般的四六相类，对此罗大经在《鹤林玉露·甲编》卷
四中有过说明："殊不知制诰诏令，贵于典重温雅，深厚恻怛，与寻常四六
不同。"[3] 可以说，"典重温雅、深厚恻怛"八字一针见血地说出夏竦制文的
特征。夏竦制词当之可以。夏竦制词虽有一般制文崇饰虚文、褒贬过度之
弊，但其用词多自经史中来，且句式多用四言，用事精致而贴切，于立言谨
严之中多含谆谆之意。如《殿中丞熊自成可国子博士制》："敕某等：朕懋

　　①　李昉：《太平御览》卷五百九十三上，中华书局 1960 年影印涵芬楼版，第 2669 页。
　　②　司马迁：《史记》卷六，中华书局 1963 年版，第 236 页。
　　③　罗大经：《鹤林玉露》，王瑞来点校，中华书局 1983 年版，第 59 页。

建庶官，分乂九域。简其勤劳，急于劝赏。孜孜盱食，甚于臣下之求爵秩也。以尔等属言治经，各中科级；当官厘务，并有能称。建礼迁曹，上庠引籍，陟明之典，于是为优。勉馨乃诚，以副清选。可。"文章开头切题，申明急于选材、有能皆任之旨，用两句四言对，整饬威仪。过渡一用散句，承接尤妙，"盱食"一词贴切，用典不露痕迹，"甚于"一句，寓形象于对比之中，更把皇帝求贤之切烘托得淋漓尽致。接下去用四个四言句评述熊自成才干，语言简洁，要言不烦。最后恳切之意一归于劝勉。整体看来，结构紧凑圆密，用词典重雅丽，谨严有法，行文骈中带散，显得整饬流荡，深得婉美淳厚之旨，真正做到其《与柳宜论文书》中所言："记言载事必简而不诬，修辞措意必典而无杂。"

在制词的撰制之中，夏竦非常注重谋篇布局。虽然与其他文章相比，制词结构有类填词，框架既定，少有腾挪之地，但夏竦制词于结构整饬之间对中间起承之句却非常雕琢。一则喜用反问句式振起高格，于转承之际尤显有力；二则承转之句或好用散句，从而使文章显得典重温雅而又不失流荡之美。如《保大军节度使同中书门下平章事钱惟演妻清河郡夫人张氏可追封郇国夫人制》："敕：良佐奋庸，极文武之隆器；小君启国，显山河之盛仪。非畴大功，孰预兹典？具官某妻方江起咏，照史知言。珩璜节于步容，蘋藻恭于祭制。生彼勋绪，俪予柄臣。斗极枢机，尝对宣于密命；文昌将相，实并应于列躔。是增石窌之封，益表《鹊巢》之德。永宜象服，以称徽章。可。"文章开头指明张氏的相夫之功，用"小君"一词，贴切又符合"郇国夫人"身份。"非畴大功，孰预兹典？"既是对"极文武之隆器"、"显山河之盛仪"的接承，而且"孰预兹典"一句又启追封之事，因此整个一句使得文章贯穿有力，高格遒劲。

此外，制词限于形式，才情难以施展，却也有清新别致之篇。如《王旦弟度支员外郎判国子监旭可尚书司封员外郎余依旧制》一文，虽是王旭任官而作，也带有推恩性质，但一如一篇抒情悼文，全文花较大笔墨写王旦"佑我鸿业，格于皇穹"的功业，结以"哀哉云亡，追悼何已"，对于王旭却几笔匆匆带过，结合其《中书祭故太尉尚书令王文贞公文》来看，不难发现其借制词流露出对王旦早年的知遇之情以及寄托对王旦之死的哀思。

值得注意的是，制词是朝廷公文，它的可靠性和严谨性有甚于史书，夏竦现在所存制词涉及朝政的方方面面，有时多可以据此补正史之阙、订其舛误。如《故司空致仕赠尚书令追封韩国公李昉孙男昭邈等可试秘书省校书郎制》一文，按《宋史·李昉传》不载其追封韩国公及加恩孙男一事，此制可补其阙。又如《翰林学士给事中知制诰陈彭年可工部侍郎制》一文，按《宋史·陈彭年传》不载其任知制诰一事，又其中有"式庆成书，宜加茂宠"一语，可知其任工部侍郎因国史成书而受赏，又国史成于大中祥符九年二月，那么其任亦当在这时。然而《宋史·陈彭年传》列在九年之前，疑有舛误。

"表"之文体，其由来吴纳在《文体辨体序说》中"表"类一目说得明白："按韵书：'表，明也，标也。标著事绪使之明白以告乎上也。'三代以前，谓之敷奏，秦改曰表，汉因之。窃尝考之，汉晋皆尚散文，盖用陈达情事，……唐宋以后，多尚四六。"① 在夏竦文集中，最能体现其特色和成就的是其表文，王铚在《四六话》中称赞夏竦"四六之深厚广大，无古无今，皆可施用者，英公一人而已，所谓四六集大成者"②，此番评论即针对其表文而发，宋敏求在《文庄集序》也称其"尤善章奏，铺赋颠末，言详意尽，盖会萃众说而掇其真粹，包括曩制而丰其条干"③。另外，启之一类，与表有异，用途广泛，文体不一，但夏竦今所存启文，多系公函，少涉私情，如《谢授知制诰启》、《谢起复授知制诰启》、《永兴谢二府启》、《免奉使启》等，故一并列入表文中探讨。

今存夏竦的表启依内容而分主要有庆贺表启、进乞表启、谢恩表启等几类：

1. 庆贺表启。主要有三类：一类是对国内出现的祥瑞、佳节上表庆贺，如大中祥符六年正月，传说的寿星——老人星现于京城，上《贺老人星表》；大中祥符七年正月，宋真宗至真源县奉先宫，时五色云盘殿上，上《贺五色云见表》等。一类是对重要建筑落成和庆典祭祀上表庆贺，如大中祥符七年冬十一月，玉清昭应宫落成，上《贺昭应宫成表》；大中祥符七年，真宗祀于汾阴，上《皇帝祀汾阴十七表》等。一类是对宫内皇后皇子授官诞辰以及朝中官员升迁褒奖所作的贺表，如《贺尊皇太后表》、《贺皇太子授官表》、《留司官吏贺表》、《贺枢密相公启》、《贺晏内翰除景灵宫副使启》、《贺薛待制知开封府启》等。

这类庆贺表启一般都是歌功颂德的文章，也多有溢美之词。夏竦文章也

---

① 吴纳：《文体辨体序说》，于北山校点，人民文学出版社1962年版，第37页。

② 王铚：《四六话》卷上，《历代文话》，王水照编，复旦大学出版社2007年版，第8、9页。

③ 宋敏求：《文庄集序》，《宋集序跋汇编》第一册，祝尚书编，中华书局2010年版，第96页。

不能免俗，如在《贺晏内翰除景灵宫副使启》中说晏殊"秉亮节以光朝，鼓英辞而高世"，在《贺老人星表》说"奉羲和之奏，式表于殊祥；考甘石之经，弥增于率舞"等。但夏竦这类表启写得雅驯妥帖，谨实严密，如《贺昭应宫成表》先写宫殿落成，普天同庆："良辰协吉，恭馆告成。凡在照临，率同庆抃。"句式四言，两组对句，简短遒劲。次写昭应宫由来，出于对神祇的敬奉："伏惟尊位皇帝陛下寅威体道，慈俭时中。顺乾则以推仁，奉先猷而追孝。至诚以临亿兆，洁志以奉灵祇。由是景命昭通，真图申锡。授太元之神策，式集于皇仪；俾曲密之仙都，肇营于秘宇。"次写昭应宫的建筑过程："度鸿庞之久制，鸠璩异之伟材。揆日出以辨方，候定中而经始。尊三清之正位，载严真祖之庭；范二后之晬仪，爰设百灵之象。罄钦崇之精意，极神丽之宏规。工有技而咸程，物有珍而必效。""工有技而咸程，物有珍而必效"一联概括极为有力，文句也极为平易工整。最后写落成之后百官欣喜欢舞："式属仲冬之序，聿成大壮之功。洒宸翰于银题，繁禧沓至；列荣班于金阤，鸿庆方隆。臣限守官曹，恭刊帝箓，顾莫陪于著位，但俯积于欢心。抃蹈之诚，寔异伦等。"其用语多借鉴《诗经》，显得典质凝炼，句式绵密遒劲；整个结构之间显得谨严，各个部分之间流转自然。

2. 进乞表启。主要有两类：一类是向皇上进文、进诗表，如《进上景德五颂大中祥符颂引表》、《进和御制丰年歌表》、《和水清木连理诗表》、《进和御制占城国贡师子诗表》等，其中以诗歌居多，夏竦现存诗歌一半以上都是奉和诗。这种文章大抵奉承宸章高妙，一再表明自己才能低下，赓和帝庸之作，但增惭而已。值得注意的是《上景德五颂大中祥符颂引表》一文，这是夏竦上《景德五颂》和《大中祥符颂》向真宗上的表文，王道兴而颂声作，在文章中，面对海内承平、道通九夷的现状，"敢不拟子渊而匠意，效吉甫以裁章，饰陋雕顽，间旒渎圹"，自觉将颂和帝王盛事联系起来，为王朝事业添砖加瓦。结合其颂文来看，作者表明了颂之极致，则必符瑞之作起来，符瑞之作与政通矣。因为在"《臣工》《清庙》讵可以美形容，金牒玉函岂足以昭姓氏。太史珥笔，不暇纪丰功；良士在庭，未能歌至化"的情况下，符瑞之兴，不亦宜乎。一类是乞表，向皇上有所求恩，如《乞与修真宗实录表》、《乞御制君臣事迹序表》、《宣徽使乞换文资表》等，这类表文大抵以哀婉为主，但也有例外者，如《乞依谏官抗议表》一文写得较为慷慨。此文作于庆历元年，任福兵败，朝臣非议，竦上表自劾。文章开头写任福兵败，乞降官序，仁宗犹宽吏议，自己愧极无颜。次写自己受任边事，"主忧臣辱，在寝食以皆忘；恩重命轻，誓死生而必报"，以是经营战守，谋虑万变。然后用"何期"写任福一事，自己有负重托，"职在于臣，咎将谁执"、"遇有若斯，理宜无赦"。最后以孔明街亭之败、羊祜贬为平南自励，"望举旧章，以澄不武。俟成来效，渐冀功除"。整个文章委婉而不失为慷慨，言谈及战事，不轻言人非，不推诿己过，甚是中肯。

3. 谢恩表启。主要有两类：一类是对皇上的赏赐或诗文、或衣物所作的谢表，如《谢赐御制真游殿颂表》、《谢赐御制文表》、《谢赐生日羊酒米面表》、《谢赐衣着银器表》等。这类文字或颂扬皇上诗文，或表述自己受赐的感激之情，文章谨严之外，少有特色。一类是升迁官职所作的谢表，在专制制度下，即使是官员冤屈遭贬，也要上表谢恩，其次在官场中，选授官职，必先辞让，这类辞表也纳入谢恩一类。夏竦于此类文章所作篇什颇多，现存文集留有六十多篇。写得较有特色的有《谢直集贤院表》、《谢知制诰表》、《谢起复知制诰表》、《南京到任谢上表》、《永兴再任谢上表》、《免奉使启》、《永兴谢二府启》等，其中也不乏堪诵的名句，如《免奉使启》"义不戴天，难下单于之拜；哀深陟岵，忍闻禁侁之音"；《辞忠武军节度使表》"虎符龙节，韬韣室以生辉；画戟油幢，拥和门而增壮"；《永兴谢上表》"为国尽忠，虽明神之可谅；入朝见嫉，鉴前世以堪惊"；《谢授户部员外郎表》"弱冠自公，但冀寒宗之有后；遗孤聚首，止期寸禄以代耕"等，江遹也在《文庄集序》中赞其表文说："其间琢句警联，嘉言谠议，脍炙人口，至今不绝，而尤工于表章制诰，虽使琳瑀常杨复生，未易遽出其右，信矣。"[1]

刘勰在分析章表一类文章特色时指出："章以谢恩，奏以按劾，表以陈情，议以执异。"[2] 其中"表以陈情"，就是指的这类谢恩表启应具有的情感特色。夏竦谢表大抵因事而发，感情浓郁，词婉而微，确能移人主之情。如《谢起复知制诰表》一节："伏念臣如弦谬直，伺兔本愚。不知巧宦之方，但罄朴忠之节。先皇帝怜其若是，愍以至孤，俾入事于龙潜，实久趋于鹤禁。单平寡援，间隙易乘。由是出守一麾，连更六郡。九年电击，万里火驰。层阙连云，止期于梦到；残骸吊影，敢冀于生还？适属咎积私门，悲缠

---

[1]　江遹：《文庄集序》，见《宋集序跋汇编》第一册，祝尚书编，中华书局 2010 年版，第 97 页。

[2]　刘勰：《文心雕龙·章表》，见《文心雕龙汇评》，黄霖编著，上海古籍出版社 2005 年版，第 80 页。

陟屺，爰扶旅榇，远泛重江。四海无家，指都畿而归葬；六亲聚首，顾生计之屡空。毁灭未能，饥寒是迫。"《谢授户部员外郎表》："伏念臣胄绪单平，艺文浅陋。而自父兄早世，族属无依。弱冠自公，但冀寒宗之有后；遗孤聚首，止期寸禄以代耕。"叙及自己早年仕宦、郡府屡迁、家门不幸、寒族人单之时，感情深婉，尤其"残骸吊影"、"六亲聚首"二联，更是令人情哀如泣，心恸不已。这种文字在其篇什中居多，又如《辞加食邑表》："年谷既升，方及外除之变；树风不止，弥怀欲养之悲。"言及母育之恩，恳切动人。又如《谢授户部员外郎表》："伏念臣胄绪单平，艺文浅陋。而自父兄早世，族属无依。弱冠自公，但冀寒宗之有后；遗孤聚首，止期寸禄以代耕。"《亳州到任谢上表》："一昨罢使洛郊，卧疾蒲阪，恳祈中豫，就访良医。幸残喘之偶存，实荣望之都绝。"描述晚年疾病缠身的情状，蕴涵了一股人生的辛酸。这类文字笔力柔弱，遣词多悲，但整体来看，哀怜而不衰飒，有五代格低之嫌而无其实。

夏竦更为人称道的还是那些谨严典实、雍正得体的篇什，如其四六名篇《谢直集贤院表》。《皇朝文鉴》卷六三、《文章辨体汇选》卷一三六、《古俪府》卷六、《四六法海》卷三等均录此表，可见影响之大。此文首叙："蒙恩以本官直集贤院者。北门禁省，给青简以试言；东观直庐，降紫泥而命职。莫谊假人之器，式彰遇主之荣。"开头切入本事，中用一对句简明交代受职之由，结以承恩。次叙直集贤院一职由来及其职务之重："窃以承明设待诏之官，实汉朝之芳润；丽正启修书之院，乃唐氏之英华。浚图书之渊，敞龙凤之署。自非弓裘继世，章句名家，通授羲昇之灵篇，闲书笏珥彤之故事，则何以继成康之嘉颂，考宣武之懿文，陪法从于甘泉，奉宸游于属玉？"夏竦博闻赅洽，熟知故事，故朝廷官职多能悉其始末，并自谦难当此任："如臣者学不传经，文非近史。青青子佩，虽见刺于劳心；翘翘错薪，亦滥期于刈楚。"再历叙自己仕宦履历，父死恤职、制科登举、通判台州、代诏集贤等，一路写来，洋溢着对朝廷赏识的感激之情："载惟蝼蚁之躯，莫报乾坤之赐。"最后颂圣，庆幸自己生于昌明之期："恢崇务广于斯文，奖擢不遗于小道。遂使至孤之士，获尘非次之恩。"并且表示要"永冰渊惕励之心，奉日月照临之鉴。庶谊素餐之谤，仰酬明主之知"。全文雍容和雅，辞章华丽，典故切实，文气低回流荡，极合朝廷煌煌气象。

洪迈在《容斋四六丛谈》云："四六骈俪，于文章家为至浅，然上自朝

廷命令、诏册，下而缙绅之间笺书、祝疏，无所不用。"① "无所不用"一词
道出了骈文在宋代尤其北宋初期运用的广泛，不仅各种诏诰册令、表奏文
书、羽檄露布、官府公移皆用四六，而且下至公私宴会的乐语、致辞，道释
二教的青词、醮文，乃至个人之间的往来书启等几乎用的也是四六。夏竦以
四六名世，不仅其制令章表是四六，而且往来书启、序跋碑铭也大多由四六
点窜而成，甚至一些游记散文，即景文字也多有四六的影子，下面择要而
述之。

　　现存夏竦文集中有青词、醮文、祝文43篇，这些多是祷告之辞，或以
荐亡，如《简穆皇后青词》、《孝明皇后青词》等；或以祈福，如《祈晴祝
文》、《设供文》等，大多为夏竦代朝廷斋醮所作，虽乏个人激扬之情，但
却谨实雅致，有馆阁之气。如《宝符阁醮文》："皇帝某祗席洪图，恭临率
土。昨以三时在务，百螣潜生。欲伤南亩之苗，未降西郊之雨。精心载祷，
悉珍于行跂；膏泽载零，遂丰于多稼。是涓吉旦，祗款层楹。躬播鹊尾之
香，用答凤轩之佑。伏愿万灵湜福，六气均和。大稷盈车，常荐有年之瑞；
赤文候日，更膺畴德之符。"用语谨严，农耕即作，则曰"在务"；害虫未
萌，即曰"潜生"。辞藻雅丽，香则说鹊尾，阁即曰凤轩。其中化用经史，
却一以自然，农作用"三时"，害虫曰"百螣"，苗则"南亩"，雨则"西
郊"，皆缘经史中出，却熨帖自然，如同己出，读之浑然不觉。

　　夏竦现存的17篇书序皆是骈文，也不乏短小而可观者，如《将帅部议
论篇序》："夫好谋而成，名臣所以建议；无文不远，君子所以尚辞。降自
汉代，率勤远略。间有仁贤之将，克敦诗礼之规，洞察蛮夷之情，精通军阵
之要。或图上于方略，或钦承于访问。辨安危之本，明胜负之端。硕画是
陈，远图斯亮。用能克济大难，式集茂勋。垂厥令猷，盖可察也。"文章精
短，析事说理，气贯流转，句虽对而文似散，颇有战国纵横之习气。

　　其所作碑铭、墓志也多有骈体者，即使是游记之作，在写景绘物之际，
也多用骈体，如《青州龙兴寺重修中佛殿记》中描述龙兴寺地势一节："左
海濒，右岱畎。沂蒙亘其南，河济径其北。厥壤广衍，惟青州焉。唐以卢水
平地，置平卢军。其城萦带山岳，控引川渎。气候高爽，风物楙盛，雅俗杂
处，修涂四达，富焉庶焉，东夏之都会也。中有佛图，实曰龙兴寺。旧以为
田文之第。地势斗绝，堀坞洋水之阴；楼观飞注，翱翔重闉之表。东践绝

---

① 洪迈：《容斋四六丛谈》，见《历代文话》，王水照编，复旦大学出版社2007年版，第49
页。

涧，径度于阛阓；西瞰辈峰，旁属乎原野。十二之胜，尽于兹焉。"整节骈散互用，以骈为主，骈以铺排景物，散以抒发情感，各臻其妙。

此外，夏竦虽以四六名世，其散体之作也有不少写得较有特色，如《上巡抚使裴司封书》、《上知润州陈天丽书》、《上开封府廉献书》，这些文章作于夏竦未入仕之前，求谒之文，却写得词气慷慨，高蹈不凡，夹杂纵横游谒之气，如《上知润州陈天丽书》一节："令勾乙之暇，得和铅弄翰；荐举之际，许解官就试。必能昂首掉尾，自求腾踔。上以副先人之心，下以遂为儒之志。遂得待问都堂，扬榷今古，射策紫墀，条对急政，将不在他人之后，以辱公举。语其报效，则有先王仁义之道在，惟下执事者裁之。"另外还有其奏议，如《陈边事十策》、《洪州请断袄巫奏》、《谨边防奏》、《抑仙释奏》、《计北寇策》等，皆有为而作，文无虚致，尤其《去冗制策》一策提出去重职、减冗兵，卓有政见，深中北宋时弊。

第四节　夏竦的骈文特色

骈体在实际的运用当中，偏重于诏诰册令、表奏文书等应用性文字，故有刀笔之称①。朝堂之上的庄重肃穆对骈文要求极为严格，其体制之先，贵乎得体，尤其制诏表启更是如此。有宋一代，虽鲜有因文获罪之事，却不乏行文不合规范而为士大夫所笑之事。王铚《四六话》卷下云："国朝故事，作馆职则如登科，例有谢启。王异除馆职，作启与同舍裴煌如晦，而启中有云：'伏惟某官，天泽育物，内恕及人。'其后云：'仰答异恩之赐，次酬洪造之私。'谓洪造如大造也。如晦阅之，惊起，还异启曰：'盛文奉还，且告留取头。'"②其中文辞如洪造之类只宜颂上而不宜称臣僚，宜乎其不得体也。得体不仅在于措辞得当，而且也要求因体而用，各具不同风格，私启不妨宏肆，公函惟须谨严。《玉海》卷二百三引西山先生一段话云："表章工夫最宜用力，先要识体制，贺、谢、进物，体各不同，累举程文，自可概见。"③

总体来看，夏竦四六遣词措意，允当熨帖，其窜涂逸事，于史无考；允

---

① 王铚在《四六话序》中说："世之所谓笺题表启号为四六者，皆诗赋之苗裔也。故诗赋盛，则刀笔盛，而其衰亦然。"（见《历代文话》，王水照编，复旦大学出版社 2007 年版，第 6 页）

② 王铚：《四六话》，见《历代文话》，王水照编，复旦大学出版社 2007 年版，第 20 页。

③ 王应麟：《玉海》卷二百三上，江苏古籍出版社、上海书店 1987 年版，第 3705 页。

当之篇，有文可征。如其制词之中，因人而异，措辞有差：兵部侍郎，则称其性尚淑均，仪操稳重；谏议大夫，则赞其气载弦直，雅正敢言；节度使，则依为干城，深用卓谋；知制诰，则周才敏用，奥学雄文；尚父称之于太师，小君用之于郡夫人等等，词不妄僭，如其表启之文，亦是如此。周必大《文忠集》卷一百八十二"贤关边琐"条目记载："太学贤士之所关，而近世以关为实字，边琐非边徼，乃文书之录耳。士大夫亦多误用，夏英公《永兴谢二府启》云：'议西鄙之羽书，按东台之边琐。'乃为合理。"① 宋敏求在《文庄集序》更是称其"泚翰就简，窜涂不已，归于至当乃可"②，当非虚语。

而且其四六之作各有不同的风格，其制词在工稳谨严，婉美淳厚；其骈赋在铺排处见力，华赡整饬；其表文情缠低回，能动人心；其启疏杂著则多辞高宏肆，有纵横之气。这种风格的不同，源于夏竦对文体高度的自觉。他在《与柳宜论文书》就有过相关的表述："刻碑碣则纪事而述功，铭盘盂则因器以垂成。赋舒而婉，发语宜壮；诗清而远，振采当峻。议论则酌中庸以理，序传则约史策而记述。美辞施于颂赞，明文布于笺奏。诏诰语重而体宏，歌咏言近而音远。"

当然，骈文之成，不脱于辞藻、用事、声律、属对，这也是骈文为人激赏处，如近人骆鸿凯在《文选学》中说："骈文之成，先之以调整句度，是曰裁对。继之以铺张典故，是曰隶事。进之以渲染色泽，是曰敷藻。终之以协谐音律，是曰调声。"③ 夏竦骈文在这些方面亦是不凡，颇有特色，兹述如下：

　　夏竦天资好学，涉略广泛，自经史、百氏、阴阳、律历等书，无所不观，无所不通，但其论文却一本于儒教，其在《崇政殿御试贤良方正能言极谏科制策》中曾言："自今而后，凡朝廷诏令之文，贡举诗赋之目，毋用诸家之语，必以六经之义。上之所好，下必甚焉。"此是应策，或有耸人之语，但考之其在《广文颂序》中所说"其道充者其文盛"一言，则当非虚语。

① 周必大：《文忠集》卷一百八十二下，景印文渊阁四库全书本第1149册，第53页。
② 宋敏求：《文庄集序》，《宋集序跋汇编》第一册，第96页。
③ 骆鸿凯：《文选学》，中华书局1989年版，第311页。

　　然其为文，辞藻华丽，陈造在《江湖长翁集》卷三十一中言"夏文庄公辞藻绚丽"①，晁公武在《郡斋读书志》也说其"善为文章，尤长偶俪之语"②。试看其《放宫人赋》一文：

　　　隋失民望，唐开帝功。降凤诏于丹陛，出娥眉于六宫。夜雨未回，俨鬓云于帘户；秋风渐老，失钗燕于房栊。当其凤历频移，重门久闭，蚁聚蟓首，帷连彩袂，步金莲而共叹无偶，对鸳瓦而徒伤失俪。花冠不整，笼蛋发以全疏；柳带低垂，映蜂腰而更细。太宗于是矜绝态，轸深情，旧苑而何伤幽闭，新恩而尽放轻盈。莫不喜极如梦，心摇若惊，踟蹰而玉趾无力，盼睐而横波渐倾。鸾鉴重开，已有归鸿之势；凤笙将罢，皆为别鹤之声。于时银箭初残，琼宫乍晓，星眸争别于天仗，莲脸竞辞于庭沼。行分而披路深沉，步缓而回廊缭绕。嫦娥偷药，几年而不出蟾宫；辽鹤辞家，一旦而却归华表。苟非帝德从俭，皇情烛幽，又焉得离永巷，别长秋，指燕赵之归路，望荆吴之故州？算回程而靥带新喜，思往事而眉含旧愁，罗衣而飔滟，轻云竞归巫峡；宝髻而屈盘，娇凤争下秦楼。或绣辇香车，兰舟桂楫，指故里以思动，涉长途而意惬。飞腾自适，既疑齐女之蝉；梦幻堪惊，且悟庄周之蝶。已而别馆凄尔，离宫寂然。动兰烛于残照，蔼薰笼于夕烟。萧条而竹换筠粉，零落而苔侵翠钿。天上和风，送神仙之二八；人间丽日，迎桃李之三千。美夫入昏主之宫，出明君之阙。千门而绮焕裳锦，九禁而云销鬒发，故宜其贝齿朱唇，歌太平之日月。

描写细腻深婉，不直言其事，多代以典故丽辞，诏则凤诏，脚则金莲，蛋发、蜂腰、银箭、蟾宫之辞，绣辇香车、兰舟桂楫之语，辽鹤、嫦娥之典，燕赵、荆吴之事，皆是此类，全文显得婉媚工丽。

　　此外，《枢密院谢宣召宴游表》描绘宴游一节："当春日之载阳，属万几之多暇。遽宣慈旨，式诏近司。趋广内之层闱，仰先朝之睿札。《金縢》乍启，畏轩台如在之灵；缃帙载瞻，契周鼎卜年之数。加以圣明善继，琬琰垂文，列典籍以星繁，播声诗而玉振。亟由亭榭，再历岩峦，睇层阁之相望，瞩群芳之邕遂。奉威颜之晬穆，从天步以迟留。屡承列席之观，爰奉流

――――――――――

① 陈造：《江湖长翁集》上，景印文渊阁四库全书本第 1166 册，第 401 页。

② 晁公武：《郡斋读书志》卷四下，四部丛刊本。

筋之宴。肴蔬沿洄而继至，龟龙刻镂以载浮。投芳饵于文竿，对丛枝于采槛。移暑共聆于雅奏，洗心载仰于宸章。矧奇石之群分，有睿辞之遍纪，或垂金版，或丽翠珉。昭回之采交辉，清越之音相入。而又示慈琳殿，拜赐琼跗。法酒九行，奉宸欢而愈洽；昼日三接，承宠眷以弥隆。洎复私门，怳如宵寤。"历历叙事，层次分明，而措辞却极是婉媚，有六朝遗风，其文中也多有"诗会余蚳之文，简凝含酞之墨"之文。

这种绮丽的文风当来源于其馆阁创作，作为点缀升平、歌颂圣朝，更需要一种绮丽婉媚的风格来装点皇朝的煌煌气象。正是如此，夏竦应制诗一出于典丽富艳，葛立方《韵语阳秋》卷二就说："应制诗非他诗比，自是一家句法，大抵不出于典实富艳尔。夏英公《和上元观灯诗》云：'鱼龙曼衍六街呈，金锁通宵启玉京。冉冉游尘生辇道，迟迟春箭入歌声。宝坊月皎龙灯淡，紫馆风微鹤焰平。宴罢南端天欲晓，回瞻河汉尚盈盈。'"① 其应制诗也多有"玉管飞灰新气应，璇霄合璧瑞华凝"之语。试看《谢天庆节御筵表》：

> 臣某言：元符纪序，恭馆示慈。仰戴恩荣，俯震震慄。伏惟皇帝陛下齐心灵宝，结念洞章。结真绪之延鸿，敞密都之神丽。顺发春之初吉，荐有帝之强名。奉镂玉之珍文，秘凝云之峻阁。言旋诏跸，式属庆辰。乃眷攸司，爰颁宠宴。挹流霞之醇旨，咀芳苣之馨香。虽共遂于属厌，实愈增于寅畏。誓更勤于淬砺，用仰答于照临。

其结构铺排，措辞用语，起承转合，用词华丽，一如其应制诗。

此外，夏竦骈文结律精工，他比较讲究章法，起承转合之间，衔接自然，于骈赋为盛，如以"喜逢仙色，开宴真境"为韵的《穆天子宴王母于瑶池赋》起首便云："穆天子以八骏西巡，宾于上真，宴瑶池之胜境，当甲子之良辰。人间之别馆离宫，如遗弊屣；月际之珠珰玉佩，自是嘉宾。"开篇便点题，"破巨题期于百中"，又不乏对穆天子心态的刻画。接下去用"当其"二字进一步描摹穆天子西巡乃至与王母相会的情景，张灯设宴，起舞翩翩，觥筹之间，宾主尽欢，"广乐嘉成，徧舞霓裳之曲；流霞互举，争传马瑙之钟"。在天子情摇神荡之时，"忆崤函于万里"，文章最后写双方的诀别，依托环境烘染离别的惆怅，情景涌荡："已而怅望空赊，音尘渐永。

---

① 葛立方：《韵语阳秋》，见《历代诗话》，何文焕辑，中华书局1981年版，第498页。

蘂宫有意以延想，函夏无因而西幸。春水白兮瑶草芳，黯离愁于绝境。"从而照应了起句，首尾相承。这种精工于其他骈体文章如表、制之中也不乏多见。

这种严谨还进一步体现在用韵对仗方面。夏竦骈赋大体用韵讲究一平声韵与仄声韵相间交互，从而在章句之间取得声韵和对仗的和谐，魏了翁也在《彭山李肩吾字通序》中说："近世博通古文，刊别声韵，宜莫如夏文庄也。"① 如：

> 人间之别馆离宫，如遗弊屣；月际之珠珰玉佩，自是嘉宾。（《穆天子宴王母于瑶池赋》）
>
> 光侵斧钺，应迷谢氏之兰；影接旌旗，乍认将军之树。（《草木为人形以助战赋》）
>
> 窃以承明设待诏之官，实汉朝之芳润；丽正启修书之院，乃唐氏之英华。（《谢直集贤院表》）

这种"宫羽相变，低昂舛节"的效果，于对仗工整之中，更带来音节上的抑扬之态、铿锵之实。

值得注意的是，夏竦本人对这种繁辞丽藻的文风也有一种自觉的反省，在其《厚文德奏》中就批判当时文风说："而近岁学徒，相尚浮浅。不思经史之大义，但习雕虫之小技。深心尽草木，远志极风云。华者近于俳优，质者几于鄙俚。尚声律而忽规箴，重俪偶而忘训义。"期在提倡一种骈俪与义理的融合，正是据此，夏竦曾批评杨亿之文"如锦绣屏风但无骨耳议者"②。宋敏求在《文庄集序》中也说："公尝论文，以气骨为主，诋时辈所作如绣屏焉。"③ 但其囿于西昆之域，未能在此融合中取得长足进展，也只能有待于其后进王安石了，关于这一点，王铚在《四六话》卷上就指出王安石四六源于夏竦："王荆公虽高妙，亦出英公，但化之以义理而已。"④

骈文用典自以允切为上，以化用而不着痕迹为高妙。夏竦因家庭纠纷出

---

① 魏了翁：《彭山李肩吾字通序》，见《鹤山集》卷五十三上，景印文渊阁四库全书本第1172册，第593页。

② 范镇：《东斋记事》卷三，汝沛点校，中华书局1980年版，第23页。

③ 宋敏求：《文庄集序》，《宋集序跋汇编》第一册，第96页。

④ 王铚：《四六话》卷上，见《历代文话》，第9页。

守地方，上《乞与修真宗实录表》即云："赎一眚于前辜，答万分于用造。"用孟明之事。又其《孟州到任谢上表》描述自己晚年心境云："老马力殚，靡忘前效；伤禽胆破，知避虚弦。"又《永兴再任谢二府启》："武畅西海，傥横厉之有成；生入玉关，固哀怜之是望。"化用典故，不露痕迹。又《进瑞稻图状》："初擢一茎，异刘钦之界内；乍分三穗，疑蔡茂之梦中。"用典俏皮而又熨帖。这些例子用事都是极为允当贴切的。

在用事上，夏竦还别具匠心，精刻考究，惯于生事与熟事相杂，使生熟相间，浅深相应，各彰其趣。这一点王铚在《四六话》卷上中以《辞奉使表》为例特别予以指出："四六有伐山语，有伐材语。伐材语者，如已成之柱桷，略加绳削而已；伐山语者，则搜山开荒，自我取之。伐材，谓熟事也；伐山，谓生事也。生事必对熟事，熟事必对生事。若两联皆生事，则伤于奥涩；若两联皆熟事，则无工。盖生事必用熟事对出也。"① 即以其《免奉使启》为例：

> 比膺使指，往奉欢盟。选授至艰，道途差近。况多侑币，实济空拳。然念顷岁先人没于行阵，春初母氏始弃孤遗。义不戴天，难下单于之拜；哀深陟岵，忍闻禁侏之音？车府露章，槐庭泣血。王姬筑馆，接仇之礼既嫌；曾子回车，胜母之游遂辍。荷两宫之大庇，载三事之昌言。退安四壁之贫，如获万金之赐。某官力持名教，数奖孤寒。属商利于摘山，阙言心于奏记。何图驿置，先坠书筹？俯哀蹈义之心，不辱资忠之训。永唯佩服，何但铭藏。卑情不任感咽依归之至。

此文见于《宋文鉴》卷一二一，《奇赏斋古文汇编》卷一九七，《文章辨体汇选》卷二七零，《四六法海》卷六，《古今尺牍清裁》卷五二，当为夏竦四六名篇，中间两联尤为知名。不拜单于，用郑众事，见于《后汉书·郑众传》："（永平）八年，显宗遣众持节使匈奴。众至北庭，虏欲令拜，众不为屈。……其后帝见匈奴来者，问众与单于争礼之状，皆言匈奴中传众意气壮勇，虽苏武不过。"② 禁侏之音，《公羊》谓夷乐曰"禁侏"；王姬筑馆，用庄公事，见于《春秋》："秋，筑王姬之馆于外。"《公羊传》疏

---

① 王铚：《四六话》卷上，见《历代文话》，王水照编，复旦大学出版社 2007 年版，第 8 页。
② 范晔：《后汉书》，中华书局 1965 年版，第 1224、1225 页。

云："何以书，讥。何讥尔？筑之礼也。于外，非礼也。"① 胜母之游，用曾子事，见于《史记》："故县名胜母而曾子不入，邑号朝歌而墨子回车。"② 皆允切得当，且生事对熟事，交叉运用，使得用典不致生涩，文意明白通达。这种例子，在夏竦骈文中并不少见，如大中祥符四年，真宗祀汾阴，夏竦在地方，莫得与会，上贺表云："帝车爰止，莫参禹会之期；日驭将施，但效封人之祝。"（《皇帝祀汾阴第五表》），又如《谢赐御制真游殿颂表》："赤文绿字，申锡于元符；苍璧黄琮，交修于盛节。"《谢赐生日羊酒米面表》："会里中相爱之旧，共喜属厌；备俎间决胜之谋，何阶补职。"《辞官上大王相公启》："戍亭彻警，曾微借箸之勤；武帐承颜，空备影缨之列。"

　　且其隶事繁复，构词湛急，从而构成了一种绵密的特色。如《谢授资政殿大学士表》：

　　　　而况向者边书插羽，逻骑具装，秦陇威兵，酆雍谋帅。本朝以年辈最旧，勤拙粗施，擢于计廷，付以戎警。力小负重，自见甚明。就约辞危，臣节安在？内惟策励，誓首险艰。四改师屯，三周岁龠。羌事图上，必深料于安危；王师务全，敢挑取于功誉？终更罢戍，感疾营医，方丐近城，以救沈瘵。不图诏检，促觐宸居。权舆谶工，据岗敢辨；季长辞锐，饰貌难申。省谷归涂，逃形近邑。监司按其粟错，都鄙陈于平条。诗会余蚨之文，简凝含酖之墨。寓趾泮水之罅，侧身攒羽之冲。分沉死灰，趣毕残喘。

　　藻饰纷呈，用事紧凑，又如《并州谢二府启》：

　　　　西陲用武，寸效曾无；北道乏人，金谋猥及。负责斯重，戴恩则深。咽喉要冲，股肱旧地，旁连马邑，直控雁门。周宣中兴，兹尝薄伐；汉武怀远，此焉观兵。屹然形胜之区，纷尔转斗之地。思得良士，倚为大藩。某素无兼才，暗于临事，精诚内耗，齿髮久衰。上马据鞍，虽自矜于矍铄；登车揽辔，尚有志于澄清。然念孤蹇多艰，功名难偶，事方创置，谤辄随生。孤根易摇，众口难辨，指尝戾臂，志不酬心。尚赖丹扆至明，黄阁垂庇，曲藏痕殿，勤赐保全。勉策暮年，俾图后效。

----

① 《春秋公羊传今注今译》卷六，李宗侗注译，台北商务印书馆 1976 年版，第 87 页。
② 邹阳：《狱中上梁王书》，见司马迁《史记》卷八十三，中华书局 1963 年版，第 2478 页。

孟明屡辱，定收三战之功；孙膑何堪，终期万弩之发。

全文基本以四言为主，自然成对，读之有词意迫切之感，宋敏求《文庄集序》中说："属思深湛，构词致密。"① 范镇在《东斋纪事》卷三也说："议者谓：'英公文譬诸泉水，迅急湍悍；至于浩荡汪洋，则不如文公（指杨亿）也。'"② 一个"致密"、"迅急"，也道出了其绵密的特点。

吴处厚《青箱杂记》卷五载："本朝夏英公亦尝以文章谒盛文肃，文肃曰：'子文章有馆阁气，异日必显。'后亦如其言。"③ 这种台阁气主要来自其"捻须髭，琢肺腑，镌磨锻炼，以求合均度"④ 的精心结撰，追求辞藻的煌丽，构词的致密，行文的淳厚，以达到"温润丰缛"的艺术效果。即使哭穷道困，虽有"入朝见嫉，固自古以难逃；直道而行，信安身之不易"的愁怨、"层阙连云，止期于梦到；残骸吊影，敢冀于生还"的哀婉，亦是曲尽形容，情以动人，而少有"身谢朱崖，蔓草萦骨"的衰飒柔靡之气，即便身处逆境，仕途多舛，为人所非，亦多含梗概之气，如《河中府到任谢上表》叙述自己遭遇一节：

伏念臣本阶平进，逮事两朝，攀仕途者四十春，陪时政者十五祀。大劳虽阙，薄效粗陈。向者六载徂东，班条盖久；八月主计，座席未遑。亟自省闱，出分将钺。军屯屡改，年禩四迁，徒历险艰，未歼蠢戾。又以谋皆凿空，事或创图，利远效迟，望轻人嫉，多言垒涌，沮议丛兴。每下列章，尚宽薄责，弥深策厉，冀塞矜容。由是寝食外亏，精爽中耗，毒炭熏目，双瞳斗昏；边风切肌，两臂将废。惧戎谍之窥间，常力疾以治戎，夙夜在勤，人神可谅。矧惟阃外之得失，实系天下之安危；一毫或差，九殒焉赎？傥便文而自卫，固罔上以非忠。况复功名，良繁运命。狷臂不耦，必难立于乃勋；虎颈飞行，将有待于来者。是以常布危欷，冀解剧权。

①　宋敏求：《文庄集序》，《宋集序跋汇编》第一册，第96页。
②　范镇：《东斋纪事》卷三，汝沛点校，中华书局1980年版，第23页。
③　吴处厚：《青箱杂记》卷五，第46页。
④　孙觌：《送删定佺倅赵序》，见《鸿庆居士集》卷三十一上，景印文渊阁四库全书本第1135册，第313页。

　　此文作于庆历八年，时夏竦于前一年因谏臣物议，制下外廷而贴麻改命，亟还本任，入阁无望；此年又因奸邪致天变一说，罢枢密使，晚年穷途，出守地方，心中愁苦，可想而知，因此到任之后上表，虽为谢恩，亦是自诉，愁苦化为低婉的絮说，重点针对朝臣非议的守边之策，阐述阃外系天下之安危，自己的政策图久远而见效迟，论事透彻犀利。整体看来，文中处处渗透自己的谆谆任事、力疾临戎、捐生报主之心，文辞委婉低回，文气刚健，从而有"劲健和婉"之美。这体现了夏竦论文"以气骨为主"的主张，陈造在《江湖长翁集·题〈文庄集〉》指出："自其（夏竦）始学即含台阁风骨，老尤雄健不衰。"① 《四库全书总目》赞其"词藻赡逸，风骨高秀，尚有燕许轨范"②。确实如此，其晚年所作的《亳州到任谢上表》、《谢授资政殿大学士表》、《河南府到任谢上表》等亦大抵如此。

　　一般来说，结构、用韵、对仗上的严谨容易造成文章的板滞，然而在夏竦的骈文上，却很少有这种毛病，反而在错综整饬之中流淌着一股疏荡之气。这主要得益于其虚词的妙用。虚词的存在不仅是为了文章转折、承接的需要，在很大程度上有助于句式的变化，突破平常的四四、六六、四六、六四的常式，使语势舒缓，文气跌宕。试看《政犹水火赋》：

　　　夫济水者火，济猛者宽。苟水火之功罔哹，则宽猛之政堪观。盖治不得以常舒，舒则民慢；事不得以常急，急则民残。故君子施之以宽，纠之以猛。式齐离坎之象，自合阴阳之境。谓晦之至兮将暗，必继之以明；动之极兮则劳，必济之以静。是故上善是将，炎德其相，爱畏之宜迭用，文武之道交光。九德用宣，始汤汤而洊至；百刑以正，俄烈烈以方扬。故能成良吏之功，立明王之制。或温润以和惬，或强明而正厉。德均烹饪，传齐美于和羹；道合刚柔，《易》同功于《既济》。然则建皇极，合中庸，若惨舒之更用，类律吕之相从。刑久则残，故赏于春夏；赏烦则弊，故刑以秋冬。是知物不终衰，有时而盛；道不终利，有时而病。在乎酌炎上以求治，参积阴而发政。群生不匮，如符菽粟之资；万事适中，奚取韦弦之性。盖以水济水兮其德衰，以猛济猛兮其政危。猛因宽而不暴，水因火而无亏。故法网明明，孰见蹈而死者？政经闿闿，谁敢狎而玩之？

---

① 陈造：《江湖长翁集》上，景印文渊阁四库全书本第1166册，第401页。
② 《四库全书总目》卷一百五十二上，中华书局1965年版，第1309页。

　　大量虚词的运用、不同句式的混杂、文章气势的流淌使得文章虽对仗工整但语不艰涩，从容不迫，读起来却文气之行一如散文，刘麟生曾说"对偶有散行之气，后惟宋人能之"①，当谓此乎？

　　当然，夏竦四六的特色也绝非以上几点，如其骈文中的议论之气、工于剪裁等，这里就其大者而论。从某种程度上说，正是这种辞藻的华丽、构词的绵密、行文的淳厚、气象的整暇造就了其闳衍雅丽的文风，王珪在其《神道碑》中云："其为文章闳衍瓌丽，殆非学者之所能至。"② 江邻也在《文庄集序》中言："其文温厚谨严，发乎性情而动有典则。"③ 当非虚语。宋敏求《文庄集序》称其"属思深湛，构词致密，泚翰就简，窜涂不已，归于至当乃可。尤善章奏，铺赋颠末，言详意尽，盖会萃众说而掇其真粹，包括曩制而丰其条干。如至音纯绎，金石奏于宗庙；华采焕烂，黼黻施于象服"④，也是针对此一文风而言。

　　杨囷道《云庄四六余话》云："皇朝四六，荆公谨守法度，东坡雄深浩博，出于准绳之外。由是分为两派。近时汪浮溪、周益公诸人类荆公，孙仲益、杨诚斋诸人类东坡。"⑤ 宋代四六分为两派，王安石是法度一派的领军人物，但其四六源于夏竦一脉，王铚《四六话》卷上说："先公言本朝自杨、刘四六弥盛，然尚有五代衰陋气，至英公表章，始尽洗去。四六之深厚广大，无古无今，皆可施用者，英公一人而已，所谓四六集大成者。至王歧公、元厚之四六，皆出于英公，王荆公虽高妙，亦出英公，但化之以义理而已。"⑥ "四六集大成者"云云虽有夸大之嫌，但一者着眼于其四六的深厚广大、闳衍瓌丽，二者也着眼于其能于西昆极弱之际，纠之以气骨，革五代衰陋之气，振之以雄健。并且下开王珪、元厚之、王安石等，居于此派承前启后的关键人物。因此夏竦四六虽然跟其后王安石、欧阳修、苏轼等人的四六相比，有所不足，但其筚路蓝缕之功却不可没。

---

① 刘麟生：《骈文学》，海南出版社1994年版，第23页。

② 王珪：《夏文庄公竦神道碑铭》。

③ 江邻：《文庄集序》，见《宋集序跋汇编》第一册，第97页。

④ 宋敏求：《文庄集序》，见《宋集序跋汇编》第一册，第96、97页。

⑤ 杨囷道：《云庄四六余话》，见《历代文话》，第119页。

⑥ 王铚：《四六话》卷上，见《历代文话》，第8、9页。

第五章　晏殊评述

自古仕途难走，荣辱瞬变，所以有伴君如伴虎、一朝天子一朝臣之说。许多古代政坛人物要么信而见疑忠而被谤或贬或杀，要么得意当时却遗臭后世，鲜有善始善终尽善尽美者。宋代右文崇儒，不杀文士，文官命运会稍微好一些，可是绝大多数人仍然难逃仕途困塞。即使在政治比较清明的北宋前期，欧阳修、范仲淹被贬多次，吕夷简、王钦若、夏竦被后人披以"奸邪"之恶名。但却有一例外，他不仅是北宋宦海不倒翁、政坛常青树，而且颇有声名，被当时和后人尊崇；他从神童到阁老，历仕两朝，尽获两君恩宠；他65年的生命中享有五十余年的优容富贵，身处党争之时却能自置身外，善始且善终；他不仅是朝廷重臣而且是文坛方家，学识大家，所谓"学为世师文为国华"。他的一生可谓圆融完满，欧阳修曾经将他的一生概括为："富贵优游50年，始终明哲保身全。一时闻望朝廷重，余事文章海外传。"①他就是晏殊。

第一节　晏殊的政绩

晏殊（991—1055），字同叔，抚州临川人（今江西临川），世次不显，父抚州手力节级。生于太宗淳化二年，七岁知学问、为文章，乡里号为神童；13岁，工部侍郎李虚己奇之而妻之己女；14岁，真宗亲赐同进士出身，擢秘书省正字，师从陈彭年在秘阁读书治学；28岁为知制诰；30岁拜翰林学士，兼制太常寺、知礼仪院；35岁迁枢密副使；40岁知礼部贡举；41岁为三司使；42岁为参知政事；50岁加检校太尉枢密使；53岁加同中书门下平章事、集贤殿大学士，兼枢密使；63岁封临淄公；仁宗至和二年65岁卒。

晏殊的仕途，可谓一帆风顺，青云直上。从景德二年进入仕途到乾兴元

---

① （宋）欧阳修：《文忠集》卷56，《晏文献公挽词三首》。

年仁宗即位，晏殊仕真宗 17 年，真宗对晏殊青睐有加。史载"景德初，张知白安抚江西，荐之，得召试，试诗赋论，殊自言臣尝私习此赋不敢隐，真宗异之，因试以它题，以为秘书省正字，置之秘阁，使得悉读秘阁书。明年复献所为文，召试中书，为集贤校理。连丁家艰，真宗即其家起复。仁宗封昇王，以殊为记室参军。仁宗为皇太子，为舍人，擢知制诰，除翰林学士，为左庶子。真宗每所咨访，多以方寸小纸细书问之，由是参与机密"。① 包括敏感的人事任免。

从异之到倚重，真宗欣赏晏殊原因有二：好学、谨厚。真宗对晏殊的评价很高："上曰：殊少年孤立，力学自奋，人鲜及之。加以沉谨，造次不逾矩，甚为搢绅所器。或闻有大族，欲妻以女，殊坚拒之。京城赐酺京官，不得预会，同辈召之出游，不答，但掩关与弟颖读书著文而已。颖亦幼能属词。朕尝遣取其所业，且戒殊勿为改窜，其弟请加涂乙，终不之省，亦不言其故，周密至此，信其禀赋本异也。"②

赵宋尊儒右文，皇帝多好书亲儒。赵太祖皇业初基，日不暇给，而即位之月，首幸国学，谒款先圣，尊师重道如恐不及，尝叹宰相须用读书人。太宗性喜读书，认为开卷有益，命吕文仲侍讲，真宗敦尚文雅，自出阁后，专以讲学属词为乐，禁中游息之所，皆贮图籍置笔砚。及即位，置侍讲、侍读学士，每召诸王府侍讲邢昺及国子监直讲孙奭等更侍讲说，质问经义，久而方罢。仁宗开迩英，延义二阁，日以讲读为常，累圣相承，有加无损，有勤无怠。

晏殊年少而好学有成，七岁能属文，14 岁真宗诏之与进士千余人并试廷中，殊神气不慑，援笔立成，后又试诗赋，文采愈美，真宗数称善，立擢秘书省正字，特将之至于秘阁读书，令直史馆陈彭年督导他。晏殊在秘阁读书交游，皆获陈彭年称许。第二年迁太常寺奉礼郎，第四年迁光禄寺丞，第五年召试学士院，为集贤校理，第六年迁著作佐郎，第十年从真宗祀亳州太清宫，同判太常寺礼院，第十二年迁太常寺丞，第十四年，即天禧二年，二月为升王府记室参军，再迁左正言，擢史馆。八月，以户部员外郎充太子舍人，知制诰。天禧四年，八月，拜翰林学士，十一月，为太子左庶子。真宗朝，晏殊在馆阁供职 17 年。欧阳修《上英宗进馆阁取士札子》尝云："馆阁之职，号为育材之地，今两府缺人，则必取于两制，两制缺人，则必取于

---

① （宋）王称：《东都事略》卷56。

② （宋）李焘：《续资治通鉴长编》卷85。

馆阁。馆阁者，辅相养材之地也……自祖宗以来，所用两府大臣多矣。其间名臣贤相出于馆阁者，十常八九也。"馆阁实为朝廷育才之地，是高级治国人才的储备库。真宗将晏殊置于馆阁读书，使之博览群书，阅古通今，蓄养学识，其意已将晏殊作为主要培养对象了。这一经历对晏殊的影响极大，晏殊正是在秘阁得以修宰相之才识，累治学之经验。

真宗朝，天下无事，许臣寮择胜燕饮，当时侍从文馆士大夫为燕集，以至市楼酒肆往往皆供为游息之地，时晏殊"惟家居与昆弟讲习，一日选东宫，官忽自中批除晏殊，执政莫喻所因，次日进覆，上谕曰：'近闻馆阁臣寮无不嬉游燕赏，弥日继夕，惟殊杜门与兄弟读书，如此谨厚，正可为东宫官。'"①晏殊在馆阁校订图籍撰文赋颂，无特别建树，真宗却对之眷注日深，其因除却欣赏其好学，更在于其为人处世之谨厚。当日真宗试晏殊诗赋，殊自言尝私习，更请换题，真宗大为赞赏其不欺，后嘉其不嬉游，殊又坦言非不乐燕游乃贫无可为之，真宗益嘉其诚实。事君以诚，是晏殊获得真宗欣赏的第一步，因为诚是忠的一种体现。

更为关键，晏殊为人为事沉谨。真宗朝，南北之争以寇准与王钦若、丁谓为代表，面对两派的争端，真宗态度暧昧，对两派都不偏袒，一视同仁，屡次除官，南北人士相当，或同升或同贬，贬亦不会太过，除官亦是互相牵制。天禧元年，真宗拜王钦若为宰相，二年后，又任用与王钦若严重不和的寇准为相，"人或问真宗，真宗曰：'且要异论相搅，即各不敢为非"②。"真宗用丁谓、王钦若，亦以马知节参之"③。南北两派互相犄角，真宗乐得游处其中，轻松玩转平衡之术。晏殊谨言慎行，不入纷争，尽量调和两派，与真宗之意颇为相投。

天禧四年，真宗不豫，丁谓与宰相寇准不和，上决定贬寇准，"会日暮，召知制诰晏殊入禁中，示以除目，殊曰'臣掌外制，此非臣职也。'……殊既误召，因言'恐泄机事，臣不敢复出'，遂宿于学士院，及宣制，则非殊畴昔所见者不知，殊所见除目又何等也，殊不以告人，故亦莫得其详云"④。当日晏殊被赐进士之时，寇准施难，以晏殊为江外人谏止真宗，真宗回寇准以张九龄亦江外人，方才阻其谏。此时的晏殊并没有借机报

---

① 沈括：《梦溪笔谈》卷9。
② 李焘：《续资治通鉴长编》卷213。
③ （宋）徐自明：《宋宰辅编年录》卷七。
④ 李焘：《续资治通鉴长编》卷95。

复，而是明哲保身，不卷入争端，其不泄机密亦是避免纷争的一种。真宗更召钱惟演议，惟演极论寇准专恣，请深责。真宗问当于寇准何官，钱惟演请用王钦若例授寇准太子太保，真宗认为当于太子太傅，并与加优礼，于是封寇准莱国公。钱惟演乘势请贬李迪，真宗认为"姑徐之"，即暂缓之。由此可以看出，真宗对南北纷争的态度是采用缓兵之计来调和两派。

同年，真宗授冯拯为吏部尚书参知政事，使与曹利用、丁谓三人同领枢密院领使，寻悟不妥，于是"召知制诰晏殊，语之将有所易置，殊曰'此非臣职也'"①。晏殊还是自置纷争之外，真宗更召钱惟寅，钱荐丁谓、曹利用为相。

真宗晚年多病，事多附廷议，丁谓因封禅事宜等获宠，权倾朝野，李迪弹劾丁谓擅权用事，真宗将两人同时罢免。钱惟演与丁谓是姻亲，奏留丁谓而出李迪，丁谓复相，召"刘筠草复相制，筠不奉诏，乃更召晏殊。筠既自院出，遇殊枢密院南门，殊侧面而过，不敢揖，盖内有所愧也"②。景德三年乙巳晏殊名挂李迪榜进士及第，李迪是己师，晏殊对其不公之遇有所愧但不敢违。南北之争，是非难定，晏殊斡旋其中，实在为难，所以自置身外，调和纷争。晏殊的沉谨，与真宗的平衡术相得益彰，这正是真宗倚重晏殊的原因所在，"公既以道德文章佐佑东宫，真宗每所咨访，多以方寸小纸细书问之，由是参与机密，凡所对必以其稿进，示不泄，其后悉阅真宗阁中遗书，得公所进稿类为八十卷，藏之禁中，人莫之见也"③。对于皇帝的谏言，晏殊的细书比起面折庭谏要温和得多，皇帝接受更为容易，更有润物无声之效。而其示不泄之举，更是排除了被人揣摩利用挑起纷争的危险，更排除了自置于南人北人的嫌疑，让真宗放心。真宗为守成之帝，天下太平，不需要臣子有多大的才干，安分守己即可，加之此时真宗是把晏殊当做托孤之臣来培养的，主要任务是修养才识，所以晏殊整体的政治态度是循规蹈矩、谨言慎行、不与纷争、明哲保身。

真宗之后，仁宗即位，晏殊的恩宠不减反升。仁宗即位年方十三，由太后听政，而太后出身寒微，且仁宗非其亲生，外还有契丹、西夏之虎视眈眈。辅佐老少朝廷，晏殊一改小心谨慎为当仁不让。

仁宗即位初，章献明肃太后奉遗诏权听政。宰相丁谓、枢密使曹利用，

---

① 李焘：《续资治通鉴长编》卷96。

② 同上。

③ 欧阳修：《文忠集》卷22。

各欲独见奏事，满朝畏使相权势，无敢决其议者，惟有晏殊建言，群臣奏事太后者，垂帘听之，皆毋得见，议遂定。晏殊不畏权焰，杜绝了臣强欺主，维护了皇家的尊严，展现了他的果敢。

刘太后出身平民，真宗为襄王时纳入，因被襄王乳母排挤，被安置到家臣张耆家，张耆于是有恩于太后，故太后临朝待张耆极为优宠。天圣三年，太后又因报恩而以张耆为枢密使。此时晏殊一改往日"非臣职"的斡旋保身的态度，认为张耆功不至此荣，才不堪此任，极力阻止，上疏言"枢密与中书，两府同任天下大事，就令乏贤，亦宜使中材处之，耆无它勋劳，徒以恩幸，极宠荣，天下已有私徇非材之议，奈何复用为枢密使也"①。张耆为真宗的家邸奴才，"为人有智数，真宗尝使读《论语》、《左氏春秋》，又赐以《宸戒二十条》及圣政纪《册府元龟》，故通知传记，至于星历数术之学无不传习，其言边事或象纬变，见多中"②。有小才但其资历和才识绝对不足以担当枢密使的大任，太后因妇人之短见，竟授之，晏殊亦因此被贬。观史书张耆的确无大功德，当时晏殊不顾张耆的特殊身份，勇于陈言，表现了一个有见识的大臣的担当。

主弱，晏殊勇于维护其威严；太后以妇人之仁徇私报恩，不利于社稷，他也敢于陈言，没有辜负真宗将之作为托孤之臣的重任。后仁宗亲政，欲有所作为，晏殊亦积极配合。北宋承自五代，战乱破坏严重，一切百废待兴，学校尤其如此。北宋太祖关注的是军国大权的回收，而教育大计到真宗、晏殊手中才开始建设。天圣五年，晏殊知应天府，大兴学校，天下兴学自此始，导庆历、熙宁、绍圣兴学之先，其亲自兴建的应天府书院也由此成为宋代四大书院之一。庆历时，西夏元昊不臣，屡次寇边，战事吃紧，晏殊建言罢内臣监兵，不以阵图授诸将，使得应敌为攻守，及募弓箭手教之，以备战斗。又请出宫中长物助边费，凡他司之领财利者，悉罢还度支，悉为施行。宋代军权准则为强干弱枝、守内虚外，军队实行更戍法，兵将分离，兵无常帅，帅无常师，强调"将从中御"且通过内臣监军遥控边将，每战，边将但按朝廷阵图而行，难以适应战场的瞬息万变，兵不知将，将不知兵，边将的作用亦难以发挥，指挥不灵，战斗不利，这是终宋边战弱的根因，晏殊之议，乃为机枢之论。

晏殊政治上最大的建树在于知人。所谓"平生欲报国，所得是知人"。

---

① （宋）徐自明：《宋宰辅编年录》卷4。

② （宋）王称：《东都事略》卷50。

晏殊为人刚简，待人以诚，爱才好贤，举贤任能。仁宗朝，积贫积弱、冗官冗兵冗费的弊端开始显现，仁宗奋然有意，欲因群才以更治，晏殊则已为之培养了一批优秀的政治人才，北宋前期政坛名流如范仲淹、韩琦、富弼、欧阳修都出自殊门，时人谓之"一世龙门"，叶梦得《石林燕语》称"晏元献公喜推引士类，前世诸公为第一"。

范仲淹长晏殊三岁，大中祥符八年第进士。天圣五年，晏殊知应天府，大兴学校，时范仲淹居母丧，殊延之教诸生。仲淹宿学中，训督学者夜课，诸生读书寝食皆立时刻，往往潜至斋舍诃之，见先寝者诘之。出题使诸生作赋，必先自为之，欲知其难易及所当用意，亦使学者准以为法，由是后学者辐辏，其后宋人以文学有声名扬场屋朝廷者，多其所教也。天圣六年，荐范仲淹为秘阁校理。天圣七年，仲淹上疏谏止太后受天子朝贺，又言罢修寺观，谏止内降除官，政事虽不行，而仁宗以为忠。明道二年以废郭后议贬。景祐三年，范仲淹因与宰相吕夷简政见不和，屡起争端，范仲淹进"百官图"，揭露吕夷简任用党羽，任意进退官员，吕夷简十分恼火，给范仲淹安上"越职言事，离间君臣，引用朋党"的罪名，将其贬知饶州（今江西鄱阳）。范仲淹被贬，士大夫为论荐者不已，秘书丞余靖、太子中允尹洙、馆阁校勘欧阳修皆出言相助，范仲淹虽被贬却收誉天下，加之后来范仲淹出任陕西都运使，备边西夏，颇有功劳，庆历三年被擢为参知政事，主持了著名的庆历新政。范仲淹为人正直激切，每论天下事奋不顾身，以天下为己任，日夜谋虑兴致太平，天下亦望其功业。惜其新政被守旧一派所沮，而仁宗又变革信念不坚定，终至流产，但其"先天下之忧而忧，后天下之乐而乐"的铮铮誓言，使得他成为士大夫人格的典范。

欧阳修幼孤家贫，然好学不已，博学多识，天圣三年和天圣五年，两次科场失利，天圣八年，晏殊知礼部贡举，举欧阳修为第一。据南宋王铚《默记》载：

> 晏元献以前两府作御史中丞，知贡举，出《司空掌舆地之图赋》。既而举人上请者，皆不契元献之意。最后，一目眊瘦弱少年独至帘前，上请云："据赋题，出《周礼·司空》郑康成注：'如今之司空，掌舆地图也；若周司空，不止掌舆地之图而已。'若如郑说，'今司空掌舆地之图也'，汉司空也。不知做周司空与汉司空也？"元献微应曰："今一场中，惟贤一人识题，正谓汉司空也"盖意欲举人自理会得寓意于此。少年举人，乃欧阳公也。是榜为省元。"

　　晏殊看中了欧阳修的学识和胆识。后欧阳修调西京推官,与尹洙、梅尧臣等交游唱和,以文章名冠天下,入为馆阁校勘,因范仲淹事被贬夷陵。庆历三年,晏殊擢欧阳修为谏官。仁宗赏其敢面言,拔为知制诰,多次让欧阳修畅言朝政。至和元年,迁翰林学士,兼史馆修撰。嘉祐二年欧阳修知贡举,黜太学体,清文章弊风。嘉祐五年拜枢密副使,六年参知政事。神宗熙宁四年,以太子少师致仕,五年卒,赠太子太师,谥曰文忠。修平生与人尽言,无所隐,及执政,士大夫有所干请,辄面谕可否,虽台谏官论事亦必以是非诘之,论事切直,人视之如仇,但仁宗、神宗对欧阳修都极为爱惜。为政宽简,民便之。为人以风节自持,见义勇为,志气旷达,不以迁谪为意。好古嗜学,著有《集古录》、《新唐书》、《五代史》。北宋诗文革新运动的首领,文章宗师,苏轼评其文“论大道似韩愈,论事似陆贽,记事似司马迁,诗赋似李白”[1]。喜奖进后进,曾巩、王安石、苏洵、苏轼、苏辙、程颢、张载皆出自其门。欧阳修是当之无愧的文章、道德楷模。

　　韩琦,字稚圭,相州安阳人,康定元年,以知制诰安抚陕西,与范仲淹一起备战西夏,俱有威名,军中为之语曰:“军中有一韩,西贼闻之心骨寒;军中有一范,西贼闻之惊破胆。”[2] 庆历三年,晏殊为相,以韩琦为枢密副使。仁宗屡丧子,韩琦建言立国本,辅立英宗。英宗与太后有隙,韩琦又调和母子关系。英宗崩,琦奉诏立神宗。韩琦仕三朝,两度拜相,有“宋朝第一相”的美誉。他论事切直有本末,王曾赞赏他不负所职;治军有方,与范仲淹一起戍边备西夏,元昊不敢近塞;识量英伟,重厚比周勃、政事比姚崇,嘉祐、治平间,朝廷多故,韩琦处危疑之际,知无不为,再决大策,以安社稷;折节下士,尤以奖拔人才为急,不以己之好恶进退人才,得人为多。

　　富弼,字彦国,河南人,幼笃学,有大度,范仲淹见而识之,认为富弼是王佐之才,怀其文以示晏殊,殊即以女妻之。天圣八年晏殊知贡举,富弼中制科。庆历二年,改右正言知制诰,时契丹聚重兵犯边境求割地,中外愤之,但敌情不测,大臣不敢担任使者,富弼临危受命,出使辽主,慷慨陈词,变割地为增岁币,化解一场战争。庆历三年,晏殊为相,以范仲淹为参知政事,以富弼为枢密副使,仁宗期望富弼与范仲淹能致太平,命仲淹主西事,弼主北事。弼与仲淹各上当世之务十余条,又自上河北安边十三策,石

---

① (宋)苏轼:《东坡全集》卷34。
② (清)厉鹗:《宋诗纪事》卷100。

介作庆历圣德诗，赞仲淹与弼为夔契，天下不以为过。新政流产，富弼知青州，治灾活流民五十余万人，至和二年，与文彦博同日拜相，宣制之日，士大夫相庆于朝，弼总纲纪，号令谨守典法，所选用多得人，天下无事号称贤相。英宗即位，拜枢密使同平章事，迁户部尚书。神宗时，富弼屡请罢职家居，神宗屡问政事富弼，富弼对进君子退小人。富弼恭俭好礼，好善疾恶，忠义之性老而弥笃，名闻四方，辽使每至，必问其出处安否。

此外杨察为晏殊之婿，孔道辅，张先，宋庠、宋祁兄弟，张亢，王琪等皆出自晏殊之门，甚至庆历三年，王安石及第，亦来谒晏殊。

晏殊有识人之慧，富弼为白衣之时晏殊许之己女。史载"甲辰，龙图阁直学士吏部员外郎知秦州文彦博为枢密直学士，知益州，代蒋堂也。初晏殊欲用堂代杨日严，王举正谓不如明镐，争累日，不得，卒用堂。会诏天下建学，汉文翁石室在孔子庙中，堂因广其舍为学宫，选属官以教诸生。士人翕然称之"[1]。据王铚《默记》记载：当日王安石登第，来拜晏殊，晏殊赠语曰"能容于物，物亦容矣"，王安石当时不悟，心有不平，等到他罢相之后，方才悔悟"当时我大不以为然，我在政府，平生交友，人人与之为敌，不保其终，今日思之，不知晏公何以知之"。

晏殊所荐之人皆为龙虎，孔道辅性耿直，遇事无所避；杨察典内外制有体要，吏术简而中理；韩琦与范仲淹朝廷倚以为重，天下称为"韩、范"；富弼与韩琦并为贤相，人谓之"富、韩"，欧阳修更是成为士大夫的楷模。庆历三年，晏殊为相，以范仲淹为参知政事，杜衍为枢密使，韩琦与富弼副之，所用之人皆人望所归，天下称贺。但更难得晏殊有大度之容，不以己之好恶黜贤。晏殊所荐之人如欧阳修、范仲淹、富弼等，都曾经因为公事而和晏殊有过争议，但这并没有妨碍晏殊对他们的奖拔。

欧阳修和晏殊有所谓的"西园赋雪"事件，事情发生在庆历元年："庆历中，西师未解，晏元献公殊为枢密使，会大雪，欧阳文忠公与陆学士经同望侯之，遂置酒于西园，欧阳公即席赋《晏太尉西园贺雪歌》其断章曰：'主人与国共休戚，不惟喜悦将丰登。须怜铁甲冷彻骨，四十余万屯边兵。'晏深不平之，尝语人曰：'昔者韩愈亦能作言语，每赴裴度会，但云"园林穷胜事，钟鼓乐清时"，却不曾如此作闹。'"[2] 欧阳修诗中确含有讽刺，时晏殊掌管军事，感到不快也是人之常情。但有人将之视为两人芥蒂之始，并

---

① （宋）李焘：《续资治通鉴长编》卷153。

② （宋）魏泰：《东轩笔录》卷11。

将之与庆历四年晏殊罢相的事联想，认为晏欧两人由此产生了很大的裂痕。笔者以为不然。西园赋雪事件发生在庆历元年，庆历三年晏殊入相，擢欧阳修知谏院，若真有隙就不会提拔，所以西园赋雪之隙不存在。既不存在嫌隙，就不会有晏殊因隙排挤欧阳修之事。欧阳修担任谏官，无事不言，晏殊苦修论事烦数，逢朝廷派修为河北都转运使，谏官孙甫、蔡襄奏留修，晏殊不许。孙、蔡以晏殊修李宸妃墓志匿其生仁宗之事以及役官兵治僦舍以规利一并弹劾，晏殊因此被罢相，出知颍州。欧阳修外派非由晏殊，晏殊罢相亦与修无关。晏殊虽然没有直接参与庆历新政，当时晏殊为相，而且新政主要人物——出自晏殊之门，晏殊实际是新政的幕后支持者。庆历四年，新政遭遇强大的打压，庆历五年新政倡导者范仲淹、韩琦、富弼皆被罢免。欧阳修论事激切，成为反对党的眼中之钉，他们势必极尽所能除去欧阳修，晏殊极有可能是为了保存欧阳修而让其外任。但不可否认，欧阳修与晏殊之间存在隔阂，欧阳修《与晏元献公书》里有"修伏念曩者相公始掌贡举，修以进士而被选抡；及当钧衡，又以谏官而蒙奖擢。出门馆不为不旧，受恩知不谓不深。然而足迹不及于宾阶，书问不通于执事"之句。晏殊处世圆融，远离纷争，欧阳修却深陷党争之中，加之论事激切，俨然一个话题人物，远非晏殊同类，晏殊与之有隔阂也可以理解。两人秉性相差太大，不甚亲近，但晏殊仍然对欧阳修加以提拔和保护。欧阳修对晏殊也始终抱持敬重的态度，晏殊去世，欧阳修为其撰碑铭并作《晏元献公挽辞三首》，饱含对恩师的怀念与敬重，有句曰"接物襟怀旷，推贤品藻精。谋猷存二府，台阁遍诸生"，彰晏殊之大度。

富弼是晏殊的女婿，庆历二年，富弼出使契丹，时吕夷简恶富弼，口授富弼谈判事项与执政密书上有出入，欲假手契丹除之。富弼发现，入见真宗，真宗诏问吕夷简，夷简以失误对之，富弼不信，"晏殊言'夷简决不肯为此，真恐误而'。富弼怒曰，'殊奸邪，党夷简以欺陛下。'"① 富弼一时气急，口不择言。面对外敌，朝廷内部却出现意气之争，对社稷颇为不利，晏殊为了调和愈演愈烈的党争，所以发言，不想却被自己的女婿定位为奸邪。晏殊并未在意，庆历四年入相，擢富弼为枢密副使。

韩琦亦不避位高权重的晏殊，庆历三年，元昊不臣，索要又多，然两府厌兵，欲从之，韩琦以为不可，屡上疏言之。"晏殊曰'众议已同，惟韩琦独异'。上顾问琦，琦历陈其不便。上曰'更审议之'。及至中书，琦持不

---

① （宋）李焘：《续资治通鉴长编》卷137。

可益坚，殊变色而起，琦退，复上章。"①

天圣六年，晏殊荐范仲淹为秘阁校理。天圣七年，仁宗率百官上皇太后寿于会庆殿，范仲淹奏疏言："天子有事亲之道，无为臣之礼，有南面之位，无北面之仪，若奉亲于内，行家人礼可也。今顾与百官同列，亏君体，损主威，不可为后世法。"② 晏殊闻之大骇，召仲淹，诘以狂率邀名，且将累荐者。仲淹正色抗言曰："仲淹缪辱公，举每惧不称，为知己羞。不意今日反以忠直获罪门下。"③ 殊语塞不能答，仲淹退，又作书遗殊，申理前奏，不少屈，殊卒愧谢焉。范仲淹以天下为己任，对事慷慨陈词，与晏殊惯常的委曲圆融态度迥异，始晏殊顾虑范仲淹锋芒太露，会伤及自己，但晏殊并不以此而压抑范仲淹，庆历入相，仍以范仲淹为参知政事。

所荐得人，方有抗言之事，而晏殊亦不以为意，尽因才任之，实为难得。这也正是晏殊获得时人与后人敬重之处。欧阳修、范仲淹居高官，对晏殊始终以学生自居。晏殊所举之人不仅有政治才能，而且也将晏殊的知人善任传承，尤其是欧阳修、范仲淹、韩琦，他们一如晏殊，不以己之好恶进退贤能，为北宋培养了大批的人才。

宋代士大夫往往是官僚、学者、文人一体的，晏殊也是如此，他不仅是北宋政坛名流，更是文坛大家，在北宋号曰能文，他才学富赡，加之一生笃学，笔耕不断，文集达 240 卷，可谓著作等身，且诗文词兼善。晏殊文章为天下宗，尤工诗，诗见编集者乃过万篇，乃唐人以来所未有，善冯延巳歌词，其所自作亦不减延巳。惜其作品散佚颇多，今唯见文 53 篇，诗 159 首，词 136 首，所存实乃十一于千百者。

第二节　晏殊的词

词是诗与乐在隋唐时期以新的方式再度结合的产物，初盛唐民间的极少部分文人有创作，直到中唐白居易、张志和等人的加入，词体才基本确立，晚唐至五代，词的文人化程度加强，艺术趋于成熟，终于在宋代登峰造极，成为一代之文学。在这个过程中，词经历着由偶发走向自觉创作，从综合型的艺术走向纯文学的抒情文体，由俗到艳再到雅的转变。

---

① （宋）李焘：《续资治通鉴长编》卷 142。

② （宋）陈均撰：《九朝编年备要》卷 9。

③ 同上。

晚唐五代，词在西蜀和南唐形成了两个创作群体，西蜀词人以温庭筠、韦庄为代表，多为艳科绮语，词格不高。南唐词人以中主李璟、后主李煜、冯延巳为代表，五代以来，南唐文明最为发达，因此南唐词人的文化修养较高，词格更为高雅，而且开始将词引入歌咏人生的途径，超越花间绮靡而开宋代士大夫词的先驱。宋初沿袭南唐词风，尤其是冯延巳之词风，但更趋于文人士大夫化，晏殊就是这一时期的代表。晏殊被称为"北宋倚声初祖"，有词集《珠玉集》，其词上承冯延巳词风，下开有宋婉约词风。晏殊词体以小令为主，内容不外感时、耽情、颂寿、咏物，语言一如其词集"珠玉"之名，婉丽典雅、温润秀洁，如花中之牡丹。

南唐保大五年（947），冯延巳因同党伐福州兵败，被罢免宰相职务，被贬为江西抚州节度使。冯在江西有三年，其词在江西广为流传，从而影响了有宋一代江西词客，冯煦《唐五代词选序》说"吾家正中翁，鼓吹南唐，上翼二主，下启晏、欧，实正变之枢纽，短长之流别"。王国维曾以"和泪试严妆"来概括冯延巳的词风，冯词常常是以欢景写愁情，表现乐中之悲，而且在闺中儿女愁情之中暗含身世之感和家国之忧，显得蕴藉含蓄，堂庑阔大。晏殊喜冯延巳之词，词风与冯词颇为相似，乃至于后人常常混淆两人之词，如晏殊之《采桑子》（樱桃谢了），《历代诗馀》误作南唐冯延巳词；而《阮郎归》（南园春半），《蝶恋花》（六曲栏杆）乃冯延巳所作，误入为晏殊词集。所不同的是，晏殊词感情基调更为雍容和缓，含有一种太平宰相的气度；其词在深情之外，别有一种思理的魅力。

晏殊作为太平宰相，生活优裕，仕途得意，有几次外任，由于圣意眷顾，离京畿也不超过500里，一生没有经历过特别的生离死别。晏殊喜欢与文士交往唱和，北宋前期文坛的梅尧臣、张先、宋祁等都与晏殊交往密切。"晏元献虽早富贵，而奉养极约，惟喜宾客，未尝一日不宴饮，而盘馔皆不预办，客至旋营之。初，但人设一空案、一杯，既命酒，果实蔬茹渐至，亦必以歌乐相佐谈笑，杂出数行之后，案上灿然矣，稍阑即罢遣歌乐，曰：'汝曹呈艺已遍，吾当呈艺。'乃具笔札，相与赋诗，率以为常。"①

其词既是"呈艺"而来的，内容大多为觥筹之间、酒阑人散之后所感悟到的闲情、闲愁，词中的情愁大多没有明显的个人经历和生活境遇的痕迹，没有鲜明的时代与社会的烙印，这是其词缺陷，但也正是其佳处。正因如此晏殊的词才得以超脱个人情志的限制，得以表现更为广阔的内容，不再

---

① （清）周召：《双桥随笔》卷10。

是表现一人一事，而是天下人天下事，从而具有了丰富的寓意和普遍的意义，可以拥有多种阐释，具有艺术张力。

晏殊的词大多只是表达一种情绪，很浓很深却无明显的具体所指，给人很大的阐释空间。《浣溪沙》"阆苑瑶台风露秋。整鬟凝思捧觥筹。欲归临别强迟留。月好谩成孤枕梦，酒阑空得两眉愁。此时情绪悔风流"写别恨，很深沉却又很隐晦，不可确指这是谁与谁的别恨，或许是情人间的，或许是夫妻间的，或许是朋友间的，似乎都可以，但更可能是没有原型，只是晏殊在纯粹抒发这样的一种情绪而已。《鹊踏枝》"槛菊愁烟兰泣露，罗幕轻寒，燕子双飞去。明月不谙离别苦，斜光到晓穿朱户。昨夜西风凋碧树，独上高楼，望尽天涯路。欲寄彩笺兼尺素，山长水阔知何处"写相思写得别样动人。这种相思是男女之间的，但阐释为知己之间的也未尝不可，这同样未必是晏殊切身的离别相思体验，很可能是写一种普世的感情。而且对这一首词的解释不仅仅停留在相思离别上，王国维就将之解读为作学问的第一种境界，即是一种对学问的坚持，一种生命不止、追求不息的执著。《木兰花》"绿杨芳草长亭路，年少抛人容易去。楼头残梦五更钟，花底离愁三月雨。无情不似多情苦，一寸还成千万缕。天涯地角有穷时，只有相思无尽处"。黄蓼园在《蓼园词选》云："言近旨远者，善言也。年少抛人，凡罗雀之门，枯鱼之泣，皆可作如是观。"这种一词多解的现象在晏殊词中非常普遍，不仅扩大了晏殊词的表现力，更能诱惑读者去细细品味词中的多种阐释。

晏殊有"太平宰相"、"富贵闲人"的称号，其词亦有富贵气象。晏殊不喜柳永"彩线慵拈伴伊坐"的市井俗腻，也不喜欢"老觉腰金重"列金铺银式的富贵，而喜写富贵气象。晏殊词中少有嵌金镶银的语句，他用来装点富贵的是紫薇、朱槿、枕簟、玉漏、玳筵、檀板、梁虹、玉炉等高雅之物，展现的不仅是一种富贵生活，更有一种难得的贵族气息。他的词，无论写什么内容，读来都有一种富贵气象。如写伤感的"熏炉尽日生烟"，写女子的"淡淡梳妆薄薄衫"、"玉椀冰寒滴露华，粉融香雪透轻纱"，写宴饮的"青杏园林煮酒香"，写景的"小屏闲放画帘垂"，这些语句看似平常，却别有一种典雅高贵的气度在里面。晏殊笔下不管是海棠梅花还是莲花、芙蓉，都总有一种风姿绰约的贵族小姐气质，如其《睿恩新》"芙蓉一朵霜秋色。迎晓露、依依先拆。似佳人、独立倾城，傍朱槛、暗传消息。静对西风脉脉。金蕊绽、粉红如滴。向兰堂、莫厌重深，免清夜、微寒渐逼"，词中的芙蓉分明是一位倾国倾城又遗世独立的大家闺秀。

　　晏殊词中的富贵气度，少有人为凿迹，而是自然流露，秀韵天成。这种富贵天然的特点在晏殊写景词中表现得尤为明显。《点绛唇》写春景"东风杨柳欲青青，烟淡雨初晴。恼他香阁浓睡，撩乱有啼莺。眉叶细，舞腰轻，宿妆成。一春芳意，三月和风，牵系人情"，词中无金无银，也没有玉炉、玳筵，"青青"、"淡雨"、"一春芳意"、"三月和风"，全是平常之语，组合在词中却让人感觉到一种富贵高雅的气息，非晏殊不能为此。晏殊极其擅长写秋，有细写如"一叶秋高，向夕红兰坠露"、"霜华满树，兰凋蕙惨，秋艳如芙蓉"、"曙河低，斜月淡，廉外早凉天"、"草际露垂虫遍响，珠帘不下留归燕"、"金风细，玉池波浪谷文生，宿露沾罗幕，微凉如画屏"、"梨叶疏红蝉韵歇，银汉风高，玉管声凄切，枕簟乍凉铜漏咽"，也有概写"阆苑瑶台风露秋"、"一霎秋风惊画屏"，更有如《连理枝》"玉字秋风至。帘幕生凉气。朱槿犹开，红莲尚拆，芙蓉含蕊。送旧巢归燕拂高檐，见梧桐叶坠。嘉宴凌晨启。金鸭飘香细。凤竹鸾丝，清歌妙舞，尽呈游艺。愿百千遐寿比神仙，有年年岁岁"。用朱槿、红莲、梧桐、归燕来铺张秋的味道，有很强大的气场。不论如何写，晏殊总是在寥寥数语之间就把秋的味道渲染得很浓，让人特别警醒于秋的到来。他写秋，不仅写秋景，更写秋意，写秋韵。《诉衷情》："芙蓉金菊斗馨香，天气欲重阳。远村秋色如画，红树间疏黄。流水淡，碧天长，路茫茫。凭高目断，鸿雁来时，无限思量。"秋景有金菊、红叶、鸿雁，秋意在凭高望远上，秋韵却蔓延在流水淡碧天与茫茫长路之中，如此完满的秋并不多见。

　　晏殊的词节奏比较舒缓，有一种雍容风度。如《殢人娇》"玉树微凉，渐觉银河影转。林叶静、疏红欲遍。朱帘细雨，尚迟留归燕。嘉庆日、多少世人良愿。楚竹惊鸾，秦筝起雁。萦舞袖、急翻罗荐。云回一曲，更轻桃檀板。香炷远、同祝寿期无限"，从户外转到户内，从季候转到绮筵再转到祝寿，而其中写时令的变化用"微"、"渐"、"静"、"疏"等字，时间的流逝是渐渐的，悄悄的，词的节奏舒缓，有一种沉淀的感觉。《采桑子》"林间摘遍双双叶，寄与相思。朱槿开时。尚有山榴一两枝。荷花欲绽金莲子，半落红衣。晚雨微微。待得空梁宿燕归"，将春的不同时序捕捉得很细致，而这种一一排列让整首词的节奏也慢下来。但更重要的是，人也是在自然渐变规律中的，时序的变化意味着人事的变迁，所以这首词读来会有一种从容厚重深沉的感觉。

　　晏殊的词，往往有时间的跨度，他词中的时间不是固定的，而是有一个经过，或者从过去到现在，或者从现在到过去，远远的入，又远远地收，非常从容雍容、悠游不迫，给人悠长旷远的感觉。晏殊词中"昨夜"一词出现的频率很高，"昨夜临明微雨"、"银屏昨夜微寒"、"昨夜小池疏雨后"、"前溪昨夜深深雪"。这种昨夜今日的时间跨越，不仅使词的节奏变得舒缓，更能在一种舒缓的氛围中细细地传达情感。《鹊踏枝》"槛菊愁烟兰泣露，罗幕轻寒，燕子双飞去。明月不谙离恨苦，斜光到晓穿朱户。昨夜西风凋碧树。独上高楼，望尽天涯路。欲寄彩笺无尺素，山长水阔知何处！""斜光到晓"、"昨夜"把时间拉长，更拉长了词中的情绪，所以不仅词中满满的都是那种苦苦追寻的味道，更蔓延到词之外读者的心里。《采桑子》"时光只解催人老，不信多情，长恨离亭，泪滴春衫酒易醒。梧桐昨夜西风急，淡月胧明，好梦频惊，何处高楼雁一声？"写恨别，写得黯然伤怀，今日别恨，早在昨夜西风月明中开始了，直到离亭分别处，甚至在分别后还是持续着，绵延不绝。如《喜迁莺》"烛飘花，香掩烬，中夜酒初醒。画楼残点两三声。窗外月胧明。晓帘垂，惊鹊去。好梦不知何处。南园春色已归来。庭树有寒梅"，从中夜明月写到晓晨见春色，作者在前一天的终点和后一天的开始，时间渐渐流逝中看到春色渐渐的回归，这是自然渐变的规律，更蕴涵了人对时间流逝的无可奈何的惋惜与惆怅。《玉楼春》"东风昨夜回梁苑，日脚依稀添一线。旋开杨柳绿娥眉。暗拆海棠红粉面。无情一去云中雁，有意归来梁上燕。有情无意且休论。莫向酒杯容易散"。东风昨夜回归，所以今日宴饮赏春色，时令自来自去，万物随化，人不能奈何自然，惆怅之后总归要释怀，给人一种幽邈的感觉。晏殊词时间跨度感还体现在其词中的时间有一种持续性。晏殊有些词并没有明显的昨日今天之别，但却有一种持续的时间状态。例如，"朱帘一夜朦胧月"、"宿露沾罗幕"、"无奈芳草旧痕，还向旧痕生"。时间在持续，情绪也在持续，三言两语就已经把词的抒情氛围铺张开来了。

宗白华说过，诗人最大的职责在于表现人性与自然，晏殊的词最善于表现的是人与自然的对话。尼采也说过艺术的精神有两种，一种是梦，一种是醉，但晏殊的词的艺术世界却是构建于梦醒之后，醉醒之后。晏殊的词，有很多写宴饮、酒醒之后，独自面对自然而生发的感慨，正如其自己词中所说"酒阑人散忡忡，闲阶独倚梧桐"。宴会喧闹之后有一种繁华之后特有的宁静，或者酒醒之后，思维会异常清醒，这种情况下人特别善感，特别会有一种思考的欲望，写出来的词自然会充满思理魅力，而思理的味道恰恰是晏殊词的魅力所在。《浣溪沙》："小阁重帘有燕过，晚花红片落庭莎。曲栏干影入凉波。一霎好风生翠幕，几回疏雨滴圆荷。酒醒人散得愁多。"在欢宴过后，酒醒人散，自己独自安静地面对宇宙自然，将之细细地观察，三两只燕子、几片落红、波中倒影、荷上水珠，不仅将自然最美的地方发掘出来，更能在其美中感受到时光流逝的痕迹，再由物及己，伤感自己年华的逝去。《浣溪沙》："宿酒才醒厌玉卮，水沉香冷懒熏衣，早梅先绽日边枝。寒雪寂寥初散后，春风悠扬欲来时，小屏闲放画帘垂。"这里晏殊给人张罗出一幅特别安静的景色，宿醉醒后，独伫院落，静对早梅，营造一种思想的氛围，将人拉入他沉沉的思维中跟着一起体验一起感悟时序的变迁。《喜牵莺》（烛花飘）则是夜晚酒醒，听笛望月，清晨又看到一丝春色，这种没有干扰的环境中，作者对时间的变化体悟得异常清晰。《玉楼春》："帘旌浪卷金泥凤，宿醉醒来长莟松。海棠开后晓寒轻，柳絮飞时春昨重。美酒一杯谁与共，往事旧欢时节动。不如怜取眼前人，免使（一作更）劳魂兼役梦。"宿醉醒来，面对海棠、柳絮，别生思愁，无可奈何之余唯有自我宽慰这是徒劳的，不如怜取眼前所有。晏殊总是在盛事欢景之后独处关照到生命中的各种情绪和道理，所谓"酒醒人散得愁多"，或者干脆直接对着幽景发幽情，所谓"紫薇朱槿花残，斜阳却照阑干"、"斜阳独倚西楼，遥山恰对帘钩"。幽深的静景让人的思维散开，去探索内心的隐情。《踏莎行》："细草愁烟，幽花怯露，凭栏总是消魂处。日高深院静无人，时时海燕双飞去。带缓罗衣，香残蕙炷，天长不禁迢迢路。垂杨只解惹春风，何曾系得行人住！"纯粹地对着幽景发幽思，一片空院，景物是原生的状态，人在此情境中放任自己的情感，尽情抒发离愁、思念和慨叹、惋惜，风格深微幽隐。《踏莎行》："小径红稀，芳郊绿遍，高台树色阴阴见。春风不解禁杨花，蒙蒙乱扑行人面。翠叶藏莺，朱帘隔燕，炉香静逐游丝转。一场愁梦酒醒时，斜阳却照深深院。"词写的是作者由春光流逝所触发的淡淡轻愁。花谢春残、绿叶荫森、炉香袅袅，气氛阒寂幽静，作者又正当酒消梦醒之后，对着残阳斜照、院落幽深，有很深很浓的情绪在里面，但这情绪又不可确指，所以又很隐幽。晏殊常常热闹之后独自耽于一种思考状态之中，所谓"却傍小兰凝坐久，风满袖，西池月上人归后"、"可惜许，月明风露好，恰在人归后"，并在这种思考中沉淀自己的情绪或者获得某种哲理。《临江仙》："帘幕风轻双语燕。午醉醒来，柳絮飞撩乱。心事一春犹未见。馀花落尽青苔院。百尺朱楼闲倚遍。薄雨浓云，抵死遮人面。消息未知归早晚。斜阳只送平波远。"午醉醒来，百无聊赖，柳絮飞，院落静，静静的人对着静静的自然，思远人的心事在寂寂院落、百尺楼高之处才有所透露，有一种沉淀的感觉在里面。诗人华兹华斯说过："一朵微小的花对于我可以唤起不能用眼泪表达出的那样深的思想。"晏殊酒消梦醒之后的景是一种完全自然的，没有人的干扰，没有多少社会性的景，是一种"鸟去鸟来"的纯粹的景，这种景特别能给人宁静哲思的氛围，能够唤起人内心最深处的东西。《蝶恋花》："玉枕冰寒消暑气。碧簟纱厨，向午朦胧睡。莺舌惺憁如会意，无端画扇惊飞起。雨后初凉生水际。人面桃花，的的遥相似。眼看红芳犹抱蕊，丛中已结新莲子。"午后的景是幽静的，主人公面对这种景，才透出一丝情绪的痕迹，或许是思远游之夫，或者是思待嫁之郎，隐隐的深深的，特别蕴藉。《玉堂春》："斗城池馆。二月风和烟暖。绣户珠帘，日影初长。玉辔金鞍、缭绕沙堤路，几处行人映绿杨。小槛朱阑回倚，千花浓露香。脆管清弦、欲奏新翻曲，依约林间坐夕阳。"在林间寂寂处倾听外面的世界，以身外之人的眼光来关照一切，于无声处听到时间的流走。

晏殊词中的内容确指性和个性都不明显，更多的是发天下之人共有的感慨，写人类恒有的普遍性的东西，这种东西或者是生命的忧思或者是情感的失落，总之是能引起极大共鸣的东西，更为难得的是晏殊能够将之写得如此丰富细腻高雅，这得益于晏殊的锤炼之功。晏殊很重视也很善于锤炼，有时为了一个好的对句思考经年，宋祁以"红杏枝头春意闹"一句被视为炼字典范，虽然如此，宋祁为文必手抄寄晏殊恳求雕润。徐悲鸿说过，一个艺术杰作中，最现性格处在于炼，炼则简，简则几乎华贵，为艺之极矣。晏殊的词就是炼的典范，而且炼得无痕迹，词很平淡很自然却又很深沉，把词中的情绪拉得很深远。首先是字句上的锤炼，如"湖上西风急暮蝉""急"字展现时间匆匆而过，不容一丝的迟缓，人可奈何？"无可奈何花落去，似曾相识燕归来。小园香径独徘徊"将时光逝去、人空惆怅的感觉写得无人能及。《点绛唇》"一向年光有限身，等闲离别亦销魂，酒筵歌席莫辞频。满目山河空念远，落花风雨更伤春，不如怜取眼前人"，人总是被各种各样的事情触动，面对满目山河，人的情绪总是思念远方，面对落花风雨，又会伤春惜时，多情总被无情扰。"空"、"更"将人惯常自寻烦恼又无可奈何的状态描绘得极为深刻。"触处杨花满袖风"春归，帝城春意盎然。《点绛唇》"露下风高，井梧宫簟生秋意"写秋很简练又很形象很富有意蕴，"资善堂中三十载，旧人多是凋零"，寻常言语下暗藏了许多的痛惜。"重把一尊寻旧径，所惜光阴去似飞"，物是人非、满怀悲怆却是等闲道出，平淡下实际很深沉。晏殊的词有很多句子是炼至极而似简，一片相思化作"梧桐叶上潇潇雨"，一片离情成"黄昏更下潇潇雨"、"雪残风细长亭"，"曙河低，斜月淡，帘外早凉天"让人特别警醒于秋的味道。这些句子看似平常，读来却

极有深意，而且让人不自觉地去体悟和填充这一深意，词人造语的巧夺天工
给人带来的体验甚至超过了自然万物本身的鬼斧神工所能激发的体验。而韵
味上的锤炼让晏殊的词举重若轻，似淡实浓，所以会有一种厚重感在里面。
晏殊的词写景咏物不仅停留在描写抒情上，还专注于写韵，"更漏乍长天似
水，银屏尽展遥山翠"很有一种淡淡的韵味。晏殊咏物最善于写其韵，他
总能在众多的事物中提炼出最能展现物之韵的东西来。《睿恩新》"芙蓉一
朵霜秋色。迎晓露、依依先拆。似佳人、独立倾城，傍朱槛、暗传消息。静
对西风脉脉。金蕊绽、粉红如滴。向兰堂、莫厌重深，免清夜、微寒渐
逼"。咏芙蓉，并不对芙蓉的貌相作过多的描述，而是专注于其情态的刻
画，描写其环境，迎晓露、傍朱栏，静对西风，寥寥数语，不但赋予芙蓉美
人之貌，更赋予佳人遗世独立的性格情思，芙蓉俨然是一个有貌有情有思想
的美人。其《渔家傲》咏荷"幽鹭慢来窥品格。双鱼岂解传消息。绿柄嫩
香频采摘。心似织。条条不断谁牵役。粉泪暗和清露滴。罗衣染尽秋江色。
对面不言情脉脉。烟水隔。无人说似长相忆"，笔下的荷与幽鹭、双鱼为
伴，心有千千结却脉脉无言静对秋江，秋江色、粉泪暗和露，一切组合起
来，荷显得非常有韵味，有品格，似女神。晏殊的词是一种经过理性的思考
与思维提炼的，给人一种淡淡的、幽幽的感觉，词中有诱人深思的气氛，更
有自我解脱的哲理，晏殊传达这种哲理的方式，不是议论说理，而是将之打
散在词句中，让人细细品味。如"满目山河空念远，落花风雨更伤春，不
如怜取眼前人"，自然的变化是必然的，面对自然产生的念、愁是空的多余
的，不如把握眼前的。"美酒一杯谁与共。往事旧欢时节动。不如怜取眼前
人，免更劳魂兼役梦。"人事和时光的变迁是不可避免的，空怀无用反添不
快，倒不如尽眼下之兴。斯宾诺莎说过"人越多了解事物的因果由来，他
就能越多地掌握事件的后果，并减少由此而带来的苦楚"，晏殊在认识到事
情不可避免和无可奈何之后，总是以一种理性和理解的态度去化解感情负
担，所以他的词在深情之外，还有一种心灵的宁静，读他的词，能入情却不
耽于情，能给人启发和超脱，是一种有情但无累的体验。

　　晏殊词有一种诗性之美。王国维先生说过，词中小令如绝句，南唐一派
词人本身就从唐七绝中汲取养分的，王国维先生还认为冯延巳的一些词句为
孟浩然、韦应物所不能过，晏殊的词承袭了冯词这一特点。晏殊词中化用过
很多唐人诗句，如《凤衔杯》"青萍昨夜秋风起，无限个露莲相倚"乃来自
杜牧诗句"多少绿荷相倚恨，一时回首背西风"，《清平乐》"人面不知何
处，绿波依旧东流"化用唐人崔护《题都城南庄》"人面不知何处去，桃花

依旧笑春风"之句。《采桑子》"无端一夜狂风雨，暗落繁枝"来自杜牧《叹花》"自是寻春去校迟，不须惆怅怨芳时。狂风落尽深红色，绿叶成阴子满枝"。杜牧是在无限惋惜和追悔自己与少女错过的情缘，借景抒情。晏殊化用来直接写景，但却也有这种惋惜之意，怜惜之情。《木兰花》"垅头鸣咽水声繁，叶下间关莺语近"写歌声，来自白居易《琵琶行》"间关莺语花底滑，幽咽泉流冰下难"。《木兰花》"天涯地角有穷时，只有相思无尽处"乃化用白居易《长恨歌》之"天长地久有时尽，此恨绵绵无绝期"，晏殊所用诗句在词中与所要表达的情感颇为契合，全无凿迹，甚至与原诗的情感也契合，这是比较难得的。晏殊所用诗句风格都是偏向比较疏旷的，晏殊比较欣赏的是韦应物的诗，晏殊词也有这一审美倾向，晏殊的词比较疏旷，所谓俊。晏殊还以自己的诗句入词，《浣溪沙》中"无可奈何花落去，似曾相识燕归来"，乃其《假中示判官张寺丞、王校勘》七言律中颈联。晏殊词的诗性之美还体现在其诗性的关照，在寻仇觅恨之外别有寄托。王国维曾说："'我瞻四方，蹙蹙靡所骋'，诗人所忧生也。'昨夜西风凋碧树。独上高楼，望尽天涯路'似之。"① 晏殊用词表示了诗才有的思理性，李清照说晏殊之词是句读不葺之诗，当是指此，但这不是晏殊词的弱点而应该是优点。

刘融斋曾经评北宋词为"用密亦疏，用隐亦亮，用沉亦快，用细亦阔，用精亦深"，② 晏殊词可以当之。晏殊上承南唐词风，下开宋代婉约词之风，确定了宋代雅词一派的基本格调，其词集《珠玉集》是宋人流传后世的第一部词集，在词史上意义重大。

第三节　晏殊的诗文著述

晏殊的诗文在北宋文坛上也有一定影响，曾巩在《类要序》中曾说"其（晏殊）在朝廷五十余年，常以文学谋议为任，所为赋颂、碑铭、制诏、册命书奏、议论之文传天下，尤长于诗，天下皆吟诵之"③。晏殊的诗文所存不多，从现存作品来看，多为西昆体的风格。

宋初文坛有三风，一为效仿白居易之白体，一为效仿晚唐贾岛、姚合的

---

① （清）王国维：《人间词话》。

② （清）刘熙载：《艺概》卷 4《曲概》。

③ （宋）曾巩：《元丰类稿》卷 13。

晚唐体，一为效仿李商隐、温庭筠的西昆体，其中西昆体影响最大。景德二年（1005）九月，宋真宗命王钦若、杨亿奉旨编纂《册府元龟》（原拟名《历代君臣事迹》）参加编书的有刘筠、钱惟演等秘阁学士，编书之余，学士们诗酒唱和，景德四年（1007）将其作品结集为《西昆酬唱集》，此集一出，天下文章效之，成为一股声势浩大的创作潮流，号为"西昆体"。杨亿为《西昆酬唱集》作序曰：

> 余景德中，忝佐修书之任，得接群公之游。时今紫微钱君希圣、秘阁刘君子仪，并负懿文，尤精雅道，雕章丽句，脍炙人口。余得以游其墙藩而咨其模楷。二君成人之美，不我退弃，博约诱掖，置之同声。因以历览遗编，研味前作，挹其芳润，发于希慕，更迭唱和，互相切劘。而余以固陋之姿，参酬继之末，入兰游雾，虽获益以居多，观海学山，叹知量而中止。既恨其不至，又犯乎不韪，虽荣于托骥，亦愧乎续貂，间然于兹，颜厚何已。凡五七言律诗二百有五十章，其属而和者，又十有五人。析为二卷，取玉山策府之名，命之曰《西昆酬唱集》云尔。翰林学士户部郎中知制诰杨亿序。

参与西昆酬唱者是博学多识的馆阁清贵之臣，创作灵感来源于前贤文章，目的是解闷消遣，骋才斗巧，内容多为怀古、咏怀、咏物、咏史，所作皆摹李商隐，重雕润、对仗、用事，佳处在音节铿锵，词采精丽，缺点在于过分雕琢，凿迹太重乃至于板滞。后人对西昆体的评价不高，但在宋初，西昆体的存在还是有一定意义的。宋初天下太平，统治者致力于文化建设，西昆体"以渔猎掇拾为博，以俪花斗叶为工"①，具有浓郁的书卷气息，颇能点缀统治者崇文功业。宋祁曾说"天圣初元以来，缙绅间为诗者益少，唯丞相晏公殊、钱公惟演、翰林刘公筠数人而已"。而他们所为之诗就是西昆体，白体趋于流俗，晚唐体囿于风云草木，太小家子气，境界狭仄，为缙绅所不屑，西昆体整饬典丽更契合他们的审美，创作上有自觉的认同，从这一点来看，西昆体有首倡宋代风雅的意义，欧阳修称"西昆集出，人争效之，诗体一变"②，田况评价西昆体为"虽颇伤于雕饰，然五代以来芜鄙之气由

---

① （宋）何汶：《竹庄诗话》卷16。

② （宋）欧阳修：《六一诗话》。

兹尽夕"①，从而跳过晚唐文风的狭小境界，将宋代的文学源流直接溯源到唐代贞元元和间。西昆体也有好的作品，所谓"词取妍华而不乏兴象"②，如《汉武》、《南朝》、《明皇》、《宣曲》等，有些无题诗颇有李商隐无题诗的神韵，如杨亿的"乌啼人散青楼晓，堂下轻风转英钱"、刘筠的"南园蝴蝶飞无限，一一雌随一一雄"、钱惟演的"春窗亦有心知梦，未到鸣钟已旋空"，几可乱真。

西昆体作为一种文风，在诗重视才学、雕润，开了"以文字为诗，以才学为诗"的宋诗风气；在文取骈偶，雕章丽句，尤尚藻绘，博雅富赡，辞采飞扬。中唐韩柳古文运动高潮之后，骈文又渐兴，晚唐骈文之风颇为流行，有以李商隐、温庭筠、段成式三人排行十六而得名的"三十六体"。李商隐的骈文修养非常之高，他强调四六句式，重词藻，尚典故，用骈文写公文、书信、表奏，代表作有《上河东公启书》、《祭小侄女寄寄文》。宋初沿袭晚唐之传统，以骈文为主，政府公文用骈文，号为"时文"，代表人物是杨亿、刘筠等。馆阁之臣乃御用写手，骈文是必修且必善的功课，杨亿、钱惟演、刘筠、晏殊都曾经担任过知制诰之职，他们的骈文水平很高，宋陈鹄曾说："本朝名公四六，多称王元之、杨文公、范文正公、晏元献、夏文庄、二宋、王岐公、王荆公、元厚之、王履道元之。"③ 骈文本身就有雕饰的特点，西昆风的影响下宋初骈文雄浑奥衍，格高调雅，词藻富丽，对偶精切，长于用典，显得更典雅精工，富丽堂皇。

晏殊并没有在《西昆酬唱集》之内，但公认晏殊诗文属于西昆体。"上览其（杨亿）章，谓辅臣曰：'亿之词笔，冠映当世，后学皆慕之'王旦曰：'如刘筠、宋绶、晏殊辈相继属文有贞元、元和风格者，自亿始也。'"④"宋杨大年、钱文僖、晏元献、刘子仪为诗皆宗唐李义山，号'西昆体'。"⑤ 南宋吴渊说："昆体出，渐归雅训，犹事组织，则杨、晏为之倡。"⑥ 吴曾认为"方国家承五季文章卑陋，公（晏殊）师杨、刘，独变其体"⑦。晏殊的才学修养、生活环境与西昆酬唱诗人无异，且他们主要活动

①　（宋）田况：《儒林公议》。

②　（清）纪昀：《钦定四库全书总目》卷186。

③　（宋）陈鹄：《西塘集耆旧续闻》卷6。

④　（宋）李焘：《续资治通鉴长编》卷85。

⑤　（明）彭大翼：《山堂肆考》卷128。

⑥　（元）刘埙：《隐居通议》卷十七。

⑦　（宋）吴曾：《能改斋漫录》卷12。

时间接近。杨亿于太宗淳化三年（992）赐进士及第，在雍熙元年（984）为秘书省正字，进入馆阁，历任著作佐郎、知制诰、翰林学士、户部郎中，天禧四年（1020）47 岁而卒。钱惟演在咸平六年（1013）进入秘阁，真宗朝历任直秘阁、知制诰、翰林学士、枢密副使等职，仁宗朝为枢密使，景佑元年（1034）卒。刘筠真宗咸平元年（998）进士，五年，入为大理评事、秘阁校理，为文坛所注意，修书成后历任知制诰、翰林学士等职，仁宗天圣九年（1031）卒。他们三人主要活动时间在真宗、仁宗两朝，与晏殊的活动时间相同。景德二年三人进入馆阁编《册府元龟》，晏殊此时进入秘阁，景德四年出酬唱集，大中祥符六年完成修书，这八年晏殊一直在馆阁，师从陈彭年，陈彭年本身也是《册府元龟》的主要参与者。晏殊与西昆体主力如此接近，文风必受其影响。作为馆阁之臣，多为奉制之作，文章必定要求典雅华贵、富丽堂皇。再者，晏殊学际天人，对文风有自觉的雅的追求，非常崇尚《文选》，为文赡丽，与西昆体的风格是一致的。

《诗事》称晏殊文集诗最多，宋祁称晏殊诗过万，《宋史·本传》说他"尤工诗，闲雅有情思"。现在收录在《全宋诗》中的晏殊诗只有 159 首整诗，58 个散句，3 个存目，其中奉和应制之作多达 60 余首，如《奉和制上元》、《奉和御制社日》、《奉和圣制除业》，另外咏物诗有 20 余首，如《西垣榴花》、《八日菊》，其他还有朋友诗酒酬唱如《次韵和司空相公闰秋重九中书对菊》，游览题留诗如《题东湖涵虚阁》，人事应酬事如《送瞿生还拜亲》，生活闲情如《忆临川旧游》、《寄远》，可见晏殊诗歌题材比较狭小，囿于馆阁题唱应酬生活。风格上对仗精工、词采赡丽，是典型的西昆体。《春阳》、《赋得秋雨》二首七律对仗精工，音节铿锵，用典深密，被清代纪昀评为昆体的典型之作。晏殊重视雕润，宋祁等亦求教门下，佳句颇多，曾慥曾说"晏元献集句若'无可奈何花落去，似曾相识燕归来'、'静寻啄木藏身处，闲见游丝到地时'、'楼台冷落收灯夜，门巷萧条扫雪天'、'已定复摇春水色，似红如白海棠花'之类，宋莒公曰：'此数联，后之诗人无复措词。'"① 宋曾季狸《艇斋诗话》云："晏元献小词为本朝之冠，然小诗亦有工者。如'春寒欲尽复未尽，二十四番花信风'、'遥想江南此时节，小梅黄熟子规啼'等类，亦有思致，不减唐人。""千秋碧锁东南竹，一水清含旦暮风"有李商隐诗的气质。如《奉和圣制元日两首》"夏正标吉朔，尧历载初长。柏叶清樽举，椒花绮颂陈。年芳随律盛，皇泽与时均。共有华封

----

① （宋）曾慥：《类说》卷 4。

意，升平亿兆民。""人正肇届时多祜，凤历惟新景载阳。双阙布和云气郁，千门献寿玉声长。东风入律三边静，北斗回春万物芳。朝暇肃诚颂睿藻，搢绅交抃捧尧"一为五律、一为七律，歌颂太平，用字典重，对仗精工，整饬华贵。《和王校勘中夏东园》"东园何所乐，所乐亦多事。野竹乱无行，幽花晚多思。闲看鱼尾漪，暗辨蜂腰细。树影密遮林，籐梢狂胃袂。潘蔬足登膳，陶秫径取醉。幸获我汝交，可忘今昔世。欢言捧瑶佩，愿以疏麻继"。写东园之景，文人雅集，用字极为文雅，潘蔬、陶秫、瑶佩、疏麻之语雍容闲雅。《丙寅中秋咏月》："玉伦秋初半，冰轮岁有期。苦吟含翰久，清宴下楼迟。雁怯波光动，蛩愁叶影危。烘帘频卷押，温酎旋凝澌。皎外蟾生滴，寒中桂有枝。星文藏熠燿，露彩见华滋。苑静疏萤湿，巢空惊鹤移。渐穿鸣瑟幌，偏鉴读书帷。濛谷徒催晓，织阿莫放亏。陈王收妙舞，疑待仲宣辞。"这是一首五古，但仍然是典型的西昆体风格，写中秋之月，写户外月光的流照静谧，非常雅重，"危"、"滴"、"滋"、"湿"等词反映出晏殊锤炼之功，"玉伦"对"冰轮"，"波光"对"叶影"，"苑静"对"巢空"，极为工整，用词非常古雅，全诗颇有大家气度，堪称文华精粹。

　　晏殊诗善用典用事，如《咏上竿伎》运用《庄子》中汉阴老叟抱瓮灌园的故事，《七夕》用鹊桥与精卫填海的民间传说，《过华夫屋》借用冯谖客孟尝君的典故，《赋得秋雨》引用《高唐赋》中楚王和神女梦中相会的神话，《丙寅中秋咏月》用曹植、王粲之事，《中秋月》化用李商隐诗句"沧海月明珠有泪"这类用事用典在晏殊诗集中俯拾皆是，晏殊把他们用得毫无凿迹。但晏殊诗又有与西昆体诗不同之处，晏殊的诗闲雅温润，诗中有思理，诗中有情韵。钱钟书先生在《宋诗选注》说："从他（晏殊）现存的作品看来，他主要还是受了李商隐的影响。"但他"跟当时师法李商隐的西昆体作家以及宋庠、宋祁等人不同，比较轻松活泼，不像他们那样浓得化不开，窒塞闷气"。晏殊才学渊博，写诗举重若轻，刻镂雕琢却能婉丽清新。《忆临川旧游》"仲子幽居杳蔼间，回环十亩尽林峦。游鱼倒泝清泉急，乳雉惊飞夕烧干。系马短亭乘草苗，携壶芳榭值梅酸。浮生莫道今如昨，曷月朋簪急此欢。"西昆体整饬之外还横生出一丝野趣，全诗颇有生气。即使西昆体的代表作《赋得秋雨》："点滴行云覆苑墙，飘萧微影度回塘。秦声未觉朱弦润，楚梦先知韭叶凉。野水有波增澹碧，霜林无韵湿疏黄。萤稀燕寂高窗暮，正是西风玉漏长。"在典雅精工之外，还有清丽之气，纪昀言《赋得秋雨》云"通首学义山逼真。结句太迫义山'秋霖腹疾俱难遣，万里西风夜正长'意，而意境自佳。"晏殊喜韦应物之诗，认为韦应物诗高雅闲淡、自然清丽，所谓"发纤秾于简古，寄至味于淡泊"。梅尧臣《以近诗赞尚书晏相公》说，晏殊还十分喜爱陶渊明的诗，认为他"多野逸田舍之语"，有这种审美上的认同和创作上的认同，晏殊的诗避免了西昆板滞窒涩的缺点，比较疏朗明快，马端临评价晏殊诗"抒情寓物，辞多旷达"①。

晏殊不喜肥腻，不喜脂粉气，吴处厚认为晏殊"集梁《文选》以后迄于唐，别为《集选》五卷，而诗之选尤精，凡格调狠俗而脂腻者皆不载也"②。晏殊写富贵不喜列金铺玉而喜吟气象，《类说》卷四"晏元献公虽起居田里，而文章富贵，出于天然。尝览李庆孙富贵诗'轴装曲谱金书字，树记花名玉篆牌'。公曰'此乃乞儿相，未尝语富贵者'。故公每吟咏富贵，不言金玉锦绣，而惟说其气象，若曰'楼台侧畔杨花过，帘幕中间燕子飞'、'梨花院落溶溶月，柳絮池塘淡淡风'之类是也。故公自以此句语人曰'穷儿家有这景致也无？'"③ 写气象，避免了诗歌堆砌凡俗之气而更加闲雅。晏殊这一特点在其景物的描写中体现得尤为明显，晏殊状景从来都是舒缓纤徐，从容不迫，流露出闲雅的气度。如《崇因寺》："卷帘山色眼前见，入夜涛声枕上闻。苔径雨馀堆落叶，石楼风静锁寒云。"山色寒云，台径落叶，夜闻林海之波涛，写寺之清幽，又不显寒厌，非闲雅富贵之人无此情致。再如《紫竹花》："长夏幽居景不穷，花开芳砌翠成丛。窗南高卧追凉际，时有微香逗晚风。"景物幽雅，人物闲雅。

西昆体诗最缺的是情感，像纸花，彩丽竟繁却死气沉沉。晏殊以词情入诗，给整饬华贵的诗歌增添了生气和情韵。《无题》："油壁香车不再逢，峡云无迹任西东。梨花院落溶溶月，柳絮池塘淡淡风。几日寂寥伤酒后，一番萧索禁烟中。鱼书欲寄何由达？水远山长处处同。"末尾一联显然化用《蝶恋花》词中"欲寄彩笺无尺素，山长水阔知何处"之句，七言律《假中示判官张寺丞、王校勘》的颈联"无可奈何花落去，似曾相识燕归来"，和词《浣溪沙》的句子相同。在诗中增添了词的情思，诗仍然华贵，但更多了一丝情韵，诗更富有生命力和感染力。

与词一样，晏殊的诗也有一种思理的魅力。晏殊诗常常在写景抒怀之中暗含思考，发人深思如"若教精卫填河汉，一水还应有尽时"、"秋河不断长相望，岂独人间事可哀"、"未必素娥无怨恨，玉蟾清冷桂花孤"、"汉阴

---

① （元）马端临：《文献通考》卷234。

② （宋）吴处厚：《青箱杂记》卷5。

③ （宋）江少虞：《事实类苑》卷35。

有史君知否？抱瓮区区亦未贫"、"世有凉暄隔，人无今昨非。悠然倒冠佩，频梦北山薇"这种思考，增添了诗歌的内涵。

总而言之，晏殊的诗属于西昆体而又有新变。晏殊的骈文亦如此。晏殊的骈文多为应命而为，且精通《文选》，其文为西昆之风，富丽精工，典雅堂皇，但晏殊喜爱陶渊明、柳宗元、韦应物之文章，在创作上会有一种认同，所以他的文章在西昆体外更多了闲雅雍容、灵动飘逸、清丽明快。

晏殊的文在当时亦是模范，被人推崇，《全宋文》收晏殊文共53篇，包括9篇赋；23篇公文，制、状、表、奏等；书、序、跋、论、记、铭、赞、碑志21篇。其中骈体文27篇，散体文26篇。由于晏殊文散佚很多，后人对他的文的关注也比较少，仅有一篇专题论文（唐红卫、阳海燕《学为世师，文为国华——小议晏殊之文》）作过探讨。

宋初骈文是时文，朝廷公文都是骈体，晏殊为官五十余载，曾担任知制诰等职位，骈文是一项基本技能，晏殊本就有"神童"之天赋，14岁被真宗安排至秘阁读书，得到当时大家陈彭年的指导，修养自己的才学，在馆阁内与骈文章高手杨亿、刘筠、夏竦等交往，耳濡目染，骈文水平很高。晏殊现存53篇文中，骈体文有27篇，多为奉制献礼之作，如《东封圣制颂序》、《惟德动天颂序》、《天和殿御览序》、《连理木赞》、《章懿太后神道碑》、《丁谓复相制》，大抵对仗工整，句式整饬，典雅堂皇，《皇子冠礼赋》、《西掖植紫微赋》、《亲贤进封赋》，均是润色鸿业之作，整饬典雅堂皇，通过典雅的文辞和对庄严的礼制的描写以体现太平气象。但晏殊的骈文还有新变，《蜩蛙赋》、《傀儡赋》是赋物骋笔游戏之作，但描述精妙形象，且暗寓机趣，意味深长。宋代太宗、真宗、仁宗均精于一种名叫"飞白"的书艺，这是一种特殊书法风格，在笔画中夹带丝丝空白，如游丝流水、长风轻云，难度很大，非常具有艺术美感。晏殊《飞白书赋》、《御飞白书扇赋》、《御飞白书记》、《谢赐飞白书表》四篇骈文讨论精美的飞白艺术。《飞白书赋》用工整的四六句式叙述了"飞白"书体产生、发展变化以及兴盛的过程，尤其传神地描写了创作飞白书法的境界"若乃宫砚沉碧，山炉泛清，恣冲襟之悦穆，指神翰以纵横。空蒙蝉翼之状，宛转蚪蜓之形。斓皎月而霞薄，扬珍林而雾轻。曳彩绡兮泉客之府，列纤缟兮夏王之庭。仙风助其缥缈，辰象供其粹凝"。前一句写飞白创作的状态应该是人与笔要融合为一，后四句连用妙喻，状飞白书之形，好的飞白应该是空蒙婉转缥缈的，如纤云蔽月、岚绕珍林般秀美典雅。《御书飞白书扇赋》、《谢赐飞白书表》、《御飞白书记》歌颂圣上高超的飞白艺术，"骛思三云，洒迥春之前藻翰，成变楷之奇文。婉结无方，轻浓有制。该笔苑之遒润，集书林之妍媚。标王字于日中，湛金波于月际。六艺之逸品"、"翩然而惊皇飞翥，蜿然而虬龙蟠跃"、"文皇风字，近愧于流芳。炎帝穗书，远惭于逸品"，如此飞白，堪称绝品。晏殊颂美之作，文字彩丽，气势恢弘，有精工亦有逸美，有整饬亦有灵动。《五云观记》、《因果禅院佛殿记》两文同时写建筑状态各异，一写道观一写佛殿，一大气磅礴，一美轮美奂，五云观"层阁崛起，广除环构，修廊蔓衍，高闼浚开，庖厨有方，厩库有次，其外则坛场著前朝之迹，洞穴表灵峰之蕴。乔松夹植，荫行旅之劳；良田外营，资糇膳之给"，禅院"雕楹烂其照地，云屋森其造天。莹冰级于丹墀，烁霞光于洞户。文楣走兽，凭刻剔以生姿；藻井圆荷，映银黄而绚色。榆檀未改，轮奂聿成"，同样都是用语华美，但道观显得有仙庭之大气，禅院有佛国之辉煌。

晏殊骈文最具代表性的当数《中园赋》和《雪赋》。《中园赋》中描写的是理想的生活图景，在朝政之外享受野逸的生活："朝青阁以夙退，饬两骖兮独归。窈蔼郊园，扶疏町畦。解巾组以遨游，饬壶觞而宴嬉。"文中晏殊以充满怜爱的笔调细心铺叙园中的景物。果蔬"尔乃坛杏蒙金，蹊桃炫碧，李杂红缥，柰分丹白。梨夸大谷之种，梅骋含章之饰。乌勃旁挺，来禽外植，樱胡品糅而形别，棠棣名同而实析。大椑朱柿兮骈发，樿枣安榴兮间拆。楤楂以馨烈蒙采，枳椇以甘芳见识。援蘡薁于林际，架葡萄于沼侧。况夫霜薤含润，云葵荐泽，芹自南楚，蒜来西域。苏荏抽颖，蓼荽凝液，堇荶更茂，菲葑代殖。苜蓿襕裉，蘘荷幂历。钟山之菘韭早晚，吴郡之苋茄紫白。织女耀而瓜荐，大昂中而芋食"。花草"若其愈疾栽菊，忘忧树萱，香珍绿蕙，媚服崇兰。玉蕊金簦，相思杜鹃。辛夷袭紫，芍药含丹。游龙出隰，芳苡生原。篱槿雕暮，宫槐合昏"。鸟兽"鹪匪陋于荆棘，鹩无营于钟鼓"、"燕溢溢以交贺，鹊翛翛而吉语"。在这种环境中与人交游，"或秋弈以当局，或唐弓而在彀。哨壶枉矢之设，博塞樗蒲之侑，诚一笑兮相乐，亦千金而为寿。洒毫牍以摛思，极朋情而卜昼。送归鸿兮海堣，搜鸣瑟兮宾右。舞长袖兮相属，命欢谣兮递奏"。自在闲适的生活充满了自然又高雅的情趣，其文对仗精工，大肆铺陈，色彩繁丽，列叙了各种动植物名称，骋才现学，比喻、拟人手法化静为动，加之用典繁密，是典型的西昆风格，但是文章中充满了自然野趣，描述的是理想生活，晏殊笔调饱含怜爱之情，描写交游之乐雍容闲雅，堪称晏殊版的《归去来兮辞》。

《雪赋》乃状雪之文，先写雪来之时令"观夫玄律行周，愁云亟积。北陆司纪，青女葳职"，再写下雪之情形"随蠛蠓以泛泛，径扶摇而弈弈。乍拂庑兮荣树，忽穿窗兮逗隙"。雪花飘逸灵动，雪后之景是"原野漫其一平，羲舒为之双匿"，万物莽莽。文章后面写雪引发的各种人物不同的情绪：雪于闺中之人引发的念远思人之情"或端居而悯默，或惨别以悽伤。讽班姬之比物，吟谢媪之联章。炳明烛兮萧寂，俪幽兰兮抑扬，杂风流之雅舞，映拂额之残妆。缄锦字兮途远，数琼籤兮夜长。玉为田兮蓝水，银作宫兮鲸海光。叹川路兮难越，念音尘兮不忘。"；雪于戍边之人引发的是望乡思归之情，"班晋钺以命将，约齐瓜而遣戍。伏瓯脱兮穷徼，望兜零兮薄暮。始粲粲于林莽，渐瀌瀌于陇路。浮塞草以横绝，卷碛沙而径度。骇罽幕之无色，眩龙堆之失素。杖汉节兮毛尽，击燕歌兮泪注。生赎罪兮窦宪，没思归兮温序。禅姑衍兮何日，焚谷蠡兮未遇。天山极目兮同缟，崑岫亘空兮连路。咏雅什之来思，怆他乡而永慕"；雪于农民引发的是丰收的喜庆"睹盈尺之储瑞，识载涂之兆丰"。晏殊以闲淡之心去关照雪，状雪生动而传神，后半部分，模仿江淹《恨赋》、《别赋》那种铺陈各种人对恨与别的体验，铺陈各种人物对雪的体验，增添了雪的内涵。

晏殊的散文 26 篇，论有两篇，谈为臣当忠当慎行；朝廷公文 15 篇，简短而据理，如其《举范仲淹状》述举荐范仲淹之理由简要而有说服力，"臣伏见大理寺丞范仲淹，为学精勤，属文典雅，略分吏局，亦著清声。前曾任泰州兴化县，兴海堰之利。昨因服制，退处睢阳，日于府学之中观书肄业，敦劝徒众，讲习艺文，不出户庭，独守贫素，儒者之行，实有可称"；序跋两篇，书四篇，另有《光禄寺丞胡仲容公墓志》、《解厄学》、《庭莎记》。晏殊的散文比较平实，《天圣上殿札子》谏皇帝自己要有是非正邪之心，如此则知人，知人则朝廷治，朝廷治则天下治，时仁宗方执政，晏殊作为托孤之臣，所以谏之，以唐玄宗朝前后用人对比、为政对比，说明人君之是非正邪之心的重要性，语重心长。《答枢密范给事书》与范仲淹谈兴学师授的重要性，开诚布公侃侃而谈。《答中丞兄家书》、《答赞善兄家书》为两封家书，书中除谈一般家事外，晏殊着重告诫家人要勤俭节约，不要干请，要让小儿女读书，亲近有德之人，远离轻薄之徒，循循善诱，用心良苦。《与富监丞书》与富弼论前人之文，包含了晏殊的文学思想："某少时闻群进士盛称韩柳，茫然未测其端。洎入馆阁，则当时隽贤方习声律，饰歌颂，诮韩柳之迂滞，靡然向风，独立不暇。自历二府，罢辞职，乃得探究经诰，称量百家，然后知韩柳之获高名为不诬矣。迩来研诵未尝释手。若乃扶道垂教，划除异端，以经常为己任，死而无悔，则韩子一人而已；非独以属词比事为工也。如其祖述坟典，宪章骚雅，上轹三古，下笼百氏，极万变而不哗，会众流而有归，适然沛然，横行阔视于缀述之场者，子厚其人也。彼韩子者，特以纯正高雅，懔然无杂，乃得与之齐名耳。必也兼泛博，驰骛奔放，则非柳之敌，况他人哉！"晏殊自述其文风转变，认为柳宗元文胜韩文。

《庭莎记》是晏殊散文代表作，前面一部分叙事，写莎之生地，莎之习性，为莎做莎场，后一部分抒情："嗟夫！万汇之多，万情之广，大含元气，细入无间，罔不禀和，罔不相适。区别显仁，措置有规，生成有术，失之则戮，获之则康。"由莎草之事悟到随万物之性而措置的道理，文章骈散结合，灵动而有思致，文章由事悟理，娓娓道来，从容不迫。《学为世师，文为国华——小议晏殊之文》将之与柳宗元的《钴鉧潭西小丘记》作结构和语言风格上的对比，认为两者非常接近，从而得出《庭莎记》乃晏殊后期脱离西昆文风受柳宗元文风影响的代表作，从晏殊《与富监丞书》中的自述来看，当如此。

晏殊不仅诗词文兼善，而且学问也很大，王安石称赞晏殊"文章晋康乐，经术汉公孙"[①]。文天祥说"我闻在昔公惟其人，晏殊之学问、杨亿之文章、仲淹之声名"[②]。曾巩说"（晏殊）于六艺、太史、百家之书，骚人墨客之文章，至于地志、族谱、佛老、方伎之众说，旁及九州之外，蛮夷荒忽诡变奇迹之序录，皆披寻绅绎，而于三才万物变化情伪，是非兴坏之理，显隐细钜之委曲，莫不究尽"[③]。

晏殊笃学不倦，一生著述颇丰，欧阳修《侍中晏公神道碑铭》概括晏殊著述包括"文集二百四十卷。尝奉勅修上训及《真宗实录》，又集类古今文章为《集选》二百卷"。《续资治通鉴长编》里记载晏殊参与的著述有：卷八十一"户岁有登耗，未尝刊修，颇误，程品请差官取格式司大理寺刑部十道图及馆阁天下图经定新本，付逐司行用，诏秘阁校理慎镛、邵焕、集贤校理晏殊校定，翰林学士王曾总领之。天禧三年书成。凡三，诏付有司"；卷八十五"壬辰盛度上《圣祖天源录》五卷，因上言所编事迹，虑有未备，愿别命儒臣就馆阁群书更广编撰，以志先烈。诏从之。仍命王曾及集贤校理晏殊与度同纂集"；卷九十六"天禧四年十一月甲戌，翰林学士左庶子晏殊，太子宫祗候杨怀玉上《新编赐东宫御制》五十卷，时辅臣论次御集，乞降赐皇储文字，遂命殊、怀玉纂集，至是来上"。马端临记录的有

---

① （宋）王安石：《临川文集》卷35。

② （宋）文天祥：《文山集》卷9。

③ （宋）曾巩：《元丰类稿》卷13。

"《降圣记》五十卷，右皇朝丁谓撰。大中祥符五年十月十七日，圣祖降，七年，谓请编次事迹，诏李维，宋绶，晏殊同编，天禧元年之上"①。此外宋人赵希弁记录的还有"《世说新语》三卷，右宋临川王义庆撰，梁刘孝标注。《读书志》引《唐艺文志》及《崇文总目》，有十卷、八卷之疑。又云一本极详，一本殊略，未知孰为正。希弁所藏本，有绍兴八年董弅题其后，曰：右世说 36 篇，世所传厘为十卷。或作 45 篇，而末卷但重出前九卷中所载，余家旧藏，盖得之王原叔家。后得晏元献公手自校本，尽去重复，其注亦小加剪截，最为善本"②。《世说新语》今本 38 篇，就是根据晏殊家藏版本而来的。晏殊非常欣赏柳宗元，认为"若其祖述坟典，宪章《骚》《雅》，上传三古，下笼百氏，横行阔视于缀述之场者，子厚一人而已"③，其家藏的柳宗元文集版本精密。晏殊曾经参与勘定太常旧乐，有四篇讨论书法艺术飞白的文章，评论非常精当。

《类要》为晏殊私修类书。所谓类书，就是将史籍中的各种资料依据一定方法，分门别类地汇辑在一起而编成的史书，它兼有"百科全书"和"资料汇编"的性质。类书的工程量浩大，所以多官修。我国第一部类书是魏曹丕组织编纂《皇览》，宋代类书发达，有四大类书即《太平广记》、《太平御览》、《册府元龟》、《文苑英华》。私修类书始于唐代，白居易的《白氏六帖事类集》就是其中的一部。宋代的私撰类书也比较发达，较有影响的有四部，吴淑《事类赋注》、高承《事物纪原》、潘自牧《记纂渊海》和王应麟《玉海》。晏殊的《类要》价值也很高，只是因为散佚过多，不可校正，后人对之有所忽视。曾巩《类要序》称《类要》上中下秩 74 篇，今本仅有 37 篇。

《类要》乃晏殊毕生学问之汇集，他分门辑经史子集事实，以备修文之用。编修类书工程浩大，一般私修类书如白居易的《白氏六帖》要得助于千百门人，但晏殊的《类要》却是亲力亲为。曾巩称《类要》"皆公所手抄"，纪昀称"殊生平未尝弃一纸，虽封皮亦十百为沓。每读书得一故事，则批一封皮。后批门类，命书吏传写，即今《类要》也。故所载皆从原书采掇。不似他类书互相剽窃，辗转传讹"④。

---

① （元）马端临：《文献通考》卷 225。

② （宋）晁公武：《郡斋读书志》卷 5 上。

③ （明）陶宗仪：《说郛》卷 22 上。

④ （清）纪昀：《钦定四库全书总目》卷 137。

　　晏殊学际天人，做学问沉谨，秘阁读书多年，得以涉猎各种善本图书，又有良师陈彭年的指导，还有过修撰朝廷大作的经验，这就决定了《类要》的价值是很大的，纪昀说《类要》体例如《北堂书钞》、《白氏六帖》而详赡则过之，与《太平御览》同为宋代类书之善本；宋杨伯岩亦称"本朝名儒纂辑如晏元献公类要等书可谓浩博"[①]。前人多引用晏殊《类要》以注释或以刊误，方回《瀛奎律髓·风怀类序》："晏元献《类要》有'左风怀'，'右风怀'二类，男为左，女为右，今取此义以类。"明杨慎引《类要》考证杜甫之诗"杜工部寄李太白诗所谓'康山读书处，头白好归来'是也。晏元献公《类要》引此诗，今人不知，乃改康为匡庐山"[②]。而许多别处不见的文献出处，在晏殊《类要》中可见，如"王建有梦看梨花云诗，予求，王建诗行世甚少，唯印行本一卷，乃无此篇，后得之于晏元献《类要》中"[③]。《类要》影响大，所以有孙洵仿晏殊《类要》作《谷董》一编。

　　《类要》的最大价值在于保存了大量已佚文献，复旦大学中国古典文献学专业唐雯的博士学位论文《类要研究》对《类要》的文献价值有比较全面的总结："（《类要》）保存了大量北宋真宗以前的珍贵文献，仅今存的37卷引录文献即达七百余种，其中80%以上已经散佚，而将近一半左右的已佚文献可能自原书引出，并且涉及许多重要的典籍，保存了大量独特的材料，有着相当高的文献价值。"具体有：《类要》保存了大量迄今为止尚未见辑本的重要文献，如唐实录（高祖至文宗）、《唐年补录》、《唐纪》、《唐小史》、《唐录政要》、《邠侯家传》、《狄梁公家传》、《郭子仪家传》、《集贤注记》；《类要》保存了现有辑本未收入的文献；《类要》保存了大量未被收入各种断代总集的单篇文章，今37卷残卷中，不见于逯钦立《先秦两汉晋南北朝诗》者六首（包括佚句，下同），不见于严可均《全上古三代两汉晋南北朝文》者16篇，不见于《全唐诗》及《补编》者11首，不见于《全唐文》、《唐文拾遗》、《唐文续拾》及《全唐文补遗》者60篇，另有未知时代作者诗文三篇。

①　（宋）杨伯岩：《六帖补》卷20。

②　（明）杨慎：《丹铅续录》卷3。

③　（宋）张邦基：《墨庄漫录》卷6。

第六章　四大臣与北宋政治家群体的崛起

北宋江西政治家，早期的四重臣、中期的欧阳修与后期的王安石、曾布等，在当时政坛是不可替代的，把他们串起来就是一个完整的北宋政治发展史。以这些重要人物为核心聚集而成的江西政治家群体更是风云际会，浩浩荡荡。江西政治家群体在北宋承担了双重使命：第一，与南方阵营的一起崛起，他们作为南方人、作为归化者与北方人、征服者在政坛交锋，从二等臣民跻身政坛主流，从政治边沿靠近政治中心并最终完成南北地位逆转；第二，江西政治家的异军突起和层出不穷，形成了北宋政坛上声势浩荡的江西军团。两个使命的完成，四大臣居功至伟：南人的崛起，他们是先行者，而江西政治家群体的形成始于他们的提拔和培养。

第一节　四重臣与南人的艰难崛起

宋太祖开国之后，认识到儒学对于治国的作用，感悟到宰相需用读书人、事业应付之书生。于是全面开放科举门槛，广纳天下才学之士共治国家。太宗曾说："朕欲博求俊彦于科场中，非敢望拔十得五，止得一二，亦可为致治之具矣。"[1] 太祖太宗朝，科举考试废除了公荐，实行殿试、别头试、锁院制和糊名誊录制，确保考试公平，这虽然为寒俊之士打开了仕进之门，可是看似公平的科举考试对于南方人并不公平，首先存留的恩荫制度与二等臣民的南方人无关，其次此时主考官多为北方人，既存的偏见让他们轻易黜落南方人，陈彭年年十三著《皇纲论》万余言，为江左名辈所赏。唐主李煜闻之，召入宫，令子仲宣与之游，金陵平，彭年师事徐铉为文，太平兴国中举进士，在场屋间，颇有俊名，尝因京城大酺，跨驴出游，构赋自东

---

[1] （元）脱脱：《宋史》卷155。

华门至阙前，已口占数千言，才不为不高，思不为不敏，名不为不显，然举进士为宋白所黜，借口是陈彭年"佻薄好嘲咏"①，直至雍熙二年，始中第。事实是宋白对曾经入仕李煜的南人陈彭年心存偏见而不愿意录取，欲加之罪何患无辞，陈彭年的才学如此尚且可以找一冠冕堂皇的借口黜落之，何况一般的南方举子呢？

登第之后，南方人的政治前途并不光明。宰辅是南人的政治禁区，赵匡胤曾经宣称不用南人为相，并亲写"南人不得坐吾此堂"②，刻石政事堂上。所以太祖、太宗执政 38 年间，无一南方人能够位列宰辅。太祖太宗对南方人尤其是南唐入宋之人的态度是优而养之，敬而远之，政治上不信任、不放心，而将他们纳入馆阁，用于编书粉饰太平，用于勘定礼仪制度，而远离政事。而南方人在这种环境之下，惴惴自危，亦不敢存参政之心，乐于编书自保。徐铉入宋后全部精力投入李昉主编的《太平御览》、《太平广记》、《文苑英华》之中，从不参与政治。江西人乐史亦先仕江南，归朝后，被太宗赐进士登第后，长期直史馆，所以会有《太平寰宇记》的问世。

南人的政治解冻开始于真宗朝，宋真宗赵恒本人对待北人南人的态度比较通达，曾言"人之勇怯，岂限南北，若此区别，非任人之道也"③，对北人不纵，对南人不抑，为南方人的政治崛起提供了契机，四重臣正是在真宗朝开始政治发展的。可真宗毕竟还要受先帝所立家法的制约，王旦就以祖宗规则来压制真宗相王钦若之意，真宗亦无可奈何。同时北方人并不允许南方人削弱他们既得的政治优势，于是集体作战，利用既有的权势互相称引，共同排挤南方人。所以真宗朝是南方人崛起的开始，也是受北方人打击最严重的时候，在激烈的南北之争中，南方人的政治崛起之路走得很坎坷。

真宗朝南方人中有吏能和才干能够对北人构成威胁的人，从人身到人格都被北方人否认。王钦若因为外貌被嘲笑为"瘿相"，丁谓被嗤为猴形斜眼，两人与陈彭年、林特占"五鬼"之四，另外一鬼刘承珪为宦官，贬损至低。陈彭年被还称为九尾野狐，夏竦被视为"奸邪"。其实探访史实，这些人并不都是像这些不堪的称号那么不堪，相反他们全都是非常具有吏能和才学的，在理财能力、文化涵养和学术造诣方面达到很高的水平。这些称号污蔑的成分很多，这是北宋政坛南人先行者所付出的代价。

---

① （元）脱脱：《宋史》卷 287。

② （明）陶宗仪：《说郛》卷 45 下。

③ （宋）李焘：《续资治通鉴长编》卷 63。

　　得势的北人大多对新进的南人心存成见和芥蒂，不仅对他们进行名誉的污蔑，也屡次进行政治上的打压。北人中一些贤公明相，在对待南人方面也失却了一贯的公允。寇准，字平仲，华州下邽人，太平兴国五年登进士第，刚勇直谏，太宗曾将之比作魏征，真宗时力主真宗亲征与契丹成澶渊之盟，累官同中书门下平章事、尚书右仆射、集贤殿大学士。然其对南人态度异常偏颇，寇准之素恶，大多为南人，如陈从易、林特。他曾屡次公开排斥江南人，"帝嘉赏（晏殊），赐同进士出身，宰相寇准曰：'殊江外人。'"① "真宗得风疾，刘太后预政于内，准请问曰'皇太子人所属望，愿陛下思宗庙之重，传以神器，择方正大臣为羽翼，丁谓、钱惟演佞人也，不可以辅少主。'"② 真宗乾兴元年，陈从易因荐送别头进士失实，罚夺一官，陈以父老求乡郡，宰相寇准恶其疏也，不从，除吉州。大中祥符八年科考，本是江西新余人萧贯为状元，可是寇准以"南方下国人，不宜冠多士"③ 黜落萧贯之状元，以北人蔡齐代之，而且以此自得宣言"又与中原夺得一状元"。仅仅因为是南方人，就可以夺去进士出身、状元头衔，就可以判定一定是佞人，不得不说明寇准地域偏见很严重。寇准排挤南人最不遗余力，成为南人崛起之路上主要障碍，因此也是王钦若、丁谓、钱惟演最大的反击对象。

　　对于有才能的自己人，北方人从来不吝啬称引，以此来抑制南方人。寇准是北人中比较有名气的，真宗本早有相王钦若之意，而北方权臣极力推荐寇准以排挤王钦若。毕士安荐寇准，"真宗曰：'朕倚卿以辅相，岂特今日，然时方多事，求与卿同进者，其谁可？'对曰：'宰相者，必有其器乃可居其位，臣驽朽实不足以胜任，寇准兼资忠义善断大事，此宰相才也。'真宗曰：'闻其好刚使气。'又对曰：'准方正慷慨有大节，忘身殉国，秉道疾邪，此其素所蓄积，朝臣罕出其右者，第不为流俗所喜，今天下之民虽蒙休德涵养安佚，而西北跳梁为边境患，若准者正所宜用也。'真宗曰：'然当借卿宿德镇之。'未阅月，以本官与准同拜平章事。④" 寇准长于刚勇直谏，但读书不多，友人曾讥其为霍光，不学无术，好强好饮，使气自专，真宗明知寇准器识不堪宰相，但碍于元老之举荐却也无可奈何。

　　王旦，字子明，大名莘人，真宗朝为相12年，以荐贤著称，所荐之人，

①　（元）脱脱：《宋史》卷311。

②　（宋）李焘：《续资治通鉴长编》卷95。

③　（宋）李焘：《续资治通鉴长编》卷84。

④　（元）脱脱：《宋史》卷281。

多位至显贵，但以北人居多。王旦去世之前，真宗访问可继任者"旦强起据笏曰：'以臣之愚莫如寇准。'帝曰：'准性刚褊，卿更思其次。'旦曰：'他人臣所不知也。'"王旦知寇准"好人怀惠，又欲人畏威"尚且荐之，而对南人陈彭年和王钦若则态度粗暴，"翰林学士陈彭年呈政府科场条目，旦投之地曰：'内翰得官几日，乃欲隔截天下进士耶。彭年皇恐而退，时向敏中同在中书，出彭年所留文字，旦瞑目取纸封之，敏中请一览，旦曰'不过兴建符瑞图进尔'"，极为武断，堂皇理由难掩不喜陈彭年的事实。"帝欲相王钦若，旦曰：'钦若遭逢陛下恩礼已隆，且乞留之枢密西府亦均，臣见祖宗朝未尝有南人当国者，虽古称立贤无方，然须贤士乃可，臣为宰相不敢沮抑人。'"这种理由似乎王旦自己都觉得不那么堂皇，说得有点底气不足，但真宗迫于祖宗惯例，卒从王旦之议。王旦为人"人有谤之者辄引咎不辨，至人有过失，虽人主盛怒，可辨者辨之，必得而后已"。可是对于王钦若，王旦促成真宗对之的贬谪。"钦若与陈尧叟、马知节同在枢府，因奏事忿争，真宗召旦至，钦若犹哗不已，知节流涕曰：'愿与钦若同下御史府'，旦叱钦若，使退，帝大怒，命付狱。旦从容曰：'钦若等恃陛下厚顾，上烦谴诃，当行朝典，愿且还内来日取旨。明日，召旦前，问之，旦曰：'钦若等当黜，未知坐以何罪。'帝曰：'坐忿争无礼。'旦曰：'陛下奄有天下，使大臣坐忿争无礼之罪，或闻外国，恐无以威远。'帝曰：'卿意如何。'旦曰：'愿至中书召钦若等宣示陛下含容之意，且戒约之，俟少间罢之未晚也。'帝曰：'非卿之言，朕固难忍。'后月余，钦若等皆罢。"王旦以荐贤著称，而且声名卓著，影响力很大，其对于南人进行打压，无疑是真宗朝寇准之外南方人政治崛起的另一个大障碍。"旦没后，钦若始大用，语人曰：'为王公迟我十年作宰相。"① 被称为重厚纯质的李沆对南人也非常不公，真宗雅敬李沆，尝问治道所宜先，李沆曰："不用浮薄新进喜事之人，此最为先。"② 上问其人，对曰"如梅询、曾致尧、李夷庚等是矣"。浮薄新进喜事在当时几乎就是南人的别称，他所提名之梅询为安徽人，曾致尧为江西人。丁谓曾经被引荐给李沆，李沆以"谓诚才，顾其为人可使之在人上乎？"抑而不用。贤公名相尚且如此，那些政客就会变本加厉。

景德元年寇准用参知政事毕士安举荐为相，力主真宗亲征，订立澶渊之盟，朝廷得以无事，于是以此自矜，又加举措自任，三年真宗以其"以国

---

① 本段上引均自（元）脱脱《宋史》卷282。

② （宋）李焘：《续资治通鉴长编》卷56。

家爵赏，过求虚誉，无大臣体"① 罢之，使出知陕州；真宗天禧元年，宰相王旦以疾请致仕，举荐寇准继任，三年寇准被召为相，寇准由于有北人权臣的举荐，可以多次循环被荐又被贬再被荐。而颇有吏能才干的南人不但得不到有力的举荐反而都被压抑着，正常的仕进之途被阻，所以他们必须采取的一些无奈的其他手段来博取荣宠，争取地位，而这却成了坐实他们"奸邪"的材料，他们的"奸邪"，北人要担促成之责任。

真宗咸平五年，江西人陈恕以吏部侍郎知贡举，"恕所取士甚少，以北人王曾为首，及糊名考校，曾复得甲科，时议称之，旧制试经科复旧场第始议进退，恕初试一场，即按通否去留之，以是诸州据送官吏皆被黜，责遣累者甚众。江南，恕乡里，所斥尤多，人用怨渎，竟为谣咏讥刺，或刻木像，其首涂血，掷于庭，又缚苇为人，题恕姓名，列置衢路，过辄鞭之"②。陈恕以廉洁谨慎著称，他知贡举而黜落乡人，以此来避嫌，其实还是由于南人身份而不能自安，后来他去位之前引寇准代己为三司使，亦无非以此来迎附北人。尽管陈恕已经身为元老，屡当要职，但北人占绝对优势的政治环境没有改变，陈恕作为最早的一批南人，其实在朝廷是惴惴不安的。

南方人在政治上的崛起开始于真宗朝的两件大事：一是天书封祀，一是太子监国，主要人物是江西人王钦若与江苏人丁谓。

南人第一次参与比较广泛、发挥作用比较大的事件是真宗朝的天书封祀。天书封祀本来是礼仪制度方面的事，但因为真宗非常重视，从大中祥符元年开始到真宗乾兴元年逝世，持续了 13 年，所以成了一个南人北人斗法的场所。天书封祀是个大秀场，各色人物粉墨登场，当时几乎所有大臣都参与其中，包括北人王旦、赵安仁、向敏中、曹利用、冯拯等，乃至开始反对封禅事情最激烈的寇准，最后也是依靠献符瑞登上相位，天禧三年，"巡检朱能挟内侍都知周怀政，诈为天书降于乾祐山，时寇准判永兴军，婿王曙居中，与怀政善，劝准与能合，遂以上闻，诏迎入禁中"③。寇准由是得诏用，在王钦若罢去之后接任宰相。

南方道教兴盛，王钦若、丁谓本就是信奉道教的，而且天书封祀，仪礼繁缛，南人多为文职，谙熟于此，所以南人在封禅事中大展身手，占了主导地位，得到真宗的赏识，继而获得政治地位，开始与北人抗衡。参与封禅的

---

① （宋）李焘：《续资治通鉴长编》卷62。

② （宋）李焘：《续资治通鉴长编》卷51。

③ （明）陈邦瞻：《宋史纪事本末》卷4。

南人中，王钦若是封禅的主导者，丁谓、陈彭年、林特等是封禅事项的主力。他们在封禅之前，政途蹉跎，升迁缓慢，参与封禅后，则风正一帆悬，升迁迅速。

王钦若淳化三年登第，在太宗朝，虽然颇有吏能，办事干练，却一直沉沦下僚，为亳州判官，才干吏能无以让自己升迁，王钦若只好另寻捷径，而且他也找到了。他的目标在真宗，并首先通过开封府放租事件，得到当时开封府尹寿王、后来真宗的赏识。"开封府以岁旱蠲十七县民租，时有飞语闻上，言按田官司欲收民情，所蠲放皆不实，太宗不悦，御史台探帝意，请遣使覆实，乃诏东西诸州选官阅视亳州，当按太康、咸平二县，遣钦若行，钦若覆按甚详，抗疏言田实旱，开封止放七分，今乞全放，既而他州所遣官并言诸县放税过多，悉追收所放税物，人皆为钦若危之。逾年，而上即位，于是擢用钦若，因以其事语辅臣曰'当此时，朕亦自惧，钦若小官，独敢为百姓伸理，此大臣节也'。"① 事实是，太宗对选肆之事一直很排斥，很反感大臣提及此事："太宗在位久，冯拯等上疏乞立储贰，帝怒斥之岭南，中外无敢言者。"② 而且其法定继承人长子元佐被废为庶人，东宫虚位，最后在寇准的建言下，才勉强将寿王立为皇太子，"庙见还，京师之人拥道喜跃曰：'少年天子也。'帝闻之不怿，召准谓曰：'人心遽属太子，欲置我何地？'"③ 太宗对太子仍存戒心，所以虽然入主东宫太子，但赵恒却不太自安，如果加上"欲收民情，所蠲放皆不实"之罪，很可能被披上犯上作乱之罪被废，而朝廷中王继恩、李昌龄、胡旦等人阴谋辅立元佐，所以此时寿王惶恐不安，王钦若所为，无疑为之缓解了这个危机。于是身为太常丞判三司的王钦若由此得入真宗之眼。

真宗上任伊始，王钦若以免租释囚，并将之归功圣治，表请入史，为真宗树立起仁君的形象。作为守成之帝，在太祖太宗之伟业影子下，如何树立自我形象很重要也很艰难，王钦若为真宗找到了这个形象，并不遗余力地帮助真宗树立之，这也是钦若得到真宗皇帝赏识的原因。于是真宗对王钦若极为优待，"因命学士院召试钦若，及览所试文，谓辅臣曰'钦若非独敏于吏事，兼富于文词，今西掖阙官可特任之'，即拜右正言知制诰"④。咸平二

---

① （宋）李焘：《续资治通鉴长编》卷42。

② （元）脱脱：《宋史》卷281。

③ 同上。

④ （宋）王称：《东都事略》卷49。

年，王钦若又以"当今四海之广，万类之多，而刑奏止息逮乎逾月，足彰耻格之化式，渐太和之风，请付史馆，用昭圣治"①，再一次为真宗在史书上增色一笔。咸平三年，身为翰林学士的王钦若出任西川安抚使，再次缓囚犯之罚，这次真宗亲自道出了其用意："上谕钦若等曰'朕以观省风俗尤难，其人数日思之无易，卿等各宜宣布德泽，使远方知朕勤恤之意。"② 从西川回来，即日升王钦若为左谏议大夫、参知政事。王钦若通过为真宗收誉的方法获得了真宗的赏识，澶渊之盟前夕，王钦若判天雄军府兼都部署提举河北转运司，首先与契丹接战，表现很勇敢，真宗亦欣赏其守藩有劳，以王钦若为资政殿学士。王钦若除吏能突出外，还领校道书，凡增六百余卷，主持编撰《册府元龟》。惯有的吏能和才学在真宗朝得以展现，真宗对之颇为欣赏，优宠有佳，乃至每除官皆问王钦若满意否。

但王钦若最终奠定自己政治地位的是从大中祥符元年开始主持天书封祀之事。澶渊之盟，以宋朝每年输三十万岁币来换取和平，对比太祖太宗的武功，真宗对"春秋城下之盟"难免有耻辱感，为了消减这种感觉，树立积极形象，大兴封禅，以期"镇服四海，夸示外国"。王钦若本身信奉道教，乐于促成封禅之事，而他对道场礼仪亦颇为精通，所以被真宗选为封禅的主持者，与宰相王旦共同主持封禅大局。王钦若在封禅中办事干练，显得游刃有余，真宗对之更加恩宠，屡次奖赏，直至拜相，大中祥符五年，破例让王钦若以儒臣领枢密使，八年任为枢密使同平章事，天禧元年，以王钦若为左仆射平章事。王钦若为第一个南人做相，打破了太祖的规定，南人的政治禁区从此不复存在，无疑是南方人在政治上崛起的一个重大标志。自真宗破例以王钦若为相，其后居相位者54人，而南人有29，超过了半数。

陈彭年才名早著，13岁作万言《皇纲论》名动江南，被李煜选入宫，后又师从名士徐铉，颇有文名。然而归化者的身份给他参加科举考试带来麻烦，大名人宋白知贡举以之佻薄好嘲咏为由，屡黜落之，直至雍熙二年才登第。太宗朝出任过州府参军、推官的小官，因为才学和吏能出众，得到很多人的推荐，但一直未得应有的任职。真宗即位，方才渐渐摆脱遗老的阴影，凭借才学得到升迁。咸平上疏言事，景德时为直史馆，得以参与朝廷修撰和礼仪制度的勘定。景德三年，迁右正言充龙图阁待制。景德四年知贡举，改革科举考试，唯才是举，不检文行，杜绝请托。大中祥符中，参与封禅，由

---

① （宋）李焘：《续资治通鉴长编》卷45。
② （宋）李焘：《续资治通鉴长编》卷47。

于陈彭年精于礼仪，勤于撰述，"朝廷典礼，无不参预，其仪制沿革、刑名之学皆所详练，若前世所未有，必推引依据以成就之，故时政大小，日有咨访，应答该辩一无凝滞"①。在封禅事件中得到真宗的重视和赏识，真宗屡次公开嘉赏之，又屡次作歌赐之。大中祥符六年，升为翰林学士，时值李宗谔卒，杨亿病退，陈彭年独挑大梁，与丁谓同知仪礼院，九年为刑部侍郎并参知政事。

林特，字士奇，祖揆仕闽，为南剑州顺昌令，因家顺昌，少颖悟，十岁谒江南李景献所为文，景奇之，命作赋，有顷而成，授兰台校书郎。江南平，以伪官身份入宋，太宗朝担任地方小官职，善于理财，真宗朝为户部副使，诏赴内朝，为行在三司副使，大中祥符时参与封禅之事，主持修葺宫观，颇得力，获得真宗肯定，屡得升迁，从三司史至户部侍郎至吏部侍郎，天禧再为尚书右丞。林特善于理财，忠于职守，体素羸累，然未尝一日谒告，及得疾，才五日而卒，可谓鞠躬尽瘁。林特精敏，喜吏职，据案终日不倦，真宗数访以朝廷大事。

丁谓，字谓之，后更字公言，苏州长洲人，少有文名，王禹偁评价其文"自唐韩愈、柳宗元后三百年始有此作"②。淳化三年登第，真宗咸平时领夔州路转运使，抚蛮得力，乃至五年无人可代。景德四年，在郓州抗契丹，次年为右谏议大夫，大中祥符初，促成真宗天书封祀之事，真宗由此对丁谓颇为倚重，以谓为修玉清昭应宫使，复为天书扶侍使，祀汾阴，为行在三司使，建会灵观，谓复总领之，建安军铸玉皇像，为迎奉使，朝谒太清宫，为奉祀经度制置使，又为修景灵宫使，摹写天书刻玉笈玉清昭应宫副使。大内遭火灾后，为修葺使。而其政治地位也随之快速上升，先迁给事中，真拜三司使，再迁尚书礼部侍郎，继而得王钦若举荐，进户部参知政事，历工、刑、兵三部尚书，再为天书仪卫副使，拜平江军节度使，知昇州。天禧初，徙保信军节度使，三年以吏部尚书复参知政事。是岁祀南郊，辅臣俱进官，故事尝为宰相而除枢密使始得迁仆射，乃以谓检校太尉兼本官为枢密使。

通过封禅事，南人在王钦若的带领下接近政权中心，而兴起的南人，为巩固地位，亦联盟来对抗北人，方法和北人一样，互相举荐称引，提拔同己者扩大南人势力。丁谓赖王钦若之力援引至两府"大中祥符五年，初翰林学士李宗谔与王旦善，旦欲引宗谔参知政事，尝以告王钦若，钦若唯唯。旦

① （元）脱脱：《宋史》卷287。
② （元）脱脱：《宋史》卷283。

曰'当白上。'宗谔家贫，禄廪不足以给婚嫁，且前后资借之甚多，钦若知之。故事参知政事谢日所赐之物几三千缗，钦若因密奏宗谔负王旦私钱不能偿，旦欲引宗谔参知政事得赐物以偿己债，非为国择贤也。明日旦果以宗谔名闻，上变色不许，及赵安仁罢，谓时奉诏谒亳州太清宫。犹未还，即命谓代之，盖钦若所荐云"①。陈彭年在封禅中先得到王钦若的提拔，丁谓又在真宗面前美誉"彭年全才也，岂止以文雅雍容侍从，至如参酌时务，详求物理，皆出人意表"②。王钦若雅善夏竦，为相期间，极力举荐夏竦。丁谓与林特善，林特每见丁谓必拜，加之林特精于吏职尤善理财，封禅中丁谓引林特为辅佐。福建人陈从易与王钦若善，得王钦若之提拔，后又得丁谓之称引。面对在政治上崛起的南人，北人极力阻抑，只是此时力不从心了。"大中祥符中，枢密使寇准言林特奸邪，又数与争事，帝为出寇准，而林特在职如故。"③

真宗末年，丁谓继王钦若之后得用，并在太子监国事中，继续与北人斗争，再次巩固了南人的地位。真宗天禧三年王钦若被罢，以寇准同平章事，丁谓参知政事。丁谓先前以才能得到过寇准的认可，因此德之，事准甚谨，但由于南北之人地位悬殊，而尽管事之谨仍不免被侮辱，会食羹污寇准须，丁谓为之拂须，寇准却因此嘲笑之，于是两人结隙。四年，真宗不豫，事决于刘皇后，寇准建言传位太子，并指丁谓与钱惟演为佞人，不可列为辅佐之臣，帝然之，寇准即密令杨亿草请太子监国，事为丁谓所知，丁谓以此请罢寇准，寇准罢而丁谓同平章事。宦官周怀政阴谋奉帝为太上皇而传位太子，罢皇后预政，杀丁谓而复相准，丁谓发其事，寇准受牵连再贬相州。后丁谓再发天禧三年朱能天书妖妄事，寇准因参与其中又贬道州。李迪因与丁谓争寇准贬所结怨，丁谓欲引林特为枢密副使以抑李迪，李迪阻之，两人争于上前，真宗初贬李迪知郓州，贬谓知河南府，钱惟演建言留丁谓，于是诏留丁谓并复其位。李迪独贬。仁宗即位，太后听政，倚重丁谓，再贬寇准为雷州司户参军，李迪为衡州团练副使。寇准被贬，朝士与准亲厚者，皆斥之，北人被牵连者甚众，除李迪外还有罢翰林学士盛度、枢密直学士王曙，曹玮亦谪知莱州。王曾疑责太重，谓熟视曾曰"居停主人尚有言乎，恐亦未免

①　（宋）李焘：《续资治通鉴长编》卷78。

②　（宋）李焘：《续资治通鉴长编》卷80。

③　（元）脱脱：《宋史》卷283。

耳"①。曾遂不复争。此时北人与寇准亲近者被贬，而未被贬者亦颇为收敛，丁谓大量提拔同己者，其中多为南人。真宗天禧三年，河北转运使户部郎中段晔为太常少卿知广州，寻加右谏议大夫；提拔太常少卿直史馆陈靖为太仆卿集贤院学士知建州，段晔、陈靖皆丁谓所善也，朝中附丁谓者众，日后丁谓因雷公允、刘德妙事被贬时，与之同落职者有钱惟演、任中正、林特、胡则等数十人，足见其势力之大。

在丁谓与北人斗法过程中，浙江人钱惟演发挥了极大的作用。钱惟演，字希圣，吴越王俶之子，少补牙门将，从俶归朝，为右屯卫将军，历右神武军将军，真宗迁之为太仆少卿，使修《册府元龟》，参与西昆酬唱，后除尚书司封郎中知制诰，再迁给事中知审官院，大中祥符八年为翰林学士，再为枢密副使，仁宗即位，拜钱惟演枢密使。钱惟演与丁谓为姻亲，相互称引，寇准曾指两人为佞人，太子监国事中，钱惟演入见真宗，极论寇准专恣，请深责，并言寇准朋党盛于朝，宜早令寇准出，并建言去李迪，序枢密题名，独刊去寇准之名，曰"逆准削而不书"②，对寇准之恶到达仇恨的程度。钱惟演屡次举荐丁谓，丁谓入为首相得其力。丁谓与李迪因林特事争，钱惟演入说真宗，留丁谓而独贬李迪。钱惟演喜奖励后进，天圣九年（1031）正月任西京留守，幕下招揽众多著名人士，其幕府之盛，欧阳修在《河南府司录张君墓表》称道："初天圣、明道之间，钱文僖公守河南。公，王家子，特以文学仕至贵显，所至多招集文士。而河南吏属，适皆当时贤材知名士，故其幕府号为天下之盛。"其中南人为多，有安徽人梅尧臣、浙江人张先、江西人欧阳修及四川人尹源、尹洙等。钱惟演出于勋贵，文辞清丽，书无所不读，家储文籍并秘府，参修《册府元龟》，有文名，又与刘太后是姻家，颇受尊宠，钱惟演亦致力于朝廷，然终究难登极位。王曾曾经位于钱惟演之下而后拜相，冯拯更以钱惟演是太后之姻家，不可与机政，请出为节度使。所以钱惟演虽官兼将相，阶勋品皆第一，而终不历中书，故尝谓人曰："吾平生所不足者惟不得于黄纸尾押字耳。"③

经过天书封祀和太子监国之事，南人的政治地位大幅提升，南人王钦若、丁谓都位列宰臣，重要职务对南人开放，天禧四年太子亲政行庆，真宗赏赐百官"赐太子少师丁谓、少傅冯拯、少保曹利用各五千两，宾客任中

---

①　（宋）李焘：《续资治通鉴长编》卷98。

②　（宋）李焘：《续资治通鉴长编》卷99。

③　（元）脱脱：《宋史》卷317。

正、钱惟演、王曾、太保王钦若、詹事林特三千两，左庶子晏殊、詹事张士逊各二千两，谕德鲁、宗道、冯元各千两。"① 受赏的南人北人数量相当。进入仁宗朝时，南北势力大致持平，南人终于完成了政治崛起，尽管过程很坎坷，充满无奈和屈辱。同样参与封禅，独南人背负骂名："王钦若丁谓导帝以封祀，眷遇日隆，钦若自以深达道教，多所建明，而谓附会之，与陈彭年、刘承珪等蒐讲坠典，大修宫观，以林特有心计，使为三司使，以干财利。五人交通，踪迹诡秘，时号五鬼"②；北人即使参与封禅也可以洗清免责，王旦在封禅期间身为丞相，绝对是主力，却可以自悔来减轻罪责，"旦自祥符以来，每有大礼，辄奉天书以行，常悒悒不乐，临终语其子曰'我别无过，惟不谏天书一节为过莫赎，我死之后，当削发披缁以敛'"③。同样的相互称引举荐，于北人是为国荐贤，而于南人则成了狼狈为奸。

真宗朝南方人在崛起中采取了一定的手段，但才智和吏能始终是基础。陈彭年能够"手披简册，口对宾客"，丁谓诗歌、绘画、博弈、音律，无不洞晓，王钦若深达道教，钱惟演文名与杨亿、刘筠并称，林特谙熟理财之道。

仁宗及以后北宋皇帝对待南北之人更为公平，南方人的才智和吏能得以释放，于是大量南方士子相继通过科举考试进入仕途，位高权重的南人增多，再通过相互引荐提携，良性循环，南人阵营人数持续增多、实力逐渐增强，经过仁宗、神宗、哲宗三朝，南人政治地位最终超过北人，到北宋末年，南人占据优势，完成了南北地位大逆转。陆游《选用西北士大夫札子》："臣伏闻天圣以前，选用人才多取北人，寇准持之尤力，故南方士大夫沉抑者多。仁宗皇帝照知其弊，公听并观，兼收博采，无南北之异，于是范仲淹起于吴，欧阳修起于楚，蔡襄起于闽，杜衍起于会稽，余靖起于岭南，皆为一时名臣，号称圣宋得人之盛，及绍圣、崇宁间，取南人更多，而北方士大夫复有沉抑之叹。"

第二节　欧阳修与嘉祐士人

在早期崛起的南方阵营中，江西人显得异军突起，先后出现了陈彭年、

---

① （宋）李焘：《续资治通鉴长编》卷96。

② （明）陈邦瞻：《宋史纪事本末》卷4。

③ 同上。

王钦若、夏竦、晏殊四大重臣。早在真宗朝，江西人王钦若、陈彭年是南人在政坛拓荒的主力，陈彭年以翰林学士拜刑部侍郎，并入阁任参知政事，王钦若更是身兼使相，仁宗朝又有江西人夏竦为枢密使、晏殊身兼使相，都是位高权重者。前贤如许，自然为江西人在北宋政坛铺开了一条坦途。作为北宋政坛江西人的先行者，他们举荐提拔乡贤，培养了一批有为的江西政治家，而其中佼佼者再掌权柄，并延续引荐乡贤的传统，由此形成了声势浩荡的北宋江西政治群体。

陈彭年、王钦若在真宗朝为南人争取政治地位的同时，也奠定了江西人在北宋政坛的地位，和他们同朝为官的还有李虚己、潘汝士、曾致尧、李咨、萧贯等一批江西籍官员，他们在南人阵营尤其是同乡王钦若、陈彭年两人的举荐和庇护下，仕途顺畅，并和陈、王两人一起组成了北宋早期相对强大的江西政治力量。而其中王钦若雅善夏竦，为相期间，极力举荐夏竦，后者在仁宗朝担当大任；陈彭年在馆阁时，晏殊师从之，陈彭年在真宗面前嘉赞晏殊，真宗由此将晏殊作为仁宗的辅政大臣来培养，仁宗朝晏殊得大用。夏竦和晏殊本身就是北宋江西政治集团实力的展示，何况他们占据举荐提携之方便，特别是晏殊，以奖励后进为己任，举荐了一批乡贤，在仁宗朝保持并加大了江西人在政坛的优势。

夏竦景德元年因父承皓力战契丹而死之功恩荫为润州丹阳县主簿，最初王旦称其才，举荐夏竦使教庆国公书，修起居注，再为判官，仁宗天圣年间丁母忧闲居，得王钦若之力复知制诰，天圣五年为枢密副使，七年为参知政事。夏竦抚俗有方，莅事无滞，文学起家，有名一时，颇有吏能和才学。然"急于进取，喜交结，任数术倾侧反覆，世以为奸邪"①，其奸邪之称得来与王钦若、陈彭年、丁谓、林特得鬼之称相似：南人身份加锐意进取等同奸邪。宝元、康定年间担任陕西都部署，韩琦、范仲淹、尹洙在其幕下。仁宗景祐三年，范仲淹因与宰相吕夷简政见不和，屡起争端，是年范仲淹进"百官图"，揭露吕夷简任用党羽，任意进退官员，吕夷简十分恼火，给范仲淹安上"越职言事，离间君臣，引用朋党"的罪名，将其贬知饶州，尹洙、欧阳修为之鸣不平，尹洙被贬崇信军节度掌书记监郢州酒税，欧阳修也因此被贬为夷陵令。夏竦备边韩琦副之，韩琦素与范仲淹善，纳范仲淹入幕，范仲淹纳尹洙，再欲提拔欧阳修掌书记，欧阳修以"昔者之举岂为利

---

① （元）脱脱：《宋史》卷283。

哉？同其退不同其进可也"① 辞之。夏竦与韩、范备边的策略大致相同，倾向于持重守成，因此关系融洽，范仲淹、韩琦正是于此时在军中树立声名，为主持庆历新政做了准备。夏竦位高权重，不忘为国荐贤，经略陕西时，曾荐张升才，辟田况为判官。张升清忠谅直，田况有文武才，言事精畅，两人日后皆致位政府。夏竦在庆历新政中告变，致使新政流产，是他在政治史上的一个极大污点。夏竦向来雅意在朝廷，庆历三年，仁宗相晏殊，拟用夏竦为户部尚书充枢密使，台谏御史前后言者合十八疏，言夏竦奸邪胆小，在陕误事，不足大任，如富弼言"守赟庸人，平时犹不能用，况艰难之际可为枢密乎？用之为天下笑"②。仁宗无奈罢竦而用杜衍代之。此时台谏为新政派所掌握，上疏之人中有欧阳修、余靖、蔡襄等人，取代夏竦职务的杜衍是新政主力，再加上之后石介作《庆历圣德诗》指斥夏竦是"大奸"，言诛笔伐太甚。积怨三层，于是夏竦指斥新政主持者欧阳修、杜衍、韩琦等人为朋党，诬陷富弼叛逃契丹，新政者不自安，自请外出，新政流产。其实这可能只是夏竦一时盛怒难平、意气用事，看夏竦的生平事迹，似乎没有什么反对新政的议论，其治郡颇能革弊立新，而且夏竦经略陕西时，新政主力范仲淹、韩琦、尹洙等都在其帐下，未见不协。庆历元年，元昊寇渭州，韩琦令任福率军击之，面授任福御敌方略，任福不听致军败，伤亡惨重，韩琦上章自劾，夏竦得任福衣中韩琦之命令，依实奏明，败因任福违命，罪不在琦，为韩琦开脱。

　　夏竦有子夏安期，仁宗明道二年，宰臣吕夷简，枢密副使夏竦，上所注《御制三宝赞》、皇太后发愿文，诏夷简、竦各与一子改官，于是夏安期为将作监主簿。夏安期乘世资，以才自历，朝廷数器使之，为官有治绩，尤善治军，官至龙图阁直学士右谏议大夫。

　　晏殊在四大臣中最晚出，真宗朝一直在秘阁读书，韬光养晦，仁宗朝始至大用。但作为江西四大臣中第一个有声名的掌权柄者，晏殊对江西政治集团的崛起贡献极大。真宗朝天下无事，南人、北人着眼于政治利益的得失展开搏斗，直至丧失理性。双方从各个角度、利用各种手段展开攻击，其势头之猛烈、目标之明确、阵线之清晰，前所未有。本来能够互相欣赏的南北人最后因为南北成见产生嫌隙甚至变成了仇寇。寇准与丁谓初始颇为交好，寇准曾经向宰相李沆推荐丁谓之才，丁谓亦事寇准恭敬，仅仅因为拂须事件两

① （元）脱脱：《宋史》卷319。

② （宋）徐自明：《宋宰辅编年录》卷4。

人产生嫌隙，开始交恶并发展到生死不两立的恶斗程度，丁谓曾说"谓必欲令二人（寇准、李迪）死遣"①，大有赶尽杀绝之势。其实拂须事件反映的是南人北人地位悬殊以及北人对南人的轻蔑，所以两人恶斗根源始终是南北之别。恶斗的结果必然是两败俱伤，对于朝廷极为不利。仁宗亲政后，一者仁宗对待南人北人的态度更为公正，南人北人地位差别在缩小；二者宋廷的内忧外患开始显现，人心思治图强。而此时的南人北人从南北恶斗中走来，深知其弊，对待彼此的态度较前辈更为宽和，他们致力于举才强国而不仅仅局限在南北势力之争，最典型的就是晏殊和王曾。晏殊虽然曾经被寇准打击过，但晏殊本人比较大度，不入争议，且试图调和争议。仁宗庆历二年，宰相吕夷简让富弼与契丹和谈，吕夷简交代富弼的和谈条例与执政密书不一样，富弼发现后入告真宗，曰"执政固为此，欲致臣于死，臣死不足惜，奈国事何上"②。真宗急召吕夷简等问之，夷简从容曰"此误尔，当改正"。富弼语益侵夷简。晏殊言"夷简决不肯为此，真恐误尔"。富弼怒曰"殊奸邪，党夷简以欺陛下"。时吕夷简和富弼不合，互相抨击，晏殊抑制自己的女婿以息事也。而北人王曾作为宰臣，承担强国图治之任务，对待人才也更多地从才之高下而不仅局限南北角度去取舍。晏殊初欲荐南人范仲淹为秘阁校理而未行，王曾主动要求晏殊荐之："王曾见而伟之（范仲淹），亦知仲淹乃晏殊客也。于是殊荐人充馆职，曾谓殊曰'公实知仲淹，舍而荐此人乎，已为公置不行，宜更荐仲淹也'。殊从之。"③寇准之女婿王曙为枢密使，曾经亲历过寇准与丁谓斗法，亦被牵连其中，所以此时的王曙亦比较理智，欧阳修西京时与友诗酒交游，"修等游饮无节，惟演去，曙继至，数加戒饬，尝厉色谓修等曰'诸君知寇莱公晚年之祸乎？政以纵酒过度耳。众客皆唯唯。修独起对曰'以修闻之，寇公之祸，政以老而不知止耳。'曙默然终不怒"④。时与欧阳修交游者多为南方人，王曙劝诫他们，意在爱护，对于欧阳修的顶撞，王曙并不在意，景祐元年，王曙举荐欧阳修为馆阁校勘，时议贤之。

　　在这种暂时搁置南北争议、任人唯才的环境下，江西人晏殊又拥宰辅之尊、识人之慧、容人之度和荐人之贤，周围聚结了一大批人才，如孔道辅、

---

①　（明）陈邦瞻：《宋史纪事本末》卷4。

②　（宋）李焘：《续资治通鉴长编》卷137。

③　（宋）李焘：《续资治通鉴长编》卷106。

④　（宋）李焘：《续资治通鉴长编》卷114。

张亢、王琪、张先、梅尧臣、宋祁、蒋堂、凌景阳、王尧臣、江休复、谢绛等。庆历新政虽然是范仲淹主持的，但其班子却是晏殊召集的，范仲淹、韩琦出其门下，欧阳修是其门生，富弼是其女婿。晏殊举人唯贤，不限南北，门下人才济济，全是以救国去弊为己任的志士，多数人成长为重要的政治家，韩琦、富弼皆入相，范仲淹和欧阳修则是两个士林领袖。这些志士彼时同处晏殊门下，同道而友，互相扶持。景祐三年范仲淹被贬，富弼在朝，借康定元年天变之机为之进言，范仲淹得以升迁，韩琦以知制诰安抚陕西副使夏竦，亦极力举荐范仲淹之能，于是诏范仲淹知永兴军，仲淹得以入幕建立军功。庆历三年翰林学士王尧臣上疏奏韩琦、范仲淹之将帅才，请以重任。晏殊爱才，出其门江西人中著名的有刘沆。刘沆，字冲之，吉州永新人，倜傥任气，举进士不中，自称退士，不复出，父力勉之，天圣八年晏殊拔为进士，仁宗至和元年为相。对江西人来说更关键的是晏殊通过培养欧阳修，实现了江西政治家群体在北宋政坛的延续性。欧阳修继晏殊之后成为全国士林领袖、江西政治家代表，提拔了一大批人才，包括江西政治家，而且欧阳修还培养了王安石。王安石继欧阳修之后成为江西政治家的代表，其周围聚集着大批的江西士子，从而形成了北宋江西政治家群体似禅宗宗主衣钵传承的谱系。欧阳修和王安石两人执政时期，即嘉祐与熙宁时期，也是江西政治家喷涌而出的时期。

欧阳修（1007—1072），字永叔，号醉翁，晚号六一居士，庐陵（江西吉水）人。幼孤家贫，母亲画荻教之，随州大姓李氏子好学，修多游其家，借书抄诵。天圣元年应举随州，试左氏失之诬论，赋逸官韵被黜落，五年春试礼部又不中。六年，携文谒胥偃，偃大奇之，留置门下，许妻以己女。八年试礼部，时翰林学士晏公殊知贡举，举欧为第一，试秘书省校书郎，充西京留守推官。九年至西京，时钱惟演为留守，谢绛为通判，幕府多名士，如尹洙、尹源、富弼、王复、杨愈、张先、梅尧臣等，修与他们诗酒交游，文章名冠天下，政治上亦初出茅庐。景祐元年，枢密使王曙荐为镇南军节度掌书记，三年，天章阁待制、权知开封府范仲淹言事忤宰相，落职知饶州。修书信切责司谏高若讷，若讷以其书闻，被贬夷陵县令，康定元年召还，复充馆阁校勘，修《崇文总目》、《礼书》。庆历三年转太常丞、知谏院，不试而授右正言知制诰，参与范仲淹之新政。五年，新政流产，欧阳修降知制诰、知滁州。八年转起居舍人，复知制诰，知扬州。皇祐元年，知颍州，二年改知应天府，四年丁母忧归颍州。至和元年服除，复旧官职，七月权判流内铨，小人诈为修奏请汰内侍，其徒怨怒，出知同州。判吏部南曹吴充为公辨明不报，知谏院范镇一再极言，而参知政事刘沆乞留公修书。八月丙午，刘沆拜相，诏公修《唐书》，迁翰林学士。二年，上书论宰相陈执中，已而乞外，改翰林侍读学士、集贤殿修撰，出知蔡州。侍御史赵抃、知制诰刘敞上疏留公，复领旧职。嘉祐二年，权知礼部贡举，转右谏议大夫，五年拜枢密副使，六年为参知政事与宰相韩琦共同奏请仁宗立嗣子赵曙为太子。八年仁宗病故，辅赵曙即位，是为英宗。英宗治平三年，修卷入濮议风波被彭思永攻击。四年，御史彭思永、蒋之奇以飞语污修，修力求去，除观文殿学士，转刑部尚书、知亳州。神宗熙宁元年连上表乞致仕，转兵部尚书，改知青州。四年，以观文殿学士、太子少师致仕归颍，五年卒，谥文忠。

　　欧阳修出生在真宗朝，历仕仁宗、英宗、神宗三朝，宦海 42 年，经历了庆历新政和王安石变法两个重大的政治变革事件，也参与了朋党的讨论、濮议风波，经历丰富却始终不改耿直性情，论事不避众怨，弹劾无能官吏，荐贤去不肖，得罪过许多人，受过很多污蔑，遭遇过几次贬谪，但依然坚持操守，并一直保持政治热情，始终活跃在政坛。他见贤思用，从不吝啬称引；唯才是举，不计个人恩怨。他对人才不仅有举荐之力，更有养成之功，曾巩、苏轼是其养成也，欧阳修为国纳才之功至高至伟。他笃于朋友，生则振掖之，死则调护其家。欧阳修不仅是士林典范、道德楷模，更是一位难得的全才型人物。他是北宋诗文革新运动的领袖，一代文宗，文坛的盟主，以大无畏的精神罢黜太学体之文章谬种，上承孔、孟、韩，振斯文于将坠，强调文以明道，内容和形式并重，文风流畅迂徐自然天成，其诗平易隽永，率真见性，以文入诗，多有议论。与诗友梅尧臣、文友尹洙共同树立北宋诗文新风。欧阳修的词数量较多，存词 240 余首，承袭五代词风又有新变，雅词艳语民俗都有，但都贯情而成，自然洒脱。欧阳修留有 3600 多篇文章，其中诗歌 860 多首，词 240 多首，政论、杂文、纪传、序跋、碑志、书、赋、随笔等各类文章近千篇，另外还有奏、表、启、札及制诏文章千余篇。《宋史》评价其文章曰"终身为文，天才自然，丰约中度，其言简而明，信而通，引物连类，折之于至理以服人心，超然独鹜，众莫能及，故天下翕然师尊之"[①]。苏轼叙其文曰"论大道似韩愈，论事似陆贽，记事似司马迁，诗赋似李白，识者以为知言"[②]。欧阳修博极群书，好学不倦，在史学、经学、金石学、目录学、文艺理论诸领域也颇有造诣：参编《崇文总目》；其《诗

---

① （元）脱脱：《宋史》卷 319。

② （宋）苏轼：《东坡全集》卷 34。

本义》、《易童子问》、《春秋论》颇有创见；史学著作《新唐书》和《新五代史》是二十四史中两部具有特色的正史，言约事丰、丰信言文；《集古录》收集了周、秦至五代时期的碑刻资料，并一一加以考证，价值很高；《六一诗话》我国第一部诗话，其"诗穷而后工"之论颇有见地。其门人苏轼曾经在《六一居士文集序》中总结欧阳修的平生功绩为"宋兴七十余年，民不知兵，富而教之，至天圣、景祐极矣，而斯文终有愧于古。士亦因陋守旧，论卑而气弱。自欧阳子出，天下争自濯磨，以通经学古为高，以救时行道为贤，以犯颜纳说为忠。长育成就，至嘉祐末，号称多士，欧阳子之功为多"。

欧阳修一生怀抱政治热情，积极参政议政，如他自己诗歌所言"开口论时事，议论争遑遑"。欧阳修以天下为己任，有强烈的危机意识，满怀匡正天下的豪情，陈述朝政缺失，不但自己积极参与国家改革运动，而且大力提拔新进之士，举荐老成之吏，为国纳贤。在北宋，欧阳修举贤之功可以媲美其师晏殊。北宋开国以来致力于发展教育、培养人才，终于在仁宗朝出现了成果，仁宗朝开始出现人才济济的盛况，欧阳修不遗余力地为人才寻找发挥才能的空间。前人对欧阳修爱才护才养才荐才之功称颂颇多：与欧阳修同时的吴充称"生平以奖进人材为己任，一时贤士大夫，虽潜晦不为人知者，必延誉慰荐，极其力而后已，后进之士一为公所称，遂为闻人"①。宋人朱弁将欧阳修与晏殊并称为"一世龙门"②。《冷斋夜话》云："欧公喜士为天下第一，尝好诵孔北海'座上客常满，樽中酒不空'。"③《宋史》评价他："奖引后进，如若不及；赏识之下，率为闻人。"④ 明人胡应麟认为"宋世人才之盛，亡出庆历、熙宁间，大都尽入欧、苏、王三氏门下"⑤，而苏轼与王安石又出自欧阳修之门下，所以还要归功于欧阳修。

欧阳修自学成才，深知成才之艰辛；虽早慧却两次科考失利，会有"千里马常有而伯乐不常有"的慨叹；三起三落历尽仕途坎坷，认识到"智谋雄伟非常之士，无所用其能者，往往伏而不出"，所以他从不吝啬举贤荐才。出于欧阳修之门的有著名文人三苏、曾巩、王安石，唐宋八大家之宋代

① （宋）吴充：《欧阳文忠公行状》。

② （宋）朱弁：《曲洧旧闻》卷1。

③ （宋）胡仔：《苕溪渔隐丛话前集》卷30。

④ （元）脱脱：《宋史》卷319。

⑤ （明）胡应麟：《诗薮》杂编卷5。

六家全部出自欧门，另外梅尧臣、尹洙、苏舜钦等北宋诗文大家都曾经受过欧阳修的提携；学者如程颢、张载、朱光庭，欧阳修于他们有座主之恩，李觏、刘恕、刘敞、刘攽兄弟与欧阳修交情笃厚；政坛名流如范仲淹、富弼、王安石、司马光、吕公著、曾公亮、孙沔等都曾经受过欧阳修的称引。而且欧阳修还有识人之明，贤士于布衣潦倒之时，欧阳修亦能见其能而荐之。经欧阳修推荐或提拔过的人，在《宋史》中有传的就不下 20 余人。

　　欧阳修荐士之功大，除却非常强烈的荐贤意识之外，他还占据着荐贤之便，一者欧阳修交游极其广泛，朋友往来，互荐人才，得而即用之；二者欧阳修身居要职，权贡举、知台谏、直馆阁、担辅臣、入枢密、参知政事，掌握直接进退之大权。

　　由于欧阳修勇于发言，加之其人刚正重义，结交了一批志同道合的朋友。早在洛阳钱惟演幕府的时候，就与谢绛、富弼、王曙等众多名臣相处，与梅尧臣、尹洙等交游，畅谈天下事，同道而相济，欧阳修正于此时在政坛上显露头角。他们不仅在朝政上同声应气，明道二年欧阳修有《上范司谏书》，同时谢绛、富弼、尹洙也都有直论朝政的文章，而且由此结下深厚的情谊，富弼、尹洙都成为欧阳修挚友。庆历三年范仲淹主持了著名的庆历新政，提出"明黜陟、抑侥幸、精贡举、择官长、均公田、厚农桑、修武备、覃恩信、重命令、减徭役"十项改革国弊的措施，时欧阳修为太常丞知谏院，为国之口舌，他勤于职守，从弹劾无能官吏、立按察之法汰选官吏、荐能去不肖，到备边、平盗、理财、赈灾，无不涉及，言事特多，无所避畏，为革弊立新竭尽全力，积极为新政起势。虽然庆历新政前后不到一年的时间就失败，欧阳修出为河北都转运按察使，但这个经历对欧阳修极为重要。参与新政的是一批志士如胡瑗、孙复、孙沔、余靖、石介、尹洙、蔡襄、王益柔、江休复、宋敏求、韩琦、杜衍，等等，欧阳修与他们共同致力于救国救弊、同道相持，处事交游，情谊深厚。庆历五年，杜衍、范仲淹、韩琦、富弼，以谠论相继去，欧阳修仍上书为他们辩"杜衍、韩琦、范仲淹、富弼，天下皆知其有可用之贤，而不闻其有可罢之罪"，从而招怨，钱明逸遂劾修私于张氏且欺其财。欧阳修为人刚正又有气度，交游非常广，所交之人还有密友苏舜钦、学问之友刘敞、讲学之友吕公著等。

　　欧阳修在仕途的朋友以杜衍、范仲淹、富弼、韩琦为代表。他们全都是风节凛然的君子，而且全都列居高位。杜衍在庆历四年拜相，范仲淹庆历三年为参知政事，韩琦、富弼此时为枢密副使。富弼后在至和二年（1055）六月，为户部侍郎、平章事，嘉祐三年拜昭文相，嘉祐八年又拜枢相，熙宁元年再拜相。嘉祐元年（1056），韩琦拜枢密使，三年六月，同中书门下平章事，六年拜昭文相。他们在政坛上同心协力，和衷共济，互相推崇。杜衍年高，欧阳修对他颇为尊重，杜衍死后，欧阳修为之撰写墓志铭，光大杜衍的吏能风尚："公在于位，士知贪廉；退老于家，四方之瞻。岂惟士夫，天子曰咨。尔曲尔直，绳之墨之。正尔方圆，有矩有规，人莫之逾，公无尔欺。予左予右，惟公是毗。"① 苏舜钦为杜衍之婿，欧阳修视之为密友。仁宗宝元时王随为相，韩琦为右司谏，言宰辅非人，而举荐杜衍、范仲淹。欧阳修与范仲淹同出晏殊之门，景祐三年，范仲淹因忤吕夷简被贬，欧阳修为之鸣不平。胥偃为欧阳修岳丈，又对欧阳修有赏识之恩，由于胥偃数纠仲淹立异不循法，修方善仲淹，因与偃有隙。新政期间，欧阳修为范仲淹奔走，多次上疏言范仲淹之堪任，劝仁宗倚重之。欧阳修与富弼亦同出晏殊之门，庆历二年，宰相吕夷简荐富弼报聘，人皆危之，欧阳修上书引颜真卿使李希烈事，乞留弼。后来富弼入相，有欧阳修称引之力。韩琦也与欧阳修交厚，两人不仅私交甚好，而且政见相同，同样喜欢奖励后进，仁宗后期朝廷得人，两人出力最多。英宗即位，与太后关系不谐，韩琦、欧阳修一起斡旋调和，欧阳修宽慰太后，韩琦劝谏英宗，从而扭转母子关系。英宗治平二年，朝廷要罢免蔡襄，韩琦、欧阳修共奏不当。濮议风波中，韩琦与欧阳修意见相同，韩琦为上相，欧阳修参知政事，韩琦常以文学、人才之事问欧阳修。韩琦历相三朝，辅立二帝，堪称至尊元老，有宋朝第一相之美誉。欧阳修每与韩琦议事，心所不认可，必力争，韩琦亦开怀不疑，对欧阳修相当信任。他们同是君子，他们的交情诚如欧阳修《朋党论》中所说的那样是"所守者道义，所行者忠信，所惜者名节，以之修身则同道而相益，以之事国则同心而共济"的君子交情，而非为了个人利益结交的党羽。英宗治平二年，韩琦欲迁欧阳修为枢密使，修力辞之。他们彼此都有过论事不合的经历：

> 初群盗剽劫淮南，将过高邮，知军晁仲约度不能御，论富民出金帛、具牛酒，使人迎劳且厚遗之，盗悦，径去不为暴，事闻朝廷，大怒。枢密副使富弼议欲诛仲约以正法，参知政事范仲淹欲宥之，争于上前，上释然从之，仲约由是免死，既而弼愠甚。②

---

① （宋）欧阳修：《文忠集》卷31。
② （宋）徐自明：《宋宰辅编年录》卷5。

初边将议欲大举以击夏人，韩琦亦以为可举，衍争以为不可。①

仲淹疑契丹入寇，欲发兵为备，杜衍谓"契丹必不来，兵不可妄出。"仲淹争议帝前，诋衍语甚切。仲淹尝父行事衍，衍不以为恨，略无愠色，而仲淹益敬服之。既退，仲淹犹力争。韩琦曰："若尔则琦当请行，不须朝廷一人一骑。"仲淹怒，再求对，首奏琦语。然兵卒不发，仲淹亦不以为忤也。②

先是御史台辟南京留守推官石介为主簿，介上疏论赦书不当，求五代及诸伪国后不合意，罢不召，馆阁校勘欧阳修贻书责中丞杜衍。③

对于四人，欧阳修颇为推崇，"盖杜衍为人清审而谨守规矩，仲淹则恢廓自信而不疑，韩琦则纯正而质直，富弼则明敏而果瑞。四人为性，既各不同，虽皆归于尽忠，而其所见各异，故于议事多不相从。至如杜衍欲深罪滕宗谅，仲淹力争而宽之；仲淹谓契丹必攻河东，请急修边备，富弼力言契丹必不来；至如尹洙则非刘沪，仲淹则是刘沪而非尹洙。此四人者可谓公正之贤。平日闲居则相称美之不暇，为国议事则公言廷争而无私，以此而言，臣见杜衍等真得汉史所谓'忠臣有不和之节'"。④

欧阳修交游广，与其同道者同是以国家为中心，同是好荐引贤士而沮止侥幸，朋友间除却在政治上互相扶持，更重视彼此互荐国之良才，使才得其位、尽其才。欧阳修得一贤才则在朋友间广为称引，务使得其任。欧阳修上苏洵之文，韩琦善之，当即召试。欧阳修举荐孙洙贤良方正，韩琦见而奇之。欧阳修向宰相杜衍推荐曾巩，称"进士曾巩者，好古，为文知道理，不类乡间少年举子。所为近年文稍与，疑后进中如此人者不过一二。阁下志乐天下英材，如巩者进于门下，宜不遗之"⑤。英宗治平二年，欧阳修得崔公度所为《感山赋》以示相公韩琦，韩琦以公度守道甚笃，文章雄奇瞻逸，故将之从三班差使殿侍升为和州防御推官充国子监直学。欧阳修嘉赞苏轼，而富弼、韩琦亦以国士待之。王安石见知于欧阳修，欧阳修又将之推荐给刘敞、梅尧臣等。韩琦、富弼与欧阳修仁宗后期英宗朝神宗初期共同执政，言

---

① （宋）王称：《东都事略》卷56。

② （宋）徐自明：《宋宰辅编年录》卷5。

③ （宋）李焘：《续资治通鉴长编》卷117。

④ （宋）陈亮：《欧阳先生文粹》卷6。

⑤ （宋）欧阳修：《文忠集》卷145。

事一致，非常和谐，进才颇多，"故嘉祐之政，世多以为得"①。"富弼、韩琦当国以来十数年间，外自监司，内则省府，官比类选，擢甚精，时亦得人"②，其中欧阳修的举荐是重要因素。

欧阳修于庆历中知谏院，掌握国之口舌，荐范仲淹、富弼之贤，劝仁宗善任之。嘉祐二年知贡举，直接掌握退进大权。他毅然罢黜太学体，提拔了一大批才学之士，其中有苏轼、苏辙、曾巩、程颢、张载、朱光庭、吕惠卿、曾布、吕大钧、王韶等众多贤才，他们后来分别成为文坛、理学界、政坛的知名人士，堪称龙虎榜。看欧阳修的文集，有许多荐人之章奏，如《举章望之、曾巩、王回充馆职状》、《举苏轼应制科状》《举刘攽、吕惠卿充馆职札子》、《举梅尧臣充直讲状》、《举王安石、吕公著札子》、《举留胡瑗管勾太学状》等。至和二年，《再论水灾状》中，以包拯、张环、吕公著、王安石共荐。

欧阳修能见人于未达之时，在他们寒微之时大力举荐。如《荐布衣苏洵状》、《举布衣陈烈充学官札子》、《再乞召陈烈札子》、《荐张立之状》等。苏洵遇欧阳修之前穷困于京师，陈烈不践场屋，亦不赴诏，穷举守节，但因被奏遗弃妻子受到非议，欧阳修荐其行，得除国子监直讲。常秩举进士不中，退而为自得之学，尤长于《春秋》，居于陋巷二十余年，欧阳修与王安石闻而称之，士论亦翕然归重，嘉祐中欧阳修又荐常秩于朝，以为颍州教授，又除国子监直讲，又以为大理评事知长葛县，皆不赴。于是声名愈高，神宗闻其名，诏有司以礼敦遣。刘义叟，字仲更，泽州晋城人，欧阳修使河东，荐其学术该博，擢试大理评事。连庶，字居锡，安州应山人，在乡里时宋郊兄弟、欧阳修皆依之，尝为寿春令，又退居二十年，翰林学士欧阳修举荐连庶文学行义宜在台阁，于是省诏连庶为官。欧阳修于这些人有知遇举荐之恩。

苏氏三父子，先是布衣穷居，至和、嘉祐间潦倒穷困于京师，经过欧阳修称引，"一日而声名赫然，动于四方"③，成就"一门父子三词客"的文坛大观。苏洵27岁始发愤读书，举进士、举茂才异等皆不中，潦倒之际致书翰林学士欧阳修，欧阳修嘉赞之并将苏洵文章送呈给皇帝览阅，苏洵顿时从无名小卒转变成名动京师的文章大家，京城士大夫竞相争阅和效法其文。

---

① （宋）苏辙：《栾城后集》卷23。

② （宋）李焘：《续资治通鉴长编》卷208。

③ （元）脱脱：《宋史》卷338。

欧阳修还将苏洵举荐给韩琦，韩琦给官秘书省校书郎。欧阳修对苏洵有举荐之功，对苏洵之子苏轼和苏辙则是有座主之谊。嘉祐二年，欧阳修知贡举，拔苏洵二子苏轼、苏辙及第。

苏轼，字子瞻，号东坡居士，比冠博通经史，属文日数千言，嘉祐二年以《刑赏忠厚之至论》位列第二和对议《春秋》第一的成绩登第，其后以书见主考官欧阳修，修语梅圣谕曰"吾当避此人出一头地"①，由是名动天下。英宗时在藩邸亦闻其名，神宗每诵苏轼文章必叹曰"奇才！奇才！"②嘉祐五年欧阳修以才识兼茂荐苏轼于秘阁，试六论，除大理评事签书凤翔府判官。治平二年入判登州，三年英宗欲以唐故事召入翰林知制诰，宰相韩琦认为苏轼为远大之器，朝廷应该培养苏轼以至大用，不应骤用，遂用直史馆。神宗时苏轼自请外，通判杭州、密州、徐州、湖州。后又遭遇"乌台诗案"，险些丧命，出为黄州团练副使，量移汝州。元祐元年迁中书舍人寻除翰林学士，历官礼部尚书兼端明殿学士。绍圣时贬知英州、惠州、琼州。徽宗时移廉州、舒州、永州，提举玉局观致仕，卒于常州，年六十六。高宗时赠资政殿学士，谥文忠。苏轼"器识之闳伟，议论之卓荦，文章之雄隽，政事之精明，四者特出"③。他以爱君本，忠规说论，挺挺大节，群臣无出其右。在地方治理得力，为民谋利，修渠筑坡，平盗。但论事直切，所以仕途坎坷，曾经作诗自嘲"问汝平生功业，黄州、惠州、儋州"（《自题金山画像》）。但诗人不幸诗家幸，仕途不顺却玉成了苏轼在宋代文坛上的巅峰位置。苏轼为人豁达率真，豪放洒脱，文如其人，"自谓作文如行云流水，初无定质，但常行于所当行，止于所不可不止。虽嬉笑怒骂之辞，皆可书而诵之。其体浑涵，光芒雄视百代，有文章以来盖亦鲜矣"④。苏文堪称宋文之魁，古文挥洒自如、自然畅达，议论翻新出奇，且能夹叙夹议兼顾抒情，骈文飘逸神秀，情景兼备；苏诗表现力让人叹为观止，无事不入，风格上兼容并蓄，笔端万物，浑若天成；苏词在词之婉约柔美之外别树立了一种豪迈奔放之美，他的词不仅有景有情有思更有势，两种风格他都能发挥到极致。不仅如此，元祐时期，苏轼以翰林学士的身份，成为有影响力的新的文坛盟主，继承欧阳修所开创的文学事业，使之得以延续开拓，并呈现后浪高过前

---

① （元）脱脱：《宋史》卷338。

② 同上。

③ 同上。

④ 同上。

浪的大好局面。苏轼继承了欧阳修奖掖后进的遗风，"一时文人如黄庭坚、晁补之、秦观、张耒、陈师道举世未之识，轼待之如朋俦，未尝以师资自予也"①。前四人合称为"苏门四学士"，五人加上李鹰又合称为"苏门六君子"。苏轼在他们身上花费了心血，他们的文学成就也斐然，黄庭坚在诗坛与苏轼并称为"苏黄"、陈师道亦长于诗，他们开创了江西诗派；秦观是词中圣手；李鹰古文名于世；张耒、晁补之诗文兼擅。当时的李格非、李之仪、唐庚、张舜民、孔平仲、贺铸等人都受惠于苏轼。苏轼为人一如欧阳修之坦荡、尚风节，苏轼与蔡确的政见相左，谏官淘蔡确之诗，弹劾其讥上，苏轼为蔡确言。司马光为门下侍郎，章惇知枢密院，二人不相合，惇每以谗侮困光，苏轼为司马光解围。后苏轼迁起居舍人，轼向宰相蔡确辞以不欲骤用，荐林希代己。司马光执政，欲废免役法复差役法，苏轼以为免役法有其优点，不可尽废。

　　苏辙，字子由，嘉祐二年欧阳修拔为进士，时年方十九。授商州大名府推官，守父丧，服除时已为神宗朝，熙宁二年出为河南推官，未几改著作佐郎，复签书南京判官。元丰二年，坐兄轼以诗得罪，谪监筠州酒税，五年不得调，移知绩溪。哲宗元祐元年召为右司谏，二年迁起居郎中书舍人，六年拜尚书右丞进门下侍郎，论边事，哲宗不悦，落职知汝州，累谪雷州安置，遇赦北归，以大中大夫致仕，筑室于许，号颍滨遗老，政和二年卒，年七十四，淳熙中谥文定。苏辙性沉静简洁，为文汪洋淡泊，政治思想偏向守成，为人正直，论事切直，甫登第即上疏仁宗直言好色之害"近岁以来宫中贵姬至以千数，歌舞饮酒优笑无度，坐朝不闻咨谋便殿无所顾问。三代之衰、汉唐之季，女宠之害，陛下亦知之矣。久而不止，百蠹将由之而出，内则蛊惑之所汙以伤和伐性，外则私谒之所乱以败政害事，陛下无谓好色于内不害外事也"，直言不讳，堪称刚勇。

　　欧阳修选拔苏轼、苏辙，堪称能识人，仁宗初读苏轼、苏辙制策，退而喜曰"朕今日为子孙得两宰相矣"②。

　　作为文章政事道德楷模，向欧阳修求教的士子非常多，难能可贵的是欧阳修对身来或书来求教的学子总是不吝指教和鼓励的，他的文集中有许多与学子的书信，都饱含真诚，嘉赞、指导中夹鼓励与期许，如《送曾巩秀才序》、《送徐无党南归序》、《答吴充秀才书》、《答李诩第一书》、《答李诩第

---

① （元）脱脱：《宋史》卷338。

② 同上。

二书》等，欧阳修对他们的养成之功很大。

宋代江西的文教比较发达，学子致力于仕途，通过科举进入仕途的人比较多，欧阳修在《送吴生南归》颇为自豪地宣称"古士不并出，百年犹比肩。区区彼江西，其产多材贤"。欧阳修荐贤不避恩怨亦不避亲嫌，积极关注和培养江西士子，举荐提拔称引了一大批乡贤，欧阳修周围聚结了一大批江西士人，其中著名的有王安石、曾巩、刘敞、刘攽等。

嘉祐二年，欧阳修知贡举，江西录取 38 人，其中王韶在神宗朝建立了赫赫边功，拜观文殿学士、礼部侍郎、资政观文学士，后为枢密副使；汪洙后为吏部郎中；曾布哲宗时知枢密院，徽宗时为右相；萧世京徽宗时为吏部员外郎，赐金紫；李浑为秘书省校书郎；曾巩为古文大家，位列唐宋八大家之中。

曾巩堪称是欧阳修一手培养再造的。曾巩，字子固，建昌南丰人，曾致尧之孙，父为易占，有文名。曾巩生而警敏，读书数百言，脱口辄诵，十二岁时便写出很好的文章。庆历元年，曾巩入京游太学，写了一篇《上欧阳学士第一书》，并附文数篇呈献欧阳修。欧阳修见其文而奇之，并给出指导意见，于是曾巩文名大盛。次年，曾巩科举落第，欧阳修专门写了《送曾巩秀才序》，文章以鼓励为主，赞扬了曾巩"思广其学而坚其志"的志向，为曾巩鸣不平，批评了当时陈腐守旧的考试方法和录取标准，同时期望曾巩继续勤学。与此同时，欧阳修还向宰相杜衍推荐曾巩。嘉祐二年，欧阳修知贡举，录取了曾巩并其弟曾布、曾牟、曾阜。嘉祐五年，他又保举曾巩任馆阁校勘。曾巩不仅在仕途上得到欧阳修的提拔，古文创作亦常得到欧阳修的指点。曾巩少时曾习欧阳修之文，认为欧文"观其根极理要，拨正邪僻，掎挈当世，张皇大中，其深纯温厚与孟子、韩吏部之书为相唱和，无半言片辞蹉驳于其间，真六经之羽翼，道义之师祖也"①，于是口诵而心记之。其后以文谒见欧阳修，欧阳修对曾巩之文给出指导，认为其文气势澎湃，但有滥用辞藻之不足，如果稍加疏导，将会更有成就。曾巩从学欧阳修之后，为文章上下驰骋，越出而越工，本原六经，斟酌于司马迁、韩愈，一时工作文词者鲜能过也。其文纡徐而不烦，简奥而不晦，卓然自成一家，由此成为北宋文坛巨擘，得以与欧阳修齐名，世称"南丰先生"。曾巩与欧阳修的师生关系极为亲密，欧阳修众多门生中，曾巩是欧阳修最喜欢的一个。他对曾巩

---

① （宋）曾巩：《元丰类稿》卷 15。

说过"过吾门者百千人，独于得生为喜"①；曾巩对欧阳修亦终身推崇，所谓"言繇公诲，行繇公率"②。两人书信往来谈论的事情非常广，《与曾巩论氏族书》谈论的是曾氏氏族迁徙，《上欧阳舍人书》谈论的是当世之三急——听贤、裕民、力行，《再与欧阳舍人书》则是向欧阳修举荐王安石、王回、王向。欧阳修淡泊豁达，曾巩在为人上亦向欧阳修看齐。曾巩"负才名，久外徙，世颇谓偃蹇不偶。一时后辈锋出，巩视之泊如也"。《宋史·卷319》曾巩得到欧阳修之赏识后即向欧阳修举荐同学王安石，虽然只任小官，但仍然荐人，曾经举荐刑恕为史馆检讨。曾巩文名盛于当时，也不吝指导后学，秦观和陈师道师从曾巩为文，朱轼亦从曾巩学。曾巩历任齐州、福州等地方官，元丰四年充史馆撰修转中书舍人，六年卒。曾巩在地方为治尚威严，所至务去民害，颇有政声。

　　刘敞（1019—1068），字原甫，北宋临江军新喻人，庆历六年进士第，历仕蔡州、扬州、郓州，拜翰林侍读学士，后至集贤院学士，熙宁元年五十而卒。欧阳修比刘敞大 12 岁，他们政见相同，为人刚直不阿，善察明辨。刘敞为官直谏无所避畏似欧阳修，曾三上疏改夏竦之谥号文正为文庄，沮宦官参定大乐、逐大臣。刘敞学问渊博，自佛老、卜筮、天文、方药、山经、地志、皆究知大略，在经石学、史学上亦颇有修养，欧阳修对刘敞的学问非常叹服，编撰《集古录》向刘敞请教颇多，自称"故余家《集古录》，自周武王以来皆有者，多得于原父也"③。"最后成余志者，原甫也"④。"原甫博学，无所不通，为余释其铭以今文"⑤。欧阳修作《五代史》、《新唐书》，亦多次求教于刘敞。史载"欧阳修每于书有疑，折简来问，对其使挥笔答之不停手，修服其博"⑥。再加上两人有乡贤之情，两人私交深厚，交往密切，有大量的诗歌唱酬，书信来往频繁，内容有探讨学问的，有关心生活的，文字之间可见情深。欧阳修对刘敞非常推崇，曾经将之比喻为"百炼之英而万物之鉴"⑦。两人不仅情深，还相予以道义，嘉祐元年，同请出枢密使狄青以保全之，嘉祐四年，同劾龙昌期异端害道。刘敞曾经举荐过孙

---

① （宋）曾巩：《元丰类稿》卷 15。
② （宋）曾巩：《元丰类稿》卷 38。
③ （宋）欧阳修：《文忠集》卷 134。
④ 同上。
⑤ 同上。
⑥ （元）脱脱：《宋史》卷 319。
⑦ （宋）王称：《东都事略》卷 76。

佯、田况等人。

刘攽，为刘敞之弟，字贡父，与敞同登科，仕州县二十年，才为国子监直讲，欧阳修荐其"辞学优赡，履行修谨，记问该博，可以备朝廷咨访"①，于是试馆职，但为御史中丞所排挤，转为侍馆阁校勘。熙宁中判尚书考功同知太常礼院，由于刘敞政治思想倾向于保守，对王安石新法有异词，出任曹、兖、亳三州。哲宗初起知襄州，入为秘书少监，拜中书舍人，年六十七而卒。刘攽博记，能文章，政事佯古循吏，身兼数器，守道不回，著书百卷，尤邃史学，作汉书刊误，为人所称颂，司马光修《资治通鉴》，辟刘攽专职汉史。刘攽为人疏俊，不修威仪，喜谐谑，数用以招怨悔，终不能改，有《七经小传》。

王安石见知于欧阳修首先得力于曾巩的举荐。王安石与曾巩是同学，曾巩对王安石很是钦佩，庆历四年曾巩在《上欧阳舍人书》中，首次向欧阳修推荐王安石"巩之友王安石，文甚古，行甚称文。虽已得科名，居今知安石者尚少也。彼诚自重，不愿知于人，尝与巩言'非先生无足知我也'。如此人，古今不常有，如今时所急，虽无常人，千万不害也，顾如安石不可失也。先生倘言焉，进之于朝廷，其有补于天下"，随书附王安石之文一卷。庆历六年，曾巩在《再与欧阳舍人书》，再次推荐王安石。七年，曾巩前往滁州看望欧阳修，持王安石之文以示，欧阳修读后大加称赏，并由王安石之文而想见王安石之人，主动约王安石相见，尽管最终因故未能见成，但丝毫没有影响欧阳修对王安石的称引。皇祐五年，欧阳修荐王安石补谏官，安石以祖母年高辞之。至和元年，欧阳修举荐王安石任集贤校理，由于欧阳修的力荐朝廷免试予官，安石又辞之，欧阳修劝之方受官。三年，欧阳修在《再论水灾状》中荐举王安石，称赞王安石的学养和道德有所谓"学问文章，知名当世；守道不苟，自重其身；论议通明，兼有时才之用，所谓无施不可者"。后不久又上《荐王安石、吕公著札子》称王安石"德行文学为众所推，守道安贫，刚而不屈……久更吏事，兼有时才"。嘉祐元年，王安石为群牧判官，欧阳修出使契丹回任礼部尚书，两人最终会面。欧意欲再次举荐王试馆职，王辞之。欧阳修对王安石不仅赞赏，还为之扬名，在《与沈待制》称引王安石之文才"介甫诗甚佳，和韵尤精"。修还曾经向挚友刘敞、梅尧臣等介绍赞扬王安石："得介甫新诗数十篇，皆奇绝，喜此道不寂

① （宋）欧阳修：《文忠集》卷113。

寞。"① 欧阳修诗酒会友，有王安石之座。嘉祐二年，王安石出知常州，欧阳修为之饯行。欧阳修的扬名和举荐为王安石的仕途打下了良好的基础，一方面是显性的举荐职官，另一方面却是隐性的收誉。欧阳修以文坛盟主和士林领袖来称引王安石，举荐其为官，安石屡次辞之，于是淡于荣利的声名始盛，"士大恨不识其面，朝廷每欲俾以美官，惟患其不就也"②。文彦博为相，亦荐安石恬退，乞不次进用，以激奔竞之风。吕公著、曾公亮都曾经称引王安石。

面对王安石的爱护之情还体现在为王安石择友，欧阳修曾经引王安石与苏洵交游，熙宁变法的主要参与者吕惠卿也是欧阳修举荐给王安石的。嘉祐二年，欧阳修拔吕惠卿为进士，嘉祐三年，欧阳修给王安石写信，推荐吕惠卿"吕惠卿学者罕能及，更与切磨之，无所不至也，因其行谨"③。

面对文章政事道德楷模和乡贤前辈欧阳修的高度推扬，王安石对欧阳修始终心怀亲近和敬重，在《上欧阳永叔书》中可以窥见，"蒙恩不弃，知遇特深，违离未久，感恋殊甚……以愧以恐，何可以言也"④。欧、王二人，日后政见有出入，他们在茶法和相度牧马监的变革问题上有分歧，在新法上有争议。但两人皆为人中君子，所争皆为政见，不涉私德，不关私谊。神宗时两人依然保持密切的联系，虽然没有前期的嘘寒问暖，但也互相尊重和关注。熙宁变法初，欧阳修任青州知州，上《言青苗钱第一札子》和《言青苗钱第二札子》言其不便。作为曾经庆历新政的主力，不同于富弼和韩琦转向保守，欧阳修是倾向于变法与改革的，只是因为青苗法确实有其弊端，欧阳修就事论事，初衷在爱民。况且欧阳修对其他新法并无异议，所以欧阳修并不是反对新法而是在提建议完善新法。论青苗法不便的人还有吕诲等人，他们不仅叫停新法，更猛烈攻击王安石本人。王安石实行变法，意在强国保民而不是树立自己的威严，对于善意的批评，他有勇于接受的气度。再者王安石本就有充分的准备来面对反对言论，又深知欧阳修刚直之个性，不至于对恩师与乡贤的善意陈言怀恨在心。熙宁三年，王安石拜相，欧阳修入贺。欧阳修熙宁四年以观文殿学士、太子少师致仕，王安石有促成之力。欧阳修晚年无心仕途，屡请致仕，加之受到彭思永、蒋之奇的污蔑，更加心灰

---

① （宋）欧阳修：《文忠集》卷148。

② （元）脱脱：《宋史》卷327。

③ （宋）欧阳修：《文忠集》卷145。

④ （宋）王安石：《临川文集》卷74。

意冷，求归心切，王安石促成之，并非所谓的排挤与忘恩负义。熙宁五年，欧阳修死后，王安石撰写《祭欧阳文忠公文》，称："公器质之深厚，智识之高远，而辅学术之精微，故形于文章，见于议论，豪健俊伟，怪巧瑰琦，其积于中者浩如江河之停蓄，其发于外者烂如日星之光辉，其清音幽韵凄如飘风急雨之骤至，其雄辞宏辨快如轻车骏马之奔驰，世之学者无问乎识与不识，而读其文则其人可知。……果敢之气、刚正之节至晚而不衰……及夫发谋决策，从容指顾，立定大计谓千载，而一时功名成就不居而去，其出处进退又庶乎？英魂灵气，不随异物，腐散而长在乎箕山之侧与颍水之湄。然天下之无贤不肖且犹为涕泣饮，而况朝士大夫平昔游从？又予心之所向慕而瞻依。呜呼！盛衰兴废之理自古如此，而临风想望，不能忘情者，念公之不可复见而其谁与归？"对欧阳修的文章、道德、政事的概括全面客观，评价公允确当，感情深沉真切，可见王安石知欧阳修之深。时韩琦、曾巩、苏辙、范镇都为欧阳修撰写祭文，苏轼写了两篇，王安石之文最佳。

欧阳修培养王安石，如晏殊培养欧阳修的意义一样。欧阳修培养王安石，延续了江西政治群体的延续性。王安石在神宗期间主持变法，周围聚集了一大批政治家，其中重要人物有江西人曾布、曾肇等，他们一起创造了熙宁时期江西政治家群体的辉煌。

欧阳修的荐人之功至伟，王安石、曾巩、苏洵、苏轼、苏辙等在欧阳修的提携下，成为政声卓著的政治家和文学家。欧阳修的容人之度则无人能及，他荐贤从不拘泥南北，不凭己之好恶，不计个人恩怨。得其称引之人如包拯、李清臣、安焘、章望之、王珪、王回、刘敞和刘攽兄弟、章惇、吴子京、梅尧臣、陈烈、许将等，南北荟萃。司马光在英宗朝濮议风波中与修争议激烈，吕公著为吕夷简之子，王安石孤傲清高、不领情面，欧阳修屡次荐之皆拒绝，欧阳修都不介怀，所谓"于晦叔（吕公著）则忘其嫌，于温公（司马光）则忘其议论，于荆公则忘其学术"①。至和三年，欧阳修在《再论水灾状》中称赞吕公著是"清静寡欲，生长富贵而淡于荣利，识虑深远，文学优长，皆可过人。而喜自晦默，此左右顾问之臣也"，后又上《荐王安石、吕公著札子》，嘉祐四年，欧阳修再上《举吕公著自代札子》"出自相门，躬履儒行，学赡文富，器深识远，而静默寡欲，有古君子之风"；治平四年，欧阳修上《荐司马光札子》认为司马光"德性淳正，学术通明，自列侍从，久司谏诤，说言嘉话，著在两朝"德才兼备；张安道与欧阳修因

---

① （宋）叶梦得：《石林避暑录话》卷上。

政见不同素不和，张安道出使成都，苏氏父子谒见之，张安道推荐苏洵父子谒见时为翰林学士的欧阳修，欧阳修不以张安道之荐而沮苏氏，而是极力称扬举荐。面对人才，欧阳修从来没有"既生瑜何生亮"的嫉妒，而是乐于"化作春泥更护花"，养成贤人并为之让路。作为文坛盟主，面对才华横溢的苏轼，欧阳修坦然预言其日后必定超过自己，并悉心将之作为自己的继承人来培养。

政坛常常上演农夫与蛇的故事，这是荐贤者担荐人不当之责之外还要担当的风险，即使是拥有极高声誉的人也难以避免成为农夫的悲剧，江西人中先有晏殊，后有欧阳修受到亲荐之人的攻击。晏殊最爱宋祁之才，常邀其宴饮，一日宋祁至晏殊家夜饮达旦，翌日晏殊罢相，"宋祁草词，颇极诋斥，至有'广营产以殖私，多役兵而贵利'之语，方子京挥毫之际，昨日余醒尚在"①。欧阳修被蒋之奇污蔑的遭遇更难堪。蒋之奇字颖叔，常州宜兴人，游于欧阳修之门，欧阳修素厚之，英宗治平三年欧阳修力荐蒋为监察御史。欧阳修向来刚勇直谏，树敌很多，朝论以濮议之事疾修者众，欲击去之。濮议之时，蒋之奇赞同欧阳修之议，为避免受到打击，自我证明非欧阳修一派，治平四年，身为御史的蒋之奇与彭思永利用"法许御史风闻言事"之便利，极端不负责任、极其恶毒地污蔑欧阳修"帷薄不修"，与长媳通奸。任何人面对这种污蔑都难以忍受，对向来以名节自持的欧阳修无疑更是奇耻大辱，而且污蔑自己的竟然是自己曾经提拔过的人，欧阳修悲愤难耐，力请贬谪蒋之奇与彭思永。这件事情大伤欧阳修之心，也是导致他连乞致仕的原因之一。从这个角度来看欧阳修的荐人之功，更觉得其难能可贵。

政治群体的形成不外三个因素：血缘，事缘，地缘。血缘分宗族、姻亲关系，事缘主要是科举缔结的座师与门生、同门、同年关系和政治思想相契合的同道关系。地缘是地理位置聚结的关系，主要以同乡关系为主，也包括更大的同区域关系。大多数政治群体一般是这三个因素的结合。北宋早期的南人、北人，主要是以地缘关系形成的，但其中也有事缘和血缘的关系，如曹利用身为北人，与寇准不合而与丁谓为阵，杨亿为南人与王钦若不合而北人为伍，钱惟演与丁谓有姻亲，寇准和王曙是翁婿。我们所说的江西政治家群体，是以主要人物籍贯来定论的，江西政治家群体主要是江西籍官员，但聚集在政治群体核心人物周围的非江西籍官员是该群体的重要组成部分，如晏门的范仲淹、富弼，欧门的苏氏父子，王门的福建士子，他们对于该群体

---

① （宋）魏泰：《东轩笔录》卷10。

的影响非常大，所以在论述时并不排斥他们。早期江西政治家群体或者说南人群体因为崛起而采取一些无奈手段结交一些宦官，中后期的江西政治集团的形成并不仅仅是为了保存自己，也不仅是出于政治利益的考虑，而是同心思治，为国为民。用欧阳修在《朋党论》中的话来说："君子与君子，以同道为朋，小人与小人，以同利为朋，……小人无朋，其暂为朋者，伪也。君子则不然，所守者道义，所行者忠信，所惜者名节，以之修身，则同道而相益；以之事国，则同心而共济，始终如一，此君子之朋也。故为君者，但当退小人之伪朋，用君子之真朋，则天下治矣。"北宋陈彭年、王钦若、夏竦尚且能够忠于职守，江西军团中以晏殊、欧阳修、王安石为中心形成的三个政治家群体更是君子之朋，他们同道相益，同心共济，道义、忠信、名节皆重，为国家忘己。

第三节　王安石与熙丰士人

王安石（1021—1086），字介甫，小字猫郎，号半山，抚州临川人。生于真宗天禧五年。庆历二年，年22岁登进士第，以秘书郎签书淮南节度判官厅公事，七年秩满，辞试馆职，调知鄞县。皇祐三年，以殿中丞判舒州，宰臣文彦博嘉之恬然自守，乞不次进用。皇祐五年，欧阳修荐之补谏官，安石以祖母年高辞之。至和元年，免试特除集贤校理兼群司判官，安石屡辞，欧阳修劝之方受官，沈康向宰相陈执中请此职，执中以安石事对之，沈康惭退。嘉祐初开始王安石名始盛，嘉祐元年，为群牧判官，二年改太常博士，知常州。三年提点江南东路刑狱，四年上万言书，极陈当世之务，建议改易更革，未受到重视。五年为三司度支判官，诏与司马光同修起居注，安石八上章辞之，不得而后受。六年，除知制诰。嘉祐八年，丁母忧。治平二年服除，四年知江宁府。神宗熙宁元年除翰林学士，神宗诏安石越次入对，畅谈政事，安石上《本朝百年无事札子》，对宋朝百年以来的政经军作了全面的概括，指陈弊端，建议改革以富国强兵，得到神宗的认同。神宗屡诏安石问以国家之事。二年以右谏议大夫参知政事始行新法，与陈升之创置三司条例，以韩绛制置三司条例。三年王安石加同门下平章事、史馆大学士，时曾公亮、陈升之在朝辅助王安石实行新法。四年任平章事入相。六年用江西人王韶持边，取得熙河之役的胜利。七年以天变被罢相，知府江宁，临去荐韩绛为相，吕惠卿为参知政事。吕惠卿掌势，叛王安石，创手实法。熙宁八年，王安石再相，颁王安石"三经新义"于学宫，去手实法，罢吕惠卿知陈州。九年又罢相，判江宁府，王安石归金陵，正式退出政坛，隐居钟山，过起文人生活，潜心于佛诗学问，专心撰述《字说》。十年，王安石以使相为集禧观史。元丰元年罢使相，封舒国公，三年改舒国公为荆国公，颁布《字说》。八年神宗崩，召王安石为司空，司马光入朝为门下侍郎，吕公著为尚书左丞，蔡确为相，章惇为枢密使。哲宗元祐元年，高太后听政，诏司马光为相，韩维、吕大防、孙固、范纯仁详定役法，于是尽罢新法之制。反对新法者上台，吕公著为尚书右仆射，程颐为崇政殿说书，苏轼为翰林学士知制诰，吕大防为中枢侍郎，刘挚为尚书右丞，新法主持者蔡确和章惇同罢。王安石薨于是年，年66岁，赠太傅。

王安石少好读书，能过目而终身不忘，属文，动笔如飞，初若不经意，既成，见者皆服其精妙。他才学很高，令苏轼叹服，同与欧阳修、梅尧臣等分题赋虎图，安石先成，其文精妙令永叔袖手。曾巩上王安石之文于欧阳修，修见其文，爱叹诵写，认为其文世所无有。韩琦亦曾嘉奖王安石的学问。在文学上诗词文兼善，现存诗文集《临川集》100卷。其文短小精悍，多为议论文，发论高奇，遒劲峭拔，有纵横之气，入选为唐宋八大家之中；其早期的诗关注社会，有以文字为诗、以才学为诗，以议论为诗的特征，梁启超说："荆公之诗，实导江西派之先河。"（《王安石评传》）晚年所为诗以恬淡为特色，尤长于七绝，号称"荆公体"；其词咏史见多，深沉大气。此外王安石遍历百家，博学多识，有学术著作《淮南杂说》、"三经新义"和《字说》，后两者作为官方考试权威教材发行。而政坛上的王安石是一个叱咤风云、大刀阔斧的改革家，他主持了著名的熙宁新法。

王安石父亲王益，真宗朝登进士第，做过地方长官，颇有吏能，注重实干，兴利除弊，有政声。王安石从小跟随父亲仕宦辗转各地，对民间疾苦有亲身的了解。王安石素怀天下，年十八九岁即有"材疏命贱不自揣，欲与稷契遐相希"① 之志。与一般热血青年仅限于高呼口号不同，王安石将匡正天下的豪情更多转变为变革时弊的自觉意识。范仲淹主持庆历新政时，王安石才登第，签书淮南判官，没有直接参与，但是他仍然发表了自己对新政的支持和期待。庆历三年，韩琦、范仲淹以枢密副使入京主持新政，王安石兴奋地写下了《读镇南邸报癸未四月作》一诗："赐诏宽言路，登贤壮陛廉，相期正在治，素定不烦占，众喜夔龙盛，予虞绛灌奸。太平讵可致，天意慎猜嫌。"对新政满怀热情和期待，同时也敏锐地警觉到了新政的隐患，事实

---

① （宋）王安石：《临川文集》卷13。

上新政失败就在于仁宗心怀猜贤，改革意志不坚定。王安石对新政主持者范仲淹非常推崇，《祭范颍州文》中称其为"一世之师，由初迄终，名节无疵。明肃之盛，身危志殖"。他与新政主要参与者欧阳修的关系非常密切。庆历五年，韩琦因新政失败罢知扬州，安石为其幕僚，对韩琦颇为敬重。王安石很早就有变革的意识，而庆历新政的发生无疑对他的变革意识产生了引导作用。对比新政提出的明黜陟、抑侥幸、精贡举、择官长、均公田、厚农桑、修武备、覃恩信、重命令、减徭役十项改革，可见王安石八项新法与庆历新政存在很大的承继关系。而在新法过程中，王安石一再稳固神宗的变法决心，则是出于对庆历新政失败经验的总结。王安石学向经术，学以致用，以天下为己任，注意研究现实问题，思考解决途径，在新政影响下，王安石很早就将自己的变革意识化为行动。嘉祐六年以前，王安石屡辞朝廷召试而自请出知地方，主要目的是在地方上局部实验改革，所谓"东南宽之区，幽僻之滨，与之一官，使得因吏事之力，少施其所学"①。在知鄞县时，王安石就实行过"贷谷与民，立息以偿，俾新陈相易"② 的方法，结果是民以为便，获得成功，而这就是青苗法的雏形；"起堤堰，决陂塘，为水陆之利"③，亦起到防旱保收的效果，这是农田水利法的初步实践。而正是有实践经验的支持，王安石在新法期间才能够力排众阻顽强地实行和坚持新法。

王安石为人不好华腴，自奉至简。庆历二年举进士，本是王安石第一，仁宗皇帝不喜其赋中"孺子其朋"之语，落为第四，拔杨置为状元。王安石不以为意，且终身不言曾经中状元。他为官不但不干谒，反而屡辞官，文集中有极多辞呈，如《上相府书》、《乞免就试状》、《辞集贤校理状四》、《辞同修起居注状七》、《辞知江宁府状》、《上曾参政书》等。他有着高度自信和执著，被称为"拗相公"。纠察在京刑狱，判案被罚向府官谢罪，安石言己无罪不肯谢罪，由此遭到御史弹劾。嘉祐六年诏舍人院不得申请除改文字，安石以为此诏下，舍人院不复行其职，于是力争之，语侵执政，借口丁母忧去，终英宗之世不赴诏。王安石的执拗是变法者应有的一种坚强、一种自信，唯有如此才能承受巨大的压力坚持变法，所谓"横身为国家"④，担当重大事业。他言事无所忌讳，庆历八年《上运使孙司谏书》直言"伏

---

① （宋）王安石：《临川文集》卷74。

② （明）陈邦瞻：《宋史纪事本末》卷8。

③ 同上。

④ （宋）李焘：《续资治通鉴长编》卷252。

见阁下令吏民出钱购人捕盐，窃以为过矣"。皇祐元年，文彦博、庞籍议省兵，王安石为《省兵》诗，认为兵不可遽省。嘉祐四年议茶法，王安石主张行新茶法，与欧阳修持论相左，他在文中发论"国家罢榷茶之法，而使民得自贩，于方今实为便，于古义实为宜。而有非之者，盖聚敛之臣，将尽财利于毫末之间，而不知与之为取之过也"（《议茶法》）。在《上仁宗皇帝万言书》中毫不留情地指出仁宗"闺门之内，奢靡无节"，甚至以晋武帝、梁武帝、唐明皇为仁宗之戒，无大勇不敢为此。其诗《发廪》、《感事》、《兼并》、《寓言》等直言所见民瘼，《舒州七月十一日雨》"火耕又见无遗种，肉食何妨有厚颜"，悯农刺时。

王安石时代，距宋朝开国已经百年，制度的陈弊日渐显现，官员冗滥，尸位素餐，空蠹国家俸禄，同时将懦兵老，边战不力，澶渊之盟后，仁宗庆历契丹又开始南犯，而西夏亦是虎视眈眈，而宋廷无力抵挡，只得以纳岁币维持和平，这又加重了财政负担。积贫积弱冗官冗兵冗费日益严重，导致财空兵虚。出守地方的经历，使得王安石能够直接了解民生疾苦，体悟制度弊端。在深刻认识现实的基础上，王安石萌生了以理财治军为中心的变革意识，又经过长期的观察与思考和实践，王安石变法思想逐渐形成体系。他首先将其变法思想写在了《上仁宗皇帝言事书》中，"万言书"是王安石变法的一个草本，文章着力于选才的探讨，提出了以教、养、取、任之四道来培养治国所需要的各类人才。在教的方面强调吏能，要教之以礼乐行政和骑射图阵，不要耽于诗赋；在养的方面，优待与限制并行，要饶之以财，约之以礼，裁之以法；在取的方面，否定了茂才、贤良方正、进士、明经诸科的选才作用，大力反对恩荫制度，主张从下而上推举和审核人之德与才；在任的方面，要量才量德给官，并久其任而待之以考绩之法。"万言书"描述的只是一个设想，其建议过于理想化，实施起来比较困难，所以并未得到重视，但是王安石在文中阐明了他的理财原则，就是"因天下之力以生天下之财，取天下之财以供天下之费"，这也是熙宁新法时贯穿始终的理财宗旨。其实早在庆历七年，王安石在《与马运判书》就曾经说过"欲富天下而资之天地"，还通过一个比喻进行了阐述，说明理财的目的应该是创收富国而非穷民富国，所谓"今阖门而与其子市，而门之外莫入焉，虽尽得子之财，犹不富也"。他的理财宗旨是民不加赋而国用饶。同时他有感于庆历新政失败在于主上态度摇摆，在文中他谈到变革必然会遭遇阻力，要图治必须坚定决心，不能"顾有一流俗侥幸之人不悦而非之，则遂止而不敢"。在嘉祐六年的《上时政疏》中，王安石认为"天下至大器也，非大明法度不足以维持，非众建贤才不足以保守"。然而现实是"官乱于上，民贫于下，风俗日以薄，才力日以困穷"，王安石不肯因循苟且，力图革治，然而苦无机会。直到神宗朝，王安石才有可能施行谋划已久的改革大计。

神宗是一个"不治宫室，不事游幸，励精图治"① 的君主，早在东宫时即闻王安石之贤，熙宁元年，甫登位即诏翰林学士王安石越次入对，问为政之术，安石对以法尧舜，退而再上《本朝百年无事札子》尽言之。王安石认为虽然宋朝百年无事，是赖天助，在人事方面仍然存在很大的隐患，如为政因循末俗之弊，君子小人同在，士、将所得非人，农人贫困，士兵疲老等，从而提出"知天助之不可常恃，知人事之不可怠终，则大有为之时正在今日"，鼓励神宗立即实行变法。神宗阅后，大为叹赏，诏问安石革弊举措，安石对之以变风俗、立法度。神宗深是之，当即拍板"此非卿不能为朕推行"②。熙宁二年，擢安石为右谏议大夫、参知政事，创设"制置三司条例"为变法机构，掌管制定、颁布和推行新法，王安石与陈升之同领其事。新法陆续出台，七月立均输法，九月行青苗法，十一月颁农田水利法。三年十二月立将兵法、保甲法与募役法。五年三月行市易法，八月行方田均税法。新法乃王安石等人精心制定，而且必先试行然后颁行全国，仍派遣官员巡检各地实施情况，又置诸路提举官条例司监行新法。

新法围绕富国与强兵两方面开展，农田水利法、均输法、青苗法、免役法、市易法、方田均税法，着力于发展生产，增加财政收入；保甲法和将兵法，目的在于增强军事实力，提高边战战斗力。为了选拔国家所需的人才，王安石改革了科举，熙宁四年颁学校贡举新制，罢诗赋及明经诸科，专以经义论策试士以选取有补于世的人来担当治国经邦的重任。设立太学生三舍法，以三舍进取代替科举考试，增设了武学、律学、医学、蓄学，创立了明法科，入取者可为司法人员，次序列于及第进士之上。八年颁行王安石所训释《诗经》、《尚书》、《周礼》于学官，有司纯用取士。

神宗抖擞精神求治，天下盛推王安石，以为必可致太平，王安石亦充满自信。从熙宁二年直到元丰八年神宗去世，新法实行 17 年，成效显著。兴农政策实施后，扩大了耕地，完善了农田水利设施，免役法则释放出了更多的劳动力投入农业，从而增加了粮食产量，所谓"三登岁有秋"③。青苗法、

<hr />

① （元）脱脱：《宋史》卷 16。

② （宋）彭百川：《太平治迹统类》卷 13。

③ （宋）王安石：《临川文集》卷 35。

市易法收取的利息，直接增加了财政收入。"熙宁、元丰之间，中外府库无不充衍，小邑所积钱米亦不减二十万"①，到了元祐时期，通过实行新法积累下来的财富"可以支二十年之用。则三司岁人之常，半为赢余"②。这也为抗击契丹、西夏提供了战略储备，加之强兵政策使得军事实力增强。新法期间，王韶取得的熙河之役是北宋建国以来最大的一次军事胜利，收复了武胜，攻取了河州，继而连下宕州、岷州、叠州、洮州，建立了熙河路，沈括和种谔在元丰四年从西夏夺取了米脂、浮图、葭芦、安疆四个军寨。

　　新法使得国势日盛，但因为革故鼎新大刀阔斧而振荡天下，有"倾骇天下之耳目"③的效果，加之新法抑制豪强兼并、排挤特权，从一开始就受到不少皇族、大臣的强烈反对。首先出来反对的是庆历大臣。庆历新政离王安石变法不过30年，然而在这30年中庆历大臣从变革派渐变成稳健派，他们年轻时亦希望变革来提高国力，但后期偏向守成，对急剧变革持反对态度，而新法之时，他们已然成为元老，跻身台阁要职，他们的反对对新法实施构成了很大的阻力。韩琦、富弼是其中的代表。熙宁三年，身为河北安抚使的韩琦上疏言青苗法"是官自放钱取息……不抑散则上户必不愿请，下户虽或愿请，请时甚易，纳时甚难，将来必有督索同保均赔之患……乞罢诸路提举官第，委提点刑狱依常平旧法施行"④，神宗阅后曰："朕始谓可以利民，不意乃害民如此！"⑤欲听之，王安石辩解亦难释神宗之疑，直至请以去位。韩琦再上奏，王安石以其奏付制置条例司，令曾布疏驳刊石颁之天下。韩琦申辩愈切，皆不报，于是上疏请解河北安抚使，止领大名府路。韩琦在知大名府时，尽管不赞成，但依然尽力推行新法，而富弼则是完全不合作。富弼素喜王安石，然熙宁二年，王安石实施新法，富弼先称疾求退，出判亳州，在亳州持青苗法不行，曰"如是则财聚于上，人散于下"⑥。自用旧法，受到提举官赵济的弹劾，熙宁四年以左仆射移判汝州，在汝州两月即上疏言"新法臣所不晓，不可以治郡，愿归洛养疾"⑦，于是致仕。富弼虽然致仕，但作为元老，他对神宗仍有很大的影响力，"尝因王安石有所建

① （元）脱脱：《宋史》卷328。
② （明）杨士奇等：《历代名臣奏议》卷268。
③ （元）脱脱：《宋史》卷327。
④ （宋）赵汝愚：《宋名臣奏议》卷111。
⑤ （明）陈邦瞻：《宋史纪事本末》卷8。
⑥ 同上。
⑦ 同上。

明，帝却之曰'富弼手疏称'老臣五所告诉，但仰屋窃叹'者即当至矣"①。富弼的不合作给王安石带来了极大的麻烦，而韩琦之疏一度曾经动摇了神宗变法的决心，新法几为之罢。所以有说王安石之子王雱曾言"枭韩琦、富弼之首于市，则法行矣"②。但是对比保守派的态度，就可以知道，新法最大的阻力不是来自庆历大臣。

如果说韩琦、富弼对新法的态度是反对，那么保守派对新法的态度则是必欲除之而后快，对新法进行了猛烈的攻击，甚至连带攻击王安石本人和其他新法人物。王安石熙宁二年方行新法，就有吕公著上疏反对："昔日之所谓贤者今皆以此举为非，而主议者一切诋为流俗浮论，岂昔皆贤而今皆不肖乎?"③ 醇厚者的发言尚比较平和，其他保守派则带有强烈的攻击性。熙宁二年，御史中丞吕诲上疏攻击王安石"大奸似忠，大诈似信。安石外示朴野，中藏巧诈，骄蹇慢上，阴贼害物。诚恐陛下悦其才辩，久而倚毗，大奸得路，群阴汇进，则贤者尽去，乱由是生。臣究安石之迹，固无远略，唯务改作立异于人徒，文言而饰非，将罔上而欺下，臣窃忧之。误天下苍生，必斯人也"④。同时侍御史刘琦、钱颛共上疏曰："先朝所立制度自宜世守勿失，乃事事更张，废而不用，奸诈专权之人岂宜处之庙堂以乱国纪? 愿罢逐以慰天下。"知谏院范纯仁亦同时上疏言"王安石变祖宗法度，掊克财利，民心不宁"⑤；刘挚称新法"二三年间开阖摇动，举天地之内，无一民一物得安其所"⑥。三年，张戬上疏论王安石乱法，曾公亮、陈升之依违不能救正，韩绛左右徇从，李定以谄邪窃台谏，吕惠卿刻薄辩给假经术以文奸言不宜劝讲君侧。刘庠上疏极言新法非是。同时翰林学士范镇上疏曰："陛下有纳谏之资，大臣进拒谏之计，陛下有爱民之性，大臣用残民之术。"⑦ 司马光素与王安石厚，及行新法贻书开陈再三。熙宁三年，司马光辞枢密副使，而请罢制置条例司，追还提举官，不行青苗、助役法，言新法"舍是取非，兴害除利，名为爱民，实为病民，名为益国，其实伤国"⑧。"自新法之行，

---

① （明）陈邦瞻：《宋史纪事本末》卷8。

② 同上。

③ （元）脱脱：《宋史》卷336。

④ （宋）王称：《东都事略》卷78。

⑤ （明）陈邦瞻：《宋史纪事本末》卷8。

⑥ 同上。

⑦ （宋）李焘：《续资治通鉴长编》卷216。

⑧ （宋）李焘：《续资治通鉴长编》卷355。

中外汹汹，民困于烦苛，迫于诛敛，愁怨流离，转死沟壑"①。程颢屡上疏言乞罢预俵青苗钱利息及汰去提举官。更有高太后反对新法，"乘间语帝曰'祖宗法度不宜轻改，吾闻民间甚苦青苗、助役，宜罢之'"②。甚至向神宗哭谏新法，言"王安石变乱了天下"③。

反对者先夸大新法之不便以挫败神宗对变法的积极性，再而引祖宗家法不应该变来压制神宗，最后又引自然灾异为助。熙宁五年，司天监灵台郎亢瑛言"天久阴，星失度，宜罢免王安石，于西北召拜宰相。斥安石姓名署字，引童谣证安石且为变"④。熙宁六年七月秋至七年四月，久旱不雨，帝忧形于色，于是反对者纷纷借机上疏，归罪于新法，请罢去以应天变。郑侠上"流民图"，又上言天旱由王安石所致，若罢安石，天必雨。司马光《上皇帝直言书》，言罢新法则"中外欢呼，上下感悦，和气薰蒸，雨必沾洽"⑤。知青州滕甫上疏言："新法害民者陛下既知之矣，但下一手诏，应熙宁二年以来所行新法有不便悉罢，则民气和而天意解矣。"⑥ 左司郎中、天章阁待制李师中则言"今日之事，非有动民之行，应天之实，臣恐不足以塞天变"⑦，并借天变请诏用保守派。文彦博言市易与下争利，致华岳山崩。

时神宗思治心盛，全力支持王安石革新，反对者之言不被采用，其中一些大臣被罢官，调离左右，出知地方；而老臣则纷纷采取不合作态度——辞官，所谓"时贤士多引去以避王安石"⑧，朝廷几乎一空。韩琦在变法前夕熙宁元年就避位出知地方。熙宁二年罢御史中丞吕诲，罢知谏院范纯仁，贬判刑部刘述等六人，罢条例司检详文字苏辙，富弼于是年乞去位。熙宁三年罢知审官院孙觉，贬御史中丞吕公著，罢赵抃，罢知制诰宋敏求、苏颂、李大临，罢监察御史里行程颢、张戬，右正言李常，罢曾公亮。司马光于是年被贬知永兴军、第二年司马光归洛不出，绝口不论事，专心编写《资治通鉴》。翰林学士范镇乞致仕。熙宁四年出直史馆苏轼通判杭，贬杨绘知郑州，谪刘挚监衡州，富弼乞致仕。六年文彦博又力求去，遂以司空河东节度

---

① （明）陈邦瞻：《宋史纪事本末》卷8。
② 同上。
③ （宋）李焘：《续资治通鉴长编》卷252。
④ （宋）李焘：《续资治通鉴长编》卷229。
⑤ （宋）司马光：《传家集》卷45。
⑥ （明）陈邦瞻：《宋史纪事本末》卷8。
⑦ （宋）李焘：《续资治通鉴长编》卷253。
⑧ （明）陈邦瞻：《宋史纪事本末》卷8。

使判河阳徙大名府。

新法过程中，除却不合作和反对者，还有始附后叛者，陈升之是也。陈升之，字阳叔，建州建阳人，与王安石相遇淮南，安石深器之。熙宁元年陈升之知枢密院事，参与王安石变法，同安石共制置三司条例。二年拜相，才登相就请罢制置条例司，并归中书，又数与王安石争，于是以疾、母老求解职，三年罢相。心实不与而伪附，求得富贵即反面。

曾公亮开始对新法给予了极大的支持，最终也离开了新法阵营。曾公亮，字明仲，福建人，天圣二年进士，仕仁宗、英宗、神宗三朝，历任知县、知州、知府、知制诰、翰林学士、端明殿学士、参知政事、枢密使等职务，嘉祐三年至熙宁三年，历任仁、英、神三朝的宰执。曾公亮早年即有革故鼎新之志，后来成为王安石变法的首倡者。治平四年，他不顾唐介、韩琦等人反对向神宗举荐安石"文学器业，时之全德，宜膺大用"[1]、"安石辅相才"[2]。王安石变法，曾公亮是唯一一个支持王安石的老臣，"安石置条例司，更张众事，公亮一切听之。于是神宗益专信任，而安石以其助己，深德之。御史至中书争论青苗事，公亮俛首不言，安石厉声与之往反，由是言者亦以安石为专，公亮不与也。苏轼尝从容责公亮不能救正朝廷，公亮曰'上与安石如一人，此乃天也。'"[3] 韩琦论新法不便，神宗生疑，而安石告病不出，新法面临危机，曾公亮"是夜密遣其子孝宽报介甫'且速出，参政若不出则事未可知，是参政虽在朝，终做一事不得也。'介甫明日入对，辩论不已，魏公之奏不行。……当此时，人心倚魏公为重，而介甫亦以此去就，微鲁公（曾公亮）之助，则必去无疑"[4]。曾公亮的不言与密报，都对新法给予了很大的支持，曾公亮也因此受到了猛烈的批评。刘琦、钱颛等奏劾"曾公亮位居丞弼，反有畏避安石之意，阴自结援，更相称誉，以固宠荣，致安石败坏中书，故事曾公亮之罪也"[5]，请求罢免之。范纯仁亦言曾公亮不能救，且责曾公亮"年高不退，一切依随"[6]。加上曾公亮与王安石在变法中也产生了争执，两人互相犄角，于是曾公亮对变法产生了动摇，

---

① （宋）李焘：《续资治通鉴长编》卷209。

② （宋）王称：《东都事略》卷73。

③ （宋）王称：《东都事略》卷69。

④ （宋）朱弁：《曲洧旧闻》卷8。

⑤ （宋）徐自明：《宋宰辅编年录》卷7。

⑥ 同上。

熙宁三年二月，王安石与曾公亮就用不用司马光为枢密副使产生很大争论，三月"公亮请罢提举官，收新法，付提刑行之……若陛下并新法悉废之，尤善"①，又称疾在告，以之为挟。王安石则以为"公亮多用机巧，又专欲守其故态，自吕公著龃龉以来，及得升之协助，益难与议事"②。于是曾公亮辞去相位，退出新法。

王安石主持变法，不仅承受着来自外人的指责，还遭到了亲友的反对。王安石之弟王安国，早登科，有器识，有吏能，吕公弼善之，荐于神宗，安国屡以新法之弊力谏安石，熙宁五年，彗星见，诏求直言，安礼上疏曰："人事失于下，变象荐于上。陛下有仁民爱物之心而泽不下，究竟者，左右大臣不均不直，谓忠者为不忠，不贤者为贤，秉权射利者用力弹于沟瘠取利究于园夫，足以干阴阳而召星变。"③ 弟王安礼有文行，神宗赐对，"帝曰'卿学问通古今，以汉文帝为何如主？'对曰'三代以后未有也。'帝曰'但恨其才不能立法更制尔'。对曰'文帝自代来入未央宫定变，故俄顷呼吸间恐无才者，不能至用贾谊言，待群臣有节，专务以德化民，海内兴于礼仪，几致刑措，则文帝加有才一等矣'。帝曰'王猛佐苻坚以蓑儿国，而令必行。今朕以天下之大不能使人，何也？'曰'猛教坚以峻刑法杀人致秦祚不传世，今刻薄小人必有以是误陛下者，愿颛以尧舜三代为法，则下岂有不从者乎？'又问'卿兄秉政，外论谓何？'曰'恨知人不明，聚敛太急尔。"④ 亦屡以新法谏安石。吴充为王安石的姻家，亦反对新法。刘恕素与王安石友善，安石欲引置三司条例，恕以不习金谷为辞，且曰"天子方属公以大政，宜恢张尧舜之道以佐明主，不应以利为先"⑤。

可以说王安石主持新法遭遇到的是"嚣天下之口"⑥ 的批评，在巨大的压力下，虽然王安石以"天变不足畏，祖宗不足法，人言不足恤"⑦ 之大无畏精神顽强坚持新法，所谓"安石既用事，日变更祖宗法度，行新法，辅弼异议不能回，台谏侍从力争不能得"⑧，但仍然被迫作了一些让步。熙宁

① （清）徐松：《宋会要辑稿·食货四·青苗法》，中华书局 2006 年版，第 347 页。
② （宋）李焘：《续资治通鉴长编》卷 211。
③ （元）脱脱：《宋史》卷 327。
④ 同上。
⑤ （宋）徐自明：《宋宰辅编年录》卷 7。
⑥ （元）脱脱：《宋史》卷 327。
⑦ （宋）王称：《东都事略》卷 79。
⑧ （宋）徐自明：《宋宰辅编年录》卷 8。

三年诏并边州郡毋给青苗钱，罢制置三司条例，例归中书。七年四月，为应天变权罢新法，吕惠卿、邓绾言于上，方改为止方田暂罢。同时王安石请去相，出知江宁府。

王安石罢相期间，新法由韩绛与吕惠卿主持，集团内部出现斗争。吕惠卿无素望，屡被人弹劾，与韩绛论事多有争论，弹劾曾布沮新法，使出知饶州、吕嘉问出知常州，以章惇为三司使，又与王安国不和、与王雱恶斗。韩绛请复王安石之位，吕惠卿奏王安石之失沮之。八年二月王安石复相，与吕惠卿议论不合，于是产生嫌隙。吕惠卿自请出知陈州，章惇出知湖州。内部斗争使得本来就艰难的局势更加不利，加上天现异象，诏求直言，反对新法者借此反攻，程颢上疏论朝政极切。王安石再相，神宗对他的信任已经不如前，于是屡谢病，加上爱子王雱发病而死，安石万念俱灰，力请去位，九年以使相判江宁府，谈佛论禅，隐退政坛，新法的王安石时代结束。

神宗元丰时期新法继续，由蔡确主持，章惇为助。王安石罢相后，吴充、王珪继之为相，冯京知枢密院事。吴充不赞同变法，王安石在时就言新法不便，登相后乞召还司马光、吕公著、韩维、苏颂及荐孙觉、李常、程颢等数十人反对新法者，欲有所变更。少数保守派于此时归朝，如元丰元年吕公著知枢密院，三年冯京为枢密使。但王珪力主新法，吴充恶蔡确而王珪奏用确，上从珪所请也。元丰二年蔡确参知政事，章惇参知政事，五年王珪与蔡确分别为左右仆射。章惇守门下侍郎，张璪守中书侍郎，蒲宗孟守尚书左丞。安焘同知枢密院事，李清臣为尚书右丞，新法人物占据优势，而吴充逝世，吕公著、冯京皆被罢。

元丰新法的重点在改革官制上。改制前的宋代官制弊端很多：官名与实际职权不一致；机构繁复，彼此牵制，名不符实；冗官冗费，耗竭财力；寄禄官制度的混乱等。神宗决心改革官制，王珪、蔡确力赞行之，于是设官制局，熙宁五年颁布新官制，将官制复归于唐代的三省六部制，罢去台、省、寺、监等领空名者，易官以阶，制定寄禄新格，此后升迁、俸禄均按新格办理。改制裁简了一大批重叠机构，结束了唐末五代至宋前期官制紊乱的局面。但是此时的神宗变革思想动摇，"神宗谓执政曰：'官制将行，欲新旧人两用'"①、"初行令，命殆遍历三省吏部，凡数日方进诰至前，上厌其稽缓，且论大臣悔改官制"②，王珪、蔡确力言官制月省俸禄，又以正名为辞，

----

① （元）脱脱：《宋史》卷312。
② （宋）徐自明：《宋宰辅编年录》卷8。

上意乃定。

元丰八年三月，神宗崩，哲宗即位，年方十岁，于是高后听政。高太后在神宗时就曾经哭谏新法，她上台即任用司马光、吕公著，五月王珪卒，司马光守门下侍郎，七月吕公著尚书左丞。实行元祐更化，全面驱逐新法人物。元祐元年蔡确罢相，同日司马光任左仆射，吕公著任门下侍郎，吕大防任尚书右丞，章惇罢知枢密院事，范纯仁同知枢密院事，吕公著迁右仆射，文彦博任太师平章军国重事，张璪罢中书侍郎，吕大防代之，刘挚为尚书右丞。司马光不顾"三年无改于父之道"的先训，甫上台即以"救焚拯溺"①的速度罢黜新法恢复旧法，吕公著助之。元丰八年，七月罢保甲法，十一月罢方田均税法，十二月罢市易法、保马法；元祐元年，三月罢免役法，八月罢青苗法，将兵法虽未被罢，亦被篡改，新法划革殆尽。王安石在新法被废时黯然离世。司马光亦于是年离世，于是吕大防、范纯仁掌朝，守成不变。为了根除新法势利，元丰四年，左谏议大夫梁焘上疏，开具新党人物的名单，榜之朝堂，榜单分王安石之党与蔡确之党，共77人，对他们贬损甚迫，范纯仁制止，吕大防不听，于是开了党祸之始。

元祐八年九月太后崩，哲宗亲政，图强思变，有复熙宁、元丰之意，次年改元绍圣。礼部侍郎杨畏上疏言神宗更法立制以垂万世，乞赐绛求以成继述之道，并荐章惇、安焘、吕惠卿、邓润甫、王安中、李清臣等。哲宗开始诏用新法人物，保守派相继被罢。以李清臣为中书侍郎，邓润甫为尚书右丞，章惇进左仆射，安焘为门下侍郎，曾布知枢密院，蔡卞为尚书右丞、再为左丞。李清臣、邓润甫首倡绍述，亟复青苗、免役法，章惇请再复行免役法、保甲法、青苗法，复立市易务，于是新法复行。新法人物为报元祐之仇，痛贬元祐之臣，追贬已故的司马光、吕公著等，流吕大防、刘挚、苏辙、梁焘、范纯仁于岭南，贬韩维等30人。

元符三年，哲宗崩，太后立端王。徽宗立之初，用保守派人物，章惇、蔡京被贬。崇宁时复用蔡京，绍述新法。蔡京惟元祐、元符末之政尽去，禁元祐之学，废元祐之法，复绍圣役法、方田法，在各州县普遍设立学校，将熙宁太学三舍法推行到各州县，罢科举。新法尤其是兴学取得了一定的成效，但蔡京为人反复奸诈，全无道德，其行新法非为国家，而是把玩的政治手段、徇私的借口，新法已然变质，所谓"绍述一道德而天下一于谄佞，

---

① （明）陈邦瞻：《宋史纪事本末》卷10。

绍述同风俗而天下同于欺罔，绍述理财而公私竭，绍述造士而人才衰"①。擅政之后的蔡京疯狂报复元祐之逐，定元祐、元符末党人刻石于朝堂，又图熙宁、元丰功臣，实行全面的党锢。加上宋徽宗吃喝玩乐、荒唐昏庸，所以北宋很快走入坟墓。

王安石变法是基于北宋现实的，"当时非独荆公要如此，诸贤都有变更意"②、"熙宁更法，亦是势当如此"③。其推行的新法亦是根据民疾对症下药，如青苗法"民既受贷则兼并之家不得乘新陈不接以邀倍息，又常平广惠之物收藏积滞，必待年俭物贵然后出粜，所及者不过城市游手之人，今通一路有无贵发贱敛以广蓄积平物价，使农人有以赴时趋事，而兼并不得乘其急凡"④。王安石道德名望为世典范，视富贵如浮云，神宗尝评价他"不好官职，自奉甚薄，可谓贤者"⑤。"神宗尝问（曾）巩'卿与王安石最密，安石何如人？'巩曰'安石文学行谊不减扬雄，以吝故不及'。神宗遽曰'安石轻富贵，不吝也'。"⑥ 无欲则刚，正因为大公无私，所以王安石能在变法期间那般坚定。王安石变法为民为国而非个人利益，所以他才有无畏的姿态坦然面对一切批评，他心系天下，所以才为新法身犯众怒。王安石主持熙宁新法，"有善不嫌于亟进，有恶不吝于速降，故理财治农之方，求之近古而未有，养士训兵之法，蠹于百年而一新"⑦。继王安石之后主持新法的吕惠卿、蔡确、章惇、曾布无王安石之大公，变成了政客，减损了新法的效果，蔡京则变成了奸佞，绍述的新法变成了个人工具，用来横征暴敛、打击异己，完全背离了王安石富民富国的变法初衷。

王安石的变法是石破天惊的，时人和后人对变法的评价毁誉不一，连带其人饱受争议。王安石在政时，其人及新法就饱受非议。保守派上台，元祐攻新法者，无事不罪王安石，王安石及其变法遭遇到猛烈的攻击，晚景极为荒凉。逝世后，葬礼草草了事，葬在半山寺后，连墓志铭都没有，仅有门生陆佃私下撰写《祭丞相荆公文》，生前事后反差极大，果然"千秋万载名，寂寞身后事"。张舜民曾写《哀王荆公》七绝四首，诗有"今日江湖从学

---

① （明）陈邦瞻：《宋史纪事本末》卷13。
② 《朱子语类》卷130。
③ 同上。
④ （元）脱脱：《宋史》卷176。
⑤ （明）陈邦瞻：《宋史纪事本末》卷8。
⑥ （宋）王称：《东都事略》卷48。
⑦ （宋）李焘：《续资治通鉴长编》卷278。

者，人人讳道是门生"、"恸哭一声唯有弟，故时宾客合如何"之句，感慨世态炎凉。当时一片喊打声中只有其政敌司马光对王安石的评价还算公允。王安石死后，司马光在《与吕晦叔第二简》中对王安石作了一个定位："介甫文章节义过人处甚多，但性不晓事而喜遂非，致忠直疏远，谗佞辐辏，败坏百度以至于此。今方矫其失，革其弊，不幸介甫谢世，反覆之徒必诋毁百端。光意以谓朝廷特宜优加厚礼以振起浮薄之风，苟有所得辄以上闻。"司马光对王安石的文章和节义给予肯定，对其为政则全盘否定。新法绍述，王安石的地位陡升，绍圣中谥王安石曰文，配享神宗庙庭。崇宁三年又配食文宣王庙，列于颜孟之次，追封舒王。

王安石在南宋受到全盘否定，高宗君臣检索国破家亡之因，归咎于党祸，并将之溯源到王安石变法，视王安石为蔡京误国、靖康之难的祸源，于是停宗庙配享，削其王封。高宗特下诏重修《神宗实录》，归功于神宗圣明，归咎于安石误国，彰显王安石及新法之罪。以陈亮、黄震、胡宏、陈渊、朱熹等为代表的南宋主流评论从变法到学术到人格，给王安石全面的否定，只有陆九渊、叶适等极少数人对变法否定而对王安石的学术和人格给予肯定。元、明、清三代王安石仍然受到严厉批评，唯有马端临在《文献通考》中肯定了王安石："盖介甫之行新法，其意勇于任怨而不为毁誉所动。"[1]直到晚清才有江西学者蔡上翔著《王荆公年谱考略》为王安石洗冤辨污，书中剖析和反驳了前人对王安石的种种污蔑，曰"荆公受谤七百有余年"。龚自珍对王安石极为推崇，梁启超、孙中山作为改革者对王安石有着深深的认同，他们为王安石翻案。梁启超认为王安石是三代以下唯一完人，将之列为中国六大政治家之中；孙中山也大力肯定王安石，认为其变法思想与三民主义有相似之处。当代学者对王安石的评价主要是肯定的，历史学家邓广铭先生三写王安石，为王安石还原本相。国外列宁称王安石为中国11世纪的改革家，日本学者对王安石变法多持肯定态度。

王安石有素行，变法之前的他名满天下，所交之人皆是一时名德之士。韩绛、韩维、吕公著、欧阳修、文彦博、韩琦、富弼、司马光、范镇等都是时之名望，他们与王安石关系密切，对王安石的评价也很高。"吕公著、韩维，安石借以立声誉者也，欧阳修、文彦博，荐己者也，富弼、韩琦用为侍从者也，司马光、范镇交友之善者也"[2]，而新法一出，他们先后出来反对。

---

① （元）马端临：《文献通考》卷12。

② （元）脱脱：《宋史》卷327。

王安石改革决心非常笃定，自信所见，执意不回，为了新法不惜与许多人决裂。但他们与王安石之间并没有互相倾轧、互相诋毁，在政事之外，是互相尊重的。"安石素善颢，及是虽不合，犹敬其忠信。"①

王安石早年就有革弊之志，庆历大臣是他的先行者，王安石对庆历大臣是颇为尊重的，除欧阳修外，王安石曾经在韩琦帐下做幕僚，韩琦对王安石的学识渊博很是赏识，富弼对王安石亦颇为看好。但庆历老臣此时的执政思想转向稳健，认为改革应该循序渐进，他们对王安石振荡天下的新法持反对态度，于是与王安石产生了争执。韩琦庆历五年罢知扬州，时王安石方中第，为其幕僚，王安石对作为庆历新政的主要成员的韩琦是崇拜的，韩琦亦嘉王安石之学。嘉祐六年王安石为知制诰，韩琦为相，两人为政观点不同，产生了争议，英宗朝王安石退居金陵以避免与韩琦发生争论。神宗即位，韩琦辞相，王安石于是得进行新法。熙宁三年韩琦为河北安抚使，看到新法的一些弊端，韩琦向神宗上书请罢青苗法，乞尽罢诸路。韩琦的上疏险些动摇了神宗变法的决心，王安石将韩琦之疏逐条批驳公布于众，韩琦怒争而不得，朝廷依旧决定实行青苗法。此时身为大名府知府的韩琦并没固执己见，而是仍尽力推行新法。韩琦与王安石之争亦是因公事而起，不涉及人格领域。韩琦上疏论新法不便，乃就事论事，没有攻击王安石，王安石驳斥韩琦之疏，乃为维护新法之举。神宗曾问韩琦王安石是否可以属国，韩琦答曰"安石为翰林学士则有余，处辅弼之地则不可"②。韩琦对于新法是否定的，但对王安石的学识和才能是肯定的。王安石对韩琦的评价也很高，"荆公每评近代宰相即曰韩公"③。韩琦知相州，王安石制词"卿以公师之官、将相之位，统临四路，屏扞一方，寄重任隆，群臣莫比"④。熙宁八年六月，韩琦在相州去世，王安石为之作挽词二首，有句"心期自与众人殊，骨相知非浅丈夫"⑤。对韩琦的才识功德气量都予以很高的肯定，更有"幕府少年今白发，伤心无路送灵辀"之句，情真意切。

庆历间的富弼果敢敏锐，嘉祐时期则变得老成持重，所谓"守典故，

① （明）陈邦瞻：《宋史纪事本末》卷8。

② （宋）王称：《东都事略》卷69。

③ （宋）魏泰：《东轩笔录》卷6。

④ （宋）王安石：《临川文集》卷47。

⑤ （宋）王安石：《临川文集》卷35。

行故事，而傅以公议"①。治平时期，英宗"问执政'积弊甚众，何以裁救?'富弼对曰'恐须以渐厘改"②。富弼主张的是渐进，所以对大刀阔斧的新法抵触比较大。熙宁二年二月，富弼第三次拜相，对神宗言"陛下临御未久，当布德行惠，愿且二十年口不言兵，亦不宜重赏边功"③。王安石主持新政，富弼多与之争，不得，又多称疾卧家不视政事，又固请罢，于是九月罢相，判亳州。富弼在亳州抵制新法，自用旧法，"时方行青苗息钱法，弼以谓如是则财聚于上，民散于下，且富民不欲请愿不可复得，故得之不行。且富民不愿请俱贫民后不复得，故持之不行。而提举常平赵济劾弼以大臣格新法，法行自贵近者始。章下本劾之连逮愈众。于是弼上疏自言，主独坐臣，又愿赐告归洛养疾。诏许之"④。四年六月判汝州，富弼辞之，不许，于是又请更不签书新法，又不报。富弼于是又言"新法，臣不晓，不可以复治郡，请复还京洛养疾"⑤。卒得以归，寻请老，拜司空复武宁军节度使同平章事进封韩国公致仕。致仕期间又上章言事，论君子小人为治乱之本，且言上左右多小人，指新法者也。元丰六年薨，年八十。欧阳修对王安石非常赏识，欧阳修与富弼关系密切，富弼得以知道王安石，对王安石的评价很高，于是任用王安石。后来富弼反对新法，对王安石非常不满，但未尝诋毁王安石本人。熙宁二年富弼请去，神宗问可代者，富弼荐文彦博，神宗问安石何如，富弼默然。王安石对富弼极力反对新法的行为极为恼火，以"流俗"披之，虽然不恭，却是必要的，因为富弼的反对对新法是极大的威胁。王安石其实对富弼是很敬重的。

王安石与司马光早期关系颇为密切，他们年岁相近，又同在包拯手下为官，同时具有声名，互相倾慕。王安石嘉祐中作《明妃曲》，司马光和欧阳修、刘敞等人相互唱和。嘉祐五年，两人同修起居。熙宁元年，两人同为翰林学士，因干旱国用不足，王安石主张理财，司马光主张节用，"司马光曰'救灾节用，当自贵近始可听也'。王安石曰'常衮辞堂馔时以为衮自知不能当辞职不当辞禄，且国用不足者，以未得善理财者故也'。光曰'善理财者不过头?箕敛尔'。安石曰'不然，善理财者不加赋而国用足'。光曰

---

① （元）脱脱：《宋史》卷313。
② （宋）李焘：《续资治通鉴长编》卷201。
③ （宋）彭百川：《太平治迹统类》卷12。
④ （宋）徐自明：《宋宰辅编年录》卷7。
⑤ 同上。

'天下安有此理？天地所生财货百物，不在民则在官，彼设法夺民，其害乃甚于加赋，此盖桑弘羊欺武帝之言，司马迁书之以见其不明耳'。"① 于是争议不已，司马光不得，就而请去，神宗不允。二年行新法，光力请罢新法，不得，辞官亦不得，于是连书三封，责安石新法"侵官、生事、征利、拒谏以致天下怨谤"，劝安石放弃。安石回之"受命于人主，议法度而修之于朝廷以授之于有司，不为侵官；举先王之政以兴利除弊，不为生事；为天下理财，不为征利；辟邪说难壬人不为拒谏"，于是司马光辞官归洛著书，在《资治通鉴》中以王莽影射王安石。熙宁七年，上疏请罢新法，不行；九年遗书宰相吴充亦不用。高后听政，引司马光为执政，时光年 67 岁，甫上台，将新法废除殆尽。元祐元年，司马光得疾，言"四害未除，吾死不瞑目矣"②。司马光全罢新法，多少有些意气用事，时苏轼、苏辙、范纯仁都以为不可全罢，王安石退隐金陵，每听到废一新法都一笑了之，唯免役之法被废时，惊呼出声，后黯然离世。后五月司马光亦卒。

王安石与司马光是具有高度社会责任感的士大夫，对积弊日深和国家面临的危机有深刻的认识，都有通变救弊的意识，只是在道路选择上分道扬镳，一人选择革易一人选择守成，两人由此成为最大的政敌。司马光的执政思想是守成："帝御迩英阁听讲曹参代萧何。帝曰'汉常守萧何之法不变可乎？'光对曰'宁独汉也，使三代之君守禹汤、文武之法，虽至今存可也。汉武取高帝约束纷更之，盗贼半天下，元帝改孝宣之政，汉业遂衰。由此言之祖宗之法不可变也……且治天下譬如居室，敝则修之，非大坏不更造也'。"③ 这种修葺的思想与王安石的革故鼎新大相径庭。王安石的新法抑制兼并，司马光对兼并者则进行袒护"自未行新法之时，民间之钱固已少矣，富商大贾藏镪者或有之。彼农夫之富者，不过占田稍广、积谷稍多、室屋修完、耕牛不假而已，未尝有积钱巨万于家者也"④。王安石在《答司马谏议书》中自称与司马光的关系"窃以为与君实游处相好之日久，而议事每不合，所操之术多异故也"。两人虽然是政敌，但同位道德典范的两人只争执国事，并没有互相诋毁，神宗尝问司马光王安石为人何如，光对曰"人言

---

① （明）陈邦瞻：《宋史纪事本末》卷 8。
② （明）陈邦瞻：《宋史纪事本末》卷 10。
③ （明）陈邦瞻：《宋史纪事本末》卷 8。
④ （宋）李焘：《续资治通鉴长编》卷 252。

安石奸邪则毁之太过，但不晓事又执拗耳"①。王安石对司马光比较敬重，新法期间为了防止司马光阻碍新法，王安石建议神宗不用司马光，只说"光才岂能害政，但在高位，则异论之人倚以为重"，对他亦无贬辞。② 王安石死时颇为凄凉，司马光遗书吕晦叔，对王安石作了一个相对公允的评价，防止小人对王安石诋毁太甚。

变法注定了是一场大的斗争，在这场斗争里，稍微一不小心就会超出理性的界限，在王安石、司马光执政的时候还能做到理智，但高太后听政，司马光尽废新法，引起新法人物的怒火，于是当双方有威望的领导者逝去，他们的后学开始了无休止的打击与被打击的扭打，于是党轧祸国，最终导致了北宋的灭亡。

苏轼与王安石同出欧阳修之门，苏轼为童子时，"时士有传石介庆历圣德诗至蜀中者，轼历举诗中所言韩、富、杜、范诸贤以问其师，师怪而语之，则曰'正欲识是诸人耳。'盖已有颉颃当世贤哲之意"③。朱熹曾经描述过苏轼"均户口、较赋役、教守战、定军制、倡勇敢之类，是煞要出来整理弊坏处。后来荆公做出，东坡又却尽底翻转，云也无一事可做"④。可见苏轼早年与王安石一样有通变救弊的愿望。但是王安石行新政，苏轼坚决反对，屡议论新法不便，又责支持新法的曾公亮。王安石改革贡举，苏轼又论其不便，攻击安石独断专任，"因试进士，发策以晋武平吴以独断而克，符坚伐晋以独断而亡，齐桓专任管仲而霸，燕哙专任子之而败。事同而功异为问"⑤。后自请通判杭州。苏轼在州推行新政，因法以便民。后司马光执政，欲废免役法复差役法，苏轼以为免役法有其优点，不可尽废。苏轼与王安石政见相左，但并未彼此倾轧。元丰二年，御史李定、舒亶、何正言检索苏轼诗文中指刺新政之言，酿成"乌台诗案"，苏轼险些丧命，王安石出言相救。苏轼虽然反对新法，但对王安石的道德文章很仰慕，元丰末王安石罢相金陵，苏轼由汝州回京路过拜访之，王安石见之大喜，说苏轼是几百年才有的人物，欣然与之出游，倾心交谈，因赠之诗，坡依韵和之，有"从公已

---

① （宋）王称：《东都事略》卷87上。
② （元）脱脱：《宋史》卷336。
③ （元）脱脱：《宋史》卷338。
④ 《朱子语类》卷130。
⑤ 同上。

觉十年迟"①，并请王安石指点自己的学生秦观。

苏辙在熙宁新法时为司谏，王安石以辙为条例司检详文字。苏辙发言公正，故王安石对之比较敬重，设新法时请辙参谋，"安石欲行青苗法，辙曰'以钱贷民出纳际，吏缘为奸，钱入民手，岁良民不免妄用，及其拿钱，虽富民不免违限，恐鞭笞必用，州县不胜烦矣。安石曰'君言有理'。自此不复言青苗"②。后逾月，行青苗法，苏辙往见陈升之言其不便，又以书抵安石，力陈其不可，于是出河南推官。苏辙对新法亦持反对态度，但他反对的理由不是新法不当行，而是认为执行可能会有困难。所以后司马光执政，苏辙建议司马光缓行雇役之法，缓罢选举之法。

另外刘挚为安石所器，后因新法有隙；郑侠为安石所奖拔，因新法而反目；孙觉为王安石所引用，又因其反对新法而分裂；程颢与王安石私人关系密切，但面对新法时，坚决与王安石对立。

在一片反对声中，少数思革图治之士则对变革充满期待，也对新法表现了极大的支持。王安石变法的支持者中，最彻底的是常秩。常秩尚法制，曾言"法制不立，庶民食侯食，服侯服，此今日大患也"③。他居陋巷治经术二十余年，从其学者众，为世推崇，王安石、欧阳修曾推荐之，秩坚决不仕。王安石主持变法，"秩在阊闾，见所下令，独以为是，一召遂起，在朝廷任谏，争为侍从"④，极力支持王安石。"秩死，使门人赵冲状其行云'自秩与安石去位，天下官吏，阴变其法，民受涂炭，上下循默，败端内萌，莫觉莫悟，秩知其必败。"⑤ 常秩对变法的支持可谓坚决彻底。

变法初期，朝臣中有曾公亮支持新法。曾公亮是一位三朝元老，他的支持对新法帮助很大。惜其最后离开新法。王珪、韩绛与王安石为同榜进士，他们是朝臣中支持新法的极少数者。

王珪，字禹玉，成都华阳人，举进士庭试第二，嘉祐初为翰林学士，后除端明殿学士迁翰林学士承旨，熙宁三年除参知政事，九年与吴充同拜相，元丰二年拜银青光禄大夫兼门下侍郎同中书门下平章事监修国史，五年拜尚书左仆射兼门下侍郎，八年卒。王安石之时，王珪惟承旨而动，后吴充欲变

---

① （宋）吕希哲：《吕氏杂记》卷下。

② （元）脱脱：《宋史》卷315。

③ （元）脱脱：《宋史》卷329。

④ （元）脱脱：《宋史》卷329。

⑤ 同上。

新法，王珪出来反对，并提拔蔡確维护新法，又举荐张璪，璪在元丰间助蔡確行新法。

韩绛，字子华，与王安石为庆历二年同榜进士。韩琦曾举荐韩绛忠直，有公辅之器。韩绛与王安石相交深厚，其弟韩维亦对王安石极为推崇，神宗在东宫时，韩维多次称引王安石，韩绛亦曾举荐王安石为翰林学士。韩绛有变法图强之志，"神宗尝问天下遗利，韩绛请尽地力，因言差役之弊，愿更定其法，役议自此始矣"①。王安石变法，引韩绛为助手，韩绛积极支持新法，代陈升之制置三司条例。熙宁三年韩绛任参知政事，夏人犯塞，安石请行边，绛以为朝廷方赖安石，不可离朝，于是自请为陕西宣抚使。韩绛后与王安石同拜相，王安石每奏事，绛必曰"臣见安石所陈，非一皆至当可用，陛下宜省察"②。文彦博言新法不便，韩绛多面沮之。七年王安石罢相，王安石荐韩绛代己，韩绛三司置会计司，亲自提举以考校三司财赋、黜陟官吏之能否。后韩绛密请神宗再用安石，于是王安石得以复相。韩绛在王安石变法中的作用很大，被称为"传法沙门"③。

虽然有韩绛等的支持，但毕竟朝中之臣对新法反对者多支持者少。反对者或者诋毁新法或者采取辞官不合作的态度，王安石迫切需要从底层选拔人才来完成变法事业。王安石主持变法时，举荐了一大批有吏能的官员，其文集中有《举陈枢充钱谷职司状》、《举钱公辅、吕公著自代状》、《二举谢卿材充升擢任使状》、《举屯田员外郎刘彝状》、《举渭州兵马都监盖傅等充边上任使状》、《举古渭寨都监段充充兵官任使状》等举人之状。王安石提拔了吕惠卿、章惇、蔡確等，邀他们加入新法的队列，他们果然成为了新法的坚决执行者，在熙宁及以后为推行新法不遗余力。

吕惠卿是王安石变法的最得力干将，他精明能干，新法大都经过其手，有"护法善神"④ 之称。吕惠卿，字吉甫，泉州晋江人，出身于小官吏家庭，欧阳修对其很是赏识，嘉祐二年拔其为进士，嘉祐六年又向仁宗皇帝推荐吕惠卿充馆职。也是通过欧阳修的引荐，吕惠卿与王安石相识，两人出身相似，政见相同，论经义意多合，遂定交。熙宁初王安石为政，举荐吕惠卿曰"惠卿之贤，岂特今人，虽前世儒者未易比也。学先王之道而能用者，

①　（元）脱脱：《宋史》卷315。

②　同上。

③　（宋）徐自明：《宋宰辅编年录》卷8。

④　同上。

独惠卿而已"①。王安石对吕惠卿非常推崇，及设制置三司条例司，以惠卿为检文字，事无大小必与之谋，凡所建请章奏皆出惠卿之笔。王安石改革贡举，吕惠卿乞选通经术、临政事之人主判太学令侍从，举有学术行艺者为教授，自京师至诸州皆建学，取以经义策以时务，殿试专以策问而学校贡举法俱以次推行。冯京、韩琦、司马光沮新法，吕惠卿竭力辩驳，维护新法。王安石对吕惠卿极为倚重，乃至于有"安石当国不可一日无惠卿"② 之说。熙宁二年擢吕惠卿为崇政殿说书、太子中允。神宗欲修起居注，安石荐吕惠卿，遂除天章阁待制同修起居注，后又为翰林学士。王安石罢相，力荐惠卿为参知政事。吕惠卿在王安石罢相期间，承受着巨大的压力，毅然承担领导变法的大任，坚守阵地，鞠躬尽瘁。时保守派对新法攻击猛烈，吕惠卿坚定神宗的变法意志，坚决推行新法，"陛下网罗英俊，疏年以来忘寝废食谨成此数事，天下方被其赐，一旦用狂夫之言罢废殆尽，岂不庆信，至相与环泣上前，于是新法牢不可攻矣"③，"惧安石去，新法必摇，作书遍遗监司、郡守，使陈利害，又从容白帝下诏言终不以吏违法之故为之废法，故安石之政守之益坚"④。新法赖吕惠卿的维护才得以不被废。但吕惠卿才德和器识不够，实行自创的手实法和给田募役法，不便于民，加上兴郑侠狱牵连过广，王安石复相之后，两人在政务措置、官员任免和《诗经》释义上发生分歧，加之吕惠卿本与王安国、王雱等不和，所以嫌隙越来越大，最后导致分裂。八年吕惠卿罢知陈州，而九年王安石亦罢。王安石与吕惠卿的关系，后人有许多评论，多以吕惠卿背叛王安石，鉴于后人多对新法人物抹黑，这未必是事实。元丰三年，两人都不再秉政，吕惠卿致书王安石，王安石的回信说："与公同心，以至异意，皆缘国事，岂有他哉。"⑤ 从元丰六年王安石《再答吕吉甫书》来看，两人应该冰释前嫌了。正是因为王安石与吕惠卿因政而合又因政而分，所以双方去位之后又和好。

章惇，字子厚，福建浦城人，出身官僚家庭，宰相章得象是其叔父，嘉祐二年进士，初调商洛令，召试馆职，撰修国史。章惇豪俊博学善文，熙宁初，王安石秉政，张邮和李承之向王安石推荐章惇，安石悦其才，用为编修

---

① （元）脱脱：《宋史》卷 471。

② （宋）徐自明：《宋宰辅编年录》卷 8。

③ （宋）周应合：《景定建康志》卷 48。

④ （宋）李焘《续资治通鉴长编》卷 471。

⑤ （宋）王安石：《临川文集》卷 73。

三司条例官，加集贤校理中书检正，成为王安石变法的助手。王安石以惇为湖南北察访使提点刑狱，章惇平蛮之策被转运使所沮，王安石薄转运使而进章惇修起居注，擢知制诰。吕惠卿执政时，章惇与之善，为三司使，后吕惠卿罢，章惇同罢，出知湖州，徙杭州，入为翰林学士。元丰三年惇为参知政事，五年召拜门下侍郎。哲宗朝知枢密院事，后又为相。章惇是新法的忠实拥护者和执行者。高后听政，司马光尽去新法，时蔡确被罢，章惇极言免役法不当去，司马光不听，惇又奋力争辩帝前，于是被贬知汝州。哲宗亲政，改元"绍圣"，绍述熙、丰新法，首起章悼为尚书左仆射兼门下侍郎。章惇引用蔡卞等革新派人物，重新推行新法，绍圣元年恢复青苗法，四年复置市易务，五年颁行免役法。徽宗立，章惇被贬出，卒于睦州。

蔡确，字持正泉州晋江人，韩绛宣抚陕西，见确所制乐语，以为才，荐于弟开封尹维。后用王安石荐徙为三班主簿，又用邓绾荐为监察御史里行。元丰二年确为参知政事，五年为右仆射，八年为左仆射。元祐元年贬知陈州，又连贬数州，卒于贬所。熙宁时蔡确是新法参与者，颇助王安石。元丰时蔡确是新法的主持者，吴充数为帝言新法不便，欲稍去其甚者，确曰"曹参与萧何有隙，至相汉，一遵何约束。且法陛下所建立，一人协相而成之，一人挟怨而坏之，民何措手足乎"[1]。充屡屈，法遂不变，"凡常平、免役法皆成其手"[2]，蔡确还鼓励神宗改革官制，在神宗动摇之时坚定帝志。可以说元丰新法的继续，主要是靠蔡确的推行。

英宗时，王安石居金陵治学，慕名而来从其学者有李定、龚原、陆佃等，熙宁间他们跟从王安石进行变法，并在王安石之后继续坚持新法。

李定，扬州人，少从学于王安石，登进士第，为定远尉秀州判官，熙宁二年，王安石使右正言孙觉荐之，于是为太子中允，正式参加变法。李定见神宗，言新法便民，于是言新法不便者不得进。时苏轼等以诗讥刺新法，李定坚决打击。李定颇有吏能，亦重情义，"于宗族有恩，分财振赡，家无余资。得任子，先及兄，息死之日，诸子皆布衣"[3]。当时因庶母仇氏死，匿不为服，被人弹劾而遭受非议；又因"乌台诗案"打击苏轼，后人对苏轼颇为喜爱，李定受到后人的指责。

龚原，字深之，处州遂昌人，少师王安石，进士高第，熙宁时王安石改

---

① （宋）徐自明：《宋宰辅编年录》卷8。

② （元）脱脱：《宋史》卷471。

③ （元）脱脱：《宋史》卷329。

学校法，龚原尽力助之。元祐司马光执政，召龚原语，光讥切王氏，龚原反复辨捄不少衰，光叹曰"王氏习气尚尔邪?"①哲宗绍圣时为司业，为曾布所重，龚原请以安石所撰《字说》、《洪范传》及王雱《论语》、《孟子》义刊板传学者，故一时学校举子之文靡然从之，于是荆公之学大兴。徽宗初入为秘书监进给事中，时除郎官，所除五人皆执政姻戚，龚原悉举驳之。

王安石学生陆佃，是陆游之祖父，曾受经于王安石。他诗文兼善，王安石奏其名参加科举，首方廷试赋，遽发策题，士皆愕然，佃从容调对。他为人正直，不附人之贵达时，亦不叛人之穷困时。陆佃与王安石其他门人不同，他对变法的认识很清醒。熙宁三年，应举入京，适安石当国，首问新政，"佃曰'法非不善，但推行不能如初意，还为扰民，如青苗是也'。安石惊曰'何为乃尔，吾与吕惠卿议之，又访外议'。佃曰'公乐闻善，古所未有，然外间颇以为拒谏'。安石笑曰'吾岂拒谏者，但邪说营营，顾无足听'。佃曰'是乃所以致人言也'。明日安石召谓之曰'惠卿云私家取债亦须一鸡半豚，已遣李承之使淮南质究矣'。既而承之还，诡言于民无不便，佃说不行"②。陆佃认为新法无错，忧在执行，乃为当论。熙宁时陆佃为州官，王安石以陆佃不附己，专付之经术，不容以政。陆佃在熙宁时虽然没有支持王安石新法，但在熙宁之后，对王安石非常爱戴和维护，包括其主持的新法。元祐更化之时去安石之党，士多讳变所从，安石卒，门人祭奠者绝少，唯有佃率诸生供佛，哭而祭之，又数与史官范祖禹争辩，大要是为安石晦隐，维护王安石的名誉。其后知江宁府，甫至即祭安石墓。徽宗时陆佃上疏言"神宗延登，真儒立，法制治"。对王安石及新法持肯定态度。徽宗初，保守派当道，陆佃对王安石之后大臣对新法的态度作了极为公正的评论："元祐之际，悉肆纷更，绍圣以来又皆称颂。夫善续前人者，不必因所为否者赓之善者扬焉，元祐纷更是知赓之而不知扬之之罪也。绍圣称颂是知扬之而不知赓之之过也。"③

蔡忭为蔡京之弟，熙宁三年登第，王安石选为婿。蔡忭颇有名望，他出使辽国，辽人颇闻其名。为地方官清廉，"宝贝从凑，一无所取，及徙越，夷人清其去，以蔷薇露洒衣送之"④。蔡忭深阻寡言，哲宗时，意以王氏所

---

① （元）脱脱：《宋史》卷353。

② （元）脱脱：《宋史》卷343。

③ 同上。

④ （元）脱脱：《宋史》卷472。

行新法为至当，专托绍述之说，吕大防等修神宗实录，将王安石描黑，蔡忭得王安石亲作日录而还其清白。蔡忭虽然为蔡京之弟，但徽宗朝蔡京专政之时，忭与京论事多不合，蔡京以中旨用童贯为陕西制置使，忭言不宜用宦者，于是与蔡京分离。

王安石执政所用多少年，其子雱亦欲预选。王雱博学多识，才华横溢，未冠已著书数万言。登第后，作策二十余篇，极论天下事，又作《老子》训传及佛书义解，亦数万万言。邓绾、曾布力荐其才，于是除太子中允崇政殿说书。神宗对雱才亦颇为叹服，数留与语，诏其注《诗经》、《尚书》义，并擢为天章阁待制兼侍讲。书成，迁龙图阁直学士，雱以病辞，熙宁末，年三十三而卒。王雱尚法制，"安石更张政事，雱实导之。常称商鞅为豪杰之士，言不诛异议者法不行"①。"年十三得秦卒言洮河事，叹曰'此可抚而有也，使西夏得之则吾敌强而边患博矣。'其后王韶开熙河，安石力主其议，盖兆于此。"②

王安石提倡的是经世致用之学，非常注重能力的培养，他本人精通吏职，神宗问天下诸事，都能对之。王安石所谓的人才亦是指有专长能专任者，他提倡选人任人要专，"知农者以为后稷，知工者以为共工"③。王安石任人专以吏能，而且他选拔人才不因循守旧，不论资排辈，而是看才能，有才能的人王安石超用之。熙宁三年，曾布资序甚浅，王安石以之为崇政殿说书，同年，又以曾布直舍人院，四年入知制诰，理由就是曾布多能。王安石重视考绩，"久其任而待之以考绩之法，夫如此，故智能才力之士则得尽其智以赴功，而不患其事之不终，其功之不就也"④。衰老不任者，令闲与局。王安石用人唯才，不拘泥资历，甚至不拘泥于人品，曾在《上杜学士开河书》言"小人可与筑城，难与虑始，诚有大利，尤将强之"。变法激荡天下，受到的阻力极大，非敢冒天下之大不韪者，非有专长者不能承担，王安石的用人原则为新法选拔的官吏大多奋不顾身、精明能干。吕惠卿善谋，章惇果敢，蔡忭廉洁，李定精于吏职，他们为新法的实行和绍述作出了极大的努力。

王安石用人唯才甚至不惜超用的做法在当时受到非议。熙宁三年李定为

---

①　（元）脱脱：《宋史》卷472。

②　（元）脱脱：《宋史》卷327。

③　（宋）王安石：《临川文集》卷39。

④　同上。

秀州军事判官，王安石欲用定知谏院，曾公亮、陈升之以为前无此例，固争之。"太常少卿祝谘都官员外郎删定编敕王庭筠并判刑部，庭筠资序至浅，王安石超用之，众心不服。"①

用人不看人之品格的做法也产生了许多弊端。新法集团出现了一些逐利之臣，他们伪颂新法之便以期获得爵禄，既得即叛。既对王安石的决策产生误导，又给新法集团带来了损失与浪费。"淮南转运判官蒋之奇尝与安石书，言百姓列状乞早行助役新法，曰'上推不费之惠，下受罔极之恩'。安石具以白上，曰'百姓如此，或称人情不安者妄也'。之奇遂除副使，后之奇乃反攻安石。"② 蔡确由王安石引荐，但确善观人主意，与时上下，"知神宗已厌安石，因安石乘马入宣德门与卫士竞，即疏其过。"③

许多新法人物有吏能无器识，他们后来为了争夺权力而互相犄角，反目相仇。熙宁间吕惠卿与曾布不协，迭相攻击、反复相噬，化为仇敌；后与王雱交恶，于是新党内部有王党和吕党之说，两个集团互相指摘，不遗余力，必致之死；元丰间，有蔡确亲党之说；绍圣后，章惇、曾布、蔡忭、蔡京互相倾轧，各自为党；沈括、邓绾之间有各种纠缠、矛盾和摩擦。

《宋史》对参加新法的人物评价都很低，吕惠卿、曾布、章惇、蔡确入了奸臣传。一方面是因为对他们的刻意贬低，另一方面他们本身的行为处世也确实贻人口实。李定为了不去官而匿其母丧，司马光骂其禽兽之不如："确自知制诰为御史中丞参知政事，皆以起狱夺人位而居之，士大夫交口咄骂。"④

王安石变法，后人认为江西政治家对其有促进之功，先有欧阳修参与庆历新政的先行，又有李觏有启发之功，胡适认为李觏是新政的哲学家。吴曾《能改斋漫录》云："庆历以前，学者尚文辞，守章句注疏之学，至刘原父为《七经小传》，始异诸儒之说，王荆公修经义，盖本于原父云。"刘敞为王安石变法造了舆论上的声势。这些多是后人的比附，李觏与王安石非同时代之人，刘敞在欧阳修的影响下，对王安石颇为推崇，尝荐侔曰"侔居则孝悌，仕则忠信，足以矫俗扶世，求之朝廷，吕公著、王安石之流也"⑤，

　　① （宋）李焘：《续资治通鉴长编》卷213。
　　② （宋）徐自明：《宋宰辅编年录》卷7。
　　③ （元）脱脱：《宋史》卷471。
　　④ 同上。
　　⑤ （宋）李焘：《续资治通鉴长编》卷190。

王安石除知制诰，刘敞有贺书。但刘敞在熙宁元年即已逝世。欧阳修对新法中的青苗法提出过批评。

刘敞"政事侔古循吏，身兼数器，守道不回"①，政治思想偏向保守，与王安石为政观点不同。王安石更改贡举法，刘敞言不可；王安石在经筵，乞讲者坐，刘敞反对；尝贻安石书，论新法不便。刘敞初考试开封，与王介争言，为台谏所劾，既赎铜，又罢考功及鼓院，熙宁三年求外任，王安石因之。王安石曾言"盖（冯）京所恃以为心腹肾肠者，陈襄、刘敞而已"②，将刘敞目为反对新法一派。

刘恕，字道源，高安人，其父刘涣与欧阳修为同年进士，去官隐居庐山。恕少颖悟，书过目即成诵，勤奋好学，富有才华，年十三诣丞相晏殊，问以事，反覆诘难，殊不能对，恕讲《春秋》，殊率人往听。刘恕为人重义，急然诺，笃好史学，自太史公所记，下至周显德末纪传之外，至私记杂说无所不览，上下数千载间，钜微之事如指诸掌。刘恕为学认真，自历数、地理、官职、族姓，至前代公府案牍，皆取以审证。司马光修《资治通鉴》以陈恕副之，遇史事纷错难治者，辄以诿恕。恕于魏晋以后事考证差谬最为精详。官至秘书丞，卒年四十七。刘恕为政倾向于司马光的保守思想，王安石与之有旧，欲引置三司条例，恕以不习金谷为辞，因言"天子方属公大政，宜恢张尧舜之道以佐明主，不应以利为先"③。又条陈所更法令不合众心者，劝使复旧。刘恕虽不赞同王安石之政，两人甚至绝交，但刘恕论王安石之过，或面刺，或稠人广坐抗言其失，不像"高论之士，始异而终附之，面誉而背毁之，口顺而心非之者"④。

曾巩与王安石早年为同学，关系亲近，互相推崇尊重，两人书信往来密切，互相关怀，但两人政见不同，曾巩是一位淳儒，政见墨守成规，而王安石经世致用，崇尚法制；曾巩主节流，王安石主开源；曾巩主法后王，王安石主法先王。熙宁元年两人在京师，熙宁二年曾巩出守越州，时王安石尚未执政，曾巩转走六郡，在外12年，元丰二年入朝，时王安石已经致仕二年，所以中间两人不同处，无正面冲突。曾巩反对变法，但"知齐州，会朝廷

---

① （元）脱脱：《宋史》卷319。

② （宋）李焘：《续资治通鉴长编》卷213。

③ （元）脱脱：《宋史》卷444。

④ 同上。

变法，遣使四出，巩推行有方，民用不扰"①。

王安石曾经受到许多名流的奖掖，尤其是乡贤欧阳修多次对他进行举荐，王安石受其濡染，亦志于奖掖后进。王安石平生所交的人有吕公著、韩绛、韩维那样的士族大家，但更多的是如曾巩、王回、常秩、孙觉、崔公度等守道安贫的底层文人。

王安石最深交的王令，是一个"吾食无田，吾寝无庐，吾炊无炁，吾饷无菹，四方不可游，吾亦无马以取道，眷鱼盐与工贾，吾岂从贾卖子以为挠"②的寒士。至和元年，王令投书给王安石，王安石对之大为赞赏"见足下之才，浩乎沛然非安石之所能及，问诸邑人，知足下之行，学为君子而方不已者也"③，并引孙觉、黄莘、王回等与之唱和，王令从无名到有名。更难得的是王安石视王令为挚友，从为政到生活，悉以访之，还为王令议婚。王令年二十八即去世，王安石有《思王逢原二首》，情真意切，感人肺腑。王安石对王令这样一个以布衣终生的青年诗人如此厚爱和欣赏，足见其奖掖后进的热忱。

熙宁之前，江西的仕进者们在晏殊、欧阳修的提拔举荐之下，已经在朝中占据了一定的地位。熙宁间，王安石亦举荐了一批江西举子，继续加大了江西政治家在北宋政坛的优势。

熙宁二年，新法初创，反对声一大片，吕惠卿又遭丧，王安石忧闷无助，正好得知乡贤曾布，遂引为己助。曾布与吕惠卿是王安石最信任的人，所谓"法之初行，异论纷纷，始终以为可行者，吕惠卿、曾布也"④。曾布，字子宣，南丰人，少孤，学于兄曾巩，嘉祐二年登进士第，调宣州司户参军怀仁令，熙宁二年以韩维、王安石举荐，徙开封，代惠卿入侍经筵，遂除太子中允，崇政殿说书，后改集贤校理，迁检正五房公事。王安石第一次罢相，惠卿执政，布与惠卿不合，出知饶州。元丰末复翰林学士，迁户部尚书。哲宗绍述后，曾布任知枢密院事，后为尚书左仆射兼门下侍郎。徽宗立，曾布为右仆射，因与蔡京异，被其陷害被罢，大观元年卒于润州。曾布一直坚持推行新政，是王安石变法的忠实继承者，王安石对曾布的信任，只亚于吕惠卿。曾布与吕惠卿共创青苗、助役、保甲、农田之法，每事白安石

---

① （宋）李焘：《续资治通鉴长编》卷319。

② （宋）王令：《广陵集》卷1。

③ 《广陵集》附录。

④ （宋）王称：《东都事略》卷95。

即行之，使神宗专任王安石以阻挡保守派对新法的攻击。韩琦上疏极论新法之害，曾布条析而驳之。司马光为政，论令增损役法，曾布辞曰"免役一事，法令纤悉皆出已手，若令遽自改易，义不可为"①。章惇绍述，曾布极力支持，"上疏请复先帝政事，且乞改元以顺天意，帝从之，诏改元祐九年为绍圣元年。于是天下晓然知帝意所向矣"②。章惇报复元祐之臣，曾布沮之。徽宗初布为宰相，"密陈绍述之说"③，主张新法，此时的曾布对朋党倾轧有所觉悟，欲调停而遭到双方反对。

王韶，字子纯，江州德安人，嘉祐二年欧阳修拔为进士，但一直沉沦下僚，举制科不中而客游陕西，访采边事，熙宁元年诣阙，上平戎策三篇，谋取西夏之策，神宗以韶管干秦凤经略司机宜文字。王韶在边数年，有勇有谋，立下赫赫战功。他数骑勇入藩营，说其内附。又以边地万顷废弃，请置市易司，笼商贾之利，取其赢以治田，以实边费，此请获得王安石支持，于是转为太子中允秘阁校理，又知通远军军事。五年王韶率军破蒙罗角抹耳水巴等族，收复武胜，洮西大震，进右正言集贤殿修撰、龙图阁待制。六年取河州，迁枢密直学士。降羌叛，王韶率军平之，军行五十四日，涉千八百里，得州五，斩首数千级，获牛羊马以万计，取得了北宋少有的边战胜利，进左谏议大夫、端明殿学士。七年入朝，加资政殿学士，甫离境，降羌复叛，围攻河州，王韶日夜驰返，打援救围，平定叛乱，神宗特拜为观文殿学士、礼部侍郎、资政观文学士，又为枢密副使，后出知洪州，元丰四年卒，年五十二。韶用兵有机略，每战必捷，有才干亦有雅量，交亲多南人。其子王厚亦善用兵，边功显赫；子王寀好学，工词章，登第至校书郎，美凤仪，善谈论。

王韶的边功是王安石新法的成就之一，也是在王安石的支持下才可能取得。嘉祐、治平之时，朝廷对边无力，习惯于纳岁币买和平，契丹来犯，执政者主张示弱以求幸免，甚至建议割地、撤防以释疑于契丹。有的大臣空论道德天助，陈词滥调无济于事。王安石对于边战是比较强硬的，他一直致力于改变这种屈辱被动的局面，于是以理财来强兵，但财富兵强之后一直未能觅到合适的边将。熙宁元年王韶上"平戎三策"，王安石以为奇，遂以之管干秦凤经略。王安石得王韶，对其非常信任，为之开拓边功扫除一切掣肘。

---

① （元）脱脱：《宋史》卷471。

② （宋）徐自明：《宋宰辅编年录》卷10。

③ （元）脱脱：《宋史》卷348。

王韶与李师中议不合，王安石徙李师中。窦舜钦弹劾王韶，王安石又贬窦。文彦博要以向宝为秦凤路提举，"王安石独进曰：'向宝素坏王韶事，韶言有两族不可招抚者，以宝沮害其事故也。今令与韶共事，又在其上，即韶事恐不可成。'陈升之曰'宝虽带此名，然止在其城中，即亦何害？'安石曰'宝既为官长，即所属吏皆严惮之，其势足以沮事，何谓无害？兼因边事，出城即更足以乱韶事"①，于是罢文彦博之请。熙宁四年，王韶招附诸蕃，文彦博认为无补，即无意义，王安石说："不烦兵，不费财，能抚节生户，不为西人所以收为边患，焉得为无补？"②正是在王安石的庇护下，王韶得以施展其将略。熙宁九年王安石罢相，次年王韶亦罢枢密，失去了用武之地。

黄庭坚于英宗治平四年登第，熙宁元年调叶县尉。王安石主持新法，黄庭坚出入苏轼之门，政见与王安石不同。但王安石很赏识黄庭坚的文才，《垂虹诗话》载："山谷尉叶县日，作《新寨》诗，有'俗学近知回首晚，病身全觉折腰难'之句，传至都下，半山老人见之，击节称叹，谓黄某清才，非奔走俗吏，遂除北都教授，即为潞公所知。"③王安石《临川文集》中有《跋黄鲁直画》七言诗一首。黄庭坚虽然反对新法，但对王安石的为人和学术非常叹服，"山谷谓公（王安石）不溺于酒色财利，一世伟人也。且有'荆公六艺学，妙处端不朽'之句"④。在《与俞清老书》云："惠及荆公遗墨，入手喝然，想见风流余韵，昭庆、定林之间，无复斯人矣！"《书王荆公骑驴图》中说："荆公晚年删定《字说》，出入百家，语简而意深。"黄庭坚喜欢在文学上指导青年，后来开创江西诗派，其诗派成员中有11个是江西人。

---

① （宋）李焘撰：《续资治通鉴长编》卷210。
② （宋）李焘：《续资治通鉴长编》卷224。
③ （宋）黄𬀩：《山谷年谱》卷5。
④ （宋）罗璧：《罗氏识遗》卷9。

第七章　宋代江西教育与科举的繁荣

宋代江西经济繁荣，官学发达，书院兴盛，文教发达，从而造就了科举上的繁荣。

第一节　宋代江西官学发展

中国古代官学有中央和地方两大体系，中央官学以国子监、太学为核心，地方官学以州县学为主体。官学初创于汉代，但在唐代才基本健全。唐代地方官学比较完备，但晚唐五代战乱不断，学校废置，文教式微。宋初太祖太宗虽然有感于亟兴教育，太祖即位"首幸国学，谒款先师"，但无奈余乱未平又百废待兴，无暇顾及，只得将文教的任务交给私学，官学发展停滞。真宗朝天下太平，方有余力和余财，于是开始兴建学校。真宗幸曲阜奠孔林，景德三年诏诸郡于庙中起讲堂、聚学徒，选儒雅可为人师者教焉。于是乾兴初，孙奭守兖州，建学舍，聚生徒，请太学助教为讲书。但这是极其个别的现象，真正的天下兴学开始于仁宗时期。天圣五年江西人晏殊留守南京，兴建府学，时范仲淹居母丧，晏殊延之以教授诸生。范仲淹教学严格，质量很高，"宋人以文学有声名于场屋者多其所教"①。

仲淹尝宿学中，其教学者皆有法度，勤劳恭谨以身先之。夜课诸生，读书寝息皆有时刻。往往潜至斋舍伺之，见先寝者诘之，其人绐云"适疲倦，暂就枕耳"。仲淹问"未就寝时观何书？"其人亦妄对，仲淹即取书问之，其人不能对，乃罚之。出题使诸生作赋，必先自为之，欲知其难易及所当用意，亦使学者准以为法，由是四方从学者辐辏。其后宋人以文学有声名于场屋朝廷者多其所教也。

---

① （宋）司马光：《涑水记闻》卷10。

　　晏殊此次兴学，功德极大，所谓"自五代以来天下学废，兴，自殊始"①。其后请兴学者越来越多，于是景祐中诏藩镇皆立学，而他州则勿听；宝元元年，因蔡齐之请，置颖州学，大郡始立学，而小郡则未置。对于建学的州郡，仁宗赐田给书。庆历四年，范仲淹主持新政，新政十项，其三为"精贡举，欲复古行学校，取士本行实"②，由此开始了第一次全国范围内的大兴学。《宋史》卷155 载：

　　　　时范仲淹参知政事，意欲复古劝学，数言兴学校本行实，诏近臣议于是。宋祁等奏教不本于学校、士不察于乡里则不能覆名实。有司束以声病、学者专与记诵则不足尽人材。参考众说责其便于今者，莫若使士皆土著而教之于学校，然后州县察其履行则学者修饰矣。乃诏州县立学，士须在学三百日乃听预秋试，旧尝充试者百日而止。

并诏"本道使者选部属官为教授，员不足取于乡里宿学有道业者"③。诏令下，"臣民喜幸而奔走，就事者以后为羞"④，符合条件的州县之不置学者鲜矣。诏令强制规定了在校学习日限，必须入学方能参加科考，从制度上提高了州县学的地位。但新政很快夭折，仲淹既去而执政意皆异，四年冬诏罢入学日限，而且诏令规定生员200 人以上的州县方能立学，不满者未能立。曾巩言"庆历三年，天子图当世之务而以学为先，于是天下之学乃得立，而方此之时，抚州之宜黄犹不能有学，士之学者皆相率而寓于州以群聚讲习，其明年天下之学复废，士亦皆散去，而春秋释奠之事以著于令则常以庙祀孔氏，庙废不复理"⑤。

　　熙宁时期王安石主持变法，他认为朝廷不仅要选用人才更要培养人才，他认为古之取士，俱本于学，请兴建学校以复古。于是诏诸州学各赐田10顷，并置小学教授；诏诸路学官并委中书门下选，京朝官选人或举人充；又诏诸路择举人最多州、军，依五路法各置教授一员，委国子监询考，通经品官及新及第出身进士可为诸路学官，即具所著词业以闻。熙宁兴学恢复和扩

---

①　（宋）李焘：《续资治通鉴长编》卷105。

②　（元）马端临：《文献通考》卷31。

③　（元）脱脱：《宋史》卷157。

④　（宋）欧阳修：《文忠集》卷39。

⑤　同上。

大了州县学。之前选任州县学教授的任务在地方官，地方官于幕职州县中举之，或用兼官，或用士人，兼职者多，教学质量难以保证。朝廷专置教授，以为学官，给簿尉俸，令专职授课，大大地提高了州县学的教学质量。孔仲武言熙宁兴学之功"内自京师，旁达边郡，聚士有舍，讲业有师，课程诵说与夫赏罚陟黜之法日增月长，以至大备。四方之士幸遭太平君子长养人材之时，赢粮束书争集黉舍，惟恐在后"①。

经过庆历和熙宁两次兴学及绍圣时的倡学，到徽宗时，地方官学体系已经基本完备，"自仁宗命郡县建学而熙宁以来其法浸备，学校之设遍天下而海内文治彬彬矣"②。苏轼亦言"自庆历、熙宁、绍圣以来，三致意于学矣。虽荒服郡县必有学"③。徽宗崇宁时期蔡京发动了第三次兴学，将学校覆盖到了全国各州县。蔡京请天下州县并置学，州置教授二员，县置小学，并将熙宁时期太学三舍法推广到州县学，县学生选考升诸州学，州学生每三年贡太学，至则附试，别立号考，分三等，入上等补上舍，入中等补下等上舍，入下等补内舍，余居外舍。罢解试和省试，由学校升贡取士，突出了学校的地位。由于学校地位的突出，加上设各路提举学事司，掌一路州县学校，每年都要巡视所辖州县办学情况，并进行奖惩，于是地方立学的积极性随之高涨。已建学校的州县则对学校进行修缮和扩建，前两次兴学运动中未能立学的边远小州军也新建了学校，形成了遍布全国州县的学校网络。

北宋三次兴学运动，在师资、经费、制度方面给州县学的发展提供了保障，全国州县学乘其势大兴，有"天下郡县学莫盛于宋"④之说。然而州县学的运转还要依靠地方的支持，所以经济较为发达的江南地区，如浙江、江西、福建等地，它们的州县学发展势头最为猛烈。庆历时江西饶州之学有学员千余人，崇宁时期建州浦城县学生隶籍者亦至千余人。

北宋的中央官学有国初设立的国子监，生徒200人为额，真宗时增加了国子监生徒。庆历兴学，范仲淹将胡瑗的"苏湖教学法"引进太学，创立了分科教学以及学科的必修与选修的制度，使得太学的学风大为改观。熙宁兴学，王安石进一步改革了太学，扩大了太学的生员名额，实行三舍法，恢复与创立了武学、律学、医学等专门学校。崇宁兴学对太学进行扩建，是为

---

① （宋）孔文仲等：《清江三孔集》卷14。
② （元）脱脱：《宋史》卷155。
③ （宋）苏轼：《东坡全集》卷37。
④ （元）郑元祐：《侨吴集》卷7。

辟雍，同时恢复设立医学，创立算学、书学、画学等专科学校。

南北之交，金兵南侵，战火弥漫，流寇四起，天下学校被毁于战火与寇乱中。南宋建立，只剩下了江南半壁江山，政权稳固后，开始恢复、兴建学校。建炎初高宗在南京应天府重置国子监，绍兴八年重建太学，二十七年定太学试制，春季试补，省试之年改为孟夏。其他算学、律、武学等京师学校也相继恢复，地方州县学亦相继得到恢复和兴建，孝宗时期，州县学再次兴盛。

由于永嘉之乱和安史之乱，北方人南渡客家于江西的人比较多，他们带来了中原先进的生产技术，加上江西天然的优良农业条件，到了宋代，江西经济已经非常发达。北宋每年从东南六路潜运米麦600万石至京师，江西占五分之一。到南宋时，江西所出尤多，占三分之一，其中江西洪州"赋粟输于京师为天下最"①。晚唐五代，江西隶属于南唐，南唐富庶安宁，统治者偏安崇文，所以江西文教相对比较兴盛。入宋后江西的文教程度普遍高于其他地方，宋初江西人乐史、陈彭年、陈恕、王钦若、夏竦、晏殊等都以才学选入馆阁。北宋三次兴学，秉承着书香传统的江西人对学校的建设也更加重视。再加上宋代江西名宦颇多，如晏殊、欧阳修、王安石等，他们作为兴学的先锋，自然会关注和促进故土江西州县学的发展，南宋江西又近靠都城临安，所以宋代江西州县学的发展非常好。据光绪《江西通志》记载，宋之以前，江西7个州县有学校，分别为丰城、萍乡、余干、玉山、瑞金、都昌、新淦。庆历前18个州县兴建了学校：分宜、安福、兴国、会昌、建昌军、南安军、奉新、临川、袁州、信州、信丰、雩都、吉水、龙泉、洪州、临江军、江州、南康县。庆历兴学时期21个州县新建了学校：德化、瑞昌、湖口、彭泽、新昌、吉州、庐陵、泰和、永新、饶州、浮梁、弋阳、贵溪、抚州、崇仁、虔州、安远、南康军、南丰、大庾、上犹。庆历之后至熙宁有8个州县新建了学校：宜春、金溪、宜黄、赣县、永丰、德安、筠州、德兴。熙宁时期江西新建学校3所，在万安、乐平和永丰。元丰、元祐建学3所，在上高、分宁和龙南。崇宁建学5所，在进贤、万载、宁都、建昌县和新喻。北宋江西共有13州军65县78个行政区划，建学的有65个州县，北宋未建县学的13个州县，北宋江西州县学覆盖率为80%。南宋江西增加了3个州县，共9州4军68县81个行政区划单位，江西学校在战乱中普遍毁于寇贼，南宋普遍得以兴修或者重建。其中北宋未建学的南昌、新建、武

---

① （宋）曾巩：《元丰类稿》卷19。

宁、靖安、高安、鄱阳、安仁、上饶、铅山、石城、星子、南城、清江等13 个州县中，11 个州县在南宋建立了学校，南宋新增的广昌、新城、乐安3 个州县亦建学，除去 12 州县学校被毁而未兴修，南宋江西州县学覆盖率为 82%，可见两宋江西州县学的覆盖率很广。

江西人对立学之事非常重视，其州县学不仅覆盖率广，而且兴建规模大、修缮扩建频繁，发展持续。即使边远小县民亦致力于立学，即使南宋天下州县学普遍废弛之时，江西州县学兴修的次数依然很高。

洪州为"大江之西，处都会而山水佳者"①，景祐间已立学，余靖《洪州庙学记》言"凡大夫士庶人之子为俊士者皆许游焉，仍乞上庠镂版书以副其时习，给闲田五百亩以充其日禀，选文行之士观察推官陈肃总其众而谨其号令，事由中覆咸得请焉。又俾设色之工以夏、商、周车服珪璧梡俎彝斝之器见于经礼者，绘之讲论之堂，使朝夕观焉"，其备甲于江西。洪州立学，为官费，没有民力参与，"徒不劳于民赋以羡，财不敛于众而克成焉"，但江西许多州县立学，地方百姓争相出力，民间的支持很大。其学治平二年迁址，建炎中火于兵，绍兴四年复建，庆元二年又逢重修。

庆历四年十月，吉州立学，欧阳修撰《吉州学记》，"其作学也，吉之士率其私钱一百五十万以助用，人之力积二万二千工而人不以为劳。其良材坚甓之用凡二十二万三千五百而人不以为多，学有堂筵，斋讲，有藏书之阁，有宾客之位，有游息之亭，严严翼翼，壮伟雄耀，而人不以为侈。既成，而来学者三百余人"。可见地方对立学之事非常积极，投入很大。宣和间徙东南，绍兴二十八年知州魏安行建教授厅，淳熙十五年知州朱希颜重建。

袁州在唐代有学，天宝五年房琯谪袁建学，乾元、大历、大中时经过三次迁址，南唐保大十年再迁址。入宋后，景德三年州守杨侃奉诏增修讲堂，六年州守李忱置州学房钱以赡学徒。皇祐五年州守祖无择以旧址狭隘乃改营州治东，李觏对此次之改作了《袁州学记》，"厥土燥刚，厥位面阳。厥材孔良，瓦甓黝恶。丹漆举以，法故殿堂。室房庑门，各得其度。百尔器备，并手偕作。工善吏勤，晨夜展力。越明年成"。政和二年教授郑王宾新戟门礼殿，绍兴九年州守陈烯重新之，"画绘炳明，轮奂高洁，儒风之盛甲于江西"②，淳熙五年州守张杓再新之。

---

① （宋）余靖：《武溪集》卷 6。

② （宋）张九成：《横浦集》卷 17。

南安学建立于宋淳化间，咸平元年有一次迁址，祥符二年又迁址，熙宁八年再迁址并侈大之，绍圣初又扩建，此次扩建历时两年才完成，苏轼为《南安军学记》记其情云："士以此感奋，不劝而力。费于官者为钱九万三千而助者不资。为屋百二十间，礼殿、讲堂视大邦君之居。凡学之用，莫不严具，又以其余增置廪，给食数百人。"初南安学者不满百人，经过此次扩建，南安之学甲于江西。南宋绍兴十年、绍兴二十八年迁址，淳熙、庆元间又经过两次修缮。

抚州在庆历以前没有学，庆历四年始建学，之后"儒宗钜公相继而生"①，嘉祐以后州守两次修缮，淳熙十三年州守钱象祖重修，嘉泰间州守陈研等又捐修，此次捐修历时一年，周必大《抚州学记》曰："适学粮赢钱百二十万，太守陈侯研首捐千缗，常平使者王君容及后守曾侯楷各助十之三，漕宪继之，总钱又百三十万，米不在焉。"此次兴修花费很大，翻新程度亦大，"凡大成殿、御书阁、讲堂、仓廪皆饰其旧，内外门墙廊庑及正录职事之位东西序之，六斋文昌之轩庖湢之所悉鼎新之"。

饶州学建立于庆历时，景祐间范仲淹谪饶，立学未及而去，庆历时州守张谭立学，百姓积极配合，规模很大，余靖为《饶州新建州学记》言："郡之秀民闻是谋者，争出家以助其费。乃命从事之贤曰胡宗尧属城之，良曰朱琬籍而司之，得资三百五十万……凡为屋百二十楹，昼讲夜习，各有攸居。又市美田三顷以赋其日廪。"

宜黄县学建立于皇祐元年，曾巩为《宜黄县学记》记其县民对立学的热情："始议立学而县之士某某与其徒皆自以谓得发愤于此，莫不相励而趋为之。故其材不赋而羡，匠不发而多"，"唯其令之一唱而四境之内响应而图之如恐不及"。宣和间迁址，绍兴时被兵毁，后重建，又两次迁址，绍定时再次被兵毁，后又重建。

筠州"在大江之西，其地僻绝，当庆历之初诏天下立学而筠独不能应诏，州之士以为病"②，治平间立学，立学后，来学者常数十百人。绍兴时毁于兵，后重建，二十一年迁址，庆元六年重修。

虔州"于江南地最旷大，山长谷荒，嶪险阻，交广闽，越铜盐之贩道，所出入椎埋盗夺鼓铸之奸，视天下为多"③。于庆历间立学，但"卑陋褊迫

① （宋）欧阳修：《文忠集》卷60。

② （宋）曾巩：《元丰类稿》卷18。

③ （宋）王安石：《临川文集》卷82。

不足为美观，州人欲合私财迁而大之久矣"。于治平间改筑于州所治之东南，"斥余财，市田及书以待学者，内外完善矣"①。绍兴中被火，后又重修。

上高为"筠之小邑，介于山林之间，民不知学而县亦无学以诏民"。元丰四年立学，苏辙为《上高县学记》记其情："谋建学宫，县人知其令之将教之也，相帅出力以缮其事，不逾年而学以具。奠享有堂，讲劝有位，退习有斋，膳浴有舍，邑人执经而至者数十百人。"乾道五年迁址，绍兴二年修缮，嘉泰四年又重修之。

信州于景德三年立学，庆历四年拓而新之，但仍然"形势庳窄，民庐挟持其旁，山林蔽其后，居处无夏屋，出入无高门"。尽管如此，士之来者犹相望不绝，待举者七百余人。于是元丰五年新而阔大之，孔武仲为《信州学记》记其情："发库钱五十万以付有司而余实与二三联事之人升降险阻拟度广轮，凡地之在民者劝以贸易，良材坚甓出于诸县。然后隳山发石，翦剧草木，高者损以为平，狭者培以为广，旁积步道以属于旧学之北，而营其上为经史之阁、教授之堂、诸生之舍，环起参出，整若棋局，视旧之广，加倍以增高，丈有三尺，诸山森然，若翔若踊出于三面，使士之来者去湫隘而即亢爽，脱卑暗而登高明。又为之大其正门，高其墙垣，庖湢之所皆易新之，而饮食燕息之具滋设此。"其后元祐间翻新，淳熙十年再新，绍兴、嘉定、端平、嘉熙间历有修葺。

江西人对州县学的重视不仅体现在对校舍的建设上，还体现在捐书、赠生上。黄庭坚《洪州分宁县藏书阁铭》言分宁："学有职及诸生之父兄皆自劝市书以给诸生之求，且为出入之不严不可以保存，暴凉之不时不可以持久，又相劝作书阁并祭器而藏之。"淳熙三年朱熹以程氏《遗书》、《外书》、《文集》、《经说》，司马氏《书仪》，高氏《送终礼》，《吕氏乡约》等馈赠县学。庆历六年袁州州守李忱置州学房钱以赠学徒；绍兴十二年，南城县里人蔡延世修捐田给县学以资廪饩；开禧间，浮梁县增学田赠生徒。可见江西百姓、士人对学校建设都极为重视，正是在这种环境下，江西州县学发展迅猛。

宋代对州县学的生员规模有具体的规定，崇宁三年，州县学的规模是大县 50 人，中县 40 人，小县 30 人。而江西县学规模动辄数十百人，而饶州州学在庆历时就达到千人以上，信州州学在元丰时期达到了 700 余人。

---

①　（宋）王安石：《临川文集》卷 82。

　　宋代州县学的教授人员，宋初主要由地方官选任，主要是由私学先生、落榜士人或者离任官员担任，无固定的教授人员和教学保证。庆历兴学，诏"本道使者选属部官为教授，三年而代，选于吏员不足额，取于乡里宿学有道业者，三年无私谴，以名闻"①。教授人员的设置开始有定制。熙宁兴学开始公开选拔教授人员为学官，以通经品官及新及第出身进士可为诸路学官，并设教官试，对教授进行选拔和考核，"州学教授自今先召赴舍人院试大义五道，取优通者选差。在职有不法事，委州郡监司体量以闻"②，这样对教学的质量有很大的提高，"元丰召试学官六十人而所取四人，皆知名之士，故学者厌服"③。此后教官试成为定法，只是考试的内容有些许差异，绍圣中试两经大义，各一道合格则授教官，元符中增试三经，南宋亦以教官试选教授人员。崇宁设提举学事司负责学官的考核，以后亦沿袭。宋代江西州县学的教官中，博学多识之士颇多，如信州学教授孔武仲，南安军学教授徐鹿卿，兴国教授陆九龄，虔州教授刘靖之，信州教授汤汉等，皆为当世名士，他们给江西州县学的教学质量带来了保证。

　　从众多学记来看，宋代江西地方官学的作用主要有两种，一是化育民风，二是为国养士。李觏在《袁州学记》中提出了州县学的教学目标为传诗书之道、兴节义，所谓"由庠序践古人之迹，天下治则谈礼乐以陶吾民，一有不幸犹当仗大节，为臣死忠，为子死孝，使人有所法且有所赖，是惟朝家政学之意。其弄笔以侥利达而已，岂徒二三子之羞，抑亦为国者之忧"。曾巩《筠州学记》亦有同感"使筠之士相与升降乎其中，讲先王之遗文以致其知，其贤者超然自信而独立其中，材勉焉以待上之教化，则是官之作非独使夫来者玩思于空言以干世取禄而已"。欧阳修在《吉州学记》中言州学的化育之功在学在礼在德"他日因得归荣故乡而谒于学门，将见吉之士皆道德明秀而可为公卿，问于其俗而婚丧饮食皆中礼节。入于其里而长幼相孝慈于其家，行于其郊而少者扶其羸老、壮者代其负荷于道路，然后乐学之道成"。曾巩在《宜黄县学记》中言学之功"盖凡人之起居饮食动作之小事，至于修身为国家天下之大体皆自学出"，而州县立学的目的是养才与化俗："夫及良令之时而顺其慕学发愤之俗，作为宫室教肄之所，以至图书器用之须莫不皆有，以养其良材之士"、"使一人之行修移之于一家，一家之行修

---

① （宋）李焘：《续资治通鉴长编》卷147。

② （宋）李焘：《续资治通鉴长编》卷267。

③ （元）脱脱：《宋史》卷156。

移之于乡邻族党，则一县之风俗成，人材出矣"。苏辙在《上高县学记》中言，"李君之政不苟而民肃，赋役狱讼不诿其务。李君喜学之成而乐民之不犯，知其为学之力也"，强调的是州县学于民风的教化。王安石在《虔州学记》中强调州县学于学问与民风的作用，"举其学之成者以为卿大夫，其次虽未成而不害其能，至者以为士"，"虔虽地旷以远，得所以教则虽悍昏器凶抵禁触法而不悔者亦将有以聪明其耳目而善其心，又况乎学问之民"。宋代江西民风淳朴好学知礼讲义，其中江西州县学的化育之力很大，而在养才方面江西州县学的功德更大。

宋代君主对人才非常渴求，屡次诏奖学而优者，宋真宗甚至以富贵利禄来诱导世人为学，所谓"富家不用买良田，书中自有千钟粟。安居不用架高堂，书中自有黄金屋。出门莫恨无人随，书中车马多如簇。娶妻莫恨无良媒，书中有女颜如玉。男子欲遂平生志，六经勤向窗前读"①。北宋数次兴学，亦是有感于人才缺失而起。范仲淹贬知饶州之时，拟立学，言建学于此，20 年可出状元，建学的目的在养才。

宋代地方官学的教学内容是随时代而变的，熙宁以前并没有统一的教材，一般的教学内容是"九经"及其注疏；熙宁时期，王安石编撰《三经新义》作为全国统一教材；南宋后期，理学兴盛，二程、张载、朱熹等理学大家的著作成为地方官学的教材。宋初科举有进士、九经、五经、三史、三礼、三传等科，考试内容以经书为主，熙宁时有司纯用"三经新义"取士，州县学教学内容与科举考试内容一致，可见州县学培养的目标是科举。朝廷衡量州县学的质量与对学官的奖励，也主要依据科举考试成绩。朝廷以科举取士，以州县学养士。

宋代江西州县学发展良好，规模大，教学质量高，其养才之力至大。饶州州学在宋代甲天下，而同时饶州之民亦好学成风，"为父兄者以其子与弟不文为咎，为母妻者以其子与夫不学为辱"②、"小儿不问如何，粗能念书，自五、六岁即以次教之《五经》"③，学风昌盛，有"诸公皆不是痴汉"④ 之说，同时饶州进士人数众多，乃至于"朝士多饶州人"。刘申《重修泰和县儒学记》言泰和县兴学之后"挟策读书者十室而五，彬彬之风固无愧于齐

---

① （宋）俞琰：《书斋夜话》卷4。

② （宋）洪迈：《容斋随笔》卷5。

③ （宋）叶梦得：《避暑录话》卷上。

④ （宋）陆游：《老学庵笔记》卷1。

鲁"。绍兴二十年科考，宜黄县乡举 18 人，登甲科 3 人，时人以为盛世，《江西通志》评曰"咸以为建学之应"。据统计，北宋江西进士达到了 1742人，其中绝大多数是兴学以后登第的。宋代江西各州中，饶州与吉州的官学质量高，而两州的进士数量也很高，吉州进士数量 959 人为全省第一，饶州进士数量 949 为全省第二。

第二节　江西书院的发展

书院"是新生于唐代的中国士人的文化教育组织，它源自民间和官府，是书籍大量流通于社会之后，数量不断增长的读书人围绕着书，开展包括藏书、校书、修书、著书、刻书、读书、教书等活动，进行文化积累、研究、创造、传播的必然结果"①。书院有一个从私人读书之所演变成学校的变化。书院起源于唐代的原因非常复杂，但有三点原因是可以确认的：中唐以后国势衰微，官学衰落；源远流长的私人讲学传统；科举制实施。联系起来就是：由于官学衰微，不能满足学生科举入仕的要求，于是私人书院代替官学进行教化。晚唐五代属于书院的发展时期，两宋是书院兴盛时期，元明清为延续与衰落时期。

书院起源于私学，与官学相对立。北宋书院的兴衰始终与官学的兴衰相联系，李弘棋曾经说："可以说宋初书院因官学的式微而蓬勃，但中叶以后因官学的普及而不再像以前那么旺盛了。"② 宋初承五代之乱而来，官学衰微，士病无学，于是书院给学生提供了一个学习的场所，而此时国家无力兴官学，所以乐得由书院为国家培养人才。宋初朝廷对书院发展采取支持态度，在太平兴国二年（977）至仁宗宝元元年（1038）60 余年时间里，朝廷连续不断地通过赐田、赐额、赐书、召见山长，封官嘉奖等一系列措施对书院加以褒扬。③ 地方官员也在各方面给书院提供便利。宋初是书院初步发展时期，截至庆历之前，全国共有书院 18 所，其中包括六大著名书院——石鼓书院、白鹿洞书院、嵩阳书院、岳麓书院、应天府书院、茅山书院。文教对一个王朝来说不仅是一种服务更是一种控制手段、一种权力，宋初朝廷

---

① 邓洪波：《中国书院史》，东方出版中心 2006 年版，第 1 页。

② 李弘棋：《范仲淹与北宋的书院传统》，《纪念范仲淹一千年诞辰国际学术研讨会论文集》，第 1424 页。

③ 邓洪波：《中国书院史》，东方出版中心 2006 年版，第 75 页。

将文教的任务与权力下放给书院，一旦国力恢复，必然兴官学以收回文教的权力。仁宗、神宗与徽宗时期发动三次兴学运动，使得天下遍立官学。兴学运动中有许多政策是不利于书院发展的，如庆历兴学规定"士须在学三百日乃听预秋试"①，崇宁以学校进取代替科举、免除官学学生部分徭役和税收。兴学运动中，书院的生存空间受到极大的挤压，于是开始走入发展的低潮，存在的书院或者停办，或者改为官学。石鼓书院于景祐二年（1035）接受仁宗赐学田及"石鼓书院"额，但不久就"复稍徙而东，以为州学，则书院之迹，于此遂废而不复修矣"②。岳麓书院、白鹿洞书院也先后受到冷落而走入低谷，王祎在《游鹿洞记》一文中说"书院至崇宁末乃尽废"。

　　南渡之时，兵匪对州县学造成极大的破坏，虽然获得修复，但从全国来看南宋州县学的气象已不能媲美北宋州县学，"诸生无所仰食，而往往散去，以是殿堂倾圮，斋舍荒废"③，"视庠庐如传舍，目师儒如路人。季考月书，尽成虚文"④，于是书院又获得了发展的空间。而且州县学经过长期发展，已经成为科举的附庸，弊端不断，叶适曾说："观本朝其始议建学，久而不克就，王安石乃卒就之。然未几而大狱起矣。崇观间以俊秀闻于学者旋为大官，宣和靖康所用误朝之臣大抵学校之名士也。及诸生伏阙挝鼓以请起李纲，天下或以为忠义之气而朝廷以为倡乱动众者，无如太学之士。及秦桧为相，务使诸生为无廉耻以媚己，而以小利啖之，阴以拒塞言者，士人靡然成风，献颂拜表希望恩泽，一有不及，谤议喧然，故至于今日。盖其本为之法，使月书季考校定分数之毫厘以为终身之利害，而其外又以势利招来之，是宜其至此而无怪也。今州县有学宫室廪饩无所不备，置官立师其过于汉唐甚远，惟其无所考察而徒以聚食，而士之俊秀者不愿于学矣。"⑤ 官学教育的科举应试高度强化与道德教育缺席使得许多有志之士开始思考力挽日下之士林风气的办法，而开办书院讲学是重要的一种方式，"新安之朱、广汉之张、东莱之吕、临川之陆，暨夫志同道合之人，讲求为己有用之学，则又立书院，以表异于当时郡邑之学专习科举之业者"⑥，于是书院开始复兴。孝

① （元）脱脱：《宋史》卷155。
② （宋）朱熹：《晦庵集》卷79。
③ 同上。
④ （元）脱脱：《宋史》卷157。
⑤ （明）杨士奇等：《历代名臣奏议》卷55。
⑥ 吴澄：《鳌溪书院记》，见弘治《抚州府志》卷14《文教三·书院》。

宗、光宗朝，理学兴盛，朱熹、陆九渊、吕祖谦各立门户，他们致力于书院的建设，以书院为学术阵地，彼此竞争。由于理学家的推动，书院的管理体制得到了完善，而且获得了官方支持，于是天下书院开始复兴。宁宗朝开始，随着程朱理学被确立为官学，书院成为官办，书院发展进入极盛时期。

　　书院的发展要求经济发达等硬性条件，因为最初的书院是私人性的，有的是学者自建的，甚至带有家族，有的是乡里性质的，全是自主经营，其运转与规模与当地经济条件好坏直接挂钩。书院的发展更依赖文化繁荣等软实力：首先，书院的讲授者水平是书院兴衰的关键，书院的教授是管理者聘任的，多为本地文化人，文教高则备选者多，则选择的余地就大，教学的质量也更有保证。其次，民风重学也是书院发展的良好环境，百姓对书院的重视与支持是书院发展的重要条件。再次，文化繁荣是书院发展的推动力，南宋、明代理学兴盛是书院发展的最主要动力。地理环境也是书院发展的影响因素，我国古代早期的书院多坐落在林泉胜处，徜徉在山水蕴秀之处，才情才能勃发出来，高安桂岩书院风景优美，幸元龙《桂岩书院记》言其"面凤岭，双岫出碧；背慈云，千岩竞秀"、"水泉清冽而草木敷茂"，白鹿洞在风景圣地庐山，岳麓书院在岳麓山。另外，贤吏的提倡也是书院发展的重要条件，地方长官的支持对书院的发展至关重要。有些书院就是地方官本人创建的，如岳麓书院是知州朱洞创建的，四川果山书院是知州王旦创建的；有些地方官还亲自担任书院讲授，唐刘庆霖开皇寮书院，自己亲自授课。这些条件江西都具备，并且都是优良级别的。江西经济从晚唐五代开发之后，两宋至明代经济水平都位列全国前位，经济发达为书院提供了坚实的物质保障。唐末五代，中原战乱不断，硝烟弥漫，江西暂安，成为士人避难之处，加上南唐君主好儒，江西的文教水平从五代开始也领先全国，江西籍权臣名宦、文学巨匠、文化大家不断涌现，如晏殊、欧阳修、王安石、曾巩、黄庭坚、朱熹、陆九渊、曾几等，他们或开学立舍或资助书院或奖掖优秀书院或者亲自执教，对书院发展有很大的促进作用。江西文化普及程度比较高，民以勤学好学为风尚，南昌府"市井多儒雅之风"，吉安府"环吉水百里之疆多业儒"，广信府"下逮田野小民，生理裁足，皆知以课子孙读书为事"，抚州府"惟是弦歌机抒声，达乎四境属耳"，建昌府"士风淳雅，儒术科名为盛"（赵秉忠《江西舆地图记》），好学的江西人民对书院的建设非常重视，对书院的发展极为有利。理学家是南宋、明代书院最主要的建设者，而南宋理学家在江西活动频繁，周敦颐、朱熹、陆九渊的主要学术阵地就是江西，宋代江西书院中与朱熹有关系的有 12 所，明代王阳明虽然不是江西人，但他的学渊在江西，主要事迹也发生在江西。江西的地理风貌也颇具有优势，山川秀丽，风景宜人，书院择址非常方便。知江西的官吏，对书院重视者很多，如唐李渤知江州建李渤书堂，宋江万里知吉州创办了白鹭洲书院。由于以上原因，江西书院发展一直位于全国前列，曹松叶先生曾说，江西省是宋代书院发生原动力所在。在唐代江西有书院 7 所，即高安桂岩书院、江州景星书院、德安李渤书堂、庐陵登东书院、德安东佳书院、渝洲皇寮书院、洪州施肩吾书院，数量为全国第二。五代十国有 8 所，即宜丰留张书院、泰和匡山书院、奉新梧桐书院、奉新华林书院、吉水兴贤书院、永修云阳书院、吉安光禄书院、德安东佳书院，数量为当时第一。北宋江西新建书院 23 所，远远超出其他同级行政单位的书院数量，而南宋江西书院数量达到了 147 所，比第二名浙江多出 65 所。元代江西书院有 91 所，明代 270 所，皆为全国第一，清代也有 392 所，位列全国第二。

江西书院不仅数量多，而且质量高。仅以宋代为例，《宋史》和《宋元学案》记录的著名书院中有江西的高安桂岩书院、庐山白鹿洞书院、吉安白鹭洲书院、抚州临安书院、南城盱江书院、宜春张材书院、九江濂溪书院、奉新华林书院、新余金风书院、余干东山书院、玉山端明书院、南昌东湖书院、铅山鹅湖书院、贵溪象山书院、婺源紫阳书院、安福竹林书院、弋阳月石书院、新建虎溪书院、波阳桐岭书院、丰城盛家洲书院，等等。北宋四大书院中江西白鹿洞书院为其一，南宋四大书院中江西白鹿洞书院与象山书院占其二。

宋代江西书院的发展不仅体现在质量、数量上，更体现在发展的延续性上。江西书院的发展进程没有中断过，庆历兴学前后，全国的书院普遍沉寂，江西的书院发展依然旺盛，庆历三年周敦颐在分宜创办濂山书院。嘉祐间陈思悦在安义创办社平书院，杜子野在宜黄创办鹿冈书院。神宗、哲宗、徽宗、钦宗时期江西都有新建的书院。北宋江西书院有一半是在庆历兴学后建立起来的。南宋江西书院在理学的带动下，遍地开花，53 个州县有书院，而且多数书院历久不衰。江西书院发展的延续性还体现在个体书院发展的不间断性，江西东佳书堂自唐至五代、北宋一直办学，成为江南有影响力的书院之一。

宋代江西书院的创建者与讲授者多为名士，盱江书院的创建者李觏曾经受到范仲淹的奖掖，为太学助教，后为直讲。李觏著述丰富，学识渊博被士人称为儒宗。他的思想比较进步，提倡经世致用，后人认为是李觏为王安石变法做了哲学的准备。李觏还与当时权宦晏殊是好友。李觏亲自执教盱江书院，从其学者非常多，名闻者有曾巩。曾巩后来在家乡临川创建了兴鲁书院，并亲自定学规、执教席，推动抚州学风。理学大家周敦颐长期在江西做官讲学并终老其地，与他相关的江西书院有修水的景濂书院，萍乡芦溪的宗濂书院，江州濂溪书院，虔州清廉书院。白鹿洞书院由朱熹重建并将之发扬光大，象山书院是陆九渊创建的，陆九渊亲自讲学，学者辐辏。袁州东轩书院的创建者张栻是著名理学家。白鹭洲书院的创建者江万里是朱熹之著名后学。

宋代江西书院名闻天下，其中最著名的有白鹿洞书院、白鹭洲书院与象山书院。白鹿洞书院位于庐山南麓五老峰，原为唐代李渤读书处，南唐时建成学馆，北宋时始名白鹿洞书院，宋初太宗、真宗曾对白鹿洞进行关注——赐书、诏塑像，名声很盛。南宋淳熙六年，朱熹对白鹿洞书院进行重建与经营，使之成为天下第一书院，朱熹撰写的《白鹿洞书院揭示》成为天下书院的总学规。淳祐元年，江万里在吉州创建白鹭洲书院，培养了文天祥、刘辰翁、邓光荐等文章节义之士而名闻天下。象山书院原名象山精舍，位于信州贵溪应天山，淳熙十四年陆九渊创建，书院不立学规，每日清晨陆九渊升堂讲座，其余时间肄业者归斋舍，各自研习，陆九渊"随其人有所开发"、"就其长而成就之"。象山书院在当时享有很高的声誉，陆九渊讲学五年，来学者千余人。江西其他书院有盛名者多，如东佳、华林、雷塘书院（安义）被北宋文学家杨亿称为"鼎峙江东"的三大书院，宋初华林书院肄业者常千人。李觏在南城县办盱江书院，亲自讲学长达 20 余年，东南闻风而至求学者达千数。

宋代江西书院的发展引起了统治者的重视，奖赐不断。奉新华林书院的创建者胡仲尧、胡仲容兄弟，因办学成绩卓著，先后两次得到宋太宗的诏书表彰。白鹿洞书院、象山书院、白鹭洲书院曾得过皇帝钦赐御书匾额，宋高宗还亲自给龙光书院赐名。

书院是一种教育组织形式，它有藏书、刻书、讲学与学术研究的功能，对培养人才、传播文化和繁荣学术有巨大的推动作用，"由建隆以来迄于康定，独有所谓书院者，若白鹿洞、岳麓、嵩阳、茅山之类是也。其一卓然为学师表者，若南都之戚氏、泰山之孙氏、海陵之胡氏、徂徕之石氏，集一时俊秀相与讲学，涵养作成之功亦既深矣"①。理学就是赖书院传播的，刘辰

---

① （宋）袁燮：《洁斋集》卷10。

翁曾言"自鹭洲兴而后期人宿于义理，自鹭洲兴而后言义理者畅"①。官学的教化能力有限，书院的创立是对其补充，可以让更多的民众享受到文化教育的机会。书院与科举的结合在唐代就已经出现，书院本是读书之所，主要是为了获取科考所需要的知识而设立的，而后书院成为招徕生徒讲授学业的学校，与科举的结合更为紧密。唐宪宗元和九年，江西高安人幸南容以国子祭酒致仕，回乡创建桂岩书院，幸南容年近50才登第，深知科场不易，其创书院的初始目的是教授本族子孙，方便他们读书求仕，咸通七年其孙幸轼登第。德安东佳书院由义门陈氏创建于大顺元年，令子弟弱冠者就学，有学成者令就举，其子孙登第者数人。北宋"国初未有学，天下惟四书院"②，书院是用来代替官学进行教化的，书院学生可以直接参加科举，所以当时书院的教学是围绕科举开展的，主要以培养适应科举考试的治术之才为目标。应天府书院为当时天下书院的样板，范仲淹《南京书院题名记》中谈及其教学内容是"讲乎经义，咏思乎文"，教学目标是培养"廊庙其器"。书院的名气与其科举成绩是成正比的，湖南阴县邓咸创立的笪竹书院因湖北江夏、安州郑獬负笈其中而双双高中状元成为科举圣地，其后慕名而来的求学者络绎不绝。南宋书院走的是官学化的道路。政府通过赐书院额、赐国子监书、置学田、官资兴建以及授任山长等途径加深对书院的控制，将书院逐步纳入官学教育的管理轨道，使书院与州县学一起发挥教化功能。书院官学化加深的同时，以讲贤讲道为主的书院教育，不可避免地会日益增加应举内容，学术与功名统一。

宋代江西书院兴盛且持久，在数量、发展水平和地域分布广度上均处全国领先，加上学风严谨、规制严格和多为名师任教，对于江西文教与科举的贡献非常大。宋代江西学者、文学家多从书院脱颖而出，曾巩先受益于家学渊源，后投入南城凤岗书院盯江先生李觏门下，最终成为唐宋八大家之一。黄庭坚从小就读于其曾祖黄中理兴办的书院，后来成为著名文学家与书法家。

江西书院的科举成绩极为耀眼。南康洪氏雷塘书院"自端拱以来，岁登上第者，联光挂籍"③。洪文抚侄洪待用登咸平三年进士，洪禀亦为庆历年间进士。洪文抚裔孙洪师民登熙宁三年进士，洪州"四洪"亦肄业于兹。

---

① （宋）刘辰翁：《须溪集》卷3。

② （宋）魏了翁：《鹤山集》卷49。

③ 陈廷修：《义门陈氏宗谱》，道光二十年江西宜春德星堂本。

杨亿在《雷塘书院记》中说"举进士得乙科，同时侪流登是选者以十数"。华林书院创建于五代，宋代声名颇盛，规模很大有书万卷室百间，"子弟及远方之士，肄业者常数十人，岁时讨论，讲席无绝"①。胡氏家族子孙中有55人中进士，宋真宗曾经夸赞其育人之功为"一门三刺史，四代五尚书"。王钦若少年时就曾就读于华林书院，后为宰相。分宁黄氏樱桃洞、芝台二书院培养的本族进士在宋代有五十多人，黄中理子侄茂宗及滋、提、淳、涣、颥、侠、注、渭、浚等十人中六人登进士第，且都有文名，号称"十龙"。当时来黄氏书院的四方游学者常常有数十百人，其中宋庠、宋祁慕名来学，宋庠科考为状元，两人在文学上都有很高的成就。东佳书堂创建于唐代，到了宋代规模壮大，有室几十间、书数千卷、田几十顷。东佳书院被称为"鼎峙江南的三书院"之首，自然离不开其所培养的中举入仕生徒绩效。晏殊在《题义门陈村东佳书院》称陈氏"趋庭子弟皆攀桂，弹铗宾朋偏食鱼"。陈氏家族经过书院教育，人才辈出，仅宋仁宗庆历四年（1044），其族就有403人应举，而且"聚书延四方学者，伏腊皆资焉，江南名士皆肄业于其家"②。徐铉《陈氏书堂记》曰"自龙纪以降，崇之子蜕、从子渤、族子乘登进士第，近有蔚文，尤出焉，曰逊，曰范，皆随计矣。四方游学者自是宦成而名立盖有之"。据江州义门陈氏第八、九、十世登科名录载，其十世中进士者有陈用等二十多人，其中状元及第者两人。乐史在宜黄立慈竹书院，其子乐黄中、乐黄目、乐黄裳为淳化二年进士，乐黄庭为咸平二年进士，一门父子五进士，名动乡里。江万里创建吉州白鹭洲书院，为吉州培养了大批进士，南宋宝祐四年科举，文天祥为状元，同榜吉州进士39名，景定三年科举吉州进士47人。乐安留坑董氏家族经营桂林书院，在宋代300年间，为当地教化出了近30名进士。建昌南城县为李覯盱江书院所在地，宋代其一县的进士就有437名，为全省各县第一。

　　宋代江西出院还培养出了许多权宦与政治家，王钦若出自华林书院，王安石出自宜黄鹿冈书院，文天祥曾就读于白鹭洲书院。

第三节　宋代江西科举繁荣

　　江西的科举觉醒于中晚唐五代，起始地是袁州，中晚唐的袁州以进士数

---

① （宋）徐铉：《徐文公集》卷28，《四部备要》本。

② 僧文莹：《湘山野录》卷上。

量和质量雄踞全省首位，中晚唐152年间，江西八州进士总数共为66人，其他七州总共39人，袁州一州27人，占进士总数的40%。有人曾经以"袁州进士半江西"来描述中晚唐袁州进士的繁荣，说"半江西"未免有夸大之嫌，但是袁州进士登第形势的确很抢眼。但唐代袁州的进士繁荣属于科举史上罕见的个例，唐代名宦房琯、韩愈、李德裕等人先后贬谪袁州，而且都很快回到朝廷担任要职，他们同时又是文章大家，他们对袁州举子的指导与提拔是中晚唐袁州进士繁荣的主要原因。袁州进士繁荣虽然不具有普遍性，但它昭示了宋代江西科举的繁荣。宋代江西科举全盛，进士分布面更广，按光绪《江西通志》选举表所列名单算，北宋江西进士共有1742名，江西各州县均有分布，饶州330名、吉州273名、建昌军212名、洪州179名、抚州174名、临江军158名，其他各州进士人数也比较可观，信州119名，虔州75名，南康军61名，袁州与江州各57名，筠州32名，最少的南安军也有15名。南宋江西进士共有3594名，吉州665名，饶州615名，建昌军453名，抚州446名，洪州371名，其他各州进士人数也很多，信州232名，临江军230名，南康军227名，筠州115名，虔州86名，袁州66名，南安军53名，最少的江州也有35名。

唐代科举考试不封卷，允许干谒，重门第，看出身，很难确保考试的公正性，而且录取人数少，所谓"桂树只生三十枝"，选士的能力实在有限。宋代君主实行重文国策，对士的需求很大，一方面极力鼓动人们入学入仕，宋代由此产生了很多的劝学诗、文、歌，如汪洙《神童诗》言"天子重英豪，文章教尔曹。万般皆下品，惟有读书高"、"学乃身之宝，儒为席上珍；君看为宰相，必用读书人"。宋真宗亲自作《劝学文》鼓舞世人勤读："富家不用买良田，书中自有千钟粟。安居不用架高堂，书中自有黄金屋。取妻莫愁无良媒，书中有女颜如玉。出门莫愁无人随，书中车马多如簇。男儿欲遂平生志，五经勤向窗前读。"

另一方面改革科举制度，增强科举选士的能力。宋代科举制承唐代而来，但进行了很大的改进，务使科举考试与录取更为公平。首先，废除"公荐"制，避免了权豪垄断科举。"每岁知举官将赴贡院，台阁近臣得保荐抱文艺者号曰公荐。"[①] 于是考生奔走于权宦显贵之门，以期得到他们的推荐，增加登第的机会。公荐虽名公，却不能避私心干扰，宋太祖有感于其弊，于乾德元年下令禁止"诏礼部贡举人，自今朝臣不得更发公荐，违者

---

① （宋）李焘：《续资治通鉴长编》卷4。

重置其罪"①。其次，实行糊名、誊录制，断绝了考官营私舞弊的可能。糊名，亦称封弥或弥封，是将试卷上的举人姓名、年甲、三代、乡贯等密封或去掉，代之以字号，以防考试官在评定试卷时营私舞弊。为了防止考官通过字迹辨认考生，又实行誊录制，即设誊录官，原文誊录考生试卷。再次，实行殿试制度，制约权贡举的礼部侍郎之权力。故事礼部侍郎权知贡举，掌握了直接进退大权，在科举中的重要性甚至超过了宰相。殿试制度的实行，将士人最后的去留权交给了天子，礼部侍郎的权力受到制约，也就减少了其以权谋私的可能。另外，还有考官亲戚别头试、考官锁院制，严加防范考官的徇私。别头试是考官的亲朋故旧必须互相移试以防作假，锁院是指知贡举的官员一经任命，便立即移往贡院锁宿，以避免请托及泄题。宋代科举改革还包括缩小南北录取差别。天圣以前选用人才多取北人，南方士大夫沉抑者多，仁宗照知其弊，公听并观，兼收博采，无南北之异。宋代向社会各层广开科举之门，宋代科举几乎没有出身限制，甚至强调选拔寒士，"帝（宋太祖）尝语近臣曰：'昔者科名多为势家所取，朕亲临试，尽革其弊矣"②、"贡举重任，当务选择寒俊"③。

　　宋代科举考试内容也进行了变革。宋初进士承唐及五代之制，进士试诗、赋、论各一首，策五道，帖《论语》十帖，对《春秋》或《礼记》墨义十条，殿试则考赋、诗、论三题。诗赋强调的是声韵，而"论"可以考察应举人关于历代治乱兴衰的知识，"策"可以检验应举人处理当前国家大事的谋略。但当时主要以诗赋取人，策和论的作用没有发挥。晏殊曾经建议"今诸科专记诵非取士之意，请终场试策一篇"④，未被采纳。专以诗赋取人的弊端是进士以声韵为务，多昧古今，学而无以致用，所谓"士皆舍大方而趋小道，虽济济盈庭，求有才识者十无一二"⑤。范仲淹主持庆历新政，改革科举考试，进士试先策、次论、次诗赋，以策论高、词赋次者为优等，策论平、词赋优者为次等，期"以经济之业取以经济之才"⑥。王安石任参知政事，定科举新法：进士罢诗赋、帖经、墨义，各占治《诗》、《书》、

①（宋）李焘：《续资治通鉴长编》卷 4。

②（元）脱脱：《宋史》卷 155。

③（宋）李焘：《续资治通鉴长编》卷 43。

④（宋）李焘：《续资治通鉴长编》卷 109。

⑤（宋）李焘：《续资治通鉴长编》卷 143。

⑥（宋）李焘：《续资治通鉴长编》卷 143。

《易》、《周礼》、《礼记》一经，兼以《论语》、《孟子》，每试四场，初本经，次兼经，并大义十道，务通义理，不须尽用注疏，次论一首，次时务策三道，礼部五道，殿试专试策。罢诗赋专以经义、论、策取士，目的在于选拔经世致用之人才。宋室南迁，高宗建炎二年分经义、诗赋两科取士，经义进士考试经义、论、策三场；诗赋进士则考试诗赋、论、策三场。

在极力劝学、改革科举的同时，宋代统治者还扩大录取名额，终北宋一代 167 年，共开科 69 榜，平均约二年半举行一次。录进士 19066 名，平均每榜 276.3 名，诸科 15054 名，特奏名 15456 名。三项合计取士 49576 名，平均每榜 718.5 名，是唐代录取人数的 20 多倍。

科举改革后更为公平，使得"学而优则仕"成为现实，极大地鼓舞了士人进取之心，朱熹曾说"居今之世，使孔子复生，也不免应举"①，陆九渊说"科举取士久矣，名儒巨公，皆由此出，今为士者，固不能免此"②。五代十国江西属于南唐，南唐局势暂安，经济繁荣，主崇文好儒，江西文教比其他地方要发达许多，民风好学，陈彭年"幼好学，母溺爱之，因惟一子，故禁其夜读，彭年置灯密室，不令母知"③。到了宋代，江西官学与书院发展水平高出其他地方，教化的民众更多。宋代江西图书印刷事业也很发达，宋代的吉州、抚州、信州都是纸的著名产地；萍乡、庐陵、袁州、南康、九江、建昌等地存在着为数众多的刻书行业，图书印刷事业的发达使书籍的流传更广泛，人们获取知识也更方便。科举考试内容于江西举子极为有利，因为江西人才思俊秀，是写诗作文的能手，又好议论，《朱子语类》卷124 云："江西士风，好为奇论，耻与人同，每立异以求胜"，又好经史之学，所以策、论、经义等考试内容对江西人来说比较得心应手。综上种种，宋代江西人在科考上大放光彩。

两宋江西读书人很多，因为名额限制不能尽入仕，宋英宗治平元年欧阳修奏曰："东南州军进士取解者二三千人处只解二三十人，是百人取一人，盖已痛裁抑之矣。西北州军取解至多处不过百人，而所解至十余人，是十人取一人。"④ 汪藻言及熙宁年间饶州发解数时，也有"应举者数千人，所取

①　黎靖德：《朱子语类》卷 13。

②　陆九渊：《象山集》卷 23。

③　（元）脱脱：《宋史》卷 287。

④　（宋）欧阳修：《文忠集》卷 113。

百裁一"① 之说。南宋时期，江西许多州府出现"或五六百人解送一人"②
的现象。解额相对过少和应举人数之多的矛盾，一度造成江西"虽中等以
上，取或不足"、"不无遗才"③。但尽管如此，两宋江西进士总数 5336 名，
约占宋朝进士总额的六分之一，而且其中许多人都进入政治中枢，《宋史·
宰辅表》统计，两宋宰相共有 133 名，其中江西籍的有 27 人。

北宋一县进士百名以上的有三个：建昌军南城县 147 名，抚州临川县
119 名，饶州德兴县 105 名。南宋时三县的进士名额突破了两百，南城县
286 名，临川县 284 名，德兴县 205 名，吉州庐陵县进士人数也达到了 202
名。南宋进士人数在一百以上的县还有丰城、余干、浮梁、吉水、都昌、筠
州、南丰。一县多人登同榜的现象在南宋江西非常普遍，"科考一次录取 8
名进士以上，南城记录了 15 次，最多的一次绍兴二十一年（1151），得 21
名；临川记录了 8 次，最多的一次咸淳元年（1265），得 28 人；德兴记录
了 7 次，最多的一次绍兴五年（1135），得 11 名；庐陵记录了 9 次，且很集
中，淳祐元年（1250）至南宋亡就记录了 6 次，最多的一次景定三年
（1262），得 15 人"④。

宋代江西科举繁荣中最引人注目的是科举家族不断涌现。如乐史家族、
黄庭坚家族、余贯家族、曾巩家族、裘曰弼家族、陈道家族、王安石家族、
蔡宗彦家族、晏殊家族、饶珙家族、赵必健家族、董洙家族、董渊家族、汪
凤家族等一门进士都在 5 人以上。

宋初宜黄乐氏家族四代 6 人进士。乐史是南唐保大十年的状元，以秘书
郎身份入北宋，为平原县主簿，太平兴国五年举进士，其子黄裳、黄目、黄
中于淳化三年同登进士，咸平元年子黄庭中进士，一门父子五进士，在当时
名闻天下，天圣八年黄裳之孙乐滋又中进士，再添辉煌。

乐安留坑董氏家族同榜一门五进士。董文广真宗时中明法科，但他并未
入仕，而是创办了桂林书院，全力培养董氏家族子弟。在大中祥符八年，文
广侄子董淳进士及第，此后文广侄子洙、汀，侄孙仪、师德、师道同时成为
景祐元年进士，同榜一门五进士，被传为士林佳话，朝廷因此赐予董氏所居
之地为"五桂乡"。皇祐元年，董淳之子伋尔，董渊之子偕，以及董唐臣四

---

① （宋）汪藻：《浮溪集》卷 24。

② 黎靖德：《朱子语类》卷 109。

③ （宋）陆佃：《陶山集》卷 4。

④ 杨杰：《两宋江西的官学、书院与科举》2008 年 5 月。

人，又同榜为进士。董氏的科举辉煌延续到了南宋，靖康元年，族人董藻中武状元，同年董德元中进士第二。两宋 300 年间，董氏的进士及第者有近30 人。

临川王氏家族祖辈四代 69 年间共 8 人中进士。王安石叔祖王贯之咸平三年登第，安石之父王益大中祥符八年登第，王安石庆历三年进士，从弟王沆庆历六年进士，兄王安仁皇祐元年登第，弟王安礼嘉祐六年登第，王安国熙宁元年登第，子王雱治平四年登第。王氏家族官位显赫者除王安石拜相外，王安礼亦官拜尚书左丞，亦相当于宰相。

南丰曾氏家族三代 77 年间曾家出了进士 19 位，祖致尧辈 7 人，子易占辈 6 人，孙巩辈 6 人。曾致尧太平兴国八年中进士，其弟士尧淳化三年进士，子易从咸平三年进士、易占天圣二年进士。嘉祐二年一门 6 人同榜及第：易占子巩及其弟牟、布，从弟阜，妹婿王无咎、王几。曾致尧家族中还有曾易则、曾舜举、曾叔卿、曾犟、曾庠、曾宰、曾觉、曾肇 8 人到元丰年间都已中进士。曾氏家族中曾致尧在宋初已为名臣，历官著作佐郎、转运使、尚书户部郎中等职，为官清廉，勇言时政，也是诗文能手，著有《仙凫羽翼集》等著作近 180 卷。曾巩为古文大家，曾布官位最显至宰相。曾肇也官位显赫，为宦 40 余年，历事英、神、哲、徽四朝，任吏、户、礼、刑部侍郎，两为中书舍人，为十四州地方官。曾肇曾参与《九域志》、《神宗实录》、《国朝会要》等官书的编修工作，撰有《曲阜集》等著作百余卷。

欧阳修家族，嘉祐四年欧阳修介绍了其时家族成员登科仕宦的情况"自宋三十年，而吾先君、伯父、叔父始以进士登科者四人。后又三十年，修与丽兄之子乾曜又登于科。今又将三十年矣，以进士仕者，又才二人"①。欧阳修之父欧阳观与叔父欧阳烨咸平三年同登进士，天圣八年欧阳修进士及第，庆历六年修之族欧阳乾度登进士第，治平四年修之子棐登进士第。

临川晏殊家族，晏殊景德三年真宗亲赐同进士出身，其子崇让皇祐元年登进士第，侄孙晏升卿皇佑五年进士，晏中元丰二年进士，曾孙绍休、敦复、敦临、肃分别于绍圣四年、大观三年、政和五年、宣和三年中进士。

分宁黄氏家族，黄中理聚书万卷，开设樱桃洞、芝台两所学馆，教黄氏子孙，其子辈同族兄弟 13 人，其中沔、滋、湜、淳、涣、浃、注、渭、浚、灏等 10 人俱有文名，时人誉为"十龙"，其中六人进士及第。湜之子庶仁宗庆历二年中进士，庶生黄庭坚，庭坚于英宗治平四年登进士第。

---

① （宋）欧阳修：《文忠集》卷 71。

　　分宁余贯家族有 7 人登进士第：天圣二年余贯登第，贯后改名良肱，知宣州，其子余高于庆历六年登第，官至归州司户；其孙余从周皇祐元年登第，后官至吏部郎中；其侄余宏熙宁三年登第；其孙余彦明元丰八年登第，后官至礼部尚书；其孙余彦直绍圣四年登第；其孙余松绍兴二十一年登第。

　　临川饶珙家族登进士第者有 8 人：皇祐五年饶珙登进士第，其弟琦与之同榜，其侄饶师传元丰五年登第；师传之侄饶蒙元丰八年登第；崇宁五年珙之子文度登第；大观三年文度之子饶伯达又登第；政和八年伯达之弟好裕、惠卿为同榜进士。临川赵必健家族登第者 5 人以上：嘉定十三年赵必健登第，端平二年其子良锌登第，淳祐十年子良鉎登第，开庆元年子良镡、良锋为同榜登第。

　　新喻刘式在南唐后主时去庐山借书苦读，五六年不归，考中明经科第一；其子刘立之，中大中祥符元年（1008）进士，孙刘敞、刘攽，庆历六年同时中进士，曾孙刘奉世为嘉祐六年进士，奉世与其父敞、叔攽合称"三刘"。新喻孔氏三兄弟俱登进士，嘉祐元年孔文仲中进士，嘉祐八年孔武仲中进士，治平二年孔平仲中进士。新喻萧氏从宋初至神宗时期，家族中不断有人中举，载入进士名录的有：萧贺、萧方、萧贯、萧贲、萧固、萧赟、萧泳、萧注、萧从、萧褒等。另外如奉新胡氏家族中进士者有 55 人。高安刘氏，刘涣、刘恕、刘羲仲祖孙三代人，博学而特立，高节尚义气，称"高安三刘"。刘涣天圣八年登进士第，刘恕皇祐元年进士。恕长子羲仲，从小随侍，继承家学，读书数千卷，无不贯穿。因刘恕《资治通鉴》书成，赐官郊庙斋郎，后入史馆为检讨。吉州永新刘沆中天圣八年榜眼，官至宰相，其长子刘瑾皇祐五年进士，尝为天章阁待制，为人素有操尚，遇事抗争。瑾之子俌、僴分别于嘉祐八年、崇宁二年考取进士。

　　两宋饶州德兴地区的科举之风气很盛，汪藻言德兴"迨宋兴百年，无不安土乐生。于是豪杰始相与出耕而各长雄其地，以力田课僮仆，以诗书训子弟，以孝谨保坟墓，以信义服乡间，室庐相望为闻家，子孙取高科、登显仕者，无世无之"[①]。其中张、董两个家族的进士人数最众，分别有 29、28 名。张氏家族张潜有兄弟五个，潜与长兄、次兄治家产供四弟汲与五子须专职读书科举，嘉祐六年须进士及第，治平四年汲亦进士及第，其后张潜家族荣登科榜者众，"若子若孙，至礼部者三十人，食禄叙封，上下五世，络绅推之"[②]。董氏家族"淳祐二年至景定三年的有寿有班有封，兼天下之所愿，然而谈笑风生 20 年间，举

---

　　①　（宋）汪藻：《浮溪集》卷 19。

　　②　（宋）万如石：《张公行状》，见何迳东主编《德兴县志》卷 30《文存》，第 1033 页。

进士者达 61 人，入仕为官有政绩者从朝廷到地方不乏其人"①。

南宋鄱阳洪氏父子四人皆登第，政和五年父洪皓进士及第，其子洪适、洪遵于绍兴十二年、洪迈绍兴十五年先后中博学鸿词科。洪氏父子皆位列显宦。建炎三年高宗准备将都城由杭州迁往建康以避金兵锋芒，洪皓不顾职位卑微，上书谏阻。高宗特意召见他，擢升其为徽猷阁待制，假礼部尚书，令出使金国。洪皓在金滞留 15 年，威武不屈，时人称之为"宋之苏武"，后除徽猷阁直学士、提举万寿观兼权直学士院，封魏国忠宣公。洪适曾任同中书门下平章事兼枢密使，洪遵曾任同枢密院事、端明殿学士、提举太平兴国宫，位同宰相。洪迈曾任翰林学士、加端明殿学士，官居一品。

南康洪氏，前辈洪待用登咸平三年进士，官至都官员外郎。后辈洪师民登熙宁三年进士，官石州司法参军。师民四子朋、刍、炎、羽均有文名，被称为"四洪"，洪朋被荐举为临川令，洪刍于绍圣元年登进士第，官谏议大夫；洪炎登元祐六年进士，官著作郎、秘书少监；洪羽为绍圣四年进士，官台州知府。

宋代江西进士繁荣是江西士人在政坛形成巨大影响力的前提条件，科举前辈入主机枢，后辈继续涌入，前辈提拔后辈之贤者，于是代代相传，形成一股强大且持续的势力。而累累科举家族的出现既是江西文教的成果也是江西文教的推动力量，在科举家族中孕育出了文化世家。如王安石家族在政治上达到极盛；文化上也同样臻于辉煌，几乎人人有文，家家有集，以诗文盛称于世。黄庭坚家族以儒节义学传家，亦以文化传家，黄庭坚擅诗亦擅书法，与苏轼、米芾、蔡襄并称宋代四大书法家。刘敞既精通经学，又熟悉史学，在金文目录学方面造诣也很深，其弟刘攽史学修养非常深厚，其家族中刘奉世、刘清之与刘靖之在史学、经学和理学上都取得了很大的成就。乐史家族中，乐史是著名地理学家和天文学家，他撰有著作近千卷，著名的有地理学著作《太平寰宇记》。其子乐黄目也是著述高手，撰有《学海搜奇录》、《圣朝郡国志》，乐安董氏进士有近 30 人，而人称"江以右称文献世家，必以乐安董氏为最"。另外曾巩家族、孔氏家族、洪氏家族等既为科举家族同时也是文化家族。文化世家的次生态文学家族也多从科举家族中诞生。

---

① （宋）汪藻：《董鸿墓志铭》，见何遵东主编《德兴县志》卷 30《文存》，第 1036 页。

第八章　北宋江西文学的兴盛

经济发达，教育兴盛，科举繁荣，名宦相继，学术精湛，文化底蕴深厚，加之山清水秀，人才济济，积蓄到宋朝，江西终于在文坛上大放光彩。"群才属休明，乘运共跃鳞。文质相炳焕，众星罗秋旻。"这是李白歌颂盛唐诗坛盛况的诗句，用其来形容宋朝江西文坛的兴盛似乎也不为过。从宋初四重臣开始，宋代江西的文学如一水远去，越走越宽阔，越走越壮丽，从涓涓细流变成滔滔大流。唐宋八大家，江西欧阳修、王安石、曾巩共占其三；北宋词四大开祖，江西人晏殊、欧阳修、晏几道共占其三，黄庭坚与秦观共称"秦黄"；北宋诗坛，欧阳修是引领一代诗风，王安石创"荆公体"，其门下形成了庞大的"新党文人群"，黄庭坚与苏轼并称，创"山谷体"、开江西诗派。宋代文坛，江西文人可谓占据了半壁江山。北宋江西文坛更有蔚为大观的文学家族，晏氏父子、王氏三兄弟、曾氏家族等都是钟秀于一门。时人和后人对北宋江西文坛的盛况赞叹不绝、艳羡不已。刘弇说曾说"言文章之盛，则未始不在吾江西也"（《上知府曾内翰书》）。李道传云"国朝文章之士，特盛于江西，如欧阳文忠公、王文公、集贤学士刘公兄弟、中书舍人曾公兄弟、李公泰伯、刘公恕、黄公庭坚，其大者古文经术足以名世，其余则博学多识、见于议论、溢于词章者，亦皆各自名家。求之他方未有若是"。梁启超曾经说过："江西，向来是产生大文学家的所在。"（《陶渊明之文艺及其品格》）。

第一节　北宋江西诗文兴盛

作为两种传统的文学体式，诗和文在前代尤其是唐代已经发展得极为成熟，诗是唐代的文学代表，乃至于有"诗唐"之说，文亦在韩愈、柳宗元与李商隐手里臻于化境。宋代文人面对唐人的巍巍功业，思考的是走有本朝特色的文学发展之路，他们对宋诗和宋文的发展预期是求新求变，于唐代之外另辟新境，并且也真的达成了。宋诗于唐诗之外别树一种范式，唐诗热

烈、宋诗平淡，唐诗环肥、宋诗燕瘦，唐诗富情韵、宋诗含思理，所谓
"唐诗以韵胜，故浑雅，而贵蕴藉空灵；宋诗以意胜，故精能，而贵析折透
辟。唐诗之美在情辞，故丰腴；宋诗之美在气骨，故瘦劲"①。"唐诗多以风
情神韵擅长，宋诗多以筋骨思理见胜。"而宋文成就甚至朝过了唐文，唐宋
八大家，宋占其六，而且宋代能文者众多，又别创四六、文赋和笔记，所以
有"文至宋而体备，至宋而法严"（艾南英《再答夏彝仲论文书》）。

在宋诗和宋文的功业碑中，江西人无疑排在首位。北宋诗坛的发展史，
只要将江西诗人排列就可以得出来了。宋初诗坛沿袭晚唐五代诗风，有白体
和晚唐体，但意境狭窄。后来杨亿等人创西昆之体，江西人夏竦、晏殊精通
之。西昆体富丽精工，颇能点缀太平，但一味繁缛，耽于形式。太学体立足
矫正西昆之繁，却又陷入险怪。直到欧阳修以文坛盟主的身份，矫正西昆体
之繁和太学体之怪，使诗风趋于平易，将宋诗带上了正常运转轨道。黄庭坚
继之以"山谷体"树立了宋诗浓厚的文人气息和求新特点，他开创的江西
诗派影响了之后的整个宋代诗坛。还有王安石以其荆公体风神远韵，在诗坛
独树一帜。

欧阳修是北宋第一个在诗文词各方面成就都很大的作家，他在北宋主持
了诗文革新运动，开创了宋代诗文的发展之路。欧阳修在西京洛阳钱惟演幕
府结识了一批文学家，日与其游饮切磋，文名始盛，其中就有诗友梅尧臣，
文友尹洙。欧阳修师从两人为文作诗，却青出于蓝而胜于蓝。

梅尧臣作诗题材平凡化、风格平易化，欧阳修在风格上师承之，语言清
丽自然，诗风平易流畅。写鱼"岸边人影惊还去，时向绿荷深处跳"。写月
"天高月影浸长江，江阔风微水面凉。天水相连为一色，更无纤霭隔清光"。
欧阳修又力学韩愈以散文和议论入诗，使得诗歌畅尽周详。《述怀》一诗作
于至和元年，叙述半生的政治生涯和思想转变，平直周详，深得古文之妙。
进入仕途之时，"壮年犹勇为，刺口论时政"，刚勇直谏，不惜触犯众怒，
屡遭贬谪，"十年困风波，九死出槛阱"，归来"白发生已遍"，新近又遭遇
到小人的离间，身心俱疲，"孤喙惊众听"，于是心生收身退隐之心，"何日
早收身，江湖一渔艇"。欧阳修和王安石《明妃曲》两首诗议论精警，又富
有情韵，如"不识黄云出塞路，岂知此声能断肠"、"红颜胜人多薄命，莫
怨春风当自嗟"。欧阳修诗的难得之处是平易无华却余味无穷，所谓"初食
如橄榄，真味久愈在"。如《钓者》："风牵细线袅长竿，短笠轻蓑细草间。

---

① 缪钺：《诗词散论》，上海古籍出版社1982年版，第36页。

春雨濛濛看不见，水烟埋却面前山。"言语清浅却非常有画面感，展现的是一幅烟雨垂钓图，但隐藏其中的还有一种闲适与逸兴。

欧阳修不仅自己的诗歌创作成就大，更重要的是他开启了宋诗之端，影响到苏轼、王安石与曾巩，并延至黄庭坚，导致了北宋中后期诗歌的繁荣。

王安石作为一个杰出的政治改革家，他的早年诗歌多抒写政治抱负，反映社会现实，内容充实，思想深刻。如书写自己政见的作品《收盐》、《省兵》等，王安石在诗中剖析弊政，兴言更张，说理精警，论述透辟。30 岁写《登飞来峰》："飞来山上千寻塔，闻说鸡鸣见日升。不畏浮云遮望眼，自缘身在最高层。"颇有大政治家的气度与器识和自信。他的两首《明妃曲》曾令欧阳修敛手，超越了一般写王昭君诗歌的哀叹、惋惜，而是发出了"人生失意无南北"、"汉恩自浅胡恩深，人生乐在相知心"的人生感慨，立意警策，见解独到。《元日》："爆竹声中一岁除，春风送暖入屠苏。千门万户瞳瞳日，总把新桃换旧符。"这首诗不仅仅停留在写风俗，而有更深的内涵，有人说是体现其改革的意志，或者说暗含了新旧转换的生活哲理。王安石的诗歌中，还有一类写朋友亲情的作品，情真意切，如《思王逢原》三首、《过外弟饮》。王安石晚年退居金陵，学佛参禅，多为写景抒情的绝句，诗风清新优美，颇受好评，"荆公暮年作小诗，雅丽精绝，脱去流俗"。如《梅花》："墙角数枝梅，凌寒独自开。遥知不是雪，为有暗香来。"《书湖阴先生壁》："茅檐长扫净无苔，花木成畦手自栽。一水护田将绿绕，两山排闼送青来。"描写细致，风格清新，韵味深咏，有陶谢王孟诗歌风味。王安石对诗歌艺术也颇为讲究，在用韵、立意、炼字、对仗等方面用功很深，"春风又绿江南岸"之"绿"字不可替换，欧阳修曾言"得介甫新诗数十篇，皆奇绝，喜此道不寂寞"、"介甫诗甚佳，和韵尤精"，嘉赞安石诗艺之精湛。

王安石诗歌成就斐然，超过欧阳修。王安石诗歌律诗与古体诗受杜甫的影响最大，得杜诗之豪荡感激、沉郁顿挫、格律精严、属对精工的特点，而其古风与排律则受韩愈影响比较大，得其深拗劲峭。学杜学韩是宋诗的典型特征，王安石诗歌特色对宋诗的发展有重大影响，陈善《扪虱新语》说："欧阳公诗，犹有国初唐人风气，公能变润朝文格，而不能变诗格，及荆公、苏、黄辈出，然后诗格遂极于高古。"黄庭坚受王安石的影响很大，梁启超说："荆公之诗，实导江西派之先河。"（《王安石评传》）

黄庭坚的诗歌众体皆备，骚体和五言古绝都有创作。内容上以反映社会现实、题咏文人生活和论禅说教为主。如反映百姓啼饥号寒的《流民叹》，反映人才被压抑的《濂溪诗》，还有文人生活的《双井茶送子瞻》。

　　黄庭坚有自觉的求异意识，曾言"随人作计终后人，自成一家始逼真"。他论诗强调师法杜甫，重视诗歌法度技巧的考究研磨，在意和法上学习王安石又更进一步，其诗立意好奇、句法深拗、风格奇峭。黄庭坚律诗300多首，其中一半是拗体，如《题落星星寺》不循平常平仄，大拗大救，奇峭峻拔，而"心犹未死杯中物，春不能朱镜里颜"一反字面对仗与音节常规，显得非常的倔傲。黄庭坚诗歌在造语奇特上似李贺而过之，《次韵张昌言给事喜雨》："三两全清六合尘，诗翁喜雨句凌云。垤漂战蚁余追北，柱击乖龙有裂文。减去鲜肥忧玉食，偏宗河岳起炉薰。圣功惠我丰年食，未有涓埃可报君。""战蚁"、"乖龙"是很奇怪的意象，涓埃也颇费解。"煎成车声绕羊肠"，以车声来形容煎茶之声，太别出心裁了。再如"麝煤鼠尾过过年年"、"身如病鹤翅翎短"、"催粥华鲸吼夜阑"等句，造语都非常的怪奇。

　　黄庭坚强调多读书，写诗要达到"无一字无来处"的境界，其诗用典用事特多，如"程婴杵臼立孤难，伯夷叔齐采薇瘦"、"庖丁解牛妙世故，监市履狶知民心"、"梦魂和月绕秦陇，汉节落毛何处寻"、"人间化鹤三千岁，海上看羊十九年"、"语言少味无阿堵，冰雪相看有此君"等，《和钱穆府咏猩猩毛笔》8句诗有12个典故，文化气息浓郁。

　　黄庭坚的诗歌特色鲜明，其佳作奇傲峭绝，音节平仄不入凡俗，笔端驱使万物毫无拘牵，造语新奇不拘束，自成"山谷体"。黄庭坚的诗最典型地体现了宋诗特色，成就很大，与苏轼并称"苏、黄"，苏轼曾评其诗"超轶绝尘，独立万物之表，世久无此作"[①]。而更重要的是黄庭坚大张杜甫之帜，以"夺胎换骨"、"点铁成金"为作诗法门，指导了一大批青年诗人，开创了宋代影响最大的诗派——江西诗派。黄庭坚在《答洪驹父书》中言："自作语最难，老杜作诗、退之作文，无一字无来处，盖后人读书少，故谓韩杜自作此语耳。古之能为文章者，真能陶冶万物，虽取古人之陈言入于翰墨，如灵丹一粒，点铁成金也。"惠洪《冷斋夜话》引山谷语："然不易其意而造其语，谓之换骨法；窥入其意而形容之，谓之夺胎法。"黄庭坚指导后学在学古的基础上翻新出奇，对旧有的意向与词汇进行锻造，创造出新言与新意。这一创作方法相比学识积累、灵感激发要更实用，见效更快，因此师从此法的人颇多，并渐渐形成一个派别。徽宗时，吕本中作《江西诗社宗派

---

① （元）脱脱：《宋史》卷444。

图》，尊黄庭坚为诗派之祖。江西诗派在北宋末的影响已非常大，即使未被列入诗派的诗人，在创作中也受到程度不同的影响。进入南宋，其影响更遍及整个诗坛，包括陆游在内的许多大诗人都曾在艺术上受到江西诗派的熏陶，尤袤、杨万里、范成大与江西诗派的渊源颇深。刘辰翁、方回将江西诗派的诗风带入元朝，以后各朝都有师从江西诗风的人。

北宋江西文人几乎人人有诗，曾巩的主要成就在文，但亦能诗。现存诗400余首，大都写得比较质朴，含义深刻，诗风似文风。刘敞、刘攽、孔平仲等都有大量诗歌留存下来，总的来说江西诗人的诗风是趋于平易的。

北宋文坛，骈文大家有江西人夏竦、晏殊。古文领域有江西人欧阳修、王安石、曾巩，他们倡导古文运动，共同确定了宋代及其后古文的主导地位。

宋代首倡古文的不是欧阳修，而影响最大的是欧阳修。宋初有柳开、穆休、石介等人先于欧阳修倡导古文，但他们的成就和影响都不大，直到欧阳修，宋代古文才真正确立起自己的风格。欧阳修早年为了应试科举，工于骈俪之文，后在西京幕府从尹洙学古文，"本朝古文，柳开仲途、穆修伯长首为之唱，尹洙师鲁兄弟继其后。欧阳文忠公早工偶俪之文，故试于国学南省，皆为天下第一。既擢甲科，官河南，始得师鲁，乃出韩退之文学之，公之自叙云尔，盖公与师鲁于文虽不同，公为古文则居师鲁后也"。但欧阳修的古文成就超过尹洙。

欧阳修有自觉的古文理论追求，他绍述唐代韩、柳古文运动理论纲领，文道并重，并且形成了自己以道充、事信、理达、辞易为中心的古文理论，所谓"道纯则充于中者实，中充实则发为文者光辉"、"见之于文章而发之以信后世"、"韩孟文虽高奇，不必似之，取其自然尔"。《宋史》本传曰："其言简而明，信而通，引物连类，折之于至理以服人心。"欧阳修的古文理论为宋代古文发展开辟了广阔的前景。

欧阳修的古文创作成就斐然。他的古文内容充实，各体兼备。其政论文发表自己对朝政的见解，往往驳得彻底，立得稳当，如《上高司谏书》谴责高司谏落井下石，语气咄咄逼人、义正词严；分析高司谏之过条剖层析，让其无可遁逃。《朋党论》先立论有君子之真朋与小人之伪朋，而为人君者当退小人之伪朋而用君子之真朋，下文接着以尧、纣，周武王、汉献帝、晚唐之事例为论据进行论证。行文简洁明快，讲理从容，言辞犀利，立论无可动摇。其史论文总结历史经验教训为现实政治服务，如《五代史伶官传序》分析唐庄宗所以得天下与所以失天下的原因，得出国家兴衰非关天命而实由人事的道理。文章叙事简明生动，说理深入浅出，文章短小却曲折有致。其论文之文，总结创作得失，阐明自己的文学主张，推广诗文革新运动，在《梅圣谕诗集序》中提出"诗穷而后工"的观点，在《答吴充秀才书》中提出为文要重视道的涵养，不能"弃百事不关于心"，"道胜者文不难而自至也"。其文精练流畅，循循善诱。记叙文《醉翁亭记》、《丰乐亭记》等文笔优美，语言流畅，议论、叙事、写景、抒情融合在一起，情文理并茂。欧阳修还以散文体作赋，创造了文赋这一新的文体样式，其《秋声赋》由秋声起兴，极力描写渲染了秋风的萧瑟，万物的凋零；进而联系人生，发出了世事艰难、人生易老的沉重感慨，其中第二段从色、容、气、意上铺叙秋之状，再从时令、乐音上的属性揭示了秋声萧条、伤夷的属性，具有浓郁的文化气息。文章大量地使用比喻、对比、对偶、排比等修辞手法，文笔疏宕，吞吐夷犹，音节铿锵，情韵悠长。欧阳修的古文创作成就非常高，唐宋八家宋代其他五家苏辙、苏洵、苏轼、王安石、曾巩对欧阳修之文都非常推崇，苏轼说欧文"论大道似韩愈，论事似陆贽，记事似司马迁"[①]，王安石说"如公器质之深厚，智识之高远，而辅学术之精微，故充于文章，见于议论，豪健俊伟，怪巧瑰琦。其积于中者，浩如江河之停蓄；其发于外者，烂如日月之光辉。其清音幽韵，凄如飘风急雨之骤至；其雄辞闳辩，快如轻车骏马之奔驰"[②]。

欧阳修在理论和创作上奠定了宋代古文的地位，他奖拔的乡贤曾巩、王安石又带给宋代古文更多的精彩。《说郛》称："唐文章三变，宋朝文章亦三变矣。荆公以经术，东坡以议论，二程以理性。三者要各自立门户，不相蹈袭。"[③]王安石为文强调实用，"尝谓文者，礼教治政云尔"[④]，"所谓文者，务为有不于世而已矣。所谓辞者，犹器之有刻镂绘画也，诚使巧且华，不必适用，诚使适用亦不必巧且华。要之以适用为本，以刻镂绘画为之容而已"[⑤]。他的散文是欧阳修所进行的散文革新的继续，内容贴近社会、政治和人生，语言简练、朴素，风格俊切。其文好议论，主要是阐述自己的政治见解与主张，文风凌厉纵横，发论高奇，颇有战国策士之风，同时显示了非

---

① （元）脱脱：《宋史》卷319。

② （宋）王安石：《临川文集》卷86。

③ （元）陶宗仪：《说郛》卷22上。

④ （宋）王安石：《临川文集》卷77。

⑤ 同上。

常独到的眼光，闪烁着思想的光芒，如《上仁宗皇帝言事书》、《本朝百年无事札子》，这些散文往往洋洋洒洒，或高屋建瓴，鞭辟入里；或绵里藏针，说理充分，表现了无可辩驳、真理在握的高度自信。其他一些文章则短小精悍，严密善说，理足气盛，拗折刚劲，简古瘦硬。《读孟尝君传》不过90字，却推翻了千古定论，这样的作品，非别具慧眼，是绝对写不出的。《答司马谏议书》剖析了司马光反对新政的言辞，文词简练、态度坚决，明确地表达了自己的政治主张。《游褒禅山记》虽是一篇游记，却如议论文，议论精辟，给人以深刻的启示。王安石文文学性最浓郁的是碑志与祭文。《王逢原墓志铭》饱含失却挚友的沉痛，《祭欧阳文忠公文》情意真挚、文采斐然。王安石用古文来为政治服务，将古文的实用价值发挥到最大，非常有利于古文的发展。

　　曾巩是欧阳修最亲密的学生，在文学创作上受到欧阳修的影响也最多，因而曾巩的古文创作和理论与欧阳修极为相似，所以两人并称"欧曾"。曾巩论文强调"蓄道德而能文章"，其文议论委屈周详，文字简练平正，结构严谨而舒缓。《宋史》言："曾巩立言于欧阳修、王安石间，纡徐而不烦，简奥而不晦，卓然自成一家。"曾巩为散文树立了一种平和周正之美。其文擅长说理，《书魏郑公传后》、《先大夫集后序》强调臣子诤谏应具有的品质和气节，《墨池记》说明刻苦学习的重要性，都是说理平实，娓娓而来。曾文也擅长议论，其立论精策，不枝不蔓，纡徐曲折，从容敦厚。如《唐论》援古事以证辩，论得失而重理，语言婉曲流畅，节奏舒缓不迫。《战国策目录序》批驳刘向的观点，欲擒故纵，穷尽事理但却藏锋不露，批驳处不俊切，显得温柔敦厚。曾巩的学记被视为圭臬，《宜黄县学记》，"先叙古人之建学，次序后代之废学，后叙宜黄之立学，末叙勉励士子进学"①。全文结构谨严，叙述建学过程简洁明畅，议论兴学之意平正透彻，对学制的演变了如指掌，所以向来被视为学记中的典范之作。王安石对曾巩文章颇为推崇，曾云"曾子文章众无有，水之江汉星之斗"②；苏轼也说："醉翁门下士，杂从难为贤；曾子独超轶，孤芳陋群妍③"。曾巩散文还受到明代唐宋派、清代桐城派的推崇。

---

① 沈德潜：《唐宋八大家文读本》卷27，转引自《唐宋八大家汇评》齐鲁书社1991年版，第185页。

② （宋）王安石：《临川文集》卷13。

③ （宋）苏轼：《东坡全集》卷2。

北宋其他江西文人刘敞、刘攽、李觏亦善文,《宋元学案·补卷三》称李觏的文章在"北宋欧阳、曾、王间,别成一家"。李觏主张文以经世致用为贵,文章大多反映现实生活,或者以古说今,往往立论精警,结构谨严,文笔稳健,范仲淹说其文章有孟轲、扬雄之风,《袁州州学记》是李觏散文代表作之一。

第二节 江西词人群体

宋代文学代表体裁是词。词从晚唐五代的小道提升到宋代的一代文学之胜,江西词人居功至伟。承五代词风而首开宋代词风的是晏殊与欧阳修,宋代婉约词风代表是晏几道,宋代文人士大夫词的代表有黄庭坚,其他江西文人如王安石、王安国、曾布等亦擅长填词。其他词坛大家多数曾受惠于江西词人,范仲淹、张先、宋祁、王琪游于晏门,柳永亦曾干谒晏殊,秦观出于苏门,而苏轼出于欧门,苏轼曾经邀请王安石指导秦观。北宋词坛江西词家影响很大,因而有"江西词派"之说。冯煦《蒿庵论词·论欧阳修词》说:"宋初大臣之为词者:寇莱公、晏元献、宋景文、范蜀公与欧阳文忠并有声艺林;然数公或一时兴到之作,未为专诣;独文忠与元献学之既至,为之亦勤,翔双鹄于交衢,驭二龙于天路。且文忠家庐陵,而元献家临川,词家遂有西江一派。其词与元献同出南唐,而深致则过之。宋至文忠,文始复古,天下翕然师尊之,风尚为之一变。即以词言,亦疏隽开子瞻,深婉开少游。本传云'超然独骛,众莫能及',独其文乎哉! 独其文乎哉!"刘毓盘《词史》亦云:"晏家临川,欧家庐陵,王安石、黄庭坚,皆其乡曲小生,接足而起,词家之西江派,尤早于诗家。"

江西词派虽然没有统一的创作原则与主张,也没有结盟成社,但是他们都自觉地选择了词之南唐传统,致力于词的雅化,从而提升了词的品格,将伶工词变为士大夫词。江西词派不是一个人为号召组织而成的紧密的文学团体,而是基于对词之共同的审美取向和作者籍贯而形成的一个比较松散的文学群体。

北宋江西词人群体为士大夫,所写之词为典型的雅词,表现文人的情趣与雅致是他们词的共同特点。他们词中所写的是设宴款士、诗酒会友、游玩遣兴、听歌观舞、离亲别友、念远伤时、状物摹情等文人日常生活场景。然而更重要的是,他们将深厚的文人涵养打入词中,给词脱胎换骨,塑造出一种典雅清丽之美。

　　首先是洗尽词之满眼金玉脂粉之俗气，让词呈现洁净清丽之美。词本"自南朝之宫体，扇北里之倡风"①而来，五代词尤其是花间词，典型的特征就是绮靡浓艳，如牛峤的"舞裙香暖金泥凤"，李煜的"红日已高三丈透，金炉次第添香兽。红锦地衣随步皱。佳人舞点金钗溜，酒恶时拈花蕊嗅。别殿遥闻箫鼓奏"，温庭筠的"宝函钿雀金鸂鶒"、"画罗金翡翠"，满眼的金碧和粉白，显得俗腻。温庭筠尤其擅长铺金列玉、涂脂抹粉，其代表作是《菩萨蛮》"小山重叠金明灭，碧云欲度香腮雪。懒起画蛾眉，弄妆梳洗迟。照花前后镜，花面交相映。新帖绣罗襦，双双金鹧鸪。"李冰若曾经评价说："飞卿惯用金鹧鸪、金鸂鶒、金凤凰、金翡翠诸字，以表富丽，其实无非绣金耳。……本欲假以形容艳丽，乃徒彰其俗劣。"（《栩庄漫记》）

　　江西词人虽然也写女子，也写富贵，但却辞笔清丽，出尘不俗。欧阳修笔下的女子是"浅螺黛，淡胭脂，闲妆取次宜"、"清晨帘幕卷轻霜，呵手试梅妆"，晏几道笔下的女子是"娇香淡染胭脂雪"、"思量心事薄轻云，绿镜台前还自笑"，给人清丽可爱之感。晏殊笔下的富贵是"青杏园林煮酒香"，"熏炉尽日生烟"、"日高深院静无人，时时海燕双飞去"，欧阳修的是"垂下帘栊。双燕归来细雨中"、"穿帘海燕双飞去"，晏几道的是"北楼闲上，疏帘高卷，直见街南树"，无金黄玉翠，有的是富贵气度。王国维在《人间词话》说"同叔、永叔虽不作态，而一笑百媚生矣"，即是指他们词之自然清丽之美。

　　其次是磨掉词之浮艳轻佻之态，锻造出词之纯净雅致的气质。五代文人词女子写得轻佻，情写得轻薄。如温庭筠的"手里金鹦鹉，胸前绣凤凰。偷眼暗相形。不如从嫁与，作鸳鸯"，李煜的"刬袜步香阶，手提金缕鞋。画堂南畔见，一晌偎人颤。奴为出来难，教郎恣意怜"，描写很细致传神，但整个词的格调是浮艳的。而江西词人言情缠绵而不轻薄，女子多含蓄而不浅薄，词的格调也是高雅的。晏几道笔下的歌女端庄："记得小苹初见，两重心字罗衣。琵琶弦上说相思。当时明月在，曾照彩云归。"欧阳修笔下的歌女可爱："腰柔乍怯人相近，眉小未知春有恨。"黄庭坚笔下的琵琶女淡定："薄妆小靥闲情素。抱者琵琶。"江西词人也有描摹女子的，但都遗貌写神，往往都不是专注女子的装束姿态，而是更关注她们的内心世界。

　　在江西词人笔下，女子不是花瓶摆设而是有情有思的鲜活生命，"应嫌衫袖前香冷。重傍金虹。歌扇风流。遮尽归时翠黛愁"、"绿腰沉水熏，阑

---

　　①　（后蜀）欧阳炯：《花间集序》。

干曲处，人静曾共倚黄昏"、"问看几许怜才意，两蛾底尽离愁"、"一春弹泪说凄凉"、"可怜春恨一生心。长带粉痕双袖泪。从来懒话低眉事。今日新声谁会意"、"弹到断肠时，春山眉黛低"、"只知一笑能倾国，不信相看有断肠"、"都缘自有离恨，故化作、远山长"同，有貌有才有情有思的女子不可能是浅薄的。她们或思人或叹命，或愁或怨，情感丰富。江西词人笔下的女子传达情感的方式是委婉含蓄的，如"手拣繁枝摘"、"花月镜边人浅妆，匀未成"、"托腮无语翠眉低"、"泥歌先敛，欲笑还颦"，通过不经意的动作来表达心中隐藏的感情。"双黄鹄两鸳鸯，迢迢水云意难忘"，以动物成双而己形单影只来暗示自己的相思之痛。更有将情感完全融在行为中的传达方式，如"梦云归处难寻，微凉暗入香襟"、"落花人独立，微雨燕双飞"、"小炉独守寒灰尽"，此时无声胜有声，含蓄委婉至极。

江西词人也往往为自己笔下女子的情感表达营造出一个个美好的背景。晏几道"佳期应有在，试倚秋千待。满地落英红，万条杨柳风"，写的是一个闺妇思人，秋千、落红、杨柳为她的情感作烘托，整个场景极其美好。"秋千院落重帘幕，彩笔闲来题绣户。墙头丹杏雨余花，门外绿杨风后絮，"春重深闺的环境中，女主人公思念远人，情和景的融合几近完美。欧阳修的"庭院深深深几许？杨柳堆烟，帘幕无重数。玉勒雕鞍游冶处，楼高不见章台路。雨横风狂三月暮，门掩黄昏，无计留春住。泪眼问花花不语，乱红飞过秋千去"，琼楼深院中、春寒日暮时与思妇的孤寂和愁苦彼此照应，显得深沉迷离。其他如"卷绣帘，梧桐秋院落。一霎雨添新绿，对小池闲立"，"珠帘卷，暮云愁，垂杨暗锁青楼。烟雨濛濛如画，轻风吹旋收"，"叶底青青杏子垂，枝头薄薄柳绵飞。日高深院晚莺啼"，"深院锁黄昏，阵阵芭蕉雨"，以景物渲染出抒情氛围使思念之意更浓，而且更显得情韵悠长。

江西词人也有写男女感情的艳词，但却洗去了许多直白甚至浅俗的成分，不那么浮艳轻佻而更加的纯净雅致。如"月上柳梢头，人约黄昏后"、"曾记花前，共说深深院"、"红杏开时，花底曾相遇"、"小玉楼中月上时"等，无论是单相思还是两情相悦，无论是一见钟情甚至是寻花问柳，都写得那么情真意切、美好动人。王国维说过"词之雅正，在神不在貌。永叔、少游虽作艳语，终有品格，方之美成，便有淑与倡之别"（《人间词话》）。

最后是将士大夫的情致融入词中，赋词以文化品格。词和诗文的传道言志不同，本是用于遣玩的。五代词多是"用助妖娆之态"① 的伶工之词，即

---

① （后蜀）欧阳炯：《花间集序》。

使是文人之作，大多数作品都是把玩的成分比较多，情意真切者少，反映作者文化品格的东西更少，所以他们的词缺失了个性和灵魂，让人觉得千篇一律的艳香软媚，且有浅俗之嫌，虽然冯延巳有"楼上春山寒四面"，李璟有"菡萏香消翠叶残，西风愁起绿波间"，李煜亡国后有"小楼昨夜又东风，故国不堪回首月明中"之句，意蕴深刻，但属于极少数。江西词人也自称作词为小道，所谓"因翻旧阕之辞，写以新声之调，敢陈薄伎，聊佐清欢"①，"每得一解，即以草授诸儿"②，但晏殊、欧阳修、黄庭坚等又都是典型的宋代士大夫，善感善思，他们在词中不经意流露出来的心性品格、学养襟抱和遭际感慨，给词刻印上了文人士大夫的情感和意趣，提升了词的内涵与品级。

晏殊身为太平宰相，又博学多识，其词有一种理性的魅力，他常常在寻愁觅恨中自我审视并得以超脱，如"满目山河空念远，落花风雨更伤春，不如怜取眼前人"、"美酒一杯谁与共。往事旧欢时节动。不如怜取眼前人，免更劳魂兼役梦"。欧阳修忧国忧民却屡遭打击，自称"十年困风波，九年出槛阱"，虽然生性乐观豁达，其词多为旷达豪宕之语，却始终难掩内心身处的沉着悲慨，如"人生自是有情痴，此恨不关风与月"、"浮世歌欢真易失，宦途离合信难期"、"今年花胜去年红。可惜明年花更好，知与谁同"、"白发戴花君莫笑，六么催拍盏频传。人生何处似尊前"，疏旷之见隐含深沉之致。晏几道不谙世故，为人天真痴情，常常以自己的痴心真情联想别人，往往幻想出一场场风花雪月的故事，以自己为男主角，以风尘女子为女主角，演绎一见钟情、天涯海角与刻骨相思的情感三部曲。晏几道分不清幻想与现实，往往沉溺在自编的故事中难以自拔，他的词也往往耽于这种虚幻的却又刻骨铭心的情伤中，深情到让人心碎，如"从别后，忆相逢。几回魂梦与君同。今宵剩把银缸照，犹恐相逢是梦中"、"梦魂惯得无拘检，又踏杨花过谢桥"、"梦魂纵有也成虚，那堪和梦无?"黄庭坚是一个典型的宋代文人士大夫，善诗善书，刚直倔犟。其词多写士大夫自己，写日常生活之趣之情之感。他的词文人气息浓厚，品茶、喝酒、宴友、出游、咏物、感时等是他在词中写的主要内容，而词中所抒发的是达观旷达、傲岸不羁的文人高逸情怀，如"坐玉石，倚玉枕，拂金徽。谪仙何处处? 无人伴我白螺杯。我为灵芝仙草，不为绛唇丹脸。长啸亦何为! 醉舞下山去，明月逐人归"，

---

① （宋）曾慥：《乐府雅词》卷上。

② （宋）晏几道：《小山词》。

"醉倒金荷家万里，难得尊前相属。老子平生，江南江北，最爱临风曲。孙郎微笑，坐来声喷霜竹"，何其洒脱旷达。王安石的词不做儿女态，显得大气，抒写的完全是一个士大夫的气度与见识，或写景探微，或思古发论，立意高远，如"山桃溪杏两三栽。为谁零落为谁开"、"自古帝王州，郁郁葱葱佳气浮。四百年来成一梦，堪愁，晋代衣冠成古丘。绕水恣行游。上尽层楼更上楼。往事悠悠君莫问，回头。槛外长江空自流"、"千古凭高，对此漫嗟荣辱"、"无奈被些名利缚！无奈被他情耽阁！可惜风流总闲却！当初谩留华表语，而今误我秦楼约。梦阑时，酒醒后，思量著"，词中有反思，有一种思想的光辉。思理、沉着、深情、高逸、大气、豪宕是北宋江西词人在词媚之外给词添加上的审美标签，这些审美内涵非文人士大夫不能为。

　　从词的艺术手法上来看，北宋江西词人亦是趋同于雅化。词起源于民间，早期词往往是图描真实场景，直抒心中感受，通俗率直，活泼热情，如"枕前发尽千般愿，要休且待青山烂。水面上秤锤浮，直待黄河彻底枯。白日参辰现，北斗回南面。休即未能休，且待三更见日头"、"自从君去后，无心恋别人"、"含恨含娇独自语：今夜约，太生迟"等句，宗宗誓愿连发出来，心中的情感直言出来。五代文人词仿其手法，以铺陈白描为主要手法，直抒其情，如"觉来知是梦，不胜悲"，虽然感情表达充分，但一眼见其情，让人品味的东西少。更有些文人仿民间词之风格，得其质朴，亦承其流俗，有"者边走，那边走，只是寻花柳；那边走，者边走，莫厌金杯酒"，贻人文人无行的口实。而江西词人创作时往往采用遗貌写神、寓情于景的手法，矫正词之浅白，而代之以深婉。晏几道《少年游》："离多最是，东西流水，终解两相逢。浅清终似，行云无定，犹到梦魂中。可怜人意，薄于云水，佳会更难重。细想从来，断肠多处，不与者番同。"行云流水最为飘忽不定，人却比云水与更薄情，因为云水尚且可以相逢，人却佳期难会。没有撕心裂肺，没有号啕大哭，仅用一个对比就将心中沉痛之感表达得贴切而又含蓄，对读者情感的触痛却有过之而无不及。欧阳修《踏莎行》："候馆梅残，溪桥柳细，草熏风暖摇征辔。离愁渐远渐无穷，迢迢不断如春水。寸寸柔肠，盈盈粉泪，楼高莫近危阑倚。平芜尽处是春山，行人更在春山外。"先从春景着手，春景既是背景又是反衬，而春水无穷，离愁更多。下片写思妇先是梨花带雨、依依不舍，后是登高望远，目尽之处是春山，春山之外更有春山，望人不到思念却难以间断。别时不舍是情深，别后痴痴想望情更深。江西词人善于将情与景联合起来，在景中寄寓情思，不言而可意会，王国维谓之"有我之境"，如"渡头杨柳青青，枝枝叶叶离情"、"泪眼问花花不语，乱红非过秋千去"、"夜深风竹敲秋韵，万叶千声总是情"、"桃花无语伴相思，阴阴月上时"、"孤城寒日等闲斜，离愁难尽，红树远连霞"等，皆是如此。

李清照在《论词》中对北宋词人曾经作过一个整体评述："本朝礼乐文武大备，又涵养百余年，始有柳屯田永者变旧声作新声，出《乐章集》，大得声称于世，虽协音律而词语尘下。又有张子野、宋子京兄弟，沈唐、元绛、晁次膺辈继出，虽时时有妙语而破碎何足名家。至晏元献、欧阳永叔、苏子瞻，学际天人，作为小歌词，直如酌蠡水于大海，然皆句读不葺之诗尔。又往往不协音律……后晏叔原、贺方回、秦少游、黄鲁直出，始能知之。又晏苦无铺叙。贺苦少重典。秦即专主情致，而少故实。譬如贫家美女，虽极妍丽丰逸，而终乏富贵态。黄即尚故实而多疵病，譬如良玉有瑕，价自减矣。"李清照之词是雅词，她对词作为"别是一家"的写作要求有：勿破碎、铺叙、讲故实、典雅。而这也正是江西词人的长处，欧阳修、晏殊、晏几道以小令为主，往往精短却在蓄势上不惜笔墨，有完整的意境和文化品格，格调高雅；黄庭坚之词处处有典故，其词长调颇多，擅长铺叙。

宋初一些文人，如张先、宋祁等皆善词，偶有篇句兼善者，但多为有句无篇之作，张先有"张三影"、"张三中"之称，宋祁有"红杏尚书"之号，皆因词中佳句而来，然其佳句所在之篇却不甚闻名，李清照谓其为"时时有妙语，而破碎何足名家"。江西词人作品佳句多，意境浑融的佳篇也多。晏殊的《浣溪沙》（一曲新词酒一杯）"无可奈何花落去，似曾相识燕归来"之句被称为让人无复措辞的绝妙好句，更妙的还有这首词的意境浑融，不仅有景、有情还有理，情的层面上是惜时、伤春、怀人多重情感交杂在一起，而词中更透露出一种理性的光芒，昨日今日明日之夕阳不是同一个夕阳，归来之燕似曾相识却是不识，今年花落明年花开，却不是同一朵，晏殊徘徊在小径上面对自然感悟到的是时光易逝、生命短暂。自然就是宇宙，晏殊是在对宇宙发思，极有一种苍茫和深沉在里面。欧阳修的《少年游》："阑干十二独凭春，晴碧远连云。千里万里，二月三月，行色苦愁人。谢家池上，江淹浦畔，吟魄与离魂。那堪疏雨滴黄昏，更特地，忆王孙。"此词是一首咏春草之词，借草赋别，书写离别相思之情。上片写登高凭栏所见之景，引出离别相思之苦。下片连用一串与春草相关的相思离别的典故来深化主题。此词为欧阳修唱和梅尧臣之词，但情意句篇兼善。晏几道《虞美人》："曲阑干外天如水，昨夜还曾倚。初将明月比佳期，长向月圆时候、望人归。罗衣著破前香在，旧意谁教改？一春离恨懒调弦，犹有两行闲泪、宝筝前。"此词写离恨,上片语今日天色一如昨夜,由此联想到昨夜天色一如前夜,则夜夜天色如许,夜夜有人楼上倚,拟将月圆比人团圆,月常圆人却不归,一次次失望一次次重复再一次次失望。下片收回痴望的目光,转向内心,前香旧有依然,人却不在,哀恨至极乃至百无聊赖,愣对宝筝空洒泪。全词围绕相思,由望远到内心世界,将情感一步步推向高潮,哀婉至极。黄庭坚的《清平乐》"春归何处"、王安石的《南乡子》(自古帝王州)、《千秋岁引》(别馆寒砧),都是有句有篇有情有思完整浑融的佳作。

欧阳修与晏殊父子为词偏向小令,小令犹如诗之绝句,字数不多,主要以意胜。晏欧等人的小令不仅在意上下工夫,对于必要的蓄势,亦不吝啬笔墨做铺垫。晏殊《浣溪沙》:"小阁重帘有燕过,晚花红片落庭莎,曲阑干影入凉波。以霎好风生翠幕,几回疏雨滴圆荷。酒醒人散得愁多。"此词写春愁,除却最后一句,全部都是在写景写物,小阁燕过,花落庭莎,阑影入波,室内室外,天空地面水中,目光所到,无不书于词中,晏殊观景带着一种闲适与淡淡的哀愁,最后一句以愁字总领全词,水到渠成。欧阳修《蝶恋花》:"庭院深深深几许?杨柳堆烟,帘幕无重数。玉勒雕鞍游冶处,楼高不见章台路。雨横风狂三月暮,门掩黄昏,无计留春住,泪眼问花花不语,乱红飞过秋千去。"写闺思,上片铺叙闺门之深,下片再铺叙其时间背景,最后"泪眼"两字展露其情,虽然没有具体所指,但通过前面的铺垫,我们可以窥探闺中之人的苦闷与愁绪。上片的铺张,更张罗出了一种浓郁的哀愁氛围,使得最后看似贸然出现的"泪眼"毫无突兀之感。李清照点名批评晏几道之词"苦无铺叙",其实不然,晏几道的小令写得很曲折细腻,有渲染有层次,起伏跌宕,前后呼应。他的恋情词常常是在往昔与今日之间、梦境与现实之间、前欢与今恨、回忆与现实之间转换,在转换之中铺陈感情。《临江仙》:"梦后楼台高锁,酒醒帘幕低垂。去年春恨却来时,落花人独立,微雨燕双飞。记得小苹初见,两重心字罗衣,琵琶弦上说相思。当时明月在,曾照彩云归。"上片写今日之分别,下片写前时之相会。分别后还常常进入睡后梦境与酒后幻影中去重逢,这与人独立的现实形成鲜明的对比,更显得凄惨与深情。《蝶恋花》:"梦入江南烟水路。行尽江南,不与离人遇。睡里销魂无说处,觉老惆怅销魂误。欲尽此情书尺素。浮雁沉鱼,终了无凭据。却倚缓弦歌别绪,断肠移破秦筝柱。"上片写思极成梦,梦中相逢;下片写现实,梦醒之后,连书信都无处寄达。情感由销魂到惆怅再到断肠,一层层地深化。

北宋江西词人中黄庭坚的长调比较多,尤擅长铺叙。《念奴娇》:"断虹霁雨，净秋空，山染修眉新绿。桂影扶疏，谁便道，今夕清辉不足？万里青天，嫦娥何处，驾此一轮玉？寒光零乱，为谁偏照醽醁？年少随我游，凉晚寻幽径。绕张园森木。醉倒金荷家万里，难得尊前相属。老子平生，江南江北，最爱临风曲。孙郎微笑，坐来声喷霜竹。"此词结构比较简单，上片铺叙景物，下片抒情。但是写景写得铺张摇曳，抒情之时显得翻腾起落。词先从薄暮开始写到月上中空，状景细腻清美，最后三句连用旷达豪宕之语表示对贬谪的泰然处之。《满庭芳》（北苑龙团）上片极尽铺叙茶之色香味，下片则用卓文君与司马相如的典故再来强化茶之妙，"相如方病酒，银瓶蟹眼波怒涛翻。为扶起尊前，醉玉颓山。饮罢风生两腋，醒魂到明月轮边"。王安石存词不多，但从其《桂枝香》可见其词铺叙之力："登临送目，正故国晚秋，天气初肃。千里澄江似练，翠峰如簇。归帆去棹斜阳里，背西风，酒旗斜矗。彩舟云淡，星河鹭起，画图难足。念往昔、繁华竞逐，叹门外楼头，悲恨相继。千古凭高，对此漫嗟荣辱。六朝旧事如流水，但寒烟、衰草凝绿。至今商女，时时犹唱，《后庭》遗曲。"视角开阔，写景大气，发论深沉，意境浑大，风格豪迈。上片对景的铺陈极尽其态，下片议论层层深入。上阙图景壮阔，从江景到山景又回到江上再到天空，从大处到小处，图写出一幅壮观的图景。下片发思，念、叹、漫嗟，反复叙写历史感悟。《南乡子》："自古帝王州，郁郁葱葱佳气浮。四百年来成一梦，堪愁，晋代衣冠成古丘。绕水恣行游。上尽层楼更上楼。往事悠悠君莫问，回头。槛外长江空自流。在古今盛衰对比中暗含着自己的怅然之感词读风高古、词意蕴藉。"

北宋江西词人学识涵养非同一般，在词中处处可拾文化掌故，而且其中多数用得浑融无凿迹。前述晏殊善于化用诗句。欧阳修的"谢家池上、江淹浦畔，吟魄与离魂。那堪疏雨滴黄昏，更特地、忆王孙"，连用谢灵运、江淹和《楚辞》三个典故，"归来恰似辽东鹤，城郭人民，触目皆惊"。用神话传说，"往事忆开元，妃子偏怜，一从魂散马嵬关。只有红尘无驿使，满眼骊山"，咏荔枝则联想到杨贵妃，"十顷波平，野岸无人舟自横"化用唐人诗句。晏几道用事用典之句有"朝云信断知何处？应作襄王春梦去"、"谢客池塘生绿草"、"落花犹在，香屏空掩，人面知何处"、"暗香浮动、疏影横斜，几处溪桥"等。黄庭坚词中掌故颇多，如"谪仙何处？天人伴我白螺杯"，用李白之典故，《满庭芳》"相如方病酒，银瓶蟹眼波怒涛翻。为扶起尊前，醉玉颓山。饮罢风生两腋，醒魂到明月轮边"用司马相如的典故。其他典事之句还有"应难从，五胡归棹"、"会醉倒，玉山扶起"、"应梦池塘春草，若为情"、"无端恼破桃源梦"、"几年芳草忆王孙"等。

北宋江西词人写的都是雅词，但又各具风貌。北宋江西词人将词视为小道，因此他们在诗文中要掩饰自己，在词中却可以放下伪装，袒露真实的感情。王国维在《人间词话》中说："即诗词兼善，如永叔少游者，亦词胜于诗远甚，以其写之于诗者，不若写之于词之真也。"各师其心，自然会产生风格不同的词。晏殊与欧阳修同样延续南唐传统，但又各有所长，刘熙载《艺概》言："冯延巳词，晏同叔得其俊，欧阳永叔得其深。"晏殊的词雍容和缓，深情之外别有思理。欧阳修的词则疏朗明快之外又有深婉沉着。词中的欧阳修不再是那个对道喋喋不休的严肃士大夫，而是换成了潇洒旷达的文章太守，能"挥毫万字，一饮千盅"。王国维在《人间词话》中说："词之最真者实推后主、正中、永叔、少游、美成。"

欧阳修之词主要特色是笔调清新疏淡，语近情深。他的有些词往往通脱、明快、豪宕。这种特色集中体现在他的《采桑子》组词上，其中如"惊起沙禽掠岸飞"、"稳泛平波人醉眠"、"风清月白偏宜夜，人在舟中便是仙"、"一点沧洲白鹭飞"、"白首相过，莫话衰翁，但斗尊前笑语同"等句读来让人心生逸兴。欧阳修另一些词则往往是于豪逸之余别有深致，前人对于欧阳修词这一特点的捕捉颇多，王国维《人间词话》说"永叔于豪放中有沉着之致"，樊志厚《人间词话序》言"夫古今词人以意胜者，莫若欧阳公"。欧词这种特色的形成主要是因为欧阳修在词中常常不经意就流露出身世感慨。欧阳修仕宦坎坷，所谓"薄宦老天涯，十年歧路"，虽然在词中自做旷达却始终难掩心中悲慨。《蝶恋花》"几日行云何处去，忘了归来，不道春将暮。百草千花寒食路，香车系在谁家树？泪眼倚楼频独语，双燕来时，陌上相逢否？撩乱春愁如柳絮，依依梦里无寻处"写思妇，王国维却言此词"百草千花寒食路，香车系在谁家树"之句有忧生忧世之意，似陶渊明《饮酒诗》中的"终日驰车走，不见所问津"。《玉楼春》"两翁相遇逢佳节，正值柳绵飞似雪。便须豪饮敌青春，莫对新花羞白发。人生聚散如弦筈，老去风情尤惜别。大家金盏倒垂帘，一任西楼低晓月"。明明是劝酒之词，语言也疏朗明快，读来却让人心酸，"人生聚散如弦筈，老去风情尤惜别"两句在一番旷达之语中显得别有深意。《浪淘沙》"把酒祝东风，且共从容。垂杨紫陌洛城东。总是当时携手处，游遍芳丛。聚散苦匆匆，此恨无穷。今年花胜去年红。可惜明年花更好，知与谁同？"《圣无忧》"世路风波险，十年一别须臾。人生聚散长如此，相见且欢娱。好酒能消光景，春风不染髭须。为公一醉花前倒，红袖莫来扶"，都是用清浅明畅的语言写出深婉沉挚的情思，让人于放达之中见出其悲慨。王国维《人间词话》云："永叔一生似专学此种，'芳菲次第长相续，自是情多无处足，尊前百计得春归，莫为伤春眉黛促。'"《蝶恋花》"面旋落花风荡漾，柳重烟深，雪絮飞来往。雨后轻寒犹未放，春愁酒病成惆怅。枕畔屏山围碧浪，翠被华灯，夜夜空相向。寂寞起来塞绣幌，月明正在梨花上。"此词写的是闺中相思，却似乎不仅于此，还暗含了一种孤独感，这种孤独不仅仅是离别的孤独，更有一种身世的孤独，王国维在《人间词话》中说"欧公《蝶恋花》面旋落花，字字沉响，殊不可及"。《玉楼春》"尊前拟把归期说，欲语春容先惨咽。人生自是有情痴，此恨不关风与月。离歌且莫翻新阕，一曲能教肠寸结。直须看尽洛阳花，始共春风容易别"。此词本是凄楚的离歌，但欧阳修在伤感之中强作旷达，但旷达之中又隐藏着感伤，"人生自是有情痴，此恨不关风与月"与"莫言多情为多病，此身甘向情中老"之句都是豪放之中暗藏挥之不去的沉痛。

欧阳修的词颇受人喜欢，曾慥说："欧公一代儒宗，风流自命，词章窈眇，世所矜式。"① 他的词影响很大，所谓"疏隽开子瞻，深婉开少游"。其《朝中措》"平山栏槛倚晴空，山色有无中。手种堂前垂柳，别来几度春风。文章太守，挥毫万字，一饮千钟。行乐直须年少，樽前看取衰翁"对苏轼的豪放词风有启发意义。欧阳修词新变的成分比较多，其词除了传统题材，还有写时令节俗的《渔家傲》。在词的形式上，欧阳修有十多阕慢词，而《渔家傲》是联章词，对词体的开拓有一定的意义。

晏几道，字叔原，号小山，晏殊第七子，善词，与其父齐名，有《小山词》。晏几道毕生致力于词业，他擅长小令，情真意切，曲折深婉。晏几道的词与其身世遭遇联系紧密，他出于钟鸣鼎食之家，早年生活是"永日闲从花里度，暗随萍末晓风来，直待柳梢斜月去"、"手按梅蕊寻香径"，混迹在绮罗丛中、脂粉队里，他的词也多写绮宴歌女。后来家道中落，人去楼空，其词多写别离相思，但贯穿在词中的那种深情是始终没有改变的。

晏几道为人痴情，其词被称为古之伤心人之语。他的词感伤情绪非常浓郁，往往"新怅望、旧悲凉"缠绕在一起，以至于凄楚。《鹧鸪天》："彩袖殷勤捧玉钟，当年拚却醉颜红。舞低杨柳楼心月，歌尽桃花扇底风。从别后，忆相逢，几回魂梦与君同。今宵剩把银釭照，犹恐相逢是梦中。"思念之苦把分别后的时间变得无比漫长，乃至再次相见有恍如隔世之感。思念难

① （元）马端临：《文献通考》卷246。

以排遣，常常进入梦幻去追寻，以至于对现实与梦幻的区别都模糊了，真实到梦幻，梦幻到现实，至真反又疑为梦幻，足见其用情之深。《木兰花》："秋千院落重帘暮，彩笔闲来题绣户。墙头丹杏雨除花，门外绿杨风后絮。朝云信断知何处？应作襄王春梦去。紫骝认得旧游踪，嘶过画桥东畔路。"上片交代故事背景，下片专写思念，思念至深以至成梦，梦中的马儿尚且认得前时之路，何况人呢？《玉楼春》："初心已恨花期晚，别后相思长在眼。栏枭犹有旧时香，每到里回珠泪满。多应不信人肠断，几夜夜寒谁共暖？欲将恩爱结来生，只恐来生缘又短。"正在忍受着离别的苦痛，却仍然希望将之进行到来生，非深情者不会如此。

晏殊之词常常在末尾会有一种自我解脱，而晏几道的词与之相反，情感是越来越深、越来越浓，在极致之处停笔，是彻头彻尾的悲苦。《阮郎归》"旧香残粉似当初，人情恨不如。一春犹有数行书，秋来书更疏。衾凤冷，枕鸳孤，愁肠待酒舒。梦魂纵有也成虚，那堪和梦无。"写闺思，情感越转越深，由相思到相怨再到绝望。《木兰花》（秋千院落）从前欢到别离到相思再到成梦。《清平乐》："暂来还去，轻似风头絮。纵得相逢留不住，何况相逢无处。去时约略黄昏，月化却到朱门。别后几番明月，素娥应是消魂。"上片由怨到悲，下片又沉浸到分别时候更见其凄。《思远人》："红叶黄花秋意晚，千里念行客。飞云过尽，归鸿无信，何处寄书得。泪弹不尽临窗滴，就砚旋研墨。渐写到别来，此情深处，红笺为无色。"从秋意写到念远，由归鸿写到愁怨，下片更将其思念之苦一层层深化，眼中含泪却依然临窗远望，于是就泪研磨写相思，别来之后最为伤心，写至此，泪如泉涌，视线模糊，不辨笺纸之红。

晏几道将深情再深，愁怨再深，到达情感的高潮时停笔，所以其词情感浓郁得很难化开，读来肠胃都要打结。晏几道词感人，还在于词中情感是真实的，晏几道用情最真，所以感触得最深，也表白得最沉痛，也最能打动人。谭献用柔厚来形容之"晏几道《临江仙》名句千古，不能有二，所谓柔厚在此"。后人将晏几道比为李煜，当是从其深情而来。

晏几道在词史上的意义是将小令发挥到极致，其词语言婉丽清新，秀韵天成，再加上委婉深情，情韵俱佳，令后人作小令者望尘莫及。

王安石存词二十余首，作为大无畏的政治改革家，他的词襟怀广阔，不写儿女情长，不写绮宴歌舞，而写人生况味、政治抱负。王安石反对在词中做儿女之态，"公（王安石）为参政，因阅晏元献小词而笑曰'宰相而作艳词，可乎？'"① 他的词或者抒发学佛感悟，或者描写闲适的自然风景，或者咏史怀古，都有一种政治家的气度在里面。如《菩萨蛮》："数家茅屋闲临水，轻衫短帽垂杨里。今日是何朝？看余度石桥。梢梢新月偃，午醉醒来晚。何物最关情？黄鹂一两声。"写的是春景，词人咏春往往附带惜时念远的感伤，王安石写春纯粹写其美好闲适，明净疏朗，不按惯有的行文模式去牵强附会上伤感情绪。再如《清平乐》"云垂平野。掩映竹篱茅舍。阒寂幽居实潇洒。是处绿娇红冶。丈夫运用堂堂。且莫五角六张。若有一厄芳酒，逍遥自在无妨。"景自在人逍遥，显得坦荡洒脱。王安石晚年好佛，其《诉衷情》、《望江南》等词是写其学佛感悟的，词中议论说教比较多，题材开拓意义大于其内容。王安石最为人称道的是他的咏史词，他以政治家敏锐的体悟和独到的视觉来审视历史，发掘的现实意义，显得非常的深刻。《桂枝香》抒发在金陵怀古的感慨，王安石在叹惜六朝君一味地穷奢极欲以致相继国破家亡之时，更超越了"千古凭高对此，漫嗟荣辱"这种空叹历史兴亡的吊古陈式，而将之与现实相联系，"但寒烟、芳草凝绿。至今商女，时时犹唱，《后庭》遗曲"。宋代真、仁、英宗时期，表面承平繁荣，生活豪奢，王安石却感觉到了繁荣背后的危机，所以以亡国之音结尾体现出对现实的担忧。要将此词与他的《上仁宗皇帝言事书》和《本朝百年无事札子》放在一起阅读，就能更好地体会到其中的用意。《浪淘沙令》："伊吕两衰翁，历遍穷通，一为钓叟一耕佣。若使当时身不遇，老了英雄。汤武偶相逢，风虎云龙。兴王只在笑谈中。直至如今千载后，谁与争功？"咏伊尹与吕尚两人，两人同时从穷到通，建立赫赫功勋，成为著名贤相。但在词中，王安石突出的不是他们的才干而是历史机遇，如果没有遇到成汤与文王，他们只能老死在田间水滨。天下英才为此埋没者甚多，王安石亦是等到神宗上台之后才得以展现其政治才能的。明君贤臣一旦遇合，改朝换代、建国创业的功业则可在谈笑之间建立。最后一句，有毛泽东"俱往矣，数风流人物，还看今朝"之意，显示出王安石的高度自信。王安石的《千秋岁引》是抒写人生况味之作："别馆寒砧，孤城画角，一派秋声入寥廓。东归燕从海上去，南来雁向沙头落。楚台风，庾楼月，宛如昨。无奈被些名利缚！无奈被它情耽阁！可惜风流总闲却！当初谩留华表语，而今误我秦楼约。梦阑时，酒醒后，思量著。"表面是写男女之间，"无奈被些名利缚！无奈被它情耽阁！可惜风流总闲却"，更像是对自己一生的反省，学佛之后对政治家生涯

---

① （宋）朱熹：《宋名臣言行录》卷6。

的一种审视。

王安石的词风疏阔豪放，写景壮阔，如"登临送目。正故国晚秋，天气初肃。千里澄江似练，翠峰如簇。征帆去棹残阳里，背西风，酒旗斜矗立。彩舟云淡，星河鹭起，画图难足"、"别馆寒砧，孤城画角，一派秋声入寥廓。东归燕从海上去，南来雁向沙头落"；议论纵横，如"四百年来成一梦，堪愁，晋代衣冠成古丘。绕水恣行游。上尽层楼更上楼。往事悠悠君莫问，回头。槛外长江空自流"、"兴王只在笑谈中。直至如今千载后，谁与争功"，在北宋豪放词风中具有一定的意义。

黄庭坚对词的审美有非常明确的追求，即雅俗共赏。他的雅词师从苏轼，王灼在《碧鸡漫志》中言"晁无咎、黄鲁直皆学东坡，韵制得七八"。黄庭坚的豪放之词堪比苏轼，除《念奴娇》（断虹霁雨）、《水调歌头》（瑶草一何碧）之外，如《水调歌头》"落日塞垣路，风劲忧貂裘。翩翩数骑闲猎，深入黑山头。极目平沙千里，唯见雕弓白羽，铁面骏骅骝。隐隐望青冢，特地起闲愁。汉天子，方鼎盛，四百州。玉颜皓齿，深锁三十六宫秋。堂有经纶贤相，边有纵横谋将，不减翠蛾羞。戎虏和乐也，圣主永无忧。"上阙写边景极其壮阔浩瀚，可以媲美唐人的边塞诗。《醉蓬莱》写景"尽道黔南，去天尺五，望极神州，万里烟水"，抒情"万里投荒，一身吊影、成欢何意"，都非常的豪宕。《减字木兰花》写巫峡"苍崖万仞，下有奔雷千百阵"，与苏轼的"惊涛拍岸，卷起千堆雪"相似。黄庭坚在豪放之外，别有清新婉约之作，如《清平乐》："春归何处？寂寞无行路。若有人知春去处，唤取归来同住。春无踪迹谁知？除非问取黄鹂，百啭无人能解，因风飞过蔷薇。"上片以拟人和想象表达惜春恋春之情，下片再翻新，问取黄鹂去寻春，黄鹂不解，因风而去。全诗新奇美丽，情韵悠长。

黄庭坚的俗词直逼柳永，《沁园春》："把我身心，为伊烦恼，算天便知。恨一回相见，百方做计，未能猥倚，早觅东西。镜里拈花，水中捉月，觑著无由得近伊。添憔悴，镇花销翠减，玉瘦香肌。哥儿又有行期，你去即无妨我共谁。向眼前常见，心犹未足，怎生禁得，真个分离。地角天涯，我随君去，掘井为盟无改移。君须是，做些儿相度，莫待临时。"将一女子与心上人分离时的百般思绪一一言出，颇有趣味。另外如《两同心》："一笑千金。越样情深。曾共结、合欢罗带，终愿效、比翼纹禽。许多时，灵利惺惺，蓦地昏沈。自从官不容针。直至而今。你共人、女边著子，争知我、门里挑心。记携手，小院回廊，月影花阴"，《江城子》"有分看伊；无分共伊宿。一贯一文蹺十贯，千不足，万不足"，都是非常俗白的，与柳永词很相似，陈师道将黄庭坚与柳永并称，"今代词手，惟柳七、黄九尔"①。

不同于晏殊、欧阳修在词中展露部分的自己，黄庭坚在词中展示的是全部的自我，其词文人气息浓郁。山谷在词中展露出了自己的疏狂、旷达、孤独、闲适："黄花白发相牵换，付与时人冷眼看"、"十年一觉扬州梦，为报时人洗眼看"、"老子平生，江南江北，最爱临风曲"、"醉舞下山去，明月逐人归"、"万里投荒，一身吊影，成欢何意"、"人间底是无风波，一日风波十二时"、"顾影又徘徊，立到斜风细雨归"、"相伴蝶穿花径，独飞鸥舞春光。不因送客下绳床，添活炷炉香"。

黄庭坚的词非常具有文人气息，还在于常常在词中使用古雅之语，如用"姮娥"代替嫦娥，嫦娥本叫姮娥，汉代为了避文帝刘恒之讳而改为嫦娥，黄庭坚用姮娥显得古朴。其他如"醹醁"代替美酒，用"冰轮"代替月亮。山谷词典故颇多，如"华胥国"、"邯郸一枕"等。山谷尤其喜欢用与文人有关的典故，最偏好司马相如与宋玉，"相如方病酒，一觞一咏宾友，群贤为扶起，尊前醉玉颓山，搜搅胸中万卷还倾动三峡词源。归来晚，文君未寝，相对小妆残"、"襄王梦里，草绿烟深，何处是宋玉台头？暮雨朝云几许愁"。

山谷词的题材很广，除却传统题材，还写茶《满庭芳》（北苑龙团），写荔枝《定风波》（准拟阶前摘荔枝），写黔中风土《玉楼春》（黔中士女游晴昼），写吃物《更漏子》（掩摩勒西土果），还有文人唱和《定风波》（自断此生休问天），乃至于私情都写成了词，《忆帝京》（银烛生花如红豆）等，其词题材主要是在文人日常生活范围内。

山谷在词史上的意义是在词的抒情自我化与题材生活化上作出了贡献，其词兼容雅俗豪婉，小序亦很多。

北宋江西其他文人曾巩、王安国等亦有词作传世。北宋江西词人群体由士大夫构成，他们对词的各种题材、风格、体式都有尝试，尤其在词的雅化和对小令的发展上成就突出。

第三节　北宋江西文学家族

宋代江西文学的繁盛，不仅体现在大家辈出，对诗文词等文体贡献巨大，还体现在文学大家族的不断涌现。宋代江西常常出现一门能文的盛事，

---

① （清）徐釚：《词苑丛谈》卷9。

据统计，两宋江西文学家族共 58 家，仅次于浙江，在全国排第二，其中北宋 23 家，南宋 35 家①。北宋江西 23 家文学家族中，著名的有临川晏殊、晏几道父子，临川王氏王安石、王安礼、王安国、王雱，清江孔氏孔文仲、孔武仲、孔平仲，南丰曾氏曾巩、曾布、曾肇兄弟，新喻刘氏刘敞、刘攽、刘奉世，分宁黄氏黄庶、黄大临、黄庭坚、黄叔达，庐陵欧阳氏欧阳修、欧阳发、欧阳棐等。

临川王氏家族中，王益有文才，能诗词，其女王安淑亦工诗善书，其子除王安石之外，王安国、王安礼亦有文名。王安国幼敏悟，文词天成，年十二出所作诗论赋数十篇示人，语皆警拔，遂以文章闻于世，士大夫交口誉之，于书无所不通，欧阳修非常欣赏王安国尝言"自惭知子不能荐，白首胡为侍从官"。王安国能诗善文，其文闳富典重，代表作有《后周书序》、《韩干画马跋》，议论爽快，富有深意。其诗词多为寄情山水之作，情致闲适，文词秀丽典雅，余韵悠长，如词句"画桥流水，雨湿落红飞不起。月破黄昏，帘里余香马上闻"，诗句"若怜燕子寒相并，生怕梨花晚不禁"，风韵秀雅。王安礼亦有文才，现存有《王魏公集》八卷，有诗 43 首，墓志铭 15 篇，祭文 2 篇，还有诏、制、诰、札子、策问、表、状、启、书、记、疏、青词、朱表以及斋文、祝文等凡十八体 300 篇。其诗或旷达超迈，或寄情高远，造语用字，自然流利，言随意遣，浑然天成。其文崇经重道，长于道古，长于说理，简约自然。其词则婉媚典雅，如"试冰簟初展，几尺湘波。疏帘广厦，寄潇洒、一枕南柯"，极具美感。安石之子王雱聪颖好学，才高志远，未冠已著书数万言。他学养深厚，不仅懂经术，著有《南华真经新传》、《论语解》、《注孟子》、《佛书义释》等书，亦有文才，其词《倦寻芳慢》"露晞向晚，帘幕风轻，小院闲昼。翠径莺来，惊下乱红铺绣。倚危墙，登高榭，海棠经雨胭脂透。算韶华，又因循过了，清明时候。倦游燕，风光满目，好景良辰，谁共携手？恨被榆钱，买断两眉长斗。忆高阳，人散后，落花流水仍依旧。这情怀，对东风，尽成消瘦。"笔锋细腻，用语婉媚，情韵动人。其诗如"一双燕子语帘前，病客无憀尽日眠。开遍杏花人不到，满庭春雨绿如烟"，亦富有韵味。

清江孔氏三兄弟孔文仲、孔武仲、孔平仲活跃在北宋中期的文坛，他们是孔子四十七世孙，北宋十年间，三兄弟先后及进士第，而且均以诗名世，被誉称"清江三孔"。他们的政治主张偏于保守，文学思想与欧阳修相近，

南宋宁宗庆元四年王莲编集孔氏兄弟遗文为《清江三孔集》。兄孔文仲，字经父，生于景祐五年，性狷直，寡言笑，少刻苦问学，号博洽，嘉祐元年登进士，其应试之作受到考官吕夏卿的称赞，"词赋赡丽，策论深博，文势似荀卿杨雄"①。文仲长于诗，其诗大多反映闲居的清贫生活与深沉内心，古朴无华却有沉郁之气。如《秋夜二首》中"孤枕夜何永，破窗秋已寒。雨声冲梦断，霜气袭衣单。利剑摧锋锷，苍鹘缩羽翰。平生冲斗气，变作泪汍澜"。清冷的景物与孤寂的心情互相映照，凄冷而悲凉。《早行》"客兴谓已旦，出视见落月，瘦马入荒陂，霜花重如雪"，语言平易晓畅，境思却很深沉。文仲是欧阳修古文运动的积极倡导者，有文名，政论文《制科策》反对王安石变法，文笔犀利，旁征博引，气宇轩昂，咄咄逼人，而且条理分明，逻辑通顺，极具有说服力。史论文《舜论》、《文帝论》、《唐太宗论》、《伊尹论》、《唐文宗论》、《唐明皇论》、《李训论》等文，立意高远，语言平易自然，质朴无华。《清江三孔集》存文仲诗文二卷。

弟孔武仲，字常父，生于庆历二年，自幼聪慧好学，博学强识，嘉祐八年登进士第。武仲著述甚丰，为三孔之最，有《诗说》、《书说》、《论语说》、《金华讲义》、《孔氏杂说》等一百多卷。他长于诗，其诗以写景见长，写荷如若仙子"玉质不待染，仙香无限清。朱朱仍白白，脉脉复盈盈"。写行路之景"晓随灯火背千家，落尽疏星见远霞。一饷春声回宿鸟，半天寒色在啼鸦。临陂弱柳犹藏叶，当路残梅已尽花"，由远及近，图写细致。武仲最擅长的是散文，成就非常突出，他的散文文体备众，有论、序、记、赋、疏、议、杂著等，他的议论文公允平正，理畅词达，杂著《蝗说》、《鸡说》、《冰说》、《说医》、《记鼠》、《吊猫文》、《记舍中樱桃》借寓言来写现实，寓庄于谐，外柔内刚，构思奇特，生动形象。《清江三孔集》存武仲诗七卷文十卷。

三弟孔平仲，字义甫，生于庆历四年，自幼才思敏捷。治平二年进士及第，平仲"长史学，工文词"②，在三孔中文学成就最高，清人吴之振等《宋诗钞·平仲清江集》序称孔平仲"工词藻，故诗尤矢矫流丽，奄有二仲"。平仲论诗推崇杜甫，其诗歌富于现实内容。《青州作》和《南卒》反映对国家内患外忧的忧虑。《铸钱行》反映铸钱扰民，《熙宁口号》反映新法实行过程中的利弊，《长芦咏蝗》写飞蝗之害，同类作品还有《猛虎》、

---

① （元）脱脱：《宋史》卷344。

② （元）脱脱：《宋史》卷344。

《选官图口号》等，在表现手法上也多以议论入诗。平仲的景物诗写景恬淡静谧，如《禾熟》："百里西风禾黍香，鸣泉落窦谷登场。老牛粗了耕耘债，啮草坡头卧夕阳。丰年气象慰人心，鸟雀啾嘲亦好音。玉食儿郎岂知此，田家粒粒是黄金。雨足川原还骤晴，天心断送此秋成。谷收颗颗皆坚好，想见新炊照碗明。"《南轩》："细雨纷纷不见山，卷帘烟景画图间。一池春水风吹皱，戏鸭鸣鸥坐队闲。"语言流丽清整，风格清新自然。苏轼对平仲诗推崇备至，说他是"前生子美只君是。"① 平仲有杂体诗 101 首，集为《诗戏》，自称是游戏之作，其中也不乏艺术思想兼善之作。平仲杂著《续世说》仿《世说新语》，文笔简洁，形象生动。《清江三孔集》存其诗歌九卷，文 12 卷。

分宁黄氏是一个科举大家族，而且其家族文学成就也很高，尤其是黄庶、黄大临、黄庭坚、黄叔达。黄庶字亚夫，晚号青社，黄湜之子，黄庭坚之父，庆历二年进士及第，因仕途不得志而刻意于文词，尤善诗，有《伐檀集》二卷。黄庶论诗尚清，所谓"清为诗家极"②，其诗清新活泼，充满了生活情趣，如《饮张承制园亭》"小园岂是春来晚，四月花飞入酒杯。都为主人尤好事，风光留住不教回"，写出园亭的无限活力，引人入胜。黄庶为文学韩愈，《四库总目》评价其古文言"亦古质简劲，颇具韩愈规格"。其诗亦似韩愈，多奇语如"渔家无乡县，满船载稚乳。鞭笞公私急，醉眠听秋雨"、"山鬼水怪著薜荔，天禄邪辟眠莓苔。钩帘坐对心语口，曾见汉唐池馆来"、"落帆夜宿白鸟岸，睥睨百绕寒藤阴。银山大浪独夫险，比干一片崖鬼心"，有韩愈之风。黄庶学韩对黄庭坚诗风乃至江西诗派有重要影响，《四库全书总目提要》说："江西诗派奉庭坚为初祖，而庭坚之学韩愈，实自庶倡之。"

黄大临，字元明，号寅庵，为黄庭坚胞兄，有诗词作品传世，《全宋词》存其词 3 首，《全宋诗》录其诗 8 首。大临以词名，虽然其存词少，但水平很高，两首《青玉岸》都写离别："行人欲上来时路。破晓雾、轻寒去。隔叶子规声暗度。十分酒满，舞茵歌袖，沾夜无寻处。故人近送旌旗暮。但听阳关第三句。欲断离肠馀几许。满天星月，看人憔悴，烛泪垂如雨。""千峰百嶂宜州路。天黯淡、知人去。晓别吾家黄叔度。弟兄华发，远山修水，异日同归处。樽罍饮散长亭暮。别语缠绵不成句。已断离肠能几

---

①　（宋）苏轼：《东坡全集》卷 13。

②　（宋）黄庶：《伐檀集》卷上。

许。水村山馆，夜阑无寐，听尽空阶雨。"用典自然，状景传神，情意真切，婉媚清新。大临诗亦有语奇之特点，如《虚铭观》："甘卓祠东泸水西，插云梁栋跨鲸鲵。初惊蓬岛在平地，又恐桃花出此溪。露草池塘铺翡翠，风筠栏槛撼玻璃。景里旧事谁优劣，名实才分自不齐。"状景奇特，又加上神话传说，显得神秘，与道观相得益彰。黄叔达，字知命，山谷之弟，雅负音节，小诗、乐府皆清丽可爱，有诗四十首。

南丰曾氏兄弟除曾巩外，曾布、曾肇亦善文。神宗曾经抱怨大臣制词不工，于是用曾布代之，后又以曾为知制诰。《全宋诗》中录曾布诗十首，《全宋词》中收其词 8 首。其诗有思致，如《梅花》："海边憔悴多情客，想见一枝寒玉色。愿君攀折赠余香，勿使随风自狼藉。"咏物之中暗含身世寄托。其词有王安石之风，好议论，《江南好》劝谏子孙"莫倚善题鹦鹉赋，青山须待健时归。不似傲当时"。曾肇，字子开，号曲阜先生，巩之异母弟，自幼聪慧好学，师承其兄曾巩，重儒学，博览经传，治平四年登进士第，官至礼、吏、户、刑四部侍郎和中书舍人，亦有文名，《江西通志》言其与曾巩"以文章被近时用"，其文以经纶时务、纪事言理、体道扶教为主，长于用典，深于说理，章法严谨，风格典雅而温润。《南丰军山庙碑》写军山之景俊美："其上四峰崛起，望之舱然；其傍飞瀑，一泻千里；其下龙穴，投以铁石，雨辄随注。……县固多大山，而兹山杰出，见于百里之外，其势雄气秀，若蹲虎兕而翔凤鸾，宜其能出云雨、见怪物。"《曲阜集》中今存曾肇诗 17 首，《全宋诗》收其诗 29 首及残句若干。其诗如"行尽车马尘，坐见水石环。谁料千家县，正在清华间"，写闲适情怀，语句淡然清新。其词如《好事近》"岁晚凤山阴，看尽楚天冰雪。不待牡丹时候，又使人轻别。如今归去老江南，扁舟载风月。不似画梁双燕，有重来时节"，语淡情深致雅。

新喻三刘为兄刘敞、弟刘攽和敞子奉世三人。刘敞学问渊博，著述丰富，是宋代经学大师与金石学的先驱。他的文学成就也很高，其文高古文雅，辞赋有骚体的华彩、结构、韵律又有思想内容，如《王配于京赋》引经据点论述以德治国，行文条畅。刘敞是欧阳修好友，也是古文运动的支持者，他的散文语言平雅，体势遒劲，如政论文《上仁宗论辩邪正》以人体五体元首、股肱心普、耳目、筋肌支节血脉譬喻朝廷里君、执政、谏官御史侍从、内外群有司等人，人体不合作则生病，君臣不合作则国乱，循循善诱又持论坚定，逻辑严密，语言晓畅。刘敞现存诗歌有 1600 多首，有骚体诗、四言诗、五言古诗、五言律诗、七言古诗、七言律诗等体。刘敞诗歌味淳理质、格调高古，五古尤擅，著名的有《怀归》、《昼寝三首》、《春暮到小园》等，语言文雅高古，简洁清隽，诗味浓郁。

刘攽同兄敞一样，学问渊博，而邃于史学，与司马光同修《资治通鉴》，专职汉史，又作《东汉刊误》，为人称颂。刘攽也是著名的文人，诗文受人推崇。刘攽有诗歌评论《中山诗话》，论诗近欧阳修，刘攽现存诗歌1218首，体裁多样，风格以清丽平淡为主，《秋园》、《新晴》可为代表。刘攽的散文文体多样，有制诰、奏疏、表、书、启、记、论、序、行状、神道碑、墓志铭、杂著等，主要特色是言简意赅，章法谨严，情理兼具。

敞子刘奉世，字仲冯，天资简重，有法度，嘉祐六年进士及第，后至枢密院学士。奉世文词雅赡，有《自省集》一卷。诗风平丽雅正，如《检书》："郎日照疏棂，临风事幽讨。药栏红欲翻，苔砌绿初扫。谁令墨王仙，肯使鱼子老。悠悠天禄阁，世世以为宝。"《入直》："玉烛含辉望处遐，禁钟动后起雌鸦。天高秘省云偏重，地迥琼林月半斜。三古文章留大史，百年事业照东华。时挥子墨随班马，芝检初分宰相麻。"词语文雅，对仗工整，用典自然。

文学家族往往出于文化家族，而文化家族往往出于科举家族，江西科举家族大盛，所以文学家族不断涌现。文学家族不仅在本族内部通过诗书传家的方式进行文学传承，还通过与其他家族的沟通提高文学创作水平，如南丰曾氏与临川王氏联姻，欧阳家族与刘敞家族互相唱和，黄庭坚家族与豫章四洪之间的传承，这对繁荣江西文学、扩大宋代江西文学影响意义巨大。

后　记

　　本书为江西省社会科学研究项目《北宋前期四重臣与江西文化的兴盛》的研究成果。绪论及前四章由王德保撰写；后四章主要由张丽撰写。研究生陈满荣、姚平对部分章节有贡献。特此说明。

　　本书参考了当下学者的一些研究成果，在此表示感谢。

作者

2011 年 12 月